Friedrich Bodenstedt

Tausendundein Tag im Orient

Herausgegeben und mit einem Nachwort
von Carsten-Michael Walbiner

SOCIETÄTS-VERLAG

Schutzumschlag Vorderseite: Basar in Tiflis
(W. E. Rajew, 1841)
Schutzumschlag Rückseite: Blick auf Tiflis
(M. J. Lermontow, 1833)
Frontispiz: Etschmiadzin (G. Gagarin)

Die Deutsche Bibliothek – CIP-Einheitsaufnahme
Bodenstedt, Friedrich:
Tausendundein Tag im Orient / Friedrich Bodenstedt. Hrsg.
und mit einem Nachw. von Carsten-Michael Walbiner. –
Frankfurt am Main : Societäts-Verl., 1992
ISBN 3-7973-0508-7

Umschlaggestaltung: Dagmar Ronneburg
Satz: Fotosatz Janß GmbH, Pfungstadt
Herstellung: Ebner Ulm
Printed in Germany 1992
ISBN 3-7973-0508-7

Inhalt

Abschiedsblick auf Moskau

Aus der alten, hügelgetragenen Hauptstadt Rußlands führt unsere Wanderung in die traubenreichen Gärten von Tiflis, der bergumschlossenen Hauptstadt Georgiens.

Man scheidet von Moskau schwereren Herzens als von Petersburg, dessen kalte Pracht und Größe mehr blendet als anzieht, mehr Staunen erregt als Befriedigung; während in Moskau, der allen Russen heiligen Stadt, auch der Fremde sich bald heimisch fühlt und eine Menge fesselnder Beziehungen findet, die ihn mit wachsender Gewalt in ihren Zauberkreis bannen.

Es herrscht hier, im Gegensatz zu dem paradesteifen, einförmigen, glanzübertünchten Petersburg, ein freierer Verkehr, eine wärmere gesellige Luft, ein traulicheres Entgegenkommen der Menschen und eine größere Mannigfaltigkeit volkstümlicher Monumente und Erscheinungen. An jedes Denkmal, welches hier vor uns aufsteigt, knüpfen sich wirklich denkwürdige Erinnerungen, die in ihrer Gesamtheit die Geschichte von mehr als einem halben Jahrtausend erzählen. Hier wurzelt alles wirklich in dem Boden, der es trägt; hier ist alles geworden, in Petersburg alles gemacht.

Moskau erhält sein charakteristisches Gepräge hauptsächlich durch den Kreml, dessen weißsteinige, ein unregelmäßiges Polygon bildende Mauer den geheiligtsten und volkstümlichsten Fleck der Erde des über drei Weltteile sich erstreckenden Zarenreichs umschließt. Frei auf breitem Hügelrücken ausgedehnt, tief zu seinen Füßen den Moskwastrom und lang ausgedehnte Gartenanlagen, im Osten begrenzt durch den weiten, schönen Platz, der die kolossalen Bildsäulen Minins und Posharskis trägt, erhebt sich der Kreml, abgeschlossen gleichsam wie eine Insel, aus dem nach allen Seiten unübersehbaren Häusermeere. Die nach den Erhebungen und Senkungen des Bodens auf- und absteigende dicke, riesige Mauer ist mit Zinnen und Schießscharten versehen, und an jeder Ecke steigt ein stattlicher, spitzauslaufender Turm auf.

Den freiesten und vollständigsten Überblick der launenhaft zusammengewürfelten Bauwerke des Kreml bietet das südliche Ufer der Moskwa. Über den breiten Spiegel des Stromes

Blick aus dem Kreml (W. Timm)

spannt sich eine pfeilergetragene, hohe, prachtvolle Brücke hin. Dahinter steigt die weiße Kremlinmauer mit ihren an gotische Bauart erinnernden Türmen auf. Diese gewaltige Mauer erscheint von hier aus nur als eine leichte Umgrenzung der gigantischen Häusermassen mit den zahllosen Kuppeln, welche, beherrscht von dem hier in seiner ganzen Größe sichtbaren Iwan Weliki, dem höchsten aller Türme des Zarenreiches, aus ihr emporragen. Der achteckige, schlanke, in drei Hauptabteilungen sich verjüngende Glockenturm ist mit einer zwiebelförmigen goldenen Kuppel gekrönt, aus deren Knopfe ein riesiges Kreuz sich erhebt. Im Hintergrunde und zu beiden Seiten des Iwan Weliki, den wir als Mittelpunkt des blendenden Bildes festhalten, drängen sich ganze Massen größtenteils goldener, teilweise auch silberner, himmelblauer und grüner Kuppeln in bald größeren, bald kleineren Gruppen planlos durcheinander.

Es ist schwer, wo nicht unmöglich, ein treffendes Bild zur schnellen Veranschaulichung dieser in allen Farben spielenden Wunderwelt zu finden, die, in sich abgeschlossen, ihresgleichen auf Erden nicht hat. Den besten Ausdruck dafür hat wohl der Volksmund gefunden, indem er den Kreml nach seinen zwei wesentlichen Merkmalen den „Weißsteinigen“ und

„Goldköpfigen" nennt. Damit ist das Hervorragende, zunächst in die Augen springende und dauernd in Erinnerung Bleibende des Ganzen sehr glücklich bezeichnet: die von weißsteiniger Mauer umschlungenen, malerisch ineinander verschobenen Tempel und Paläste unten und das Labyrinth der goldschimmernden Kuppeln oben. Aus jeder dieser meist flachgedrückten, zwiebelförmigen Kuppeln steigt ein Kreuz hervor, und am Fuße des Kreuzes krümmt sich ein aufwärts gekehrter Halbmond, als Zeichen, daß der Islam hier in seinem langen Kampfe mit dem Christentume unterliegen mußte.

Dort vor dem vier Jahrhunderte alten, auf einer majestätischen Terrasse hoch über der Stadt gelegenen, wunderlich gebauten Zarenpalaste schwang der donische Dmitri die schwarze Fahne, mit welcher er auszog, Mamai zu bekämpfen und der Herrschaft der Tataren ein Ende zu machen.

Dicht an den Zarenpalast stößt die nicht minder merkwürdige Granowitaja Palata, d. h. der eckige oder facettierte Palast, so genannt nach den prismatisch zugespitzen steinernen Würfeln, womit die äußeren Mauern von oben bis unten bedeckt sind. In diesem Gebäude, welches mit dem nur wenige Jahre älteren Zarenpalaste zusammenhängt, befindet sich der zarische Thronsaal, wo noch jetzt der Kaiser, dem alten Brauche seiner Vorgänger folgend, nach der Krönungsfeierlichkeit öffentlich auf dem Throne speist. In demselben Saale ließ Joann der Schreckliche nach dem Tode seiner zweiten Gemahlin (1569), der Tochter des Kabarderfürsten Temrjuk, die zweitausend Jungfrauen versammeln, aus welchen er seine dritte Gemahlin erküren wollte. „Zur Schau und Wahl für den Zaren die reizendsten Jungfrauen jeden Standes, ohne Ansehen der Geburt; die Bojarentochter wie die Bäuerin; die Reiche wie die Arme." So lautete der Befehl, nach welchem aus allen Teilen Rußlands die Jungfrauen herbeigetrieben wurden „zu des schrecklichen Zaren Augenweide und Auswahl". Den Preis trug Marfa (Martha) davon, die blonde Tochter eines Kaufmanns aus Nowgorod, deren Herz schon seit langem einem andern (Andrei) gehörte und die vor Schrecken über das neue Glück, das ihr zuteil werden sollte, mitten in der Hochzeitsfreude des schrecklichen Zaren starb (13. November 1571).

Es ist eine eigentümliche, beachtenswerte Erscheinung, daß die grausamsten Herrscher Rußlands zugleich die volkstümlichsten waren und daß gerade ihr Andenken noch jetzt am lebendigsten in den Liedern und Sagen des Volkes fortklingt. Eine solche Verherrlichung durch Lied und Sage, wie sie eben dieser schreckliche Zar Joann Wassiljewitsch, der Zerstörer Groß-Nowgorods, gefunden, ist seitdem keinem russischen Herrscher wieder zuteil geworden. Und allerdings hat es ihm keiner seiner Nachfolger an Grausamkeit gleichgetan, der nach der Erzählung des russischen Geschichtsschreibers Karamsin binnen sechs Wochen sechzigtausend Einwohner Groß-Nowgorods vom Leben zum Tode bringen ließ und sich an den Flammen der zerstörten Stadt weidete wie einst Nero am Brande Roms. „Der von Bürgerblut gerötete Wolchow ward in seinem Laufe gehemmt durch Berge verstümmelter Leichname, und lange vermochte er nicht, sie hinabzutragen in den Ladogasee."

*

Den Haupteingang zum Kreml bildet das an dem schon vorhin erwähnten großen Platze, welcher den Kreml vom Basar trennt, nach Osten gelegene heilige Tor des Erlösers. Ehe wir hineintreten, werfen wir einen Blick auf die beiden Kunstdenkmäler, welche den Platz zieren: die auf einem etwas zu schmalen Fußgestelle stehenden Bildsäulen Minins und Posharskis und die unweit im Hintergrunde derselben befindliche Zwiebelkirche Wassili Blashennoi.

Die meisten Reisebeschreiber haben an den kolossalen Bildsäulen mancherlei zu tadeln gefunden; mir hat das Ganze einen imposanten Eindruck gemacht. Besonders scheint es mir ein glücklicher Gedanke, daß Minin, der Mann aus dem Volke, mit der ausgestreckten Rechten auf den Kreml, das Volksheiligtum Rußlands, hinweist, zu dessen Befreiung er den Fürsten Posharski in Nishni Nowgorod aufforderte.

Weit mehr jedoch als dieses Denkmal zieht die Kirche Wassili Blashennoi, vielleicht das wunderlichste Bauwerk der Welt, unsere Aufmerksamkeit auf sich. Diese Kirche wurde – wie es heißt und sehr glaublich ist – nach der eigenen Idee des schrecklichen Zaren Joann Wassiljewitsch zum Andenken an die Eroberung von Kasan im Jahre 1554 von einem ausländischen Architekten erbaut. Die Grundidee bei der Anlage dieses phantastisch-verschnörkelten, kolossal-kleinlichen Bauwerks scheint gewesen zu sein, ein Gebäude hinzustellen, welches sich nicht allein als Ganzes von allen übrigen Kirchen der Welt streng unterscheiden sollte, sondern an welchem auch alle einzelnen Teile des Ganzen, trotz ihrer gezwungenen Zusammengehörigkeit, die schroffsten Gegensätze untereinander bilden sollten. Dieser Plan ist denn auch in einer wirklich staunenswerten Weise ausgeführt, so daß kein Glied des Baukörpers dem andern ähnlich sieht. Der untere, die eigentlichen Kirchenräume bildende, scheinbar halb in die Erde gedrückte Teil besteht aus neun abgesonderten, in Bauart und Verzierung gänzlich voneinander verschiedenen Kapellen, über welchen ebenso viele und ebenso verschiedengestaltige Türme und Kuppeln aufsteigen. Die Portale und anderen hervorspringenden Teile des Gebäudes sind mit kleineren pyramidalen Türmchen geziert, und ganz vereinzelt macht sich an der Nordostseite noch ein niederer Turm mit großem Stachelkopfe bemerkbar. Von den sechzehn teils kuppelgekrönten, teils spitzauslaufenden Türmen des Bauungeheuers erhebt sich der dicke Mittelturm mit seinen zugleich an chinesischen, byzantinischen, altitalienischen und gotischen Geschmack erinnernden Verzierung am höchsten. Doch genug von diesem wunderlichsten und doch wunderbaren Denkmale der Baukunst, dessen Beschreibung mit Worten unmöglich ist und von welchem selbst die genaueste Zeichnung nur eine dürftige Anschauung bieten kann. Der schreckliche Zar soll mit dem Werke seiner Laune so zufrieden gewesen sein, daß er, wie die Sage erzählt, dem Architekten die Augen ausstechen ließ, um ihn zu verhindern, anderswo ein ähnliches Bauwerk zu errichten.

Wir wenden uns jetzt dem heiligen Tore des Erlösers zu, um einen Abschiedsblick in das Innere des Kremls zu werfen. Nur mit entblößtem Haupte darf man, selbst bei der strengsten Kälte, dieses aus einer langen, düsteren Mauerhöhlung bestehende Tor durchschreiten, dessen byzantinischer Bogen von einem stattlichen, im Geschmack des deutschen Mittelalters erbauten Turme überragt wird.

Nächst dem oben erwähnten alten Zarenpalaste mit der Granowitaja Palata nehmen hauptsächlich die drei Kathedralen des Kreml, welche als Typen aller russischen Kirchen gelten können (denn Wassili Blashennoi hat keine Nachahmung gefunden), unsere Aufmerksamkeit in Anspruch. Unter ihnen nimmt die Kathedrale zur Himmelfahrt Mariä mit ihren mongolischen Kuppeln und byzantinischen Bogendächern die erste Stelle ein. Hier befindet sich das nach dem Volksglauben vom

Evangelisten Lukas eigenhändig gemalte Bild der Heiligen Jungfrau Maria; hier werden die Zaren gekrönt und wird das größte Kleinod des Volkes, das Banner des Vaterlandes, aufbewahrt. Professor Blasius hat seinem vortrefflichen Reisewerke über Rußland genaue Grundrisse und sehr gelungene Zeichnungen der Hauptgebäude des Kreml beigegeben, auf welche ich diejenigen meiner Leser verweise, welche genaue Anschauungen der architektonischen Wunderlichkeiten des moskowitischen Kapitols gewinnen wollen, denn alles Bestreben, diese Formen mit Worten zu malen, ist ein vergebliches, weil sie in ihrer Eigentümlichkeit keine passenden Vergleiche außer sich bieten. Nirgends ist hier ein reiner Stil, nirgends eine Spur freier Schöpfung zu finden, nirgends der Geschmack eines bestimmten Volkes und Zeitalters rein ausgeprägt; vielmehr ist alles nach Willkür und Laune zusammengeworfen, überall hier der Kunst Gewalt angetan, um das Verschiedenartigste zu einigen und die einander widerstrebendsten Elemente durch Zwang zu binden. Der Osten wie der Westen, das Altertum wie die Neuzeit, Chinesen und Mongolen, Byzantiner und Römer, Italiener und Deutsche haben zur Gründung des Kreml ihren Tribut liefern müssen.

Und so ist durch phantastisches Überspringen aller mustergültigen Kunstregeln, durch kecke Verhöhnung aller hergebrachten Schulbegriffe ein Werk entstanden, dessen Eigentümlichkeit eben in diesem seltsamen Gemische besteht, wo die schroffsten Gegensätze der Baukunst mit den grellsten Farbenkontrasten (grünen Dächern, roten Pfeilern, weißen Mauern, blauen Kuppeln etc.) wetteifern, um das Verschiedenartige des einzelnen recht in die Augen springen zu lassen, während das kolossale, vielgestaltige Ganze, trotz seiner launenhaften Zusammenstellung, doch von wunderbarer, malerischer Wirkung ist.

Der Kreml paßt zu dem Boden, in welchem er wurzelt, und bei aller fremdartigen Mannigfaltigkeit seiner Bestandteile trägt das Ganze echt russisches Gepräge. Denn darin liegt eben die Eigentümlichkeit Rußlands, daß es zugleich in Asien und Europa wurzelt und die Kräfte und Erzeugnisse beider Weltteile in seiner Weise sich dienstbar macht, ihnen russische Uniform anzieht und sie als Mittel zu seinen Zwecken verwendet.

Kann man sich eine buntere Musterkarte von Völkern, Sprachen, Religionen, Trachten, Sitten, Kunst- und Naturerzeugnissen denken als diejenige, aus welcher Rußland besteht? Und kann man sich grellere Kontraste denken als diejenigen, welche hieraus entspringen? Während der Tschuktsche an der Ostspitze Asiens bei seinem Walfischtran in hermetisch verschlossenen Zelten von Rentierfellen kauert, lorgnettiert der parfümierte Petersburger die Sängerinnen in der italienischen Oper, reckt sich der träge Georgier unter den Riesenplatanen seiner Heimat. Während in der einen Provinz das Quecksilber gefriert, daß es sich hämmern läßt, gedeihen an der andern die herrlichsten Weine und Südfrüchte unter freiem Himmel. Während der Reisende im nördlichen Sibirien auf hundebespannten Schlitten fährt, ziehen durch die Lande am Araxes, am Kyros und Kuban Karawanen arabischer Kamele. Das isländische Moos und die immergrüne Myrthe; der Leopard und der Polarbär; das Rentier und das Merinos haben in Rußland gedeihlichen Boden. Selbst unter den Strömen lassen sich Beispiele finden zur Veranschaulichung der Kontraste, welche dieses Riesenland erzeugt: die kleinen, unter Eis geborenen Ströme des Kaukasus rauschen durch sonnige, immergrüne Länder ins Kaspische und ins Schwarze Meer, während der aus den glühenden Sandwüsten der Mongolei kommende Jenissei mit den übrigen Riesenströmen Sibiriens sich ins Eismeer ergießt.

Christen verschiedener Glaubensbekenntnisse und Sekten: Griechen, Armenier, Katholiken und Unierte, Lutheraner und Reformierte, Herrnhuter und Mennonisten haben in Rußland ihre Kirchen; eine halbe Million Juden ihre Synagogen und drei Millionen Muhammedaner ihre Moscheen. Der Parse kasteit sich zur Ehre Ormusds vor den ewigen Feuern von Baku; der Kalmyk betet seinen Dalai-Lama an; der Brahmine seinen Brahma und der tungisische Schamane sein hölzernes Götzenbild.

All diese großartige, vorwiegend rohe Mannigfaltigkeit in Sitte, Glauben und Kultur und die daraus entspringenden Kontraste finden im Kreml ihren bildlichen Ausdruck.

Dieselbe autokratische Gewalt, welche in diesen Bauwerken die schroffsten Gegensätze gewaltsam einigte, hat auch die vielen grundverschiedenen Volksstämme, vom östlichen Ozean bis zum bottnischen Meerbusen und von den Grenzen der Tatarei bis zum Eismeere, gewaltsam geeinigt, so daß für alle nach außen nur eine Grenze und im Innern des Riesenstaates nur eine Münze, ein Gesetz, Maß und Gewicht gilt.

Dort neben der Granowitaja Palata steht die Orusheinaja Palata oder das Arsenal, wo man unter anderen Kleinodien auch die hundert Kronen und Szepter der nach und nach den Zaren unterworfenen Fürsten als Merkwürdigkeiten zeigt.

*

Vom Iwan Weliki aus, an dessen Fuße als ein unbewegliches Schaustück die größte Glocke der Welt steht, werfen wir unseren Scheideblick auf die umliegende Stadt. (Die Glocke bildet mit den beiden am neuen Arsenal stehenden Riesenkanonen ein Merkwürdigkeitskleeblatt, welches an Ungeheuerlichkeit seinesgleichen auf Erden sucht. Das Metall einer einzigen dieser Kanonen würde hinreichen, um ein ganzes deutsches Fürstentum mit Geschützen zu versorgen, während die Glocke so kolossal ist, daß das bei ihrem Sturze unten ausgesprungene, verhältnismäßig kleine Stück genügen würde, um eine besondere Glocke von nicht unbeträchtlicher Größe daraus zu gießen.)

Wie Moskau als das Herz Rußlands, so ist der Kreml mit dem gegenüberliegenden, weit ausgedehnten Basar als das Herz Moskaus zu betrachten.

In drei unregelmäßigen Bogen schlingen sich breite, geschmackvoll bepflanzte Boulevards um die drei mittleren Stadtteile Moskaus, welche den Kreml umgeben. In dem wichtigsten dieser Stadtteile, dessen auf den Kreml schauende Fronte der Basar (Gostini dworr) bildet, drängen – im Gegensatz zu der übrigen weitläufig gebauten Stadt – Häuser und Menschen sich dichter zusammen, rasseln fortwährend Hunderte von Droschken und Equipagen, herrscht ein fast ununterbrochen lautes Leben und Treiben von mehr asiatischem als europäischem Anstrich. Nach Maßgabe der Entfernung von diesem Mittel- und Nährpunkte der Stadt verringert sich das Leben in den Straßen, und in manchen Stadtteilen herrscht eine fast ländliche Öde und Ruhe. Prachtvolle Paläste, die sich der Mehrzahl nach in nichts Wesentlichem von unseren modernen Palästen unterscheiden, wechseln ab mit unansehnlichen Holzhäusern, schmutzigen Kneipen, riesigen Kronsgebäuden, alten und neuen Kirchen, Gartenanlagen und freien Plätzen.

An freien Plätzen, großartigen Gartenanlagen und schönen Spaziergängen ist Moskau überaus reich, wie denn die Stadt in ihrem achtzig Werste messenden Umfange einen Raum einnimmt, welcher wenigstens eine vierfach größere Bevölkerung tragen könnte.

Im Gegensatz zu Petersburg, wo in den schnurgeraden Straßen die Häuser militärisch gleichmäßig in Reih und Glied aufgestellt sind, als ob sie jeden Augenblick bereit wären, eine Schwenkung nach links oder rechts zu machen, ziehen sich in Moskau fast alle Paläste und Häuser, welche etwas für sich bedeuten wollen, aus der ohnehin unregelmäßigen Straßenlinie möglichst weit zurück und schieben aus dieser Entfernung ein Gitter oder eine Verzäunung vor, um die gezogene Linie damit auszufüllen.

Man hat berechnet, daß etwa der vierte Teil aller Häuser in Moskau aus solchen Rückzugsgebäuden besteht, welche von weiten Hofräumen, Gärten oder Rasenplätzen umgeben sind. Es ist eine Eigentümlichkeit der alten Moskowiter (welche sich überhaupt durch freieren Sinn und größere Selbständigkeit von den Petersburgern unterscheiden), daß jeder sein Haus hier nach seinem eigenen Geschmacke, seiner eigenen Laune oder Grille baut.

Der Petersburger sieht mit sklavischer Ängstlichkeit vor allem darauf, daß sein Haus dem des Nachbars möglichst ähnlich werde; der Moskowiter dagegen sucht seine Genugtuung darin, daß sein Haus von dem des Nachbars sich möglichst unterscheide, sei es auch nur durch äußere Schnörkelei oder Verzierung. Reiche Moskowiter haben, von ihren Reisen heimkehrend, nachahmungsweise venetianische und florentinische Paläste, gotische Bauwerke und Schweizerhäuser nach Moskau versetzt. Andere haben sich darin gefallen, Häuser in chinesischem Geschmack anzulegen und ihnen eine entsprechende Einfassung zu geben. Die vielen eingewanderten Armenier, Georgier, Griechen, Tataren und Perser haben in Moskau nicht nur ihre volkstümlichen Tempel, sondern sind auch, soweit es das Klima gestattet, in ihren häuslichen Einrichtungen den heimatlichen Erinnerungen treu geblieben.

Denkt man sich unter diese vielgestaltige, im einzelnen oft komische und barocke, im großen Ganzen aber malerische Masse der Privathäuser die zahlreichen durchgängig kolossalen öffentlichen Gebäude (das große Findelhaus allein umschließt 26000 Menschen!) verteilt, so hat man einen ungefähren Begriff von dem gewaltigen Eindruck, welchen ein Rundblick vom Iwan Weliki auf die hügelgetragene Moskwastadt erzeugt, aus welcher sechshundert Kirchen ihre Tausende von Türmen und schimmernden Kuppeln emporstrecken. Genießt man vollends eines solchen Rundblicks bei großen Illuminationen, wo Millionen buntfarbiger Lämpchen wie glänzende Perlenschnüre die Stadt in allen Richtungen umziehen und durchschimmern, so ist der Eindruck ein überwältigender, unauslöschlicher.

Nur das ewige Rom, wo sich alles in reineren Umrissen zeichnet und durch größere Erinnerungen verklärt wird, und das meerbespülte Konstantinopel, wo statt schwerfälliger Glockentürme schlanke Minaretts in blendender Weiße aufsteigen und die leuchtenden Kuppeln die Form des Himmels tragen, der sich über ihnen wölbt, vermögen einen noch großartigeren und schöneren Gesamtblick zu bieten. Die übrigen mir bekannten Städte Europas stehen in malerischer Wirkung weit hinter Moskau zurück.

Von Moskau bis zu den Steppen des Don

In keinem anderen Lande habe ich solche Anhänglichkeit, solche Liebe des Volkes zu seiner Hauptstadt gefunden, wie der Russe sie bei jeder Gelegenheit, oft in rührender Weise, an den Tag legt. Nur der Schmerz des Abschiedes vom Vaterhause oder die Freude über die Rückkehr in dasselbe nach langer Trennung läßt sich den wehmütigen oder freudigen Gefühlen des echten Russen vergleichen, der sein geliebtes Moskau verläßt oder wiedersieht.

Dem gläubigen Bewohner des Innern ist ein Besuch der Zarenstadt eine ebenso heilige Angelegenheit als dem gläubigen Türken eine Pilgerfahrt nach Mekka und Medina. Er nennt Moskau nur sein »Mütterchen« und verschwendet in der Sehnsucht danach wie in der Erinnerung daran die zärtlichsten Ausdrücke.

»Wott Moskwa!« (Da ist Moskau!) ruft mit freudigem Stolze der Kutscher dem Reisenden zu, wenn die goldenen Kuppeln der Stadt vor ihm aufsteigen. »Proschtschai, matjuschka Moskwa!« (Lebwohl, Mütterchen Moskau!) ruft er wehmütig, wenn er die geliebte Stadt wieder meiden muß. Dann treibt er sein Dreigespann, wovon gewöhnlich zwei Pferde auf der Wildbahn laufen, zu größerer Eile an, daß dem Reisenden in dem kleinen, offenen, unbequemen Kastenwagen alle Glieder knakken und er sich nur mit Mühe vor dem Hinausstürzen wahrt, während die Telega trotz der schlechten, holprigen Wege unaufhaltsam über Stock und Stein dahinrollt und der Kutscher durch Pfeifen, durch Schnalzen, Fluchen oder durch seltsame, dem Pferde geltenden Zurufe seine Brust erleichtert, bis er in die richtige Stimmung kommt, zum Klange des Glöckchens von Waldai ein klagendes Lied anzustimmen.

Dieses Glöckchen (beigenannt nach dem Städtchen Waldai, welches das ganze Reich damit versorgt), an dem hohen Bogen hängend, welcher über dem Kopfe des Deichselpferdes der Troika aufsteigt, bildet die wesentlich poetische Beigabe jeden russischen Dreigespanns. Sein melancholisches Gebimmel spielt in der Geschichte des russischen Herzens und der russischen Poesie eine noch größere Rolle als bei uns die Klänge des Posthorns. Unter den Hunderten von Liedern, zu denen das Geklingel des Glöckchens von Waldai Anlaß gegeben, verdient besonders eines erwähnt zu werden, welches nicht bloß tagtäglich von allen Kutschern und Fuhrleuten des weiten Zarenreichs gesungen wird, sondern überhaupt im Munde des ganzen Volkes lebt und seine Wirkung auf Ohren und Herzen der Zuhörer niemals verfehlt. Obgleich es diese Wirkung hauptsächlich seiner volkstümlichen Weise und den dadurch geweckten Anklängen und Erinnerungen zu verdanken hat und deshalb von Ausländern nie ganz verstanden und empfunden werden kann, will ich doch versuchen, durch Verdeutschung des Liedes euch einen Begriff davon zu geben:

Die Troika oder Das Dreigespann

Das Licht war flackernd im Verglimmen,
Das Feuer im Kamin verglüht –
Da klang's in mir wie fremde Stimmen,
Ein Traum bezaubert mein Gemüt.

Fern kommt ein Dreigespann geflogen,
Stürmt auf dem Heerweg laut herbei;
Doch trüb und klagend unterm Bogen
Erklingt das Glöckchen von Waldai.

Früh hat's den Fuhrmann fortgetrieben,
So schwül ward's ihm um Mitternacht –
Er sang ein Lied von seiner Lieben,
von ihrer blauen Augen Pracht:

Ach, blaue Augen, warum brennt ihr
So tief in meine Seele mir!
Ach, böse Menschen, warum trennt ihr
Zwei Herzen, die so eins wie wir!

Leb, Moskau, wohl, so lieb und teuer!
Leb wohl, leb wohl, du süße Maid!
Ich sterbe wie ein rauchend Feuer
Vergessen in der Einsamkeit!

Nur in wenigen Umrissen schildere ich euch die Bewohner und Zustände jener einförmigen Landstriche und unabsehbaren Steppen, welche wir zu durchwandern haben, bevor wir hinaufsteigen zu der majestätischen Gebirgswelt des Kaukasus.

Noch ist der September nicht zu Ende, und schon trägt die Landschaft um uns her ein winterliches Gepräge.

Der Himmel ist grau umwölkt, und mitten am Tage durchdunkelt's die Luft wie beim Hereinbrechen der abendlichen Dämmerung; auf den kahlen Zweigen der Bäume wiegen sich Schwärme von Krähen und Raben; schaurig pfeift der Herbstwind über die schneebedeckten Felder hin, durch welche der Fahrweg sich windet wie ein riesiger schwarzer Streifen; denn noch liegt das Eis zu dünn und der Schnee zu locker, um den Hufen der Pferde und den einschneidenden Wagenrädern zu widerstehen, und jedesmal beim Durchbrechen der leichten Winterdecke quillt's aus dem schlammigen Boden hervor schwarz wie Teerquellen.

Trotz des fetten, fruchtbaren Bodens, welcher die Gouvernements von Tula und Woronesch so vorteilhaft auszeichnet, finden wir hier in den elenden Dörfern eine arme, verkümmerte Bevölkerung.

Diese betrübende Erscheinung hat namentlich darin ihren Grund, daß diese beiden Gouvernements größtenteils in kleine Gutsherrschaften zerfallen; je kleiner aber die Anzahl Leibeigener eines Edelmanns ist, desto größer sind die Opfer, die er von ihnen fordert.

Es gibt Familien, die in Petersburg und Moskau ein Haus machen, ohne andere Einkünfte zu haben als die Abgaben, welche sie von vier- bis sechshundert Leibeigenen ziehen.

Was Wunder, daß die armen Bauern keinen höheren Lebenszweck kennen, als sich abzumühen für ihren Gutsherrn, ohne an die Verschönerung ihres eigenen kummervollen Daseins zu denken. (Diese Bemerkungen wurden im Jahre 1843 gemacht. Durch die Aufhebung der Leibeigenschaft ist seitdem ein großer Umschwung zum Besseren eingetreten.)

Trotzdem findet man unter diesem zähen, fügsamen Geschlechte nicht selten wohlgebildete, kräftige Männergestalten, während eine schöne Frau hier, wie überall in Rußland, zu den größten Seltenheiten gehört. Die schweren Arbeiten, denen sie hier mehr als in allen anderen Ländern von Jugend auf unterworfen sind, die ungesunde Luft in den dumpfen, unreinlichen Wohnungen, die geringe Pflege, welche sie auf sich verwenden, und so manche andere drückende Umstände treten der freien Körperentwicklung hemmend entgegen.

In den Städten, durch welche der Weg uns führt, von Moskau bis hinaus über Woronesch, wo die kräuterreiche Steppe der Kosaken beginnt, fällt uns vor allem die Einförmigkeit in der Bauart der Häuser auf.

Wer Moskau gesehen, kennt alle anderen russischen Städte.

Sehen wir ab von dem völlig modernen Petersburg, so offenbart sich eigentlich nur in Moskau eine große, wenn auch rohe Mannigfaltigkeit architektonischer Gestaltungen; fast nur hier hat man den Eindruck einer wirklichen Stadt, einer dauernden Ansiedlung gewerbefleißiger Menschen.

Die meisten übrigen Städte dieses Landes, mit ihren schnurgeraden Straßen, ihren kasernenartig gebauten, gelb oder weiß übertünchten Häusern, erscheinen wie großartige Karawansereis und die Menschen darin wie unstete Pilger.

Denn der Russe kennt keine Heimat in unserem Sinne des Wortes. Er kann die ihm angeerbte Nomadennatur des großen Wandervolkes, dem er entsprossen, nicht verleugnen.

Auch machen noch heute die Verhältnisse des Landes ein gesichertes Stilleben unmöglich.

Der lebhafte Binnenhandel, der Krieg im Kaukasus, die weitverzweigte Verwaltung, der häufige Beamtenwechsel und hundert andere Umstände bedingen ein stetes Hin- und Herziehen in dem sich über drei Weltteile ausdehnenden Riesenreiche.

Der Arzt, welcher heute in Moskau sein Examen macht, kuriert vielleicht in wenigen Wochen schon die Gallenfieber an den Küsten des Schwarzen Meeres; der neuvermählte Beamte, welcher sich eben in Petersburg häuslich niedergelassen, erhält plötzlich Beschäftigung in einer Kanzlei an der Grenze von China; der Gardeoffizier, welcher am Abend seine Geliebte besuchen will, wird unverhofft nachmittags als Kurier nach dem Kaukasus entsendet. In ähnlicher Weise geht's durch alle Klassen der Gesellschaft.

Und weil der Russe sich nirgends dauernd heimisch fühlt, fühlt man sich auch nirgends dauernd heimisch mit ihm.

Ihn beherrscht nicht die süße Macht der Gewohnheit und der Zauber der Erinnerung. Er wurzelt nicht in der Vergangenheit und denkt nicht an die Zukunft. Dieser echt orientalische Charakterzug des Russen, nur für den Augenblick zu leben und nur die Gegenwart zu genießen, spricht sich auch in seiner Wohnung aus.

Er baut sein Haus nur für sich und seine eigenen Bedürfnisse, ohne seiner Nachkommen dabei zu gedenken. Und weil er weder Erfindungsgeist hat noch Geschmack an schönen Bauwerken, noch Geduld, lange zu warten, läßt er sein Haus bauen nach dem Muster der umstehenden Häuser, und gewöhnlich mit einer Eile, daß die Gebäude oft nach wenigen Jahren schon aussehen wie übertünchte Ruinen.

Daher die kalte Einförmigkeit der russischen Städte und die eigentümliche Erscheinung, daß man es keinem Haus ansieht, ob es vor einem, vor zehn oder vor hundert Jahren gebaut wurde – im Gegensatz zu den alten Städten Deutschlands, Italiens und anderer Länder, wo die Gebäude gleichsam lebendige Blätter der Geschichte sind, belehrende Vermittler zwischen Vergangenheit und Gegenwart.

Das einzig Bemerkenswerte der russischen Städte sind ihre schmuckreichen Kirchen und großartigen Basare.

Wie in der Architektur sind die Russen auch in der Bildhauerkunst und Malerei weit hinter allen Völkern Europas zurückgeblieben.

Der Einwand, daß der Druck der Leibeigenschaft, welcher auf der großen Masse des Volkes lastete, jede freie Geistestätigkeit, jeden höheren Aufschwung unmöglich gemacht, wird entkräftet durch das Beispiel der Völker des Altertums, wo unter ähnlichen Zuständen die Kunst ihre höchste Ausbildung erreichte und der Genius des Volkes ebenfalls auf Kosten der gedrückten Massen sich seine ewigen Denkmäler schuf.

Zudem datiert die Einführung der Leibeigenschaft in Rußland bekanntlich erst aus den letzten Jahrhunderten, wo die Russen schon in lebhafterem Verkehr mit dem Auslande standen. Aber weder der fremde Einfluß noch der Schutz und die Begünstigung, welche die Zaren den Künsten angedeihen ließen, vermochte die Neigung dafür unter den Russen zu fördern, eben weil ihr unsteter Sinn, ihr Hang zum Nomadenleben sie den an die Scholle fesselnden Beschäftigungen entfremdete.

In den wenigen Überresten bildlicher Darstellungen der Russen (wie der Slawen überhaupt), die aus früherer Zeit auf uns gekommen, offenbaren sich nur die rohesten Anfänge der Kunst.

Die Chroniken erzählen von Bildsäulen der alten Slawengottheiten: Peruns, des Donnergottes; Ußlads, des Gottes der Freude; Woloß', des Gottes der Herden; Stribogs, des Gottes der Winde; Ladas, der Göttin der Liebe und Schönheit – doch ist leider davon nichts bis auf die Gegenwart gekommen. Man kann annehmen, daß sie auf gleicher Stufe standen mit jenen ungeschlachten Steinbildern, welche man noch hin und wieder in den weiten vom Don und vom Kuban durchströmten Kosakensteppen findet.

Im Gegensatz zu der Vernachlässigung, welche die bildenden Künste in Rußland fanden, und zwar aus denselben Ursachen, welche die Vernachlässigung bewirkten, erreichte die Sprache hier schon sehr früh einen hohen Grad der Ausbildung.

Sie wurde die alleinige Trägerin alles geistigen und sittlichen Inhalts des Volkes; in ihr konnte der Russe Monumente schaffen, die ihn auf seinen Wanderungen begleiteten; ihr hauchte er all sein Denken und Sinnen, all sein Leid und Wehe ein, und ihre biegsamen, klangreichen Formen schmiegten sich leicht allen Bedürfnissen an.

Daher die erstaunliche Ausbildung, der überraschende Formen- und Wortreichtum, welche wir in der russischen Sprache finden, und daher auch die hohe Bedeutung, welche das Volkslied hier für den denkenden Geschichtsfreund hat.

Die Geschichte, das innere und äußere Leben, alle Weisheit und Torheit, alle Tugenden und Gebrechen des Volks spiegeln sich mit wunderbarer Treue in diesen Liedern ab.

Und es liegt darin eine Kraft des Ausdrucks, ein Reichtum von Bildern und Anschauungen, daß der Forscher nicht bloß historische Belehrung, sondern auch hohen Genuß in diesen alten Denkmälern findet, welche nur von den epischen Erzeugnissen der neueren Kunstpoeten Rußlands an Bedeutung übertroffen werden.

Seltsamerweise haben diese Dichter den wohlverdienten Ruhm, welchen sie in und außerhalb Rußlands gefunden, mehr ihren poetischen Verirrungen als ihren wesentlichen Vorzügen zu verdanken.

Nur da, wo sie aus dem alten Sagen- und Liederquell ihres Landes und den Eigentümlichkeiten des vielgestaltigen Volkslebens schöpften, erscheinen sie wahrhaft groß, während ihre übrigen Werke bloß mehr oder weniger gelungene Nachahmungen ausländischer Vorbilder sind.

Die Aufklärung und Überfeinerung der höheren Stände, denen die bedeutendsten der modernen russischen Dichter angehören, und das Elend und die traurige Unwissenheit der großen Masse des Volks bilden schwer zu vermittelnde Gegensätze.

Der unnatürliche Genuß, die Blasiertheit, der Ekel der Gegenwart, die Weltmüdigkeit bieten keinen Stoff für die Poesie, und der Dichter, der seine Helden unter den Trägern dieser Gebrechen sucht, kann nur Zerrbilder daraus erzeugen. Es ist zu bedauern, daß diese Poesie der Unnatur selbst unter den begabtesten Geistern Rußlands ihre Vertreter gefunden.

Hier ist nicht der Ort, die obigen Andeutungen weiter auszuführen. Ich verweise diejenigen Leser, welche sich über den Gegenstand genauer unterrichten wollen, auf meine die russische Literatur speziell behandelnden Schriften.

Die Donische Steppe

»Ich schwamm hinaus auf die Fläche des trockenen Ozeans. Der Wagen versinkt in Grün und schwankt wie ein Nachen durch die Wogen der rauschenden Wiesen hin. Überschwemmt von Blumen, umschiffe ich die korallenen Eilande des Steppengrases. Schon sinkt die Dämmerung herab; kein Weg noch Hügel zeigt sich dem spähenden Blicke. Ich schaue zum Himmel empor und suche die Sterne, die Leiter des Nachens . . .«

So begrüßte einst Mickiewicz das Steppenland, das er wahrscheinlich zu einer günstigeren Jahreszeit besuchte als ich.

Wohl glich jetzt die Steppe mit ihrem eintönigen, leicht aufsteigenden, weit verschwimmenden Hügelland einem trockenen Ozean; aber verdorrt lag das Gras und geknickt von den kalten Herbststürmen oder zerstampft durch Kosakenrosse; und von dem reichen Pflanzenwuchs des Frühsommers, welcher besonders durch die Millionen hoch aus den Graswogen aufschießenden Synantheren sein eigentümliches Gepräge erhält, zeigten sich nur noch kümmerliche Reste.

Der Eintritt in die Steppenlande des Don hat für den von Moskau kommenden Reisenden nichts Plötzliches, Überraschendes; wie überhaupt rasche, unvermittelte Übergänge zu den seltenen Ausnahmen in Rußland gehören, wo man in verschiedenen Gegenden Hunderte von Meilen in gerader Richtung fortreisen kann, ohne daß die geognostische Beschaffenheit des Bodens oder der Tier- und Pflanzenwelt sich merklich änderte.

Um ein Maß für die Anschauung dieser großartigen, mit keinem andern Lande Europas vergleichbaren Einförmigkeit und ihrer allmählichen, unmerkbaren Übergänge zu geben, führe ich hier die Behauptung eines landeskundigen deutschen Naturforschers an: ». . . daß am Nordrande des Harzes auf einer Strecke von weniger als einer deutschen Meile mehr geognostische Verschiedenheit zu beobachten ist als auf dem Wege vom Weißen bis zum Schwarzen Meere und daß auf einer Entfernung von kaum mehr als einer Meile vom Fuße des Harzes bis zur Höhe des Brockens die Vegetation größere Gegensätze zeigt als zwischen der Grenze der Steppen und der Eisküste.«

Durch die weiten, nur von einzelnen Birken- und Eichenwaldungen und kaum merkbaren Hügelreihen durchzogenen Ebenen der Nara, Oka und Upa wird man hinlänglich vorbereitet auf die großartige Einförmigkeit der Bodengestaltung, welche, noch erhöht durch den gänzlichen Mangel an Baumwuchs, den vorwiegenden Charakter der Steppe bildet.

Tausende von Wersten weit kommen hier eigentliche Waldungen gar nicht und einzelne Baumgruppen nur in verkümmerter Gestalt vor: teils infolge der Natur des Bodens, hauptsächlich aber, weil die Bäume zu ihrem Gedeihen einer geschützteren Lage bedürfen, als die endlos flache, allen Winden offene Steppe bieten kann.

*

Die Winterlandschaft, welche uns von Moskau aus durch das rasch aufgeblühte Städtchen Podolsk, das schon in der letzten Hälfte des vierzehnten Jahrhunderts erbaute, wiederholt von den Tataren zerstörte Serpuchoff und die durch ihre Gewehrfabrik, Silber- und Stahlarbeiten berühmte Gouvernementsstadt Tula begleitet hatte, war bei dem malerisch gelegenen Jeletz (in der Mitte des Weges zwischen Tula und Woronesch) plötzlich verschwunden.

Von Jeletz bis zu dem hart am Don gelegenen und danach benannten Sadonsk bildete ein unergründlicher Schmutz den Übergang zu erfreulicheren Bildern. Die Wege wurden besser, die Luft milder, der Himmel klärte sich wieder auf, und einige prachtvoll gebaute, inmitten großer Gärten anmutig gelegene Landhäuser verschönerten die Gegend.

In Woronesch machte sich schon eine bedeutende Veränderung des Klimas fühlbar. Das Thermometer zeigte 16° Réaumur Wärme, während es bei meiner Abreise aus Moskau um dieselbe Tageszeit auf dem Gefrierpunkt stand.

Nirgends in der Welt habe ich eine so große Menge Windmühlen gesehen wie in dieser getreidereichen Provinz. Aus allen Dörfern ragen sie hervor, alle Hügel sind damit überdeckt. Und die seltsame Bauart dieser Windmühlen überrascht fast noch mehr als ihre große Anzahl. Ihre Flügel bilden ein vollständiges Viereck, zusammengehalten und getragen von vier kolossalen Speichen.

Auch die vielen kreideähnlichen Kalkhügel, welche das Land in allen Richtungen durchziehen und von weitem im

Glanz der Sonne wie kleine Gletscher schimmern, gewähren einen eigentümlichen Anblick.

Bei Kasanskaja überschreiten wir auf einer Fähre den Don und gelangen in das Land der nach dem Strome benannten Kosaken.

Die Einförmigkeit dieses dünnbevölkerten Landes spiegelt sich wider in den ärmlichen Wohnungen, die alle nach einem Muster gebaut sind und deren jede nur knappen Raum für eine kleine Familie und die notwendigsten Gerätschaften bietet.

Die meisten dieser vereinzelt in den Stanitzen (Kosakendörfern) stehenden Häuser sind mit kleinen Gärten umgeben, wo außer den gewöhnlichen Küchengewächsen besonders Wein und Melonen trefflich gedeihen.

Jede Stanitza, und sei sie noch so unbedeutend, hat ihren kleinen Basar, wo alle Erzeugnisse des Landes sowie die wesentlichen Bedürfnisse der Bewohner bescheiden vertreten sind.

Unter den donischen Weinen zeichnet sich besonders der Nasdoroffsche weiße und der Zymljänskische rote (den feurigen italienischen Weinen ähnliche) vorteilhaft aus. Beide werden in großen Partien ausgeführt, und aus ersterem wird der durch ganz Rußland berühmte und beliebte donische Champagner bereitet.

Nach Pallas, welcher diese Länder zu wiederholten Malen unter der Regierung der großen Katharina und Kaiser Pauls besuchte, datiert der Aufschwung des Weinbaues am Don erst aus der letzten Hälfte des vorigen Jahrhunderts. Der berühmte Reisende ist auf die Kosaken jener Zeit nicht gut zu sprechen: »Beständiges Wohlleben«, sagt er, »Müßiggang und Völlerei, Folgen des Überflusses, den die vortrefflichen Besitzungen dieser freien Miliz hervorbringen, haben die Sitten auf das Äußerste verderbt, und Luxus hat auch hier die alte Einfalt genugsam verdrängt. Die Hauptstadt wird hier, wie anderwärts, der Sauerteig, welcher nach und nach die ganze Volksmasse verdirbt. Das einzige, was die Reichen unter den donischen Kosaken wirklich verbessert haben, ist der Weinbau, der nicht nur seit zwanzig Jahren sehr vermehrt, sondern auch auf einen bessern Fuß gebracht worden ist, weil er ihren Lüsten schmeichelt.«

Dieses Urteil paßt nur noch teilweise auf die heutigen Anwohner des Don, von deren Luxus, beständigem Wohlleben und Überfluß nicht viel zu rühmen ist, wogegen sie in ihrem

Hange zum Trinken und zum Müßiggange ihren Vätern allerdings nicht weit nachstehen mögen. Die Ursachen dieser Erscheinung möchte ich aber weniger in den schädlichen Einflüssen der Hauptstadt als in der Geschichte und dem durch dieselbe bedingten Charakter des merkwürdigen Reitervolks suchen, dessen Name schon auf ein unstetes, den Künsten des Friedens abholdes Leben hinweist.

Der Krieg ist eben des Kosaken einzige Beschäftigung und das Schlachtfeld das einzige Feld seiner Tätigkeit, so wie die Beute die einzige Quelle seines Reichtums. Alle Haus- und Feldarbeit bleibt den Frauen überlassen, die durchgehends von derbem, kräftigem Schlage sind und Axt, Spaten und Kochlöffel mit gleicher Geschicklichkeit handhaben. Der dadurch in Haus, Garten und Feld erzeugte Gewinn reicht aber nicht über die Befriedigung der notwendigsten Bedürfnisse eines höchst einfachen Lebens hinaus. Und mit der vom Kosaken heimgebrachten Beute geht es, wie das Volkslied singt:

»Ohne Nutzen, ohne Segen
Schwindet des Kosaken Beute,
Was er gestern schwer errungen,
Leichten Sinns vertrinkt er's heute.«

Wäre dem anders, gewöhnte er sich an eine nützliche Beschäftigung, lernte er den Boden bebauen oder ein Handwerk treiben, so würde er eben aufhören, Kosak zu sein, welche Benennung ausdrücklich einen bewaffneten Herumstreicher bezeichnet, im Gegensatz zu dem gewerbtätigen Bürger und dem an der Scholle klebenden Landmann.

Die ersten Anfänge der großen Kosakenverbrüderungen bildeten sich aus Räuberbanden, welche zu Land und zu Wasser ihr Unwesen trieben, hauptsächlich aber die Wolga und den Don, die Oka und den Ural zum Schauplatze ihrer Taten machten. Ihre zum großen Teil noch heute im Munde des Volks fortlebenden Lieder erzählen von zwölfrudrigen, goldgeschmückten, buntbemalten Fahrzeugen, womit sie Kauffahrteischiffe kaperten, alles Wertvolle fortschleppten und in entlegenen Schlupfwinkeln aufstapelten. Die Kaufleute wurden zu Gefangenen gemacht und nach Umständen niedergemetzelt oder gegen ein ansehnliches Lösegeld entlassen. Kurz, diese Banden, welche in ältester Zeit unter den Namen Burlaki und Brodniki

(Räuber und Landstreicher) vorkommen, unterschieden sich von unsern Wegelagerern und Raubrittern der guten alten Zeit nur durch festeres Zusammenhalten und größere Gemeinsamkeit. Ihre Macht wuchs mit ihren Erfolgen. Die zerstreuten Schlupfwinkel wurden nach und nach zu befestigten Wohnplätzen, in welchen sie sich stark genug fühlten, den Streitkräften zu trotzen, welche die Regierung zu ihrer Unterdrückung aufbot. Mußten sie die bewohnteren Teile Rußlands meiden, so bot ihnen die endlose Steppe zwischen Dnepr und Don einen um so unbegrenzteren Schauplatz der Tätigkeit. Auf den schnellen Pferden der Steppe wagten sie die kühnsten Abenteuer, plünderten Karawanen, überfielen oft ganze Ortschaften und suchten unter den schmucksten Töchtern des Landes ihre Frauen aus. Erst im dreizehnten Jahrhundert kommen diese Räuberbanden unter dem gemeinsamen Namen Kosaken vor.

Mit der Unterjochung der russischen Fürstentümer durch die Tataren hörte die Feindschaft zwischen Russen und Kosaken auf, da beide in den fremden Eindringlingen einen gemeinsamen Feind fanden. Die Macht der Kosaken wurde durch die jahrhundertelangen Kämpfe mit den Tataren nicht gebrochen, sondern gestählt. Nach der Vertreibung der Goldenen Horde finden wir die Kosaken als ein selbständiges, zahlreiches und gefürchtetes Reitervolk wieder, dessen Ursprung über seine Macht und ritterlichen Taten vergessen war.

An den Ufern des Don und hinter den Wasserfällen des Dnepr setzten sich zwei große Stämme fest, wovon der erstere vorzugsweise aus Großrussen, der letztere vorzugsweise aus Kleinrussen (Ukrainern) und Polen bestand, obgleich es unter ihnen auch an versprengten Tscherkessen, Polowzen und Kalmyken nicht fehlte.

Von diesen beiden Hauptstämmen der donischen und der ukrainischen Kosaken gingen alle späteren Verzweigungen aus. Das durch Eintracht starke Gemeindeleben entwickelte sich bei ihnen unter gleichen Umständen auf gleiche Weise. Erst war der Gedanke des Schutzes und der Verteidigung, dann der Gedanke der Rache, des Ruhmes und der Unabhängigkeit vorherrschend. In ihrem Äußeren unterschieden sich die Kosaken der Ukraine durch feineren Anstrich, reichere Kleidung und durch ihr, bis auf den wohlgepflegten Schnurrbart, glattrasiertes Gesicht von den einfacheren, langbärtigen Kosaken des Don.

Zu Ende des fünfzehnten Jahrhunderts nehmen die kriegerischen Republiken der Kosaken schon reifere soziale Formen an und treten in Verbindung mit den benachbarten Staaten.

Ihre Kämpfe mit den Türken, Litauern, Polen und Russen, denen sie nach dreihundertjähriger Unabhängigkeit endlich unterliegen mußten, sind bekannt aus der Geschichte. Die Zeit von der Thronbesteigung Peters I. bis zum Tode Katharinas II. umfaßt die Periode ihres politischen Untergangs.

Wenngleich das Leben der Kosaken durch die russische Herrschaft ein ganz anderes geworden und weniger poetische Momente bietet als das ihrer freien Vorfahren, so fortbesteht unter ihnen doch eine gewisse traditionelle Poesie, welche die Vergangenheit des Volks, seine Leidenschaften, Sitten und die wesentlichen Momente seiner Entwicklung in treuen Zügen widerspiegelt und dadurch auch für den Geschichtsforscher von größter Bedeutung ist. Ohne diese reiche und belebende Quelle würde die Geschichte des Volks in eine trockene Aufzählung seiner kriegerischen Erfolge und Unfälle zusammenschrumpfen und uns über die wesentlichen Triebfedern seiner Kraftäußerung ganz im dunkeln lassen.

Als solche Triebfedern hebe ich besonders hervor den unerschütterlichen Glauben des Volks an die Satzungen seiner Kirche, verbunden mit einer unbegrenzten Sucht nach Ruhm und Auszeichnung. Jener Glaube umschlang die buntgewürfelten Reiterhorden nicht nur mit einem gemeinsamen, festen Bande, sondern ließ sie auch die Bekämpfung der Ungläubigen (wozu bekanntlich nach der orthodoxen Kirche nicht bloß die Tataren gehören) als ein gottgefälliges, heiliges Werk erscheinen. Ihre Ruhmsucht – der ein weites Feld der Befriedigung offenstand, denn jeder Kosak konnte Hetman werden – trieb sie in Kampf und Gefahr, und sie gingen dem Tode mit fatalistischem Gleichmute entgegen, weil sie stets darauf rechneten, im Himmel für ihre Tapferkeit belohnt zu werden. Zu gleicher Zeit waren sie nicht unempfänglich für einen guten Nachruhm auf Erden; der Gedanke, verherrlicht zu werden im Liede, fortzuleben im Munde des Volks, war ihnen ein Sporn zu den kühnsten Taten und Wagnissen.

»Der junge Kosak mußte untergehn
Wie die Blume der Steppe in Sturmeswehn;
Doch sein Ruhm starb nicht mit ihm –
noch in spätster Zeit
Singen, preisen die Kosaken seine Tapferkeit.«

Dieser Schluß des Liedes, welches die Taten Iwan Konowtschenkos rühmt, findet in vielen ähnlichen Liedern des Landes seinen Widerklang. [...]

*

Die Lebensweise der Kosaken ist so rauh und einfach, daß ein verwöhnter Reisender es nicht lange bei ihnen aushält. Fische aus dem Don gehören zu den Leckerbissen; Krautsuppen, Grütze mit Öl zubereitet, Melonen und grobes Brot bilden die gewöhnliche Nahrung.

Ehe ich Nowo-Tscherkassk erreichte, hatte ich ein friedliches Abenteuer zu bestehen, welches sich nimmer aus meiner Erinnerung verwischen läßt.

Ich war die ganze Nacht durchgefahren, hatte den folgenden Tag nichts gegessen als ein Stück Schwarzbrot, und müde und hungrig kam ich mit anbrechendem Abend in einer Stanitza an, deren Äußeres nichts weniger als einladend war.

Inmitten schöner Gegenden kann der Reisende oft tagelang Essen und Trinken vergessen bei der steten Abwechslung der Bilder, die sich vor seinem Auge entrollen. Es ist, als ob die frische Bergluft und der Duft von Wiesen- und Waldesgrün etwas Sättigendes habe oder als ob der Magen durch das Auge mitgenösse.

In öden, flachen Gegenden aber, wie in den endlosen Steppen am Don, machen sich die Bedürfnisse unseres sterblichen Teiles doppelt fühlbar. Man hört nichts als das Rasseln des Wagens und Pferdegestampf; man sieht nichts als weite, wüste Flächen. Kommt dazu noch schlechtes Wetter und schlechte Wege, wie ich's den ganzen Tag hindurch gefunden hatte, so möchte man umkommen vor Ekel und Unmut.

In einem solchen Gemütszustande kam ich in der Stanitza an. Der Wagen hielt in der Mitte des Dorfes still, und ich schickte meinen Diener auf Kundschaft aus, um ein Obdach und warmes Essen aufzutreiben.

»Hier im Dorfe ist kein Wirtshaus, und Sie werden schwerlich etwas zu essen finden«, rief mir eine freundliche Frau von mittleren Jahren durch das offenstehende Fenster ihrer Hütte zu, »wenn Sie aber mit unserer schlechten Kost vorliebnehmen wollen, so sollen Sie uns willkommen sein; wir sind gerade beim Abendessen.«

Sie sagte mir dies in so einladend freundlichem Ton, und ihr

Gesicht hatte einen so frommen, gemütlichen Ausdruck, daß ich unwillkürlich bei mir dachte: das kann unmöglich eine gewöhnliche Kosakin sein! Es fehlt ihr ganz jener trotzige, determinierte Ausdruck, welcher den Weibern der Kosaken vom Don eigen ist.

Und ihrer Einladung folgend, trat ich ins Haus. Da saßen an einem weißen tannenen Tische drei Mädchen, von denen das älteste etwa zwölf Jahre zählen mochte, und ein Knabe von ungefähr vierzehn Jahren. Sie standen alle auf, als ich in die Stube trat, grüßten mich freundlich bescheiden und wollten sich nicht wieder setzen, bis ich selbst unter ihnen Platz genommen hatte.

Auf dem Tische dampfte einladend das Abendessen, bestehend aus einer Krautsuppe mit Grütze.

Die Wohnstube, das Haus- und Tischgerät, alles zeugte von großer Armut, war aber so rein und sauber gehalten, daß das Auge gern darauf weilte. Decke und Wände waren blendend weiß angestrichen, Tür und Fenster sauber gewaschen. Auf einem kleinen, alten Schränkchen stand das ärmliche, blankgescheuerte Küchengerät, und in der Ecke hing ein Heiligenbild mit einem brennenden Lämpchen davor.

Die Art und Weise, wie die gute Frau mir ihr frugales Abendessen anbot und meinen Teller füllte, hatte etwas so Gefälliges, Ungezwungenes, wie man es sonst nicht bei Frauen dieses Standes zu sehen gewohnt ist. Man sah es ihren Augen an, daß sie gern gab, was sie hatte, und sie schien mit Wohlgefallen zu bemerken, daß ich mir die Suppe nach Herzenslust schmecken ließ.

Während des Essens und nach Tische unterhielt ich mich, so gut ich konnte, mit meiner freundlichen Wirtin und wußte bald ihre ganze Lebensgeschichte.

Sie war aus dem Gouvernement Poltawa gebürtig, hatte aber schon in früher Kindheit mit ihrem Vater, einem Offizier von bekannter Familie, nach Sibirien wandern müssen. Ihr Vater starb in der Verbannung, und eine wohltätige Frau nahm sich des verwaisten Mädchens an. Sie blieb eine Reihe von Jahren im Hause dieser guten Frau, erhielt hier eine Art Erziehung und Unterricht und heiratete später einen Chorundschi, dem sie in ihrem zwanzigsten Jahre in sein donisches Heimatland folgte.

Eine geraume Zeit lebte sie hier glücklich und zufrieden, bis auch der Gatte ihr durch den Tod entrissen wurde. Seitdem hatte sie immer mit Not und Unglück zu kämpfen gehabt und ihren einzigen Trost in ihren Kindern gefunden, deren Unterhalt und Erziehung all ihre Kräfte gewidmet waren.

»Die Kinder lesen schon recht hübsch«, sagte sie, »ich habe nur immer so wenig Zeit, mich mit ihnen zu beschäftigen. Sascha, hol einmal dein Buch her und lies dem fremden Herrn etwas vor.«

Ich besah das Buch und war nicht wenig erstaunt, eine russische Übersetzung des zweiten Bandes der Campeschen Jugendschriften vor Augen zu haben.

Die Kinder lasen mir alle nach der Reihe etwas vor, und es ging wirklich recht hübsch, wie ihre Mutter gesagt hatte. Doch die Pferde waren schon seit einer Stunde angespannt, die Zeit drängte, ich mußte davon.

Ich küßte freundlich die Kinder und nahm Abschied von der Mutter mit einem herzlichen Händedruck, bei welcher Gelegenheit ich ihr ein Geldstück in die Hand schlüpfen ließ.

Aber ohne zu sehen, was es war, reichte sie mir das Geld zurück mit den Worten: »Ihr Geld mag ich nicht!«, und dabei sah sie mich an mit einem Blicke, der mir durch die Seele ging.

Ich begriff im Nu, welchen Mißgriff ich getan, wie sehr ich durch mein Geldanbieten die gute Frau beleidigt hatte, und wandte all meine Beredsamkeit auf, den Fehler wiedergutzumachen; aber Fehler dieser Art lassen sich leider nicht wiedergutmachen. Das ist der Fluch der Armut, daß all ihre Handlungen, mögen sie noch so uneigennützig sein, niedrigem Interesse zugeschrieben werden.

»O Gott«, sagte die gute Frau, »kann ich denn nicht einmal mein Stück Brot mit einem Fremden teilen, ohne glauben zu machen, ich tue es für Geld? Ich habe mich so gefreut, Sie bei mir zu sehen, und nun muß es so kommen!«

*

Nowo-Tscherkassk, die Hauptstanitza des Landes der Kosaken vom Don, breitet sich malerisch über die grünen Abhänge eines hochaufgeschwellten Hügelzuges aus.

Ich nenne den Ort trotz seines bedeutenden Umfanges eine Stanitza, weil das Ganze ein zu dorfähnliches Ansehen hat, um den Namen einer Stadt zu verdienen.

Die krummen, ungepflasterten Straßen, die kleinen, bunt

zusammengewürfelten Häuser, die malerischen Trachten der Einwohner geben dem Ort ein ganz orientalisches Gepräge, welches nur hin und wieder durch einige in europäischem Geschmack erbaute Kronsgebäude und Paläste unterbrochen wird.

Die Hauptvorzüge von Nowo-Tscherkassk sind der gute, billige Wein und die hübschen Frauen, die man hier findet. So viele schlank gebaute Mädchen, mit leichtem Gange und feinem Gesichte, wie hier habe ich in keiner russischen Stadt gesehen.

Doch wir dürfen nicht lange weilen in der hügelgetragenen Stanitza und müssen wieder hinabsteigen in die Ebene, denn noch weit ist der Weg, den wir zu pilgern haben, bis zu Georgiens blühenden Fluren.

Der Himmel drohte aufs neue mit Regen, und ich gab den Jämschtschiks doppelte Trinkgelder, um so schnell als möglich Stawropol, die ziskaukasische Hauptstadt, zu erreichen.

Die im Sommer hier zwischen dem Don und dem Bolschoi Osero nomadisierenden Kalmyken hatten schon ihre Zelte niedergeschlagen und ihre Winterbehausungen in Ziskaukasien bezogen.

Ich ließ in einem Kalmykendorfe anhalten, um zu frühstükken, verlor aber allen Appetit, noch ehe ich eine dieser dumpfen, roh aufgeworfenen Hütten betrat, wo die Menschen mit ihrem Vieh zusammen wohnen und sich von letzterem nur durch größeren Schmutz unterscheiden.

Trotzdem konnte ich nicht umhin, nachdem ich die Schwelle der Hütte einmal überschritten hatte, meine Selbstbeherrschung an dem Genusse eines mir dargebotenen Kruges Milch zu üben.

Ich gab dem Kalmyken, welcher mir den Krug gereicht hatte, einen Tschetwertak, den er augenscheinlich mit größerer Befriedigung betrachtete als ich seine schmutzigen Hände. Er gab mir durch Zeichen und gebrochene russische Worte zu verstehen, ich möchte einen Augenblick in der Hütte verweilen; er werde gleich zurückkommen und mir etwas Besonderes mitbringen. Darauf ging er hastigen Schrittes davon.

»Was das schwarze Bilsenkraut, welches die Ufer des Don entlang wuchert, unter den Kräutern, das sind die Kalmyken unter den Bewohnern der Steppe.« Solche und ähnliche Gedanken fuhren mir durch den Kopf, als nach kurzer Abwesenheit mein Wirt wieder eintrat, gefolgt von einem ältlichen, etwas sauberer aussehenden Manne, der ein sorgfältig zusammengeschlagenes Tuch vor mir ausbreitete, welches verschiedene kleine Bilder und Schnitzarbeiten enthielt. Es waren Tier- und Menschenfiguren, deren Anlage keinen besonderen Kunstsinn verriet, deren Ausführung aber von einer Kunstfertigkeit zeugte, welche ich bei diesen Nomadenstämmen nimmer erwartet hätte. Die mit großer Sicherheit aus Holz geschnitzten Kühe hatte der alte Mann selbst verfertigt; die Bilder aber waren von seinem Bruder, der, wie ich belehrt wurde, die Farben dazu aus Nowo-Tscherkassk holte.

Ich freute mich, unter dieser rohen Wanderhorde wenigstens eine Spur schaffender Geistestätigkeit zu entdecken, kaufte für ein billiges einige Bilder und begab mich dann wieder auf die Reise, um noch vor anbrechendem Abend die Stanitza Donskaja zu erreichen.

Hier blieb ich zur Nacht, da der Posthalter sich weigerte, mir Pferde zur Weiterreise zu geben, weil, wie er sagte, die Wege durch die nächtlich in der Gegend umherstreifenden räuberischen Nagaizen unsicher gemacht würden.

Die Gleichförmigkeit in Kleidung und Bewaffnung der kaukasischen Kosaken und der feindlichen Bergvölker macht, daß nur ein geübter Blick die einen von den anderen zu unterscheiden vermag, und der Reisende, welcher zum ersten Male dieses Weges zieht, glaubt schon mitten unter den Tscherkessen zu sein, wenn er die stattlichen Linienkosaken in ihrer Pelzmütze und dem kaukasischen Waffenrock an sich vorübersprengen sieht.

Ich verließ Donskaja mit anbrechendem Morgen und gelangte schon um Mittag nach Stawropol, der Hauptstadt der ziskaukasischen Länder.

Kleine, unansehnliche Häuser, krumme, schmutzige, ungepflasterte Straßen, belebt von russischen Grauröcken, friedlichen Tscherkessen, Kosaken, Persern und Tataren – dies ist alles, was mir von diesem Ort im Gedächtnis geblieben, der, früher ein elendes Dorf, im Jahre 1785 zu dem Range einer Stadt erhoben wurde, aber noch heute nichts davon hat als den Namen.

Hinter Stawropol nimmt das Land schon ein kriegerisches Gepräge an. Auf den Hügeln, welche sich zu beiden Seiten des Weges hinziehen, brennen Wachtfeuer, umlagert von Linienkosaken, welche sich in ihren Waffenröcken, mit der zottigen Burka darüber, gar stattlich ausnehmen; Patrouillen durchziehen die Straßen, und hin und wieder erblickt man eine Wuischka, d. h. ein hohes, taubenschlagähnliches Gerüst, in welchem oben zwei Kosaken stehen, die, mit Fernrohren bewaffnet, nach allen Seiten umherspähen, um bei feindlichen Überfällen gleich das Alarmzeichen zu geben.

Da man aber trotz der schärfsten Augen und der besten Fernrohre bei trübem Wetter selbst in geringer Entfernung keinen Linienkosaken von einem Tscherkessen unterscheiden kann, so wird den Reisenden, wenn sie nicht eine starke Eskorte mit sich haben, nur bei ganz heiterem Himmel das Weiterreisen gestattet. Aus diesem Grunde mußte ich zwei Tage in Stawropol bleiben, ehe ich die Erlaubnis zur Fortsetzung meiner Reise erhielt.

Es war ein heller, aber feuchtkalter Morgen, als ich der ziskaukasischen Hauptstadt Lebewohl sagte.

In den ersten Stunden begegneten wir einer Menge teils einzeln, teils in kleinen Abteilungen reitender Kosaken; aber je mehr der Tag hereinbrach, desto stiller wurde es auf der Straße. Unfern Staro-Marjewska, etwa dreißig Werst hinter Stawropol, lagen vier Kosaken neben dem halb erloschenen Wachtfeuer auf ihren Burkas ausgestreckt in tiefem Schlafe. Eine Patrouille ritt vorüber; die Reiter lachten beim Anblick ihrer schlafenden Kameraden, aber trabten weiter, ohne sie zu wekken.

Hierauf verging über eine Stunde, ehe mir wieder eine Patrouille zu Gesicht kam.

Kaum ein paar Minuten waren verflossen, seit die Reiter hinter uns verschwanden, als fernes Glockengetön uns das Nahen einer Kuriertroika verkündete.

Das russischen Kutscherohren so lieblich klingende Gebimmel der Glöckchen von Waldai trieb auch meinen Jämschtschik zu größerer Eile an. Er brummte einen lustigen Fluch durch die Zähne und schnalzte den Pferden ermunternd zu.

Schon konnten wir das fernherbrausende Dreigespann deutlich sehen, und immer heller klang uns das Glockengetön entgegen. Plötzlich trifft ein langgezogenes, laut gellendes Pfeifen unser Ohr; wir spähen umher; in der Mitte zwischen uns und der Troika taucht eine lange Gestalt auf, und wiederum erschallt, dieses Mal in drei kurzen Stößen, ein weithin gellendes Pfeifen.

Der Jämschtschik hält mit aller Kraft seine Pferde zurück und richtet sich auf, um die Blicke umherschweifen zu lassen. Doch schnell setzt er sich wieder und treibt seine Pferde zur Umkehr an, denn wie aus der Erde gestampft erscheinen drei Reiter auf der Heerstraße und sprengen in gestrecktem Galopp der kaum noch fünfzig Schritt entfernten Troika entgegen. Ein Schuß fällt – der Kutscher stürzt vom Bocke; in demselben Augenblicke erscheinen noch zwei andere Reiter, jeder ein gesatteltes Pferd neben sich am Zügel führend. Mit Blitzesschnelle sind die beiden in der Telega Sitzenden gebunden, aufs Pferd geworfen, und schnell wie der Sturm, der die Steppe fegt, jagen die Reiter mit ihren Gefangenen davon, nach der Richtung des Kuban zu, woher sie gekommen waren.

Über den Kaukasus nach Tiflis

[. . .]

Hinter uns liegt die Steppe, und vor uns auf steigt der Kaukasus.

Wie das Herz sich erhebt mit den Bergen, und wie das Auge klarer wird beim Anschauen ihrer leuchtenden Gipfel! Von dort, wo der vielgespaltene Kuban seine schlammigen Wogen in den tückischen Pontus wälzt, bis zu den Feuertempeln am Kaspischen Meer läuft wild gezackt und zerklüftet die hohe Gebirgsmauer, welche Asien von Europa trennt.

Aus der frischen, kräftigen Pflanzenwelt zu ihren Füßen, aus dem dunklen Grün, das hier als breiter Gürtel ihre Flanken umkleidet, dort in launenhaft zerrissenen Grasmatten hoch hinaufkriecht an den ungetümen Felsmassen, steigen die Berge empor in nackter Schöne, bis wo der demantene Winterschleier in blendender Weiße von den himmelanstrebenden Kuppen auf ihre gewaltigen Schultern herabfällt.

Hoch hinaus über diesen in wunderbarem Farbenspiel schimmernden Massen zeichnen zur Linken der Kasbek, zur Rechten der Elborus und in gleicher Entfernung von beiden der pyramidenförmige Paßmymtha ihre weißen Häupter am blauen Himmel ab.

Kein europäisches Gebirge gewährt in seiner Gesamtheit einen so überwältigend schönen Anblick als der Kaukasus, wie er sich dem aus der Steppe kommenden Wanderer zeigt.

Hier ist kein vermittelnder Übergang, kein störendes Vorgebirge, das den Anblick des großen Ganzen erschwert.

Entweder erscheint der Himmel grau umwölkt, dichte Nebel beschränken den spähenden Blick, und man wähnt noch mitten in der Steppe zu sein – oder der Wolkenschleier zerreißt, der Nebel fällt, und das Gebirge steht da in seiner ganzen Glorie.

So sah ich es zum ersten Male bei Jekaterinograd, der unter Katharina II. gegründeten, hart an der Kabardah gelegenen Kosakenstadt, wo der Weg, der uns aus Rußland hierhergeführt, sich in zwei Arme spaltet, davon der eine dem Kaspischen Meere zuläuft, während der andere sich erst in schwindelnder

Die Schlucht von Darjel (R. G. Sudkowski)

Höhe mitten durch den Kaukasus windet und dann ins Herz von Georgien niedersteigt.

Wir folgen dem letzteren Wege, wie er dem Laufe des Terek entgegen, der hier die große von der kleinen Kabardah trennt, uns über Wladikawkas in mühsamen Krümmungen auf den Rücken der Gebirge führt.

Zwischen hochaufgetürmten Kalksteinmauern, wild zerrissenen Schieferfelsen, über schauerliche Abgründe hinweg, wo ungetüme Protoginmassen aus dem schwarzen Schieferagglomerat hervorbrechen, gelangen wir durch den altberühmten Engpaß von Darjel zum Dorfe Kasbek, nachdem wir in Lars zum letzten Male frische Pferde genommen. Bald wird uns der Weg versperrt durch gewaltige Schneemassen, bald durch losgebrochene Granitblöcke und Steingerölle, bald durch ein ungeschlachtes ossetisches Fuhrwerk oder durch eine Karawane bedächtig einherschreitender Kamele, deren zähe Wüstennatur auch vor den eisigen Gebirgspfaden des Kaukasus nicht zurückbebt.

Das Dorf Kasbek (bei den Georgiern auch Stepan Tzminda genannt) liegt am Fuße des Bergriesen, dessen Namen es trägt und dessen Kuppe den zweithöchsten Punkt der vulkanischen Kette bildet, welche den Kaukasus von Nordost nach Südwest durchzieht.

Steif und zerschlagen von der mühsamen Reise, welche ich, der Schwierigkeit des Weges halber, von Lars bis Stepan Tzminda fast ganz zu Fuß gemacht hatte, kam ich abends im Dorfe an.

Aber es duldete mich nicht lange in den dumpfen Zimmern. Nach kurzer Erholung eilte ich wieder hinaus in die frische Luft, und trotz der heftigen Kälte brachte ich die halbe Nacht unter freiem Himmel zu, verloren im Anschauen der großartigen Bilder, welche sich im klarsten Mondschein vor meinen Blicken entrollten.

Der plötzliche Übergang von der Steppe zum Gebirge, die gewaltigen Eindrücke des Tages, die unwillkürlich auftauchenden historischen Erinnerungen; der Gedanke, jetzt mitten in dem altberühmten Kaukasus zu weilen, den die einen die Wiege des Menschengeschlechts, andere die Mauer nennen, daran die Völkerwogen sich brachen, welche aus Mittelasien einst über Europa herabstürzten – all dieses hatte mich so mächtig aufgeregt, daß ich die neue Welt um mich her mit doppelter Lebendigkeit erfaßte.

Vor mir auf stieg in schauerlicher Schöne der gigantische Kasbek, der vielbesungene, sagengeheiligte Berg, von dessen Gipfeln periodisch alle sechs oder sieben Jahre die dort angehäuften Schnee- und Eismassen in furchtbaren Lawinen herabstürzen, Menschen und Dörfer in ihrem Falle begrabend.

Nach zwei Meeren streckt er seine Arme aus; auf zwei Weltteile schauen seine weithinleuchtenden Augen; derweil die Länder der Osseten, der Kisti, der Galgai zu seinen Füßen sich winden.

Ich finde die Eindrücke, die jene herrliche Nacht auf mich

machte, in meinem Tagebuche in Reim und Vers verzeichnet und glaube wenigstens einiges davon hier wiedergeben zu müssen als unmittelbaren Ausdruck der Empfindungen, welche die Gebirgswelt in mir erzeugte.

Der Kasbek

Am Kasbek, dem mächt'gen, stand ich
Spät in mondenheller Nacht,
Und empor die Blicke wandt' ich
Zu des Berges hoher Pracht.

Sah den Wind die Wolken jagen
Von den Höh'n, den eisig nackten,
Sah die steilen Felsen ragen,
Die des Berges Leib umzackten.

Sah des Tereks Fluten brausen
Unter wildem Schaumgeleck –
Und verwundert und voll Grausen
Sprach ich also zum Kasbek:

»Bergesgreis! hoch wie die Sterne
Schaut dein leuchtend Haupt gen Morgen,
Dem Geräusch der Erde ferne,
Ferne auch von ihren Sorgen.

Sieh, dich trifft der Sonne letzter
Und der Sonne erster Gruß,
Und auf deine Höhen setzt der
Adler nur den kühnen Fuß.

Schätze füllen deine Speicher,
Geister dienen deiner Macht;
Und so stehst du da in reicher,
Angestaunter Wunderpracht.

Prangst in schimmerndem Geschmeide,
Von Demant ist deine Kron';
Schaust mit stolzer Vaterfreude
Terek, deinen wilden Sohn.

Der ins Tal fliegt, wellbefiedert,
Dir stets fern und doch stets nah –
Mit dem Meere sich verbrüdert,
Das du nie, das dich nie sah!

Deines Haupt's ein leises Schütteln
Dröhnt tief bis zur Erde Schoß,
Macht die starren Felsen rütteln,
Reißt die Schneelawine los,

Daß sie unter Sturmesrollen,
Selbst ein Berg, vom Berge springt
Und auf ihrem schreckensvollen
Laufe Tod und Wehe bringt.«

Und ich schwieg. Ein schaurig Bangen
Faßte mich im mächt'gen Graus;
Der Kasbek streckt seine langen
Schattenarme nach mir aus.

Geisterhaft im Schneegeglimme
Sich der Schein des Mondes brach.
Sieh, da klang's wie eine Stimme,
Die herab vom Berge sprach:

»Kleiner Mensch! mit deinen kleinen
Sorgen und der großen Angst!
Der du staunst ob meinen Steinen
Und vor meinem Schnee erbangst.

Wende ruhig heimwärts deine
Schritte in des Tales Schoß;
Glücklicher als du das meine,
Preise ich dein Erdenlos!

Unten freut Ihr Euch gemeinsam,
Tragt gemeinsam Leid und Weh –
Während ich hier kalt und einsam
Zwischen Erd' und Himmel steh.

Kalt und einsam muß ich stehen,
Mir und andern zum Verderben;

Muß die Menschen sterben sehen,
und ich selber kann nicht sterben!

Wohl zuerst, zuletzt mir kehret
Sich die Sonne zu, die heiße –
Doch nur mich nie wärmt und nähret
Ihre Strahlenmilch, die weiße!

Sehe gern das bunte Treiben
In der schönen Menschenwelt –
Aber fern muß ich ihr bleiben,
Denn mich flieht, was mir gefällt!

Selbst der Strom, den ich gezeuget:
Sieh, wie er die Wellenschwingen
Rauschend hebt und mir entfleuchet,
Um ins Tal hinabzuspringen.

Und zuweilen, unaufhaltsam
Faßt mich Zorn ob dem Geschicke,
Das mich festgebannt, gewaltsam
Einzwängt in die Eisesdicke.

Und dann rüttl' ich meine Glieder,
Reiße meinen Panzer los,
Schleudre Schnee und Felsen nieder
In des Tales grünen Schoß.

Krachend rollen die Lawinen
Ihren Schreckenspfad hinab,
Machen Häuser zu Ruinen,
Werden Tausenden zum Grab.

Aber ich, in froher Blöße,
Freue mich voll grimmer Lust,
Labe gierig meine Größe
An der heißen Himmelsbrust.«

Also sprach Kasbek, der mächt'ge,
Und ich stand in tiefem Sinnen;
Durch das öde Grau'n, das nächt'ge,
Hört' ich's, einem Strom gleich, rinnen.

Immer dunkler von den Gletschern,
Von den hohen, rauscht und schwoll es,
Und in immer lauterm Plätschern
Schäumend mir zu Füßen quoll es.

Seltsam wilde Regung fühlt ich,
Als ich stumm von dannen schlich –
Schöner Terek! nimmer hielt ich
Für ein Kind des Schmerzes dich!

Der Terek

Wie ein großer Gedanke sich losreißt aus
Dem Haupte eines Genius,
Also springt aus des Kasbek steinernem Haus
Der brausende Terekfluß;
Reißt sich in sprudelnder Lust
Von der nährenden Bergesbrust;
Rauscht mit hellem Geplätscher
Über die eisigen Gletscher –
Und die Steine und Felsen, die seinen Wellen
Sich, trotzig hemmend, entgegenstellen
Und das Krüppelgewächs und die Klötze zumal:
Lachend überspringt er sie,
Oder stark zwingt er sie
Mit sich hinunter ins blühende Tal.
Was ihm widersteht, wird zerstoben,
Denn seine Gewalt kommt von oben.

Die Geiß, die wie er vom Felsen springt,
Sich labend, aus seiner Welle trinkt;
Der Wandrer, der lechzend am Berghang ruht,
Erquickt sich an seiner kühlen Flut.
Schwankende Büsche, uralte Bäume
Baden die Wurzeln im frischen Geschäume,
Es freu'n sich die duftigen Blumen, die bunten,
Ob der lauten, tanzenden Wellen tief unten,
Und es lockt der stürmische Bergessohn
Durch Klagen, Murmeln und Schmeichelton
Manch widerstrebend Blümelein
Zu sich ins Flutenbett herein.

Und nach unten gewandt
Durchzieht er das Land –
Ein König im blitzenden Wellengeschmeide –
Den Fluren zum Segen, den Menschen zur Freude.
Und nichts hält seinen Lauf,
Den stürmischen, auf.
Ohne Rast, ohne Ruh
Eilt er dem Meere zu –
Und das Meer, unter wildem Jubelgebraus,
Nimmt ihn auf in seinem weiten Haus.

Doch wie er im Meer
Seine Wohnung genommen,
Weiß man nicht mehr,
Von wo er gekommen;
Man erkennt ihn nicht wieder
Aus der Zahl seiner Brüder,
Die, wie er, aus der Ferne herbeigeschwommen.
Sein Name entschwebt –
Ein leerer Schall –,
Er selbst aber lebt.
Ein Teil im All.

Nach diesem poetischen Ergusse darf ich's meinen freundlichen Lesern nicht zumuten, mich durch das Schneegestöber, den Schmutz, die Kälte, die Wärme und alle die Drangsale und Gefahren zu begleiten, welche ich bei der Weiterreise durch den Kaukasus zu überstehen hatte.

Darum nur wenige Worte hier zum Schluß der Wanderung.

Wir verfolgen unseren mühsamen Weg nach Kobi; winden uns, hart an die steilen Felsenwände gedrückt, langsam über die furchtbaren Abgründe hinweg, die am Guda und Kreuzberg sich vor uns auftun in schauerlicher Tiefe; steigen über Kaschaour nach Quischett in das lachende Tal der Aragua hinab, und noch vor Abend erreichen wir Duschett, die erste georgische Stadt am Fuße des Kaukasus.

Hinter uns liegt das Gebirge in seiner eisigen Pracht, mit seinen Gletschern, Abgründen, Felswänden und Schluchten – und vor uns liegt ein blühendes Land, durchzogen von sanftgeschwellten, grünen Hügelreihen und durchrauscht von der Aragua laut plätschernden Wellen.

Noch klebt der Schnee an den Stiefeln, womit wir die Blumen zertreten, die zu unsern Füßen blühn.

Leise säuselt der Wind durch das Laub der Akazien; in riesiger Dicke und Höhe schlingt sich der Weinstock empor; auf den Zweigen der Mandelbäume wiegen sich die Sänger des Waldes – aus der starren Winterlandschaft sind wir in einen Garten getreten, wo es duftet und glüht von Blumen und Sonnenschein.

In Mzchethi, wo die Aragua ihre Wellen mit denen des Kyros mischt, machen wir zum letzten Male halt, und wenige Stunden darauf erreichen wir Tiflis, die Hauptstadt Georgiens.

Mirza-Schaffy, der Weise von Gjändsha

Einige Moskauer Freunde, welche dem neuen Statthalter nach Georgien gefolgt waren, hatten die Aufmerksamkeit, meine Ankunft in der alten Kyrosstadt durch ein heiteres Festmahl zu feiern. Und um mir gleich einen Vorgeschmack des georgischen Lebens zu geben, war bei der Tafel alles nach asiatischem Brauche geordnet.

Junge Georgier in malerischen Gewändern trugen die Speisen auf; ein schlanker Armenier kredenzte in gigantischen silbergezierten Büffelhörnern die feurigen blutroten Weine von Kachetos; ein persischer Sänger in blauem Talar und hochaufstrebender, pyramidenförmiger Mütze, mit einem feingeschnittenen, verschmitzten Gesichte und blaubemalten Fingerspitzen, spielte die Tschengjir und sang dazu die lieblichsten Oden von Hafis.

Wohin ich mein staunendes Auge schweifen ließ, entdeckte ich Überraschendes und Neues. Ich lebte in Wirklichkeit eines der Märchen der Tausendundeinen Nacht, wovon ich als Kind so oft gelesen und geträumt. In erquicklicher Abwechslung wurde gegessen, gelacht, erzählt, gespielt und gesungen, aber noch mehr – getrunken.

In wunderbaren Weisen erschollen die liebestollen Töne der Lieder des Sängers von Schiras; immer heller strahlte der von innen erzeugte Widerschein des blutroten kachetischen Weines in den Gesichtern der Gäste; auch bei mir blieb sein Feuer nicht ohne Wirkung, aber mein reisemüder Körper verlangte nach Ruhe. Seit vierzehn Tagen hatte ich kein Bett gesehen und die feuchten Nächte teils im Wagen, teils auf ärmlichem Teppich in noch ärmlicheren Berghütten zugebracht. Ermüdet schlossen sich hin und wieder die Augen, und als ich dem Andrange des Schlafes nicht länger widerstehen konnte, verließ ich die Gesellschaft, um meine Wohnung aufzusuchen.

Erst als ich mich erhoben hatte, spürte ich die ganze gewaltige Wirkung des Weines, und in den Beinen noch viel mehr als im Kopfe, denn der kachetinische Wein hat die Eigenschaft, daß er nie Kopfschmerz erzeugt, hingegen den unteren Körper mit seltsamer Schwere belastet. Ich wäre sicherlich nicht nach

Hause gelangt, hätten sich nicht einige der Herren meiner freundlich angenommen und mich durch die ungepflasterten, hundedurchheulten Straßen von Tiflis in meine schützende Wohnung geleitet.

Es war eine mondhelle, duftige Nacht – eine jener zauberischen Nächte, wie man sie nur unter Georgiens Himmel sieht, wo der Mond so hell leuchtet, als sei sein Glanz nur ein durch einen geheimnisvollen, zartgewebten Schleier gemildertes Sonnenlicht.

Die lange Wanderung durch die nächtliche Kühle hatte mich wieder etwas aufgefrischt; gar zu lockend blinzelten die Sterne vom reinen Himmel her; in der Ferne ragten geisterhaft die halbmondförmigen Gipfel des Kasbek empor, tief unter mir lag die Stadt in märchenhafter Schöne und dazwischen rollte der Kyros seine glänzenden Wogen.

Es faßte mich ein starkes Gelüsten, mich der lieblichen Landschaft vor meinen Fenstern noch einen Augenblick zu erfreuen; eine Tür führte aus meinem Zimmer auf eine hohe, rings um das Haus laufende Galerie. Ich hatte unbemerkt gelassen, daß die Galerie, ein ganz neues Machwerk, erst teilweise vollendet war, während auf verschiedenen Seiten die Bretter ungefügt und unbefestigt auf den das Gerüst bildenden Balken lagen. Unter großer Anstrengung öffnete ich die zur Galerie führende Türe – es summten mir eben die Verse von Puschkin im Kopfe:

> Auf Grusiens Hügeln nächt'ges Dunkel liegt,
> Vor mir Araguas Wogen schäumen . . .

Ich trat hinaus; das Brett, worauf ich getreten, wankte zu meinen Füßen – ein Schlag – ein Schrei – und blutend und wimmernd lag ich unten im Hofe.

Über die nächsten Folgen dieses Falles, der mir nahezu das Leben gekostet hätte, schweige ich, denn ein Tagebuch seiner Leiden führen, heißt doppelt leiden. Genüge es euch zu wissen, daß ich an mehreren Stellen des Körpers gefährlich verletzt war und daß es einer schmerzlichen Kur und sorgsamen Pflege bedurfte, ehe ich wieder so weit hergestellt wurde, daß ich mich durch Lektüre und Studium zerstreuen konnte.

Vor allem ließ ich es mir angelegen sein, einen Lehrer für das Tatarische zu nehmen, um diese in den Ländern des Kaukasus unumgänglich notwendige Sprache in möglichster Eile zu erlernen.

Der Zufall begünstigte meine Wahl, denn mein schriftkundiger Lehrer Mirza-Schaffy, der Weise von Gjändsha, wie er sich nennt, ist nach seiner eigenen Meinung zugleich der weiseste aller Menschen.

Eigentlich nennt er sich in seiner landestümlichen Bescheidenheit nur den ersten Weisen des Morgenlandes; da aber nach seinem Dafürhalten die Kinder des Abendlandes noch in Finsternis und Unglauben leben, so versteht es sich für ihn gleichsam von selbst, daß er in seiner Weisheit und Erkenntnis uns alle überflügelt. Er nährt übrigens die Hoffnung, daß dank seiner Bestrebungen die Aufklärung und Weisheit des Morgenlandes auch bei uns im Laufe der Jahre wirksam um sich greifen werde. Ich sei nun schon sein fünfter Schüler, sagte er mir, der zu ihm gepilgert, um seines Unterrichts teilhaftig zu werden. Er folgert daraus, daß das Bedürfnis, nach Tiflis zu wandern und Mirza-Schaffys Sprüche der Weisheit zu hören, sich bei uns immer fühlbarer herausstelle. Meine vier Vorgänger, meint er ferner, würden bei ihrer Rückkehr ins Abendland doch auch nach Kräften dahin gewirkt haben, morgenländische Bildung unter ihren Stämmen zu verbreiten. Auf mich aber setzte er ganz besondere Hoffnungen, wahrscheinlich weil ich ihm einen Silberrubel für jede Lektion zahlte, was – wie ich erfahren habe – für den Weisen von Gjändsha ein ungewöhnlich hoher Preis ist.

Am unbegreiflichsten war es ihm immer, wie auch wir uns Weise oder Gelehrte nennen können und mit diesen Titeln durch die Welt wandern, bevor wir noch die heiligen Sprachen verstehen. Übrigens entschuldigte er bereitwillig diese Anmaßungen bei mir, da ich doch wenigstens eifrig bemüht war, die heiligen Sprachen zu erlernen, besonders aber, da ich den glücklichen Griff getan, ihn zum Lehrer zu wählen.

Die Vorteile dieses glücklichen Griffs wußte er mir sehr anschaulich zu machen. »Ich, Mirza-Schaffy«, sagte er, »bin der erste Weise des Morgenlandes! folglich bist du, als mein Jünger, der zweite Weise. Du mußt mich aber nicht mißverstehen; ich habe einen Freund, Omar-Effendi, einen sehr weisen Mann, der wahrhaftig nicht der dritte ist unter den Schriftgelehrten des Landes. Wenn ich nicht lebte und Omar-Effendi dein Lehrer wäre, so wäre er der erste, und du, als sein Jünger, der zweite Weise!«

Nach solchem Ergusse pflegte dann Mirza-Schaffy immer schlauen Blickes mit dem Zeigefinger nach der Stirne zu deuten, worauf ich ihm regelmäßig im stummen Einverständnis mitwissend-klug zunickte.

Daß der Weise von Gjändsha seine hohe Überlegenheit jedem, der daran zweifeln sollte, auf das handgreiflichste zu veranschaulichen weiß, bewies er mir einstmals durch ein schlagendes Beispiel.

Unter den vielen schriftgelehrten Nebenbuhlern, welche Mirza-Schaffy um seine Lektionen beneideten, war der hervorragendste Mirza-Jussuf, der Weise von Bagdad. Er nannte sich nach dieser Stadt, weil er dort seine Studien im Arabischen gemacht hatte, woraus er folgerte, daß er viel gründlichere Kenntnisse besitzen müsse als Mirza-Schaffy, den er mir als einen Ischekj, einen Esel unter den Trägern der Wissenschaft, bezeichnete. »Nicht einmal schreiben kann der Kerl ordentlich«, belehrte mich Jussuf über meinen ehrwürdigen Mirza, »und singen kann er gar nicht! Nun frag ich dich: Was ist Wissen ohne Schrift? Was ist Weisheit ohne Gesang? Was ist Mirza-Schaffy gegen mich?«

In dieser Weise perorierte er mit betäubender Redegewandtheit unaufhörlich fort, wobei er besonders die Schönheit seines Namens Jussuf hervorhob, den schon Moses gerühmt und den die Dichter so lieblich besungen; er wandte all seinen Scharfsinn auf, um mir zu beweisen, daß ein Name nicht ein leerer Schall sei, sondern daß die Bedeutung, welche sich an einen schönen oder großen Namen knüpft, auch mehr oder minder auf den spätern Träger dieses Namens sich forterbe. So sei er, Jussuf, z. B. ganz das Ebenbild von dem Jussuf im Egyptenland, der in Keuschheit gewandelt vor Potiphar und in Weisheit vor dem Herrn.

Er war im Begriff, mir noch neue Beweise für seine Vortrefflichkeit anzuführen, als ein gemessenes Pantoffelgeklapper im Vorzimmer mir meines ehrwürdigen Lehrers Ankunft verkündete. Er ließ die hohen Pantoffeln nach Landessitte an der Tür zurück und trat mit saubern, buntgewirkten Strümpfen ins Zimmer.

Er schien die Gründe der Anwesenheit meines Gastes zu erraten, denn er maß den plötzlich ganz schüchtern gewordenen Jussuf von Kopf bis Fuß mit verächtlichem Blicke und wollte eben seinen Gefühlen Ausdruck geben, als ich ihn mit den

Worten unterbrach: »Mirza-Schaffy, Weiser von Gjändsha! Was haben meine Ohren vernommen! Du willst mich belehren und kannst weder schreiben noch singen. Du bist ein Ischekj unter den Trägern der Wissenschaft – so spricht Mirza-Jussuf, der Weise von Bagdad!«

Der Unmut in Mirza-Schaffys Gesicht nahm nach und nach den Ausdruck eines vollkommenen Hohnes an; er klatschte in die Hände, auf welches Zeichen ihm mein Diener gewöhnlich eine frische Pfeife brachte; aber dieses Mal verlangte Mirza-Schaffy nach seinen dickbesohlten Pantoffeln. Er nahm einen und schlug damit so unbarmherzig auf den Weisen von Bagdad los, daß dieser sich umsonst durch die flehentlichsten Bewegungen und Worte der Strafe zu entwinden suchte. Mirza-Schaffy war unerbittlich. »Was, du willst weiser sein als ich? Ich kann nicht singen, meinst du? Wart, ich will dir Musik machen! Und schreiben kann ich auch nicht? Auf dein Haupt komme es!« Und dem Worte folgte ein Schlag auf den Kopf. Winselnd und jammernd stolperte der Weise von Bagdad unter den Schlägen des Weisen von Gjändsha durchs Vorzimmer und die Treppe hinab.

Ruhiger, als ich erwartet hatte, kehrte Mirza-Schaffy aus dem Kampfe der Weisheit zurück, den er so siegreich bestanden hatte. Er ermahnte mich, solchen falschen Lehrern wie Jussuf und Genossen kein Ohr zu leihen, sondern treu auszuharren unter seiner Leitung.

»Es werden ihrer noch viele kommen«, fuhr er fort, »aber du mußt dein Angesicht von ihnen wenden, denn du bist weiser denn sie alle. Was sagt der Dichter: ›Wer nicht lesen kann, will Großvezier werden!‹ So geht's diesen Leuten, die nicht lesen noch singen können. Ihre Habsucht ist größer als ihre Weisheit; sie kommen nicht, um dich zu belehren, sondern um dich zu berauben. Der Appetit steckt hinter den Zähnen!« Dabei zeigte er mir seine weißen Zähne und rückte seine hohe phrygische Mütze auf die Seite, was er gewöhnlich tut, wenn sein Kopf frisch rasiert ist, denn alsdann hält er sich für unwiderstehlich und glaubt bei allen Weibern Liebe zu erwecken und bei den Männern Wohlgefallen.

Ich kannte seine Schwäche, und jedesmal, wenn er mir sein frisch gesäubertes Haupt zeigte, rief ich ihm entgegen: »Wie du schön bist, Mirza-Schaffy!«

An diesem Abend schien er trotz des heftigen Pantoffelausfalls besonders weich gestimmt zu sein, denn zum ersten Male seit unserer Bekanntschaft ließ er sich bewegen, Wein zu trinken, was er bis dahin immer sorgfältig vermieden hatte, nicht etwa aus übergroßer Gewissenhaftigkeit, sondern weil er fürchtete, ich würde es einst im Abendlande den Leuten erzählen, wodurch sein Ruf als Lehrer der Weisheit leicht gefährdet werden könnte. Aber im Drang der Gefühle konnte er der Versuchung nicht widerstehen; er trank ein Glas und dann ein zweites und darauf ein drittes, und der Wein löste seine Zunge, und er wurde so gesprächig und zutraulich, wie ich ihn nie vorher gesehen. »Was sagt Hafis?« rief er mit schmunzelndem Blicke:

»Der Wein ist der Trank der Weisen
Und aller Frömmigkeit Meister,
Denn um ihn wandeln und kreisen
Viele selige Geister!«

»Im Grunde«, fuhr er fort, »ist der Genuß des Weines nur für das dumme Volk ein Stein des Anstoßes. Wir, als Philosophen, was haben wir uns um den Koran zu scheren? Alle Weisen und Sänger unseres Volkes haben den Wein gepriesen – sollen wir ihre Worte zuschanden machen?« Und um mir zu beweisen, daß seine Philosophie nicht von gestern datiere, sang er mir ein Lied vor, welches er nach seiner Behauptung schon vor zehn Jahren einem frommtuenden Mullah ins Haus geschickt, der ihn wegen seiner Liebe zum Weine verhöhnt hatte:

»Mullah, rein ist der Wein,
Und Sünd' ist's, ihn zu schmähn –
Mögst du tadeln mein Wort,
Mögst du Wahrheit drin sehn!

Nicht das Beten hat mich
Zur Moschee hingeführt:
Betrunken hab ich
Mich vom Wege verirrt!«

[. . .]
Im Laufe des Winters wurde Mirza-Schaffy um einen Jünger reicher. Zwei Reisende, K. und R., waren von Deutschland

angekommen, der erste, um naturhistorische, der zweite, um linguistische und antiquarische Studien zu machen.

Gleiche Neigungen und Reisezwecke befreundeten mich bald mit R., der schon bedeutende Kenntnisse in den orientalischen Sprachen hatte. Wir studierten und durchwanderten die Stadt und Umgegend gemeinschaftlich in den Morgenstunden, und abends teilte er meine dreimal wöchentlich stattfindenden Lektionen oder »die Stunden der Weisheit«, wie Mirza-Schaffy seinen Unterricht nannte.

Hin und wieder kamen auch noch einige andere der tatarischen und persischen Sprache mehr oder minder kundige Freunde zum Besuch während der Stunden der Weisheit. Dann wurde unter Mirza-Schaffys Leitung ein förmlicher Divan gebildet. Der Weise von Gjändsha nahm zuerst das Wort und sang und erklärte uns ein Lied, welches, wenn es sein eigenes Erzeugnis war, auch immer mit seiner eigenen Verherrlichung begann oder endete. Z. B.:

Sing ich ein Lied, hüpft freudereich
Das Herz der jungen Mädchen;
Denn Perlen sind die Worte gleich,
Gereiht auf seid'nen Fädchen!

Und Düfte steigen auf daraus,
Von Huris' Hauch getränkte –
Gleichwie aus jenem Blumenstrauß,
den mir Zuleikha schenkte.

Erstaunt nicht, daß des Sängers Mund
So Herrliches vollbringe
Und daß die Weisheit hier den Bund
Mit Jugendtollheit schlinge!

Wißt ihr, wer mir die Weisheit gab?
Sie kam vom rechten Orte,
Ich las sie ihren Augen ab
Und hüllte sie in Worte!

Was Wunder, wenn so anmutvoll
Euch meine Lieder tönen,
Ist doch, was meinem Mund entquoll,
Ein Abglanz nur der Schönen!

Sie ist dem Becher Dschemschid gleich,
Ein Quell der Offenbarung,
Der mir erschließt ein Zauberreich
Der Weisheit und Erfahrung.

Und sagt: erklingt nicht mein Gesang
Von wunderbaren Tönen?
Und ist nicht meines Liedes Gang
Leicht wie der Gang der Schönen?

Seine Lieder waren immer mit arabischen Wörtern gespickt, und kam, was häufig geschah, ein uns unverständlicher Ausdruck vor, so überließ er es unserem eigenen Scharfsinn, die Bedeutung zu erraten. »Ein feines Wort!« pflegte er dann ausweichend zu sagen; zu einer Erklärung aber ließ er sich nur selten herab.

War das Lied zu Ende gesungen, so mußte jeder von uns der Reihe nach einen Spruch der Weisheit sagen oder, wenn es an Gedanken fehlte, eine Geschichte erzählen.

Daß dabei in bezug auf Originalität des Gedankens und Ausdrucks nicht mit übergroßer Gewissenhaftigkeit verfahren wurde, darf ich euch im Vertrauen schon gestehen. Originell waren gemeiniglich nur die Fehler, welche wir machten. Mirza-Schaffy sagte bei jedem Spruche, ob er weise oder unweise sei. Entfuhr uns hin und wieder ein guter Gedankenblitz, so verfehlte er nicht, ihn in Reime zu bringen, was immer in wenigen Minuten geschehen war.

So bemerkte einst ein Verliebter in unserem Kreise, es sei doch sonderbar, wie das Menschenherz so lange in Nacht gehüllt bleibe und unbewußt die köstlichsten Schätze verberge, bis ein weibliches Auge als Fackel hineinleuchte, das Dunkel verscheuchend und das Verborgene ans Licht ziehend.

Alsobald hub Mirza-Schaffy zu singen an:

»Mein Herz schmückt sich mit dir, wie sich
Der Himmel mit der Sonne schmückt –
du gibst ihm Glanz, und ohne dich
Bleibt es in dunkle Nacht entrückt.

Gleichwie die Welt all ihre Pracht
Verhüllt, wenn Dunkel sie umfließt,

Und nur, wenn ihr die Sonne lacht,
Zeigt, was sie Schönes in sich schließt!«

»Aber, Mirza-Schaffy«, sprach der Verliebte, »was du singst, ist dein Lied! Ich habe keinen Teil daran als die Freude, es zu hören.«

»Nein«, erwiderte der Weise von Gjändsha, der Tonkunstmächtige:

»Du bist der Erzeuger des Liedes,
Ich tue ihm bloß das Gewand an –
Du lieferst den Marmor, den reinen,
Ich lege die bildende Hand an –

Du gibst den Geist, den Gedanken
Bei mir kommt's bloß auf Verstand an –
Selbst der mangelt oft, und mit Tollheit
Füll ich das Maß bis zum Rand an!«

Der Verliebte, ein aus Persien heimkehrender junger Tourist, dessen Herz sich verloren hatte auf den dunklen Lockenpfaden einer schlanken Georgierin, war ganz entzückt über die Versgewandtheit des Weisen von Gjändsha.

»Mirza-Schaffy«, rief er, »was sind alle Sänger des Abendlandes gegen dich! Was ist eine Nachtlampe gegen die Sonne, was ein Staubkorn gegen die Wüste!«

»Von ihnen gilt«, entgegnete der Weise, einverstanden mit dem Kopfe nickend, »von ihnen gilt, was ich einstmals auf einer Reise durch Persien den Vezieren des Schach gesungen.«

»Und was sangst du, o Mirza?«

»Zum Divan der Veziere mußt ich kommen,
So war des Schachs Befehl –
›Mirza! jetzt sag ob dem was du vernommen,
Dein Urteil ohne Hehl!‹

Ich sprach: ›Ich will dir sagen, was ich fühle,
ich mach es dir kein Hehl –
Ich höre das Geklapper einer Mühle,
Doch sehe ich kein Mehl!‹«

Ich war begierig zu erfahren, wie weit es der hart urteilende Weise in der Kenntnis des Abendlandes gebracht hatte, und durch Fragen aller Art suchte ich ihm sein Wissen darüber zu entlocken. Ich gebe hier kurz das Resultat meiner Forschungen:

Um ins Abendland zu gelangen, muß man über das schwarze Gewässer segeln oder das Land der Moskow durchpilgern. Ob die Kinder des Abendlandes in Zelten oder Felshütten hausen, ferner, ob sie auf Kamelen, Elefanten, Pferden oder Eseln reiten, wußte der Mirza nicht genau zu bestimmen. Ganz genau aber wußte er, daß sie in drei große Stämme zerfallen: in den Stamm der Nemtsche – Deutschen –, den Stamm der Inglis – Engländer – und den Stamm der Farsch – Franzosen.

Auf meine Frage, wodurch sich diese drei Stämme voneinander unterscheiden, erhielt ich die Auskunft, daß die Nemtsche aus lauter Mullahs und Dilbilirs – Sprachkundigen – bestehen, während die Inglis vortreffliches Tuch bereiten – der Mirza zeigte dabei auf seinen blauen Kaftan – und die besten Rasiermesser der Welt verfertigen. Von den Farsch wußte er nur, daß sie viel lachen und schwatzen und besonders gut riechen.

Die abendländische Völkerkunde des Weisen von Gjändsha war rein empirisch. Alle Deutschen seiner Bekanntschaft hatten bei ihm die heiligen Sprachen studiert; von den Franzosen war ihm kein anderes Spezimen zu Augen gekommen als ein Hofmeister und ein paar Perückenmacher, die ganz seiner Schilderung entsprachen; die Engländer hingegen kannte er nur aus ihren über ganz Asien berühmten Fabrikaten, und er pries die Gnade Allahs, der auch solche Käuze geschaffen, damit es den Weisen des Morgenlandes nicht an feinen Gewändern fehle, ihre Glieder zu umhüllen, und nicht an scharfen Rasiermessern, ihre Köpfe zu säubern.

Von den englischen Rasiermessern besonders sprach der Mirza mit rührender Anerkennung; denn er selbst hatte einmal in schöneren Tagen ein paar besessen, und die waren ihm durch die Vermittlung eines Kosaken – Schmutz auf sein Haupt! – abhanden gekommen.

Während der Weise von Gjändsha uns die Geschichte seiner Rasiermesser erzählte, schlich der verliebte Tourist, der Lokkengefangene, der mit mir unter einem Dache wohnte, in sein Zimmer, um dem Mirza eine Überraschung zu machen. Er kam zurück, ein paar funkelneue, schön eingefaßte Rasiermesser in der Hand. Er hielt sie dem Weisen vor die Augen und fragte: »Wie gefallen dir diese?«

»Tschok! (Sehr!); W'Allah! (Bei Gott!)«

»So nimm sie, mir zum Gedächtnis. Und möge dein Verstand immer scharf bleiben wie die Schneide und dein Haupt immer glänzen wie die Klingen dieser Messer!«

Mirza-Schaffy nahm das Geschenk mit einer Gemütsruhe, welche erraten ließ, daß er in Freude wie in Leid immer das richtige Maß einzuhalten wisse.

Der Weise steckte die Messer zu sich und machte Anstalt zu gehen; beim Abschied warf er noch einen Blick des Wohlgefallens auf eine vor mir liegende englische Schere.

»Die Schere gefällt mir auch!« bemerkte er.

»Das freut mich«, erwiderte ich und wünschte ihm gute Nacht. »Achschamminis cheir olssun! (Möge dein Abend schön sein!)«

Die Zungengeschichte und die Pest

(Ein Zwischenspiel)

Am folgenden Morgen saß ich mit einem befreundeten Arzte, demselben, der mich von meinen Wunden geheilt, gemütlich in meinem Zimmer auf dem Sofa, den duftigen Tabak von Mingrelien rauchend und von Deutschland und heimatlichen Erinnerungen plaudernd. Dr. X. war, obgleich als Oberstabsarzt in russischen Diensten stehend, ein ehrlicher Deutscher, den das Schicksal vor fünfzehn Jahren aus der Heimat vertrieben hatte infolge einer freisinnigen Schrift, die heute vielleicht selbst in Wien gedruckt werden dürfte, ohne dem Verfasser große Verlegenheiten zu bereiten.

Unser Gespräch wurde unterbrochen durch ein Klopfen vor der Türe. Ich öffnete, und herein schlich ein schmächtiger, elastisch angelegter Tatarenjüngling.

Nachdem er den üblichen Landesgruß, mit der rechten Hand flüchtig Brust und Stirn zu berühren – was sagen soll: hier ist mein Herz, hier mein Verstand, beides leg ich dir zu Füßen! –, wohl dreimal wiederholt hatte, verbeugte er sich fast bis zur Erde vor mir, und dann fragte er, mich schüchtern anblickend, ob ich der Alim von Fränkistan, der junge Weise vom Abendlande sei? Er habe mir eine Botschaft zu bringen von Mirza-Schaffy, dem Weisen von Gjändsha.

»Möge deinen Schritten Glück folgen«, erwiderte ich, »was ist des Weisen von Gjändsha Begehren?«

Er sah sich spähend im Zimmer um, und dann zog er geheimnisvoll einen an mich adressierten Brief aus der Tasche. Ich eröffnete das seltsam gefaltete Schreiben und las, wie hier in wortgetreuer Übersetzung folgt:

> »Licht des Abendlandes! Säule der Weisheit!
> Dein Freund, der liebende, lockengefangene, mir ein paar englische Rasiermesser geschenkt habend, weil sie mir wohlgefielen: den Blick des Verlangens werfe ich auf Deine Schere, weil sie englisch ist und mir wohlgefällt. Blumen vor Deine Füße!
>
> Mirza-Schaffy.«

Ich übergab dem Burschen die Schere mit einem Gruße an Mirza-Schaffy und dem Wunsche, daß Lilien aufsprießen möchten aus den Barthaaren und Mandelbäume aus den Nägeln, die er damit abschnitte.

Der Bursche verschwand, wie er gekommen war, biegsam wie eine aufgerichtete Schlange.

»Das ist noch ein Überbleibsel einer Landessitte der alten Zeit«, sagte der Doktor, »wo die bloße Äußerung: das gefällt mir! immer gleich den Besitz des Gefallen erregenden Gegenstandes nach sich zog. Du wirst hierzulande", fuhr er fort, „noch oft Augen und Ohren aufsperren müssen, über das, was um dich vorgeht, unter den Russen sowohl wie unter den Eingeborenen. Bist du schon einmal in dem großen Militärhospitale von Tiflis gewesen?«

»Nein.«

»Nun, so komm mit mir, ich habe ohnehin jetzt einige Krankenbesuche zu machen.«

Gern folgte ich der Einladung meines ärztlichen Freundes. Unterwegs erklärte er mir vorbereitend, welch eine eigentümliche Behandlung die russischen Soldaten erforderten; wie schwer es sei, sie über den Sitz und die Ursache ihrer Krankheit auszufragen, und wie es fast ganz dem Scharfsinn des Arztes überlassen bleibe, dem Übel auf den Grund zu kommen. »Ist einem solchen Kerl etwas im oberen Teile des Körpers zugestoßen, gleichviel ob im Magen, im Rücken oder im Kopfe, so antwortet der Soldat regelmäßig auf die Frage, was ihm fehle: ›Das Herz tut mir weh.‹ (Sserze bolit.) Sitzt das Übel im untern Körper, so lautet die Antwort: ›Der Fuß tut mir weh.‹ (Nog bolit.)

Nach wenigen Minuten erreichten wir das ganz im europäischen Stile erbaute und eingerichtete Hospital. Als wir in den ersten Saal traten, erhoben sich alle Kranken, welche aufrecht stehen konnten, und stellten sich vor die Betten hin, so prall und ernstdumm, wie auf der Parade, wenn irgendeine hohe Person zugegen ist.

»Wie geht dir's, Alter?« fragte der Doktor den ersten.

»Das Herz tut mir weh!« lautete die schüchterne Antwort.

»Zeige mir deine Zunge!«

Der Soldat tat, wie ihm geheißen, und brachte ein Stück Zungenfleisch zum Vorschein, das unmenschlich lang und breit aussah.

»Was fehlt dir?« erging die Frage an den zweiten.

»Das Herz tut mir weh!«

»Streck die Zunge heraus!«

Die Zunge verfehlte nicht zu erscheinen.

Dem dritten tat der Fuß weh, d. h., er hatte eine Wunde an der Lende; aber das half nichts, er mußte ebenfalls mit der Zunge herausrücken.

Als wir solchergestalt etwa ein Dutzend Zungen besichtigt hatten, klopfte mir plötzlich der Doktor auf die Schulter und rief: »Jetzt schau dich um!«

Da standen die armen Burschen der Reihe nach mit offenem Maule und ausgestreckter Zunge, als ob sie dem Jüngsten Tage entgegenleckten.

»Die Zunge zurück!« erscholl jetzt der Kommandoruf des Doktors, und die Zungen verschwanden.

»Aber wie kannst du dich so über die armen Leute lustig machen!« bemerkte ich meinem Begleiter.

»Du mußt die Regel nicht nach der Ausnahme beurteilen«, entgegnete er, »ich wollte dir bloß durch ein Beispiel veranschaulichen, wie weit der gute Geist des Heeres, die Disziplin der Soldaten geht. Den Kranken hat der Scherz nichts geschadet. In diesem Saale sind lauter Rekonvaleszenten, welche ohnehin in wenigen Tagen entlassen werden, und durch das Zungenausstrecken in Gegenwart des Oberarztes glauben sie sicherlich ihre Heilung um ein Bedeutendes gefördert zu haben.«

*

Als wir das Hospital verließen, begegnete uns Oberst Y., ein alter Bekannter aus den Ostseeprovinzen.

Mein ärztlicher Freund empfahl sich, um noch einige Besuche zu machen.

»Ein prächtiger Kerl«, sagte der Oberst, dem Doktor nachsehend, »ein prächtiger Kerl, aber zu ehrlich für unsere Verhältnisse! Der wird es nie zu was Rechtem bringen in Rußland. Überhaupt ist die goldene Zeit der Ärzte am Kaukasus vorüber, seit es mit dem Pestmachen nicht mehr geht!«

»Pestmachen? – Was wollen Sie damit sagen?«

»Sie leben schon seit Monaten am Kaukasus und wissen nicht, was Pestmachen ist?« fragte der Oberst, zweifelnd lächelnd.

Der Ausdruck war mir allerdings bekannt, aber ich wollte

mich gern etwas genauer darüber unterrichten und verneinte deshalb die Frage.

»Pestmachen«, fuhr der Oberst fort, »ist eine Spekulation wie jede andere. Irgendein im Innern des Landes wohnender Arzt sprengt bei dem ersten besten gefährlichen Krankheitsfall aus, es sei die Pest im Dorfe. Nun kennen aber die Einwohner aus Erfahrung sehr wohl alle Übel, welche die Pest in ihrem Gefolge hat; da wird abgesperrt, versengt, verbrannt, geräuchert und der Himmel weiß was noch alles. Um sich diesen unvermeidlichen Übeln nicht aussetzen zu müssen, quälen die armen Leute den Arzt, doch die Pest bald wieder zu vertreiben, und versprechen ihm dafür Geld und Geschenke, soviel sie auftreiben können. Findet er die Bedingungen annehmbar, so verschwindet die Pest, wie sie gekommen; im entgegengesetzten Fall wird offizielle Anzeige davon gemacht, alle Vorsichtsmaßregeln werden in Ausführung gebracht, bis der Bericht einläuft, es sei keine Gefahr mehr vorhanden.

Der Arzt erhält dann für die Geschicklichkeit, mit welcher er dem Übel abgeholfen, einen Orden, Rangerhöhung oder eine Belohnung anderer Art. In jedem Fall läuft die Spekulation zu seinem Vorteil aus.

Ich habe mehrere Pestärzte gekannt, die auf diese Weise ihr Glück gemacht haben und dabei zu Rang und Orden gekommen sind. Doch die Zeiten sind jetzt vorüber; auch waren die Deutschen in der Regel zu ehrlich und zu plump für diese Künste, wie überhaupt für alle Posten, wo man ein Auge zu und eine Hand auftun muß, um sein Schäflein zu scheren. Machen Sie einen Polen oder Russen zum Oberarzt eines Hospitals, er wird alles in der schönsten Ordnung halten und in wenigen Jahren ein reicher Mann sein: nehmen Sie einen Deutschen zu solcher Stelle, alles wird in Unordnung geraten, und er wird noch obendrein Schulden machen.«

»Das versteh ich nicht recht.«

»Und ist doch nichts leichter zu verstehen. Die ganze Kunst besteht darin, sich gut zu stellen mit dem Verwalter des Hospitals, d. h., man muß leben und leben lassen. Das kann aber ein Deutscher bei seinen wunderlichen Begriffen von Ehrlichkeit nicht. Z. B. der Verwalter kommt und sagt: ›Herr Doktor, es sind Hemden nötig für die Kranken.‹ – ›Wie viele? – ›Zweihundert Stück.‹ – Das Geld wird ausbezahlt, und die Hemden werden gemacht. Nach vierzehn Tagen erscheint der Verwalter wieder und sagt: ›Herr Doktor, es sind Hemden nötig für die Kranken.‹ – ›Wie viele? – ›Zweihundert Stück.‹ – ›Wie ist das möglich? Wir haben ja erst vor vierzehn Tagen zweihundert neue Hemden gekauft.‹ – ›Die sind alle wieder verdorben. Ist's Ihnen gefällig, selbst nachzusehen?‹ – Der Arzt ist gewissenhaft, sieht selbst nach und findet richtig zweihundert verdorbene Hemden. So geht es fort von Monat zu Monat. Der Verwalter wird reich dabei, der Arzt merkt den Betrug wohl, kann jedoch nichts dagegen machen, hat auch nicht immer Zeit und Lust, in die ekelhaften Details einzugehen. Ist er hingegen klug genug, sich mit dem Verwalter zu verständigen, so geht alles im besten Einklang, der Gewinn wird redlich geteilt, die Hemden sind immer ganz, die Kleidung der Kranken reinlich und ordentlich; kurz, alle Unannehmlichkeiten sind beseitigt. So läßt sich, trotz des geringen Gehaltes, alles bei uns vorteilhaft einrichten, man muß sich nur ein bißchen in die Verhältnisse zu schicken wissen. In Moskau auf dem Polizeibüro kannte ich einen Herrn, der bei achthundert Rubel jährlicher Einnahme zwanzigtausend Rubel jährlicher Ausgaben hatte, und der Segen Gottes ruhte sichtbarlich auf ihm, denn er hatte niemals Schulden und wurde rund und dick dabei.«

»Aber erfährt die Regierung so etwas nicht?«

»Die Regierung weiß das sehr gut, aber es liegt in ihrem Vorteil, die Sache scheinbar zu ignorieren. Denken Sie nur, welche ungeheure Summen dem Staate jährlich auf diese Weise erspart werden.«

[...]

Wanderungen, Fernsichten und Wunder

Meine Wohnung lag am Fuße des heiligen Davidsberges, der auf einem steilen Vorsprung in der Mitte seiner Höhe eine uralte Kirche trägt, deren Schutzheiliger dem Berge seinen Namen gegeben.

Seit alters ist die Kirche des heiligen David berühmt durch ihre wundertätigen Kräfte.

Welcher Frau oder Jungfrau es gelingt, bei dreimaligem Umwandeln der Kirche jedesmal einen Stein an die äußere Mauer zu kleben, solchergestalt, daß der Stein hängenbleibt, ohne befestigt zu sein durch Kitt oder Mörtel: der wird jeglicher Wunsch erfüllt, den sie auf dem Herzen trägt, wenn ihre Gedanken nicht befleckt sind durch sündliches Begehren.

So aber eine Jungfrau ist, die für einen Mann glüht in reiner Minne, oder eine Frau, so da trachtet nach Leibesfrucht, deren Gebete werden erhört, wenn der heilige David nicht besondere Ursache hat, sie den Ohren des Allmächtigen vorzuenthalten.

So erzählt die Legende von vielen Jungfrauen, die geglaubt an die wundertätigen Kräfte der Kirche und wirklich einen Mann gefunden haben, und von Frauen, die gesegnet wurden mit Leibesfrucht.

Besonders am Donnerstage, dem Geburts- oder Sterbetage des großen Heiligen, äußert sich sein wunderbares Walten am wunderbarsten.

Denn an diesem Tage finden sich im Umkreis des Tempels eine Menge Steine, die alle kleben bleiben an den äußern Mauern, ohne befestigt zu werden durch Kitt oder Mörtel.

Damit aber diese Steine nicht in ungeweihte Hände fallen, werden sie sorgfältig aufgesammelt von den Dienern der Kirche und den Gläubigen verabreicht gegen ein Entgelt, welches klein erscheint im Verhältnis zu dem großen Segen des heiligen David.

Darum wallfahrten alldonnerstäglich die Frauen und Jungfrauen von Tiflis im festlichen Gewande zum heiligen Davidsberg; und wer die schlanken Töchter Georgias, die Blüte der Schönheit, hier in solcher Fülle versammelt sieht und nicht an Wunder glaubt auf Erden, dem wäre besser, daß eine alte Nege-

Georgische Prinzessin (G. Gagarin)

rin gehängt werde an seinen Hals und er hinunterrolle in das Tal Didubeh, wo es am tiefsten ist!

Selbst Mirza-Schaffy, der unchristliche Weise von Gjändsha, pries die Wunderkraft des heiligen David, der noch im Tode so viele anmutige Weiber in Bewegung setzt zu lebendigstem Streben.

»Wo in aller Welt«, rief Mirza oft begeistert aus, wenn wir, die Pfeife der Betrachtung rauchend, auf dem Balkon oder dem Dache des Hauses saßen und die frommen Pilgerinnen an uns vorüberziehen sahen mit dem Blick des Wohlgefallens, »wo in aller Welt erspäht das Auge solche Fülle der lieblichsten Waden und wo wandelt die Schönheit nackten Fußes wie hier?«

Es ist nämlich alter, frommer Brauch – welcher besonders von den Inhaberinnen schöner Füße mit großer Gewissenhaftigkeit aufrechterhalten wird –, daß die Beterinnen vor Beginn der Wallfahrt Schuhe und Strümpfe abtun und barfuß hinaufklimmen zur Kirche des heiligen David.

Gar lieblich kontrastieren die kleinen Füßchen – gleichviel ob nackt oder strumpfbekleidet – mit den weiten, faltenreichen, rot- oder blauseidenen Pantalons, welche unter einem elegant geformten, am Busen zwiefach rund ausgeschnittenen Sarafan von meist schwerem Stoffe hervorquellen. Den Kopf ziert ein kronenähnlicher Schmuck, von welchem nach hinten ein weißer Schleier über das lange, flechtengeschlungene Haar herabflattert.

Die meisten Georgierinnen aus dem Volke tragen noch die Tschadra, einen schneeweißen, den ganzen Körper verhüllenden Überwurf, welchen die Schönen aber so geschickt zu halten wissen, daß sich die ganze Gestalt darin abzeichnet.

Während der Wallfahrtszeit schlingt sich der Weg, welcher zur Kapelle führt, wirklich wie ein Gürtel der Schönheit um den Leib des Berges.

Und wenn das Auge, noch trunken vom Anblick des üppigen Gliederbaues der schlanken Töchter von Tiflis, hinabschweift in das wellenförmige Tal, so eröffnet sich wieder eine Aussicht, die den lieblichsten auf Erden vergleichbar.

Uns zu Füßen liegt die Stadt mit ihren Palästen, Kuppeln, Türmen und halb unterirdischen Saklis (Erdhütten), durchschlungen von schattenreichen Gärten, wo alle bei uns heimischen Obstarten sowie der Pfirsich, die Feige, die Granate, der Lotus, die Maulbeere, Rebe, Quitte und Mispel in üppiger Fülle gedeihen. In weiter Ferne verliert sich der die Stadt durchströmende Kyros (Kur) auf seinem Schlangenlaufe hinter grün bekleidetem Hügelland, und hoch über uns wölbt sich der tiefblaue Himmel Georgiens.

Wir steigen hinab vom Davidsberge, betrachten aufmerksam die zu seinen Füßen terrassenförmig übereinander gebauten Saklis, kleine, unansehnliche, aus rohen Steinen aufgeworfene Häuser ohne Fenster und jegliche äußere noch innere Verzierung, und verwundert fragen wir: Sind dieses die Muscheln, worin Georgia seine Perlen der Schönheit birgt?

Das Licht fällt in diese Saklis von oben durch eine Öffnung des platten Daches, welche zugleich als Schornstein dient, und bei schlechtem Wetter, wenn die Öffnung geschlossen werden muß, herrscht im Innern nächtliche Dämmerung.

Nachdem wir mühsam einige Saklis überstiegen, angebellt von ungetümen Hunden und unter steter Gefahr, bei einem Fehltritte irgendeiner georgischen Familie uneingeladen von oben ins Haus zu fallen, gelangen wir in eine nichts weniger als reinliche Gasse, die uns wiederum auf einen freien Platz führt, wo das Gymnasium von Tiflis vor uns aufsteigt und uns daran erinnert, daß unter den Troglodyten des Landes auch Europäer hausen.

Dieses kolossale, ganz im modernen Kasernengeschmack errichtete Gebäude, wo die Söhne des Gebirges zu treuen Untertanen des rechtgläubigen Kaisers herangebildet werden, beherrscht von seiner Höhe herab den mehrere Klafter tiefer sich eröffnenden Alexanderplatz, den die vorüberführende, hügelig abfallende Straße fast ebenso hoch umsäumt als die den Hintergrund und die Flügel des Platzes bildenden Häuser. Die hervorragendsten Gebäude an diesem durch seine tiefe Lage allseitig scharf abgegrenzten weiten Platze sind die Wohnung des Vizegouverneurs im Hintergrunde und der Sitz des Generalstabs in der linken Häuserreihe.

Die oben bezeichnete, den tiefgelegenen Alexanderplatz von dem hochgelegenen Gymnasiumsplatze stufenartig scheidende Straße ist als die Hauptstraße von Tiflis zu betrachten. Links nach dem Tore zu, durch welches man – von Gori kommend – seinen Einzug hält, eröffnet sie die Aussicht auf die schönsten, galerieumwundenen Häuser von Tiflis. Rechts führt sie uns in das Innere der Stadt. Hier zieht, in geringer Entfernung von dem schräg gegenüberliegenden Gymnasium zur Linken, die altersgraue Zionskirche unsere Aufmerksamkeit auf sich, und uns zur Rechten liegt der sich nach hinten terassenförmig abstufende, prachtvolle Palast der Statthalter vom Kaukasus mit seinem herrlichen, von asiatischer Üppigkeit strotzenden, aber von europäischer Hand geregelten Garten. Dieser Palast wurde erbaut auf den Trümmern der alten, von Rostom gegründeten Burg der georgischen Könige.

Wir gehen ein paar Schritte weiter und gelangen auf den Eriwanschen Platz, den eigentlichen Mittelpunkt der vornehmen Welt von Tiflis. Hier reichen sich Europa und Asien die Hand.

Gegenüber den großen, ganz modernen Kronsgebäuden der Russen ziehen sich die wohnlichen, plattabgedachten, galerie-

Palast des Oberkommandierenden im Kaukasus in Tiflis (W. Timm)

umwundenen Häuser der Armenier hin, welche gleichsam den Übergang zu den rohen, halb unterirdischen Saklis der Georgier, Perser und Tataren bilden.

Neben der tschadraverhüllten Georgierin wandelt die russische Beamtenfrau; neben dem wilden Kurden vom Ararat reitet der donische Kosak; zur Seite der moskowitischen Grauröcke drängen sich die zerlumpten Muschat (Lastträger) aus Imerethi, Osseti und Lesghistan.

Wir überschreiten den Markt und winden uns durch die langen, krummen, ungepflasterten Straßen, wo die Schwertfeger, die Gewehrmacher, die Schmiede, die Schneider – kurz, die Vertreter aller Gewerbe ihre Tätigkeit in offenen Werkstätten entfalten, d. h. in Werkstätten, welche zugleich Magazine bilden und – ähnlich unseren deutschen Meßbuden – nach der Straße zu offenstehen. Hier kauft man um ein billiges die berühmten kaukasischen Dolche (Kinshals), Degen (Schaschkas), Pulverhörner, Gürtel, Tuche, Tscherkesken und Schabracken.

Diese immer belebten Straßen führen uns zu dem armenischen Basar und von dort über den geräuschvollsten Markt von Tiflis zu dem hohen umfangreichen Karawanserei, welcher mit seinen vielen Zellen, Magazinen, Galerien und Gewölben eine kleine Stadt für sich bildet und zu den prachtvollsten Gebäuden dieser Art im Orient gehört. Hier liegen die kostbarsten Erzeugnisse des Morgenlandes: Schals, Seidenstoffe, Teppiche usw. aufgehäuft, und es herrscht in diesen weiten Räumen vom Morgen bis zum Abend ein Menschengewühl, ein Sprachengewirr, eine Mannigfaltigkeit der Physiognomien und Trachten, wie man selbst zur Meßzeit in den lebhaftesten Städten Deutschlands nichts Ähnliches sieht.

Unter den Männern finden wir eine Menge hochgewachsener, kräftiger, schöner Gestalten, während die georgischen und armenischen Frauen, denen wir im Basar und dem Karawanserei begegnen, ihrer Mehrzahl nach einen häßlichen Gegensatz bilden zu den schönen Pilgerinnen, welche wir auf der Wallfahrt zum heiligen Davidsberge kennengelernt haben. Denn auf den Märkten und Basaren lassen sich meistens nur alte Frauen sehen (in Tiflis gilt eine Frau schon für alt, wenn sie das dreißigste Lebensjahr überschritten), und so sehr die Georgierinnen in ihrer Jugend anmutig erscheinen und hohen Preises wert, so abschreckend ist ihre Häßlichkeit im Alter.

Und diese schnelle Umwandlung wird hier nicht ausgeglichen durch jene aus höherer Bildung entspringenden Eigenschaften, welche bei uns auch häßliche und alte Frauen oft so liebenswürdig und angenehm im Umgange machen.

Überhaupt gehört eine solche Häßlichkeit, wie man sie gewöhnlich bei den älteren Georgierinnen findet, bei uns zu den seltensten Ausnahmen.

Wir verlassen das große Karawanserei, wenden, behutsam einer Karawane warenbepackter Kamele ausweichend, unsere Schritte der Brücke zu, welche die beiden durch den Kyros getrennten Stadthälften verbindet, und indem wir auf den »Sand« gelangen (so heißt ein Viertel der Neustadt Awlabar), befinden wir uns mitten unter einer – deutschen Bevölkerung!

Hier wohnen die eingewanderten Schwaben, hier ist die deutsche Kolonie von Tiflis, durch den Kyros getrennt von der übrigen Stadt.

Aus dem Gewühl des armenischen Basars und des persischen Karawanserei, aus den Speichern der Schätze des Orients, belebt von Menschen mit feinen, sonnenverbrannten

Gesichtern und langen, faltenreichen Gewändern und umlagert von lasttragenden Kamelen und Dromedaren, sind wir urplötzlich in eine neue Welt versetzt und sehen vor uns ein rechtschaffen Stück Schwabenleben mit allem Zubehör von Sprache, Behausung, Stummelpfeife und bloßen Hemdsärmeln.

Bei diesen breitschultrigen, faustkräftigen Argonauten des Neckars, die durch den Hellespont geschwommen, durch den Bosporus und das Schwarze Meer, die am Phasis gelandet und die Wälder von Kolchis durchzogen, um hier an den fruchtreichen Ufern des Kyros zu leben in Weingärten und Gottesfurcht, lassen wir uns nieder auf ein Stündchen zu kurzer Erholung nach der langen Wanderung des Tages.

Hier zur Rechten in dem kleinen, wunderlich aufgestülpten Hause, dessen Dach eine etwas stärkere Hinneigung zur Erde verrät, als der Baumeister ursprünglich beabsichtigte, wohnt der ehrliche Salzmann, der Sandwirt von Tiflis.

Tretet ein, aber bückt euch ein wenig, um den Kopf nicht an der niedrigen Türöffnung zu zerschlagen.

Rechts ist das Billardzimmer; dort wird gespielt und gelärmt von russischen Offizieren; aber hier zur Linken ist ein kleines, ruhiges, blauangestrichenes Gemach, das Herr Salzmann allezeit für seine deutschen Landsleute bereitet hält und das allen russischen und asiatischen Fußtritten unzugänglich bleibt. Dorthin wenden wir uns.

Ein kleiner, steifer Bursche, der allem anderen eher ähnlich sieht als einem »garcon d'hotel«, tritt uns entgegen.

»Grüß Gott, alter Bursche! was macht Herr Salzmann?«

»Ischt ni daheim!«

»So ruf die Frau Salzmann her und bring uns Wein, Kachetiner Abendröte!«

Das war der Name, den wir dem blutroten Weine von Kachetos in feierlicher Taufe gegeben, weil uns bei seinem Anblick immer ein heiliger Schauer überkam wie beim Anblick der untergehenden Sonne.

Frau Salzmann, die kindergesegnete Gattin des Sandwirtes, erscheint, wischt sich nach wirtschaftlichem Brauch erst in der weißen Schürze die küchenbeschäftigte Hand ab und reicht sie uns darauf zu freundlichem Willkommen.

Frau Salzmann besitzt unter anderen trefflichen Eigenschaften auch die: den besten deutschen Eierkuchen in Tiflis zu bakken. Sie hat dadurch nicht bloß in der Nachbarschaft, sondern bei allen deutschen Kaukasus-Reisenden eine gewisse Berühmtheit erlangt. In jedem Reisewerke wird ihrer Erwähnung getan. Sie weiß das und hält darauf, daß die Eierkuchen immer hübsch locker geraten, damit ihr guter Leumund nicht zuschanden werde vor den Augen der Welt.

In dem blauen Zimmer steht ein blaugedeckter Tisch; dort halten wir unsere Tafelrunde. Dem billigen Kachetiner folgt der teure Champagner; denn es gehört einmal zur europäischen Sitte in Tiflis, das Mahl durch Champagner zu beschließen, und dieser Sitte muß sich hier jedermann fügen, der für anständig gelten will, wie bei uns der Sitte des Fracktragens und der weißen und gelben Glacéhandschuhe.

Welcher deutsche Reisende, der in Tiflis gewesen, hätte nicht bei Salzmann auf dem Sande an der Tafelrunde gesessen und sich so begeistert am Kachetiner und Champagner, daß ihm beim Nachhausegehen in der mondhellen Nacht der ganze Himmel vorgekommen wie ein riesiges Tischlaken und der Mond wie ein leuchtender Eierkuchen und die Sterne wie funkelnde Gläser!

So erging es auch uns an jenem Abend, als wir, nach begeisternder Erholung von unserer Wallfahrt zum Davidsberge, den »Sand« verließen, um ins Innere der Stadt zurückzukehren.

Kein Wölkchen trübte den lichtblauen Himmel, aber es lag in der Luft eine Wärme, als ob der fast sonnenhelle Mond Georgiens auch das Feuer der Sonne hätte.

Die Straßen waren beinahe ganz menschenleer, der Basar und alle Werkstätten geschlossen. Nur hin und wieder taumelte ein betrunkener Soldat, schwebte eine tief in die blendendweiße Tschadra verhüllte Georgierin an uns vorüber.

Wir ließen die Straße links liegen, welche zu den kuppelbedeckten, heißen Schwefelbädern führt, denen Tiflis sein Entstehen und seinen Namen verdankt, und wandten uns in kürzester Richtung dem Eriwanschen Platze zu.

Hier und da waren die Dächer von luftigen, weiblichen Gestalten belebt, die, vom Mondschein umflossen, in ihren malerischen Gewändern einen feenhaften Anblick gewährten.

Balalaikatöne erschollen durch die Nacht, abwechselnd mit dem Rundgesange georgischer Schönen.

Doch wir durften nicht lange weilen bei den lieblichen Bildern, denn wo immer wir stehenblieben und die Mädchen uns bemerkten, da verschwanden sie schnell vor unseren spähenden Blicken.

Aber einmal mußte ich stehenbleiben und lauschen, ich konnte nicht fort, es fesselte meine Füße gewaltsam. Der Klang einer Männerstimme traf mein Ohr, und die Töne schienen mir so vertraut – ich erkannte die Stimme – ich erkannte das Lied – ich erkannte dich, Mirza-Schaffy, o Weiser von Gjändsha!

Noch sehe ich die gelben Koschi (Pantoffeln), die roten Nepkawi (Pantalons), den samtnen Kaftan und den durchsichtigen Schleier deiner Schönen, als sie schüchtern auf dem Dache des grauen Häuschens stand und deinen flehenden Tönen lauschte.

Du glaubtest dich versteckt und unbemerkt im Schatten des Hauses in der einsamen Gasse. Aber nimmer vergesse ich dein Bild, o Weiser! wie du die Hände bald ans Herz preßtest und bald halbmondförmig an die Ohren hieltest, gleichwie zum Gebete vor dem holdseligen Wesen über dir! [. . .]

Es waren der Wunder noch nicht genug für den schönen Abend.

Als ich mich auf dem Eriwanschen Platze trennen wollte von meinen Begleitern, bat mich einer derselben, ihm noch auf ein Stündchen in seiner neuen Wohnung Gesellschaft zu leisten.

»Ich habe die Wohnung genommen«, sagte er vertraulich, »weil gerade gegenüber die Fürstin O . . ., ein wunderliebliches Wesen, wohnt, ein Meisterstückchen der Schöpfung! Schon seit drei Monaten folge ich ihr regelmäßig auf all ihren Wallfahrten zum heiligen Davidsberge. Die landesungewöhnliche Beständigkeit meiner Neigung scheint ihr Herz gerührt zu haben, denn sie hat vor mir schon einen großen Teil ihrer georgischen Schüchternheit abgestreift. Sie zeigt sich mir unverschleiert auf dem Dache, empfängt Blumensträuße, die ich ihr abends heimlich zuwerfe, und scheint zwei ihrer Freundinnen in ihr Geheimnis eingeweiht zu haben, denn alle drei sitzen oft stundenlang oben im traulichen Gespräche, ohne sich durch meine bei offenem Fenster angestellten Betrachtungen verscheuchen zu lassen.«

Das Glück folgte unseren Schritten, denn die junge Fürstin saß wirklich noch auf dem Dache mit ihren beiden Freundinnen, als wir eintraten in die Wohnung meines Bekannten.

Wir zündeten kein Licht an im Zimmer, um desto besser sehen zu können, ohne gesehen zu werden.

Wie ein Heiligenschimmer umfloß das Mondlicht die drei lieblichen Gestalten, wie sie da saßen mit gekreuzten Beinen. Die zwei Fremden waren in die weiße Tschadra gehüllt, unter welcher die faltenreichen Nepkawi feuerrot hervorquollen. Die junge Fürstin aber trug blauseidene Hosen, hell wie der Abendhimmel im Mondschein, und ein dunkler Sarafan umschlang ihre jugendlichen Glieder.

Über eine Stunde hatten wir gesessen, verloren im Anschauen des schönen Bildes vor uns, als plötzlich alle drei Frauen aufsprangen und schäkernd auf dem Dache umherwandelten.

Da – eine bleibt stehen! Sie scheint uns zu bemerken, denn nachdem sie eine Weile spähende Blicke herübergeworfen, wendet sie sich um, wahrscheinlich um ihren Begleiterinnen einen Wink zu geben; aber siehe! fast in demselben Augenblick ist die junge Fürstin ebenfalls stehengeblieben, nicht um nach uns zu suchen, nein, sie bückt sich, und lüftet – und tastet.

Trotz des kleinen Gegenstandes, um den es sich handelt, bin ich in großer Verlegenheit, wie ich die Zeichnung vollenden soll, ohne einerseits den poetischen Anstand und andererseits die prosaische Wahrheit zu verletzen. Ich bemerke nur, daß mir beim Nachhausegehen unwillkürlich die Verse Goethes in den Ohren summten:

Es war einmal ein König,
Der usw.

Ein Ausflug nach Armenien

Nun folgt mir in jene gesegneten Lande, wohin die Sage das Paradies versetzt und wohin auch ich es versetzte, bis ich erfuhr, daß es in deinen Augen liegt, du meine Edlitam!

Folgt mir an die blumenreichen, sagengeheiligten Ufer der Senghi und des Araxes, wo ich Ruhe suchte nach langem Irrsal sorgenvollen Wanderlebens in fremdem Land, bis ich erfuhr, daß Ruhe nirgends zu finden als in der eigenen Brust; folgt mir in die Gärten, wo Noah zuerst den Weinstock gepflanzt zu seiner eigenen Lust und Ergötzlichkeit und zur Freude aller nachwachsenden durstigen Menschengeschlechter; folgt mir durch die steilen, gletscherüberhangenen Gebirgspfade zu den dürren Hochebenen des Ararat, wo der wilde, blutrot gekleidete Kurde auf leichtschenkeligem Rosse einhersprengt mit blitzendem Auge und sonnengebräuntem Gesichte, im breiten Gürtel den scharfen Dolch und die langen Pistolen von Damaskus und in der kampfgeübten Hand die schwanke, todschleudernde Lanze von Bagdad – wo der Nomade sein schwarzes Zelt aufschlägt und mit Weib und Kind an dem die Tiere der Wildnis verscheuchenden Feuer kauert – wo Karawanen von Kamelen und Dromedaren ziehen, beladen mit den Stoffen des Morgenlandes und geleitet von wachsamen Führern in weiten, buntfarbigen Gewändern – wo der raublüsterne Tatar in versteckten Felshütten oder in halb unterirdischen, roh ausgehöhlten Wohnungen haust; folgt mir in die fruchtbaren Täler, wo die Söhne von Haighk wie die Kinder von Israel fern vom Verderben der Städte noch in urväterlicher Einfalt leben, ihre Äcker pflügen und ihre Herden weiden und die Gastfreundschaft in biblischer Reinheit üben; folgt mir zum Ararat, der auf seinem königlichen Greisenhaupte noch die sündflutgerettete Arche trägt – folgt mir ins Hochland von Armenien!

Im Paradiese wollen wir selig sein und unsere Blicke laben an den schönen Töchtern des Landes; und am Grabe Noahs wollen wir niedersitzen, das Trinkhorn in der Hand, ein Lied auf den Lippen und freudige Zuversicht im Herzen; denn der Gott, welcher einst, als die ganze Welt den Strang verdient hatte, die Menschheit zum Wassertode begnadigte und bloß

Noah am Leben ließ, weil dieser den Wein kultiviert und Freude hatte am Lieben und Trinken, wird auch uns, die wir gleiche Gelüste hegen, so gnädig sein wie dem Vater der nachsündflutlichen Menschen.

*

Die Troika, das russische Dreigespann, welches uns davonführen soll bis zum Gebirge, wo die Wege aufhören, fahrbar zu sein, wartet schon vor der Türe. Hinter dem Wagen halten zwei donische Kosaken als Eskorte, und während Luka, unser dienender Begleiter, beschäftigt ist, das Gepäck in dem unbequemen Fuhrwerk so zurechtzulegen, daß wir ohne große Anstrengung darauf sitzen können, haben wir – R. und ich – mit unserm ehrwürdigen Lehrer Mirza-Schaffy eine rührende Abschiedsszene.

Im Orient ist es Sitte, daß man dem scheidenden Freunde einen durch Zufall bestimmten Geleitspruch mit auf den Weg gibt. Man bedient sich zu diesem Zwecke gewöhnlich des Koran, des Sadi oder Hafis. Das Buch wird aufs Geratewohl aufgeschlagen, und der erste Vers, den das Auge trifft, wird als Geleitspruch erkoren.

Der Weise von Gjändsha nahm den Gjülistan von Sadi, eröffnete das Buch und seine Augen fielen auf die Stelle, wo geschrieben steht:

> »Ein Wort ohne Tat ist wie eine Wolke ohne Regen oder ein Bogen ohne Sehne.«

Nachdem er uns eine doppelte Abschrift des Spruches gegeben hatte, begleitete er uns hinunter zum Wagen.

Der Weise war sichtbar bewegt, von seinen Jüngern – wenn auch nur auf ein paar Monate – scheiden zu müssen. Doch suchte er seine Wehmut durch erkünstelten Scherz zu verhüllen. »Was sagt Togrul Ben Arslan! ›Gestern entzückte mich die Gegenwart meiner Freunde, und heute verlassen sie mich!‹«

»Allah ssisin illah!« (Gott mit Euch!) rief er uns scheidend zu; Pascholl! (Vorwärts!) scholl der Kommandoruf Lukas; der bärtige Kutscher schnalzte mit der Zunge, die klugen Pferde spitzten verständnisflink die Ohren, und mit fabelhafter Schnelligkeit rollte das holprige Fuhrwerk davon, während die lanzenschwingenden Kosaken in kurzem Galopp hinterherritten.

Bald hatten wir hinter uns den weiten Bergkessel, in welchem Tiflis liegt mit seinen Bädern und Gärten, mit seinem Wirrwarr von Häusern und Menschen, Sitten, Trachten und Sprachen. Die Berge, welche diese Stadt umschließen, sind dürr, wie zusammengewehte Sandhaufen, kahl wie das Haupt eines Muselmanns.

Einst sollen sie gestrotzt haben von den üppigsten Gestaltungen der Pflanzenwelt; in schattigen Lorbeerhainen standen die Tempel der schönen Anahid, der befruchtenden Göttin; unter anmutig gewölbten Piniendächern brannte das Feuer auf den Altären des Tleps, des gewaltigen Donnergottes.

Aber frevelnde Hände – so geht die Sage – entweihten die heiligen Stätten und erweckten den Zorn der rächenden Götter. Anahid entzog den Höhen ihren belebenden Odem und waltete fortan nur in ihrem Lieblingslande Armenien, wo ihr noch Opfer gebracht und Blumenfeste gefeiert werden bis auf den heutigen Tag; der grimmige Tleps aber brach durch seine Donner die Stämme der Bäume und ließ Feuer springen aus den Eingeweiden der Berge, daß alle Wurzeln verbrannten, alle Pflanzen verdorrten und vernichtet wurde, was blühend war. Dann floh er zu seinen Lieblingssöhnen, den kriegerischen Stämmen der Adighe, die am Ostgestade des Pontus hausen. Seit jener Zeit wächst hier kein Baum mehr, und nur mageres Gras, vereinzelte Blumen und Pflanzen fristen ein kümmerliches Dasein auf den dürren Bergen von Tiflis.

Aber je weiter wir uns von der Kyrosstadt entfernen und dem armenischen Hochlande zueilen, desto reicher und mannigfaltiger in ihren Erzeugnissen begrüßt uns traulich eine bekannte, heimatliche Pflanzenwelt.

Wir finden hier fast ganz dieselbe Vegetation wie in den Gebirgen von Steiermark, so daß ich euch mit der Beschreibung der Einzelheiten nicht lange aufzuhalten brauche, sondern euch – nachdem wir das naphtareiche Dorf Soganlug passiert haben – gleich zu der berühmten Roten Brücke (bei den Georgiern Gathe-chili-chidi genannt) führen kann, welche die beiden Ufer des Chram, oder der Debeda, miteinander verbindet.

Diese uralte Brücke ist eines der großartigsten Denkmäler georgischer Baukunst. Sie hatte ursprünglich vier Bogen, getragen von gigantischen Pfeilern, in deren Höhlungen Zimmer mit Kaminen, Vorplätzen und allen landesüblichen Bequemlichkeiten eingerichtet waren. In den Gemächern des Mittel-

Brücke über den Chram in Georgien (G. Gagarin)

pfeilers, welche zwei hohe Balkons über den Fluß ausstreckten, befand sich sogar ein Duchan (eine Schankwirtschaft). Die Balkons sind eingestürzt, die Zimmer unbewohnbar geworden, aber die starke, aus roten Backsteinen gebaute Brücke selbst trotzt den Verwüstungen der Zeit.

Schon in Muhanly, einige Stunden bevor wir die Rote Brücke erreichten, haben wir den unbequemen Wagen zurückgelassen und Tatarenpferde bestiegen, auf welchen wir, trotz der Gebirge, elf deutsche Meilen oder siebenundsiebzig Werst in einem Tage zurücklegen.

Wenige Werst diesseits Pipis', der nächsten Station hinter Arslanbeglu, machen wir wieder halt im Becken der Dshogas, wo die Natur einen ihrer bizarrsten Gedanken in Stein ausgeprägt und zu einem merkwürdigen, pyramidenförmigen Felsenturme gestaltet hat.

Aus einer weiten, malerischen Einfassung zersetzter Porphyrhügel steigt hier in einer Höhe von fünfzehnhundert Fuß der Gewardzin-Dasch empor, in seiner wunderlichen Gestalt bis zur Spitze einem riesigen Kaktus vergleichbar. Auf dem vielfach gewundenen Gebirgswege schien uns während eines Rittes von zwei Stunden der Gewardzin-Dasch immer in gleicher Nähe zu sein. Der durch Natur und Kunst ausgehöhlte

Fels war von jeher ein bequemer und sicherer Aufenthalt für Wegelagerer, und es knüpfen sich daran die schauerlichsten Sagen und Räubergeschichten des Landes.

Wie wir weiterreiten, erzählt uns unser Führer, ein redseliger Bursche, von einem Mordanfalle, der vor wenigen Wochen (im Frühjahr 1844) hier an dem russischen General Röhrberg und seinem Gefolge verübt wurde.

Der General, auf der Rückkehr von einer Inspektionsreise durch Armenien begriffen, gedachte nach einer mühsamen Tagreise in einem tatarischen Dorfe zu übernachten. Er schickte zu diesem Ende einen Diener voraus, um ein erträgliches Quartier ausfindig zu machen, während er selbst mit einem Gefolge von etwa vierzehn Kosaken noch eine benachbarte Ortschaft besuchte. Wie alle dienenden Geister sich gern mit der hohen Stellung ihrer Herren brüsten, so tat auch unser quartiersuchender Abgesandter, bei dessen Ankunft im Dorfe sich gleich eine Menge pudelmütziger Tataren versammelt hatten.

»Also, dein Herr ist ein großer Mann im Staate?« fragte ein hoher, breitschultriger Tatar mit narbenverunstaltetem Gesichte.

»Nach dem Sardaar (Statthalter) ist er der Erste!«

»Da reist er auch wohl mit einem großen Gefolge?«

»Er hat vierzehn Kosaken bei sich und zwei Diener.«

»Und wann wird er hier sein?«

»In etwa einer Stunde muß er hier sein.«

»Nun, da werden wir schon Zeit haben, ihm ein passendes Quartier zu bereiten.«

Der Tatar hatte nach jeder Frage und Antwort bedeutungsvolle Blicke mit den Umstehenden gewechselt, und während er den Diener der Obhut zweier Kerle übergab, angeblich, um ihn die zu räumende Wohnung selbst in Augenschein nehmen zu lassen, bereiteten sich die russenfeindlichen Tataren schon zu einem Ausfalle vor. Sie hätten's freilich leichter gehabt, den General mit seinem Gefolge ruhig zu erwarten und den Mordplan im eigenen Dorfe auszuführen, aber das wäre gegen Sitte und Brauch der Moslemin gewesen. Wer den Fuß über die Schwelle des Hauses gesetzt, ist heilig und unverletzlich an Leben und Eigentum; die Gesetze der Gastfreundschaft wird selbst der blutdürstigste Räuber nicht übertreten. Solange der Feind im Schutze des Hauses weilt, wird ihm kein Haar gekrümmt; erst wenn der Hausherr ihn auf Schußweite vom Orte weiß, wird er ihn verfolgen und im offenen Felde angreifen.

Zwanzig wohlbewaffnete Tataren, den narbenverunstalteten Kundschafter an der Spitze, ritten auf sicheren Pferden dem General und seinem Gefolge entgegen.

Unter wildem Geschrei stürzten sie aus einem Hinterhalt auf den Zug los. Der Kampf war kurz, aber blutig. Von den Kosaken und Dienern kam keiner lebendig davon. Nur der General blieb wie durch ein Wunder am Leben. Er hatte sich bis aufs äußerste verteidigt, bis er, zu gleicher Zeit von einem Säbelhieb auf den Kopf und von einer Kugel in den Unterleib getroffen, bewußtlos zu Boden sank.

Die Tataren waren noch beschäftigt, ihre Opfer zu plündern und bis aufs Hemd auszuziehen, als in der Ferne eine Karawane mit starker Bedeckung sichtbar wurde. Die Räuber begnügten sich mit der im Fluge gemachten Beute und sprengten auf Umwegen davon.

Ich war erstaunt, später aus dem Munde eines anderen russischen Generals eine Apologie der mörderischen Raubgesellen zu hören.

»Diese Kerle«, sagte er, »erinnern sich wohl noch aus ihrer Jugend, daß man ihre Väter russischerseits wie das liebe Vieh hinschlachten ließ, um die Kinder durch Blut an ›gesetzlichen Gehorsam‹ zu gewöhnen; wie kann man's ihnen da verdenken, daß sie jede Gelegenheit benützen, um Vergeltungsrecht zu üben. Wenn in früherer Zeit hier ein Diebstahl vorkam – der immer von einem Morde begleitet ist, denn es steht geschrieben: ›Du sollst keinen Lebendigen berauben!‹ –, so mußten die dem Schauplatz der Untat zunächst liegenden Dörfer den Schuldigen ausliefern, oder die Einwohner wurden dezimiert, d. h., jeder zehnte Mann von ihnen wurde aufgehängt. Bei diesem summarischen Verfahren konnte es natürlich nicht ausbleiben, daß hin und wieder ein paar Dutzend Tataren ganz unschuldig zum Strange kamen; der Sterbende aber wälzt die Blutrache auf die Seele seiner Verwandten und Freunde, und die Blutrache ist den Männern des Gebirges heilig.«

Dies zur nötigen Ergänzung der oben erzählten Geschichte. Wir sind inzwischen bis zu der zwischen Pipis und Istibulach gelegenen schönen Fontäne gekommen, wo die Karawanen, die hier vorüber nach Eriwan ziehen, haltmachen, um ihre Tiere zu tränken.

Auch wir gönnen uns uns hier eine Stunde Rast und suchen die Inschrift des weißen, einfach gemeißelten Steines zu entziffern, welcher Namen, Geburtsort und Geschlechtsregister des wohltätigen Gründers enthält. Irgendein Sänger des Landes hat folgende Verse daruntergeschrieben:

Im Baumesschatten fließt die Fontäne,
Des Berges ewige Freudenträne.
Plätschernd hell
Springt der Quell
Unter duftender Blüte
Aus dem Berge, dem steinigen,
Wie ein Strom der Güte
Allah's, des Einigen.
Wanderer, den er erquickt,
Danke dem, der ihn geschickt!

*

In einiger Entfernung hat ein anderer Reitertrupp haltgemacht, und ich sehe unseren Luka in eifrigem Gespräche mit dem Herrn des Zuges begriffen.

»Da ist der Fürst T. von Eriwan«, berichtete uns Luka, als er zurückkehrte, »der auch von Tiflis kommt mit seinem Gefolge. Er wünscht sehr Ihre Bekanntschaft zu machen und bietet Ihnen Gastfreundschaft und Geleit an. Darf ich ihn zu Ihnen führen?«

Ich besann mich eine Minute, ehe ich ja sagte, denn ich bemerkte unter dem blauen Talar des Fürsten einen russischen Uniformrock, und ich hatte schon lange genug im Kaukasus gelebt, um ein gegründetes Mißtrauen gegen alle die Georgier und Armenier zu hegen, welche sich unter das schimmernde Joch russischer Epauletten geschmiegt haben. Ich empfahl R. große Vorsicht im Verkehr mit unserm neuen Gastfreunde, und dann sagte ich zu Luka, es werde uns angenehm sein, des Fürsten Bekanntschaft zu machen. Wir standen auf und gingen ihm ein paar Schritte entgegen. Auf uns zu kam ein hochgewachsener, kräftig gebauter Mann, im Anfange der Vierziger. Er trug die bekannte armenische Pelzmütze; seinem vollen, frischen Gesichte, dessen Regelmäßigkeit nur durch die starke, weingerötete Nase etwas gestört wurde, stand der dichte, pechschwarze Schnurrbart sehr gut. Dem ebenfalls etwas zur

Stärke neigenden Leibe wurde durch die breite, hochgewölbte Brust das Gleichgewicht gehalten.

Ehe ich euch nun mit unserem Reisegefährten bekannt mache, muß ich einleitend bemerken, daß ihr euch unter einem armenischen Fürsten gewöhnlichen Gelichters nicht eine so durchlauchtige, reiche, tadellos behandschuhte und gestriegelte Person denken müßt, wie man sich hierzulande die Fürsten wohl vorzustellen pflegt.

Doch bei der höheren Aristokratie kommt es ja bekanntlich weniger auf Geld und Gut als auf einen recht weit zurückreichenden Stammbaum an; es handelt sich nicht darum, ob der Mann etwas ist, sondern ob seine ältesten Vorfahren etwas gewesen, und in dieser Beziehung konnte es Fürst T. mit den durchlauchtigsten Fürstenhäusern Europas aufnehmen, denn er leitet seinen Stamm von König Aram ab, der bekanntlich schon zu Abrahams Zeiten lebte und der, wie die Sage erzählt, auch dem heiligen Berge Ararat seinen Namen gegeben hat.

Ob der Fürst von wirklichem Vollblut war, weiß ich nicht; daß er vollblütig war, weiß ich. Doch ihr werdet ihn im Verlauf unserer Reise schon näher kennenlernen und müßt euch einstweilen mit den obigen Andeutungen begnügen.

Nachdem wir den üblichen Friedensgruß: Szalem Alechem – Alechem Szalem! gewechselt, der von allen Kindern des Morgenlandes verstanden wird, gleichviel, ob sie im deutschen Ghetto, im tscherkessischen Aoule oder im persischen Schahpalaste hausen, fragte der Fürst, ob wir die beiden Fremdlinge aus dem Abendlande wären, welche die Gebirge durchpilgerten, um die Tugenden der Kräuter und die Sprachen der Völker zu erforschen?

Eine bejahende Antwort auf diese Frage veranlaßte ihn zu einem endlosen Ergusse schmeichelhafter Phrasen ob unserer forschenden Bestrebungen und unserer fabelhaften Weisheit, die er uns an den Augen abzusehen behauptete. Besonders machte das jugendliche Aussehen R.s, der damals kaum zweiundzwanzig Jahre zählte, des Fürsten Erstaunen rege.

»Noch so jung, und schon so weise!« rief er nach jeder Bemerkung meines jungen Freundes, und dann winkte er immer seinen Begleitern zu, welche, ohne von dem Gesagten etwas zu verstehen, doch ihrem Herren zu Gefallen tun mußten, als ob sie hinschmelzen wollten vor Staunen und Bewunderung.

Im Grunde schien dem Fürsten an unserer Weisheit und

Beredsamkeit wenig gelegen, denn er haschte sichtbar nach jedem Anlaß, um seiner eigenen Zunge freien Spielraum gewähren zu können. Und rühmend muß ich's ihm nachsagen, er bewegte seine Zunge mit einer Geläufigkeit, daß mir noch heute die Ohren gellen, wenn ich daran denke. Vor allem hatte er es darauf abgesehen, uns eine möglichst hohe Idee von seinem Einflusse im Lande, seiner Stellung und seiner Bildung zu geben.

Kam er sich selber im Fluß seiner Rede etwas zu ausschweifend vor, oder glaubte er, daß wir Zweifel bei seinen Worten hegen könnten, so packte er einen seiner Begleiter am Arm und fragte gebieterisch: »Nicht wahr, du!«, worauf dann regelmäßig ein »W'Allah eiladirr!« (Bei Gott, so ist es!) erfolgte.

»Da leben«, sagte er, »die meisten meiner Landsleute in den Tag hinein, ohne sich um Bildung und Fortschritt zu kümmern. Sie rauchen ihren Tschibuk, treiben ihre Geschäfte, gehen ins Bad, essen und trinken, heiraten, zeugen Kinder und sterben. Was tue ich? Ich reite nach Tiflis – schon zum dritten Male bin ich jetzt dort gewesen –, betrachte die Häuser und Menschen, beachte, wie man lebt in der großen Welt, mache dem Sardaar meine Aufwartung, sehe mir die Stühle und Tische an in den großen Sälen, merke auf alles, verkehre mit den Russen. Glorioses Volk das, die Russen!« unterbrach er sich hier in der Aufzählung der Elemente seiner Bildungsstudien, mit einem Blicke, der mehr als zweideutig war, und einer Wortbetonung, die man nach Belieben für ironisch, fragend oder bewundernd halten konnte.

Diese auf alles gefaßte Schlauheit des Ausdrucks in Blick und Wort habe ich nirgends in solcher Vollendung gefunden als bei den Armeniern, welche durch Handel oder russischen Bildungsfirnis ihrer landestümlichen Sitteneinfalt entfremdet wurden.

Wir ließen den, diesem geschmeidigen Zwittergeschlechte angehörenden Fürsten T. bezüglich unserer Ansicht über die gloriosen Russen in Zweifel, und ohne lange Unterbrechung fuhr er fort in seinen Kulturschilderungen:

»Es ist unglaublich, wie schwer die Bildung unter dem Volke Wurzeln schlägt! Und doch haben wir täglich das Beispiel der Russen vor uns! Wohnen nicht russische Offiziere in Eriwan? Gibt's nicht auch verheiratete darunter? Da geht der Mann mit der Frau spazieren, und die Frau, so schön sie auch sein mag, zeigt ihr Gesicht jedem, der es sehen will, oder wenn sie den Schleier über die Augen schlägt, so tut sie das nur, um sich vor der Sonne zu schützen oder vor Wind und Wetter. Glaubt ihr, daß es unseren Weibern – möge Gott sie erleuchten! – einfällt, es den russischen Frauen nachzumachen? Lieber würden sie ins Wasser springen als mit unverhülltem Gesichte über die Straße gehen. Nicht einmal meine eigene Frau kann ich dazu bringen! Die müßt ihr kennenlernen; wenn sie auch Schwierigkeiten macht, wir wollen sie schon locken. Ein liebes Geschöpf! Überhaupt ein schmuckes Völkchen, die Weiber, wenn sie hübsch sind und jung – was meint ihr?«

Wir nickten beifällig mit dem Kopfe, und er war sichtbar erfreut, daß in diesem Punkte unsere Neigungen zusammentrafen.

»Kaitmas! Komm her, Bursche! sing uns ein Liebeslied«, rief der Fürst einem seiner Begleiter zu.

Kaitmas, ein junger Mann von hübschem Äußeren, war, wie ich erfuhr, seines Handwerks ein Schuster, der aber durch seine schöne Stimme und Liederfertigkeit des Fürsten Gunst in hohem Grade auf sich gezogen hatte und ihn überall auf seinen Fahrten begleiten mußte. Er war sein Grillenvertreiber und Minnesänger.

Während ich im stillen Betrachtungen anstellte über die wundersamen Launen des Schicksals, das fast in allen Ländern Pech und Poesie so nahe zusammengeworfen, trat Kaitmas vor in etwas affektierter Weise, verbeugte sich tief, schlug sein weites blaues Gewand zurück, und dann hub er mit heller Stimme zu singen an:

»Mit Geschenken beladen kehr ich von Gjirdshistan,
Kehre heim zur Geliebten nach Eriwan;
Lange harrt sie mein, doch fern ist's ihrem Sinn,
Daß ich längst auf dem Wege der Heimkehr bin –
Wie die Ähren des Feldes im Hauche des Windes
Wogt hoffend der Busen des lieblichen Kindes!
Heller Edelstein im Ringe meines Lebens,
Anfang du und Ende meines Strebens
Warte treu – du wartest nicht vergebens!«

Er hielt einen Augenblick inne und sah uns beifallforschend an. Wir zollten ihm lautes Lob für die schönen Verse, und neu belebt fuhr er fort:

»Habt ihr mein Mädchen gesehn, wie es voll Schönheit blüht?
Doch keiner hat's gesehn. Wehe dem, der es sieht!
Nur für mich hebt sich der hüllende Schleier,
Funkelt der Augen zündendes Feuer!
Nur für mich lächelt der Mund meiner jungen Maid,
Schlingt sich ihr Haar lang wie die Ewigkeit!«

Nach diesem kühnen Gleichnisse hielt ich es für gut abzubrechen, um mit der Zeit nicht zu kurz zu kommen. Doch ehe wir aufbrachen, ließ der Fürst noch einen Weinschlauch, womit sein Saumtier belastet war, öffnen. Das gefüllte Trinkhorn ging im Kreise rund, und nachdem wir die Gastfreundschaft durch die Taufe des Weines geheiligt hatten, kam die Reihe an das Gefolge und die Kosaken. Dann schwangen wir uns auf unsere Rosse und trabten in stattlichem Zuge davon.

Voraus ritten die wegkundigen Kosaken, dann kamen wir mit dem Fürsten zwischen uns, und Kaitmas ritt an der Spitze des Gefolges.

Das Bergland mit seinen mannigfachen Reizen bietet dem Auge erquickliche Abwechslung; die Sonne scheint frühlingswarm, in den Bäumen zwitschern die Vögel; uns zur Linken rauscht die schmale, aber reißende Axtafa, die dem vor uns aufsteigenden, schneebedeckten Gebirgskamme entrinnt, der die Ufer der Sewanga, bekannter unter dem Namen des Gjoktschai-Sees, zackig umsäumt.

Wir reiten durch das höchst anmutig gelegene armenische Dorf Delishan und erreichen noch vor Anbruch der Dunkelheit den schwer zu überklimmenden Gebirgskamm, wo wir von schwindelnder Höhe herab den mehr als fünftausend Fuß über der Meeresfläche liegenden Gjoktschai-See sich in seiner ganzen Schöne tief unter uns ausbreiten sehen. Fünfunddreißig von den hohen Porphyrgipfeln herabstürzender Flüsse und Bäche nimmt der neun Meilen lange und vier und eine halbe Meile breite Sewanga in seinem Schoße auf. Am nordwestlichen Ende des Sees liegt eine kleine wunderliebliche Insel, und darauf steht ein uraltes Kloster, von armenischen Mönchen bewohnt, die neben ihren Kasteiungen zur Abwechslung Hafisische Philosophie treiben und rund und rot dabei werden. Doch davon ein anderes Mal. Wir müssen uns beeilen, nach Eriwan zu kommen, und darum übergehe ich blindlings alle die kleinen und großen Abenteuer des Weges und führe euch gleich über Tshubugli und Nishe-Achti nach Ailar, der letzten Station vor der Hauptstadt Armeniens.

Dort wird noch einmal haltgemacht. Der Fürst entsendet zwei Reiter, um in Eriwan unsere Ankunft zu verkünden und Vorbereitungen zu unserem Empfange treffen zu lassen. Dann wendet er sich zu uns und sagt in ernsterem Tone, als ihm gewöhnlich ist: »Wenn ihr nun euren Einzug haltet in die Stadt, so wird der Kommandant gleich zu euch schicken und euch bitten lassen, bei ihm im Schlosse zu wohnen. Aber ich hoffe, ihr werdet meiner Tür nicht den Rücken zeigen und mir nicht vorübergehen! Mein Haus ist euer Haus, euer Wille ist mein Wille! Was würde das Volk sagen, wenn es hörte, daß ihr verschmähtet, meine Gäste zu sein, nachdem ich euch bis hierher geleitet! Was ich euch bieten kann an Bequemlichkeit, sollt ihr haben. Ich habe ein Zimmer in meiner Wohnung, ganz nach europäischer Weise eingerichtet, wie beim Kommandanten, mit Stühlen, mit Tischen und hölzernem Fußboden!« So schwatzte er in einem fort mit der Aufzählung der Herrlichkeiten seines Hauses, bis wir ihn vollkommen beruhigt hatten, daß wir auf jeden Fall seine Gastfreundschaft in Anspruch nehmen würden und daß uns weniger daran gelegen sei, in Eriwan europäische Tische und Stühle zu sehen, als armenische Sitte und Lebensweise kennenzulernen.

Nach kurzem Aufenthalt in Ailar stiegen wir wieder zu Pferde und ritten langsam der Hauptstadt Armeniens entgegen.

Vor dem Tore hatte sich eine Menge Volk versammelt, um die beiden jungen Pilger aus dem Abendlande zu sehen. Wir mußten neuerdings absteigen, um die uns erzeigten Höflichkeiten zu erwidern und von dem Weine und den Südfrüchten zu kosten, welche man uns entgegenbrachte, denn nichts ist im Orient beleidigender, als Angebotenes auszuschlagen.

Der erste Eindruck, welchen Eriwan auf den Europäer macht, ist kein sehr günstiger. Die Straßen sind ungepflastert und schmutzig, die Häuser sind klein und niedrig und noch obendrein hinter zaunartigen, lehmfarbigen Mauern versteckt, so daß die größte Straße in der armenischen Hauptstadt mit der kleinsten Gasse in irgendeinem deutschen Krähwinkel den Vergleich nicht aushalten kann. Überhaupt herrschen bei uns über orientalische Pracht und Herrlichkeit die fabelhaftesten

Vorstellungen; vielleicht weil es selten ein Reisender der Mühe wert hält, das Gewöhnliche zu schildern, und die meisten sich damit begnügen, das ausnahmsweise Pomphafte hervorzuheben.

Wir hatten eine gute Strecke zu reiten, ehe wir das Haus unseres Gastfreundes erreichten, und fanden wir die Häuser, auf welche unsere Augen fielen, häßlich, so kamen uns Wuchs, Gang und Kleidung der jungen Armenierinnen, welche hin und wieder dicht verschleiert vorüberschlüpften, desto anmutiger vor. Fürst T. bemerkte mit stolzer Freude, daß wir Wohlgefallen fanden an den Töchtern des Landes.

»Meine Frau müßt ihr kennenlernen, und heute noch«, sagt er, »ich werde schon sehen, was sich tun läßt.«

Es war kurz vor Sonnenuntergang, als wir das einfache, mit einigen kleinen Nebengebäuden versehene Haus unseres Gastfreundes erreichten. Wir wurden in ein geräumiges, teppichbelegtes Zimmer geführt und waren ganz glücklich, in Ruhe den Staub von unseren Füßen zu schütteln und einmal eine Stunde ungestört über die seltsamen Erlebnisse der Reise lachen und plaudern zu können.

*

»Wissen Sie«, sagte Luka, der ins Zimmer trat, um uns anzuzeigen, daß man uns in einer Viertelstunde zum Abendessen erwarte, »wissen Sie, warum dem Fürsten so sehr darum zu tun war, Sie in seinem Hause zu haben? Er bekleidet eine Stelle in der Landesregierung und steht im Rufe, ein großer Wsjatschnik zu sein, weswegen der Kommandant und der Landeschef, beide ausnahmsweise ehrliche Männer, nicht mit ihm umgehen, wodurch sein Ansehen beim Volke sehr leidet. Nun denkt er ganz richtig: wenn Sie den Kommandanten und die anderen Herrschaften besuchen, so werden Ihnen diese einen Gegenbesuch machen, wobei er dann Gelegenheit hat, durch Ihre Vermittlung ein engeres Verhältnis anzuknüpfen.«

»Und woher weißt du alles so genau?«

»Daß er mehr Geld ausgibt, als er sollte, und die Hand nur zudrückt, wenn was darin ist, weiß man im ganzen Lande. Nur kann man ihm nicht recht auf die Spur kommen, weil er zu schlau ist, und dann darf man auch nicht zu streng mit ihm verfahren, weil er großen Einfluß im Lande hat. Übrigens soll er der beste Mensch von der Welt sein, und wenn er nicht alles rechtschaffen erwirbt, was er braucht, so teilt er es wenigstens rechtschaffen wieder aus. In seinem Hause wird jahraus, jahrein ein lustiges Leben geführt, und an seinem Tische ist jeder willkommen, wer Witz hat und einen guten Magen.«

Luka wurde in seinem Bericht unterbrochen durch den Eintritt des Fürsten, der sein Erstaunen nicht verbergen konnte, uns von Kopf bis zu Fuß umgekleidet zu finden.

»Warum habt ihr euch am späten Abend noch so schmuck gemacht, Agas?« fragte er lächelnd.

»Weil du uns bedeutet hast, uns heute noch der Herrin des Hauses vorzustellen«, antwortete ich.

»Mit der ist heute nichts anzufangen«, sagte er entschuldigend, »sie ist gar zu furchtsam. Doch sehen sollt ihr sie. Wir müssen sie einmal abfangen, wenn sie frisch geputzt aus dem Bade kommt. Es wird sich schon eine Gelegenheit finden. Jetzt kommt zu Tische und laßt uns lustig sein, Kaitmas ist auch da, um uns etwas vorzusingen, und noch ein paar Musikanten hab ich bestellt, flotte Burschen, die euch gefallen werden!«

An Appetit fehlte es uns nicht nach den Anstrengungen der langen Tagesreise, und willig folgten wir der Einladung unseres lustigen Wirtes.

Wir traten in den Speisesaal, ein weißes Gemach ohne alle Möbel außer einem niedrigen, tischähnlichen Gestelle, mit so viel Schemeln umpflanzt, als für die Mitessenden zum Sitzen nötig war.

Die Stelle des Tischtuches vertrat ein großes Stück dünnes, elastisches Gebäck, nach Art der jüdischen Matzen zubereitet und bei den Tataren und Armeniern Tschoräkj genannt. Der süße Landeswein wurde aus einem silberbeschlagenen Büffelhorn getrunken. Schmackhafte Fische aus dem Gjoktschai-See bildeten den Hauptbestandteil des Essens, denn es war Fastenzeit, kurz vor Ostern, und die armenischen Christen halten streng ihre kirchlichen Satzungen.

Eine Menge Leute waren beschäftigt, uns zu bedienen; der eine füllte das alle Augenblick geleerte Trinkhorn an, der andere wechselte die Teller, ein dritter hielt den Verkehr mit der Küche aufrecht etc., und dabei wurde so geschrien, gelacht und gescherzt, daß von einer ordentlichen Unterhaltung nicht die Rede sein konnte. Diejenigen Diener, welche gerade nichts zu tun hatten, ließen sich's mit uns wohlschmecken. Alle aßen mit uns aus derselben Schüssel, alle tranken mit uns aus demselben Trinkhorn, denn die strenge Absonderung zwischen Herrn und Diener, wie sie in Europa herrscht, ist in Armenien wie in den Ländern des Kaukasus vollkommen unbekannt.

Die Speisen wurden sämtlich ohne Hilfe von Gabel und Messer zum Munde befördert. Man riß ein Stück von dem tischtuchersetzenden Brote ab, griff damit in die Schüssel und verschlang das solchergestalt Erhaschte ohne viel Federlesen.

Mit wahrhaftem Staunen bemerkten wir die Virtuosität, welche unser Wirt im Weintrinken entwickelte, wie er sich denn überhaupt eine unverwüstliche Heiterkeit zum Grundsatze gemacht zu haben schien.

»Kaitmas!« rief er dem Schuster-Minnesänger zu, als die Speisen weggeräumt und nur die Weinkrüge zurückgeblieben waren, »Kaitmas! alter Bursche, sing uns ein Lied zum Preise des Trinkens!«

Ehe Kaitmas der Weisung des Fürsten folgte, versuchte er erst, die beiden Musikanten zur Ruhe zu bringen, die in einer Ecke des Zimmers kauerten und einen furchtbaren Lärm unterhielten, indem der eine eine Art Dudelsack und der andere ein jammervolles Saiteninstrument handhabte, was dem Fürsten – der übrigens den fruchtlosen Bestrebungen des Sängers, die Kerle zur Ruhe zu bringen, fördernd zu Hilfe kam – besonderen Appetit zu machen schien.

Darauf hub Kaitmas zu singen an:

»Füllt mir das Trinkhorn!
Reicht es herum!
Trinken macht weise,
Fasten macht dumm!

Was ist das Atmen?
Ein Trinken von Luft!
Was ist das Riechen?
Ein Trinken von Duft!

Was ist ein Kuß, als
Ein doppelter Trank!
Trinken macht selig,
Fasten macht krank!

Was ist das Sehen?
Ein Trinken des Scheins!
Klingt's auch verschieden,
Bleibt es doch eins!

Füllt mir das Trinkhorn!
Reicht es herum!
Trinken macht weise,
Fasten macht dumm!«

Und das Trinkhorn ging im Kreise herum, bis wir uns selbst nicht mehr im Kreise umdrehen konnten und unbewußt der kreisenden Welt ihr Geschäft allein überließen. Der Wein stieg uns zu Kopfe, und wir stiegen zu Bette, so gut es gehen wollte.

*

»Weißt du«, sagte ich zu R., als wir am folgenden Morgen beim Kaffee saßen und unseren Tschibuk rauchten, »ich hatte diese Nacht einen seltsamen Traum.«

»Ist dir vielleicht im Traume die Fürstin erschienen?«

»Nein, mir erschien mein alter Nachbar, ein ehrwürdiger Kauz, der, als ich noch ein kleiner, wilder Junge war und in die Schule ging, jedesmal, wenn er mich sah, mir eine alte weise Lehre wiederholte. ›Fritz!‹, pflegte er zu sagen, ›du mußt dich vor allem in der Welt hüten, wovor das Wörtchen ›zu‹ steht: zu viel, zu groß, zu dumm etc.‹ Der gute Alte! Ich habe niemals Gelegenheit gehabt, seine Lehre zu befolgen, da das Schicksal immer meine Gouvernante gespielt und mich vor dem zu viel, zu reich, zu groß usw. in Gnaden bewahrt hat, aber vorige Nacht, als mir der Alte erschien, war mir ganz wunderlich zumute: Er trug in der Hand ein Trinkhorn und . . .«

»Werde nur nicht sentimental«, unterbrach mich R., »sonst komme ich nicht zu Worte, und ich muß dir auch einen Traum erzählen. Mir träumte, ich wäre wieder in Stambul und säße mit meinem alten türkischen Lehrer am Ufer des Bosporus. Hoch über uns wölbte sich ein wunderbarer Regenbogen, und mein alter Lehrer benutzte den Anlaß, mir zu erklären, warum die Türken den Regenbogen ›Gürtel Allahs‹ nennen. ›Die Sonne‹, sagte er, ›ist das Auge Gottes, und der Himmel ist sein Leib. Da schaut nun Allah den ganzen Tag herab auf das tolle Treiben der Menschen auf Erden; er sieht, wie die Frommen sich des Weines enthalten in dem Wahne, ihm zu gefallen, wie die Heiligen sich kasteien in dem Wahne, ihm zu dienen, ihm, der alles so schön gemacht hinieden zu unserer Freude – aber Allah ist zu klug, als sich sein ewiges Leben zu verleiden durch Verdruß und Ärger; er lacht über alles, und zuweilen, wenn er es nicht mehr aushalten kann, schnallt er sich den siebenfarbigen Gürtel um seinen Leib, um nicht zu bersten vor Lachen über die Dummheiten der Menschen.‹«

Wir lachten beide so herzlich, daß wir fast auch eines siebenfarbigen Gürtels bedurft hätten, um nicht zu bersten vor Lachen.

Fürst T., welcher bald darauf ins Zimmer trat, war hocherfreut, uns schon am frühen Morgen in so rosiger Laune zu finden. Er begann ebenfalls eine lustige Geschichte zu erzählen, aber plötzlich unterbrach er sich selbst mit den Worten: »Halt! da kommt meine Frau über den Hof gegangen aufs Haus zu; jetzt werd ich euch vorstellen – macht schnell und folgt mir!«

»Aber wir sind ja noch im Schlafrocke«, erwiderte ich entschuldigend, »wie können wir uns so vor der Fürstin sehen lassen?«

»Was schadet das! Macht nur schnell und folgt mir, sonst wird es zu spät.«

Er stellte uns hinter der Haustür auf, wo die Fürstin hereinkommen mußte, und gab uns die Weisung, schnell vorzuspringen und die durchlauchtige Dame aufzuhalten, sobald sie ihre Erscheinung machte.

Er selbst hatte sich's zur Aufgabe gemacht, ihr den Rückweg abzuschneiden.

Ein paar Sekunden verflossen, und das galante Manöver war glücklich ausgeführt. Die junge Fürstin stand mitten zwischen uns, zitternd, mit niedergeschlagenen Augen. Eine schlanke, zarte Gestalt mit üppigem schwarzen Haar, aber sonst unbedeutend. Sie trug gelbe Pantöffelchen, weite himmelblaue Pantalons, einen elegant geschnittenen, bis an die Knie reichenden Sarafan und ein persisches Morgenkäppchen.

Der Fürst versuchte, die Vorstellungszeremonie auf europäische Weise durchzumachen.

»Meine Frau!« sagte er auf sie hindeutend, »die jungen Weisen aus dem Abendlande!« auf uns hindeutend.

Es tat mir leid, das zarte Geschöpf in dieser peinlichen Lage zu sehen – ich trat einen Schritt zurück, und sie warf mir dafür einen dankenden Blick zu, der uns besser miteinander verständigte als die längste Vorstellung, und leichtfüßig wie ein aufgescheuchtes Reh sprang die durchlauchtige Dame davon.

*

»Nun kommt!« sagte der Fürst, »ich will euch etwas herumführen, ihr habt ja mein Hauswesen noch gar nicht gesehen. Nachher steigen wir aufs Dach, von wo wir den Ararat sehen können und die schönste Aussicht auf Eriwan haben.«

Nachdem er uns durch einige Zimmer geführt hatte, wovon eines dem andern glich und worin nichts zu sehen war als weiße Wände und bunte Teppiche, gelangten wir in den von ihm so benannten »europäischen Saal«, wovon er uns schon während der Reise soviel erzählt hatte.

Ein großes, längliches Gemach mit weißer Decke, weißen Wänden und einfachem hölzernen Fußboden. Das europäische Element darin war angedeutet durch einen mit schreienden Farben bemalten Tisch und sechs Stühle, die sämtlich in einer Ecke zusammengedrängt standen, gleich als ob sie sich schämten, einzeln verteilt im Saale zu erscheinen.

»Ist das nicht ganz europäisch?« fragte der Fürst mit selbstzufriedenem Blicke.

Wir nickten bejahend.

»Seht diese Fenster«, fuhr er fort, »in ganz Eriwan findet ihr solche Fenster nicht! Selbst nicht beim Kommandanten auf dem Schlosse, denn dort sind sie buntgefärbt und rund, nach persischer Weise zugeschnitten.«

Dann machte er uns aufmerksam auf den hölzernen Fußboden. Mit besonderem Nachdruck aber hob er die messingenen Türklinken hervor, die in armenischen Häusern etwas Unerhörtes sind. An diese Türklinken und Schlösser knüpft sich eine komische Geschichte.

Der Fürst hatte die Anwendung derselben in Tiflis kennengelernt, ein Dutzend davon gekauft und einen Teil an den Türen des »europäischen Saales« befestigen lassen.

Die Diener des Hauses, welche nicht wußten, was es mit den seltsamen Maschinen auf sich hatte, glaubten, der Fürst habe dieselben zu musikalischen Zwecken anbringen lassen; denn jedesmal, wenn daran gedreht wurde, erfolgte in dem weiten, leeren Gemache ein dröhnender Klang.

So geschah es denn, daß in Abwesenheit des Hausherrn von

dem dienenden Personal verschiedene Konzerte mit Hilfe der messingenen Türklinken veranstaltet wurden. Ein alter blinder Tatar mußte dabei singen, und der Koch, der in solchen Dingen als Autorität galt, spielte die Türklinke.

Der Fürst merkte die musikalischen Bestrebungen seiner Leute erst dann, als schon drei Schlösser und Klinken zerbrochen waren.

»So schwer ist es«, schloß er die mit großer Ausführlichkeit erzählte Geschichte, »so schwer ist es, hierzulande europäische Bildung einzuführen. Aber ich lasse mich dadurch nicht irremachen und habe schon wieder ein halbes Dutzend neue Türschlösser aus Tiflis mitgebracht. Ich will es noch dahin bringen, daß mein ganzes Haus nach russischer Weise eingerichtet werde. Aber jetzt ist es Zeit, daß wir uns anziehen. Heute ist Karfreitag, und ich muß in die Kirche gehen, um meinen Landsleuten kein Ärgernis zu geben. Wollt ihr mit mir kommen, so macht euch bereit.«

Wir hatten schon in Tiflis den armenischen Kultus hinlänglich kennengelernt und schlugen daher das Anerbieten des Fürsten entschuldigend aus, um die berühmte tatarische Moschee von Eriwan zu besuchen, was in den unter russischer Herrschaft stehenden Provinzen keine Schwierigkeiten hat, während man in freien islamitischen Ländern nur selten und schwer dazu kommt.

Wir waren außerdem mit einem Empfehlungsschreiben von Mirza-Schaffy an den ehrwürdigen Mullah versehen und wurden von diesem als schriftgelehrte Pilgrime sehr freundlich empfangen.

Seine Amtspflichten zwangen ihn, die Unterhaltung mit uns schon nach einer Viertelstunde abzubrechen, da mahnend vom nahen Minarett herab der Ruf des Muezzin zum Gebete erscholl.

Es war der Gedächtnistag des Todes Alis, und der Mullah hatte eine Predigt darüber zu halten. Er bat uns, ihm in die Moschee zu folgen, und befahl einem Diener, uns Pfeifen und ein Kohlenbecken nachzutragen.

»Aber ist's denn erlaubt, in der Moschee zu rauchen?« fragte ich erstaunt unseren ehrwürdigen Begleiter.

»Warum nicht? Was kümmert sich Allah um solche Kleinigkeiten; der Glaube ist ohnehin schon genug im Wanken, und wenn man's den Gläubigen gar zu sauer macht, kommen sie gar nicht mehr in die Moschee. Macht's euch bequem, setzt euch nieder auf den Teppich der Andacht und hört meine Predigt!«

Wir traten in eine hohe, schöngewölbte Halle. Die weißen Wände waren bemalt mit Sprüchen aus dem Koran; besonders fiel das künstlich geschlungene »Gott ist Gott und Muhammed ist sein Prophet« uns überall in die Augen.

Wir ließen uns ganz im Hintergrunde nieder. Vor uns saßen zahlreich versammelt die gläubigen Schiiten, Perser und Tataren in ihren blauen Talaren und schwarzen, pyramidenförmigen Mützen. Ganz im Vordergrunde kauerten in abgesonderten Reihen eine Menge alter Weiber, von Kopf bis Fuß in weiße Tücher gehüllt. Junge Frauen können die Moschee nicht betreten, denn im Alkoran der Schönheit und Jugend dürfen die Gläubigen nur zu Hause studieren.

Rechts von uns wurde die Halle der Länge nach durch ein sich an die Wand lehnendes, offenes Gerüst geteilt, wo der Mullah seinen Sitz hatte. Von unseren Kanzeln unterschied sich dieses Gerüst dadurch, daß es die Gestalt des Predigers in keiner Weise verhüllte.

Eine feierliche Stille lag über der ganzen Versammlung; es war, als ob man das Perlen des Wassers in den Kalljans hören könnte, welche einige alte Tataren in ruhiger Andacht rauchten. Der Mullah, ein schöner, kräftiger Mann, begann seine Predigt mit weithintönender Stimme und der Ruhe eines Redners, der seines Erfolges gewiß ist. Er erzählte das Schicksal der Kinder Alis, eine Geschichte, die ich als bekannt voraussetzen darf und deshalb nicht zu wiederholen brauche.

Erst schilderte er den qualvollen Tod Alis, des Feindes Moavies, des Hauptes der Omaijaden, wie er fiel durch erkauften Meuchelmord.

»Schmutz«, rief er, »Fluch und Verderben auf die Häupter der Sunniten, die ihn verfolgt und getötet! Muhammed der Prophet sprach: ›Ali ist für mich, und ich bin für Ali! Ali ist gleich mir, gleichwie Aaron gleich dem Mose war. Ich bin die Stadt, in welcher alle Wissenschaft ihren Sitz hat, und Ali ist das Tor dazu!‹ So sprach der Prophet; aber sie hörten auf seine Worte nicht und haben Ali, seinen Liebling, getötet! Weinet, ihr Gläubigen! heulet und wehklagt, daß es alle sieben Himmel erschüttert.«

Und der Ermahnung des Mullah folgte ein Geheul, wie mir

seitdem nie wieder zu Ohren gekommen. »Hei! hei! hei!« erscholl es in jammervollen Tönen von allen Seiten her, und wir brüllten mit nach Herzenskräften.

»Lauter«! schrie der Mullah, der in Feuer geriet und seine Worte mit den lebendigsten Bewegungen begleitete, »lauter! daß die Seligen im Paradiese es hören, wo sie wandeln in wasserreichen Gärten, angelächelt von sonnenäugigen Huris!«

Und immer lauter und klagender erscholl das schauervolle Hei! Hei! Hei! durch der Moschee geheiligte Räume.

Aber dem Mullah schien das entsetzliche Geheul noch immer nicht zu genügen. Sein ganzer Körper war in so großer Aufregung, daß der ihn verhüllende Talar förmlich flatterte wie die Gewänder an den Statuen des barocken, aber grandiosen Bernini.

»Hier drang der mordende Stahl ein«! rief er, mit der rechten Hand auf die Brust weisend, »und da kam er blutig wieder zum Vorschein!« fügte er gedehnt hinzu, mit der linken Hand auf den Rücken deutend. »Jammert und fleht, daß Allah gnädig auf uns und zürnend auf unsere Feinde herabsehe! daß er sie vertilge mit dem Blick seines Auges!« Und wiederum brach ein Jammersturm aus, so klagend und ohrenzerreißend, als ob alle Schakale, Wölfe und Winde des Kaukasus um die Wette heulten.

Die Weiber schlugen sich knirschend ins Gesicht, die alten Tataren schoben grölend ihre Kalljans beiseite und das Hei! Hei! Hei! scholl in einem fort.

Der Mullah schien befriedigt, und in etwas ruhigerem Tone setzte er seine Geschichte fort und schloß mit der Schilderung des Todes Husseins, des Sohnes Alis, wie er mit seinem ganzen Anhange und all seinen Kindern fiel durch die List des grausen Obeidhallah, des Freundes Jessids aus dem Geschlechte der Omaijaden.

Nach geendetem Vortrage kam er auf uns zu und fragte, wie uns die Predigt gefallen habe.

»Nie«, sagte R., »hab ich Ähnliches gehört! Ich habe geschrien wie ein Kind vor Staunen und Wehmut!«

»Was sollen wir sagen zu deinem Lobe?« fügte ich hinzu. »Lobt auch der Schüler den Meister oder das Kind den Vater? Was ist aller Ausdruck gegen den Eindruck, den du auf uns gemacht!«

Der Mullah hörte die Äußerungen unseres Lobes mit großem Wohlgefallen, und ehe er schied, mußten wir versprechen, ihn bald wieder zu besuchen.

Wir besahen noch im Fluge die umfangreichen Gebäude der herrlichen Moschee, welche zugleich die Schulen der Schriftgelehrten samt den Zellen der Schüler in sich schließt. Gegenüber der großen, am Eingange offenen Halle, in welcher der Gottesdienst gehalten wurde, erhebt sich eine andere von gleicher Ausdehnung. Von diesen hochgewölbten Räumen aus läuft zu beiden Seiten arkadenartig eine Reihe von Zellen. In der Mitte des davon umschlossenen großen Platzes erhebt sich ein dicker, uralter Nußbaum, darunter eine Fontäne springt, in dessen Schatten über hundert Menschen Schutz finden können.

Unbeschreiblich ist die prachtvolle Bauart dieser großen Moschee sowohl als auch derjenigen, welche sich innerhalb der Festungsmauern befinden und wovon die eine jetzt in eine russische Kirche und die andere in ein Arsenal umgewandelt ist. Die großen Kuppeln sind ganz emailliert und mit den geschmackvollsten Arabesken verziert; ebenso ist die Fassade mosaikartig aus emaillierten Backsteinen zusammengesetzt, durchschlungen von schöngezeichneten Blumengewinden und Versen aus dem Koran.

Wir besuchten die nach dem Hofraume zu offenstehenden Schulen und Zellen der Schriftgelehrten und ihrer Jünger und hatten uns überall einer zuvorkommenden Aufnahme zu erfreuen, wobei es an komischen Szenen nicht fehlte.

Seid ihr neugierig, das Innere einer morgenländischen Schule kennenzulernen, so versetzt euch in den oben beschriebenen Hofraum der Moschee und denkt, ihr sähet vor euch ein kleines Theater ohne Kulissen und Vorhang.

In der Mitte kauert mit gekreuzten Beinen ein in ein weites Gewand gehüllter langbärtiger Schriftgelehrter. Neben ihm steht der hohe, perlende Kalljan, welchem er in langen Pausen geläuterte Dampfwolken entlockt, und rundum sitzen, ebenfalls mit untergeschlagenen Beinen, die gelehrigen Schüler, Burschen von vierzehn bis zwanzig Jahren, die sich in derselben Weise die liebevollen, wonnigen Gesänge Hafisens kommentieren lassen wie die Jünger protestantischer Orthodoxisten das Hohelied Salomonis.

*

Nachdem wir uns zu Hause durch ein mäßiges Frühstück gestärkt hatten, suchten wir Obowian auf, den bekannten Begleiter Parrots bei der Ersteigung des Ararat. Obowian ist ein talentvoller Armenier, der in Dorpat eine Art gelehrter Erziehung erhalten und eine gründliche Kenntnis der deutschen und französischen Sprache mit in die Heimat gebracht hat, wo er mit erstaunlichem Eifer zur Bildung seiner Landsleute wirkt. Er hält fortwährend zwanzig bis dreißig Kinder bei sich versammelt, mit welchen er größtenteils deutsch spricht, und seine Schüler hatten in der Tat so gute Fortschritte gemacht, daß wir uns ganz geläufig in unserer Muttersprache mit ihnen unterhalten konnten. In Obowian fanden wir einen freundlichen Führer zur schnellen Beseitigung der vielen Pflichtbesuche, welche wir in der Stadt zu machen hatten.

Herzliche Aufnahme wurde uns bei Oberst von Kiel, Kommandanten von Eriwan, einem Deutschen aus den baltischen Provinzen. Er machte uns Vorwürfe, daß wir nicht bei ihm im Schlosse unsere Wohnung aufgeschlagen. »Ich komme hier so selten dazu«, sagte er, »die heimatlichen Laute aus deutschem Munde zu vernehmen!« Wir erzählten ihm kurz, wie wir Gastfreundschaft beim Fürsten T. gefunden, und hörten durch ihn so ziemlich bestätigt, was uns Luka über unsern Hausherrn berichtet.

»Aber heute müßt ihr bei mir bleiben, Kinder!« sagte der Oberst, »ich lasse euch nicht wieder fort. Auch könnt ihr wirklich bei dem herrlichen Wetter keinen bessern Ort finden, um den Tag zu genießen. Wir sind hier im Palaste der alten Sardaare vor Armenien, dem höchstgelegenen Punkte der Stadt. In diesen selben Räumen hauste vor nicht langer Zeit der mächtige Hussein-Sardaar von Eriwan, der, durch Feth-Ali-Schah zum Bettler geworden, in Persien in einem Pferdestalle sein wechselvolles Leben endete. Erst laufen wir uns müde, um alles zu sehen, und dann wollen wir im Speisesaale des grimmigen Hussein eine deutsche Suppe essen.«

Kriegskundige Reisende haben oft und mit Recht ihr Staunen ausgedrückt, daß gerade die Eroberung von Eriwan den Kaiser veranlaßte, den Eroberer Paskjewitsch Eriwansky zu nennen. Ein leichteres Heldenstück als die Einnahme dieser Stadt ist wohl selten vollbracht worden. Die Lage Eriwans im allgemeinen und die der elenden Festung insbesondere bietet so wenig strategische Schwierigkeiten, daß, bei der sprichwörtlichen Feigheit der Einwohner, die Eroberung der Stadt zu den leichtesten militärischen Aufgaben gehört.

Wir besahen den baumumpflanzten, einst fontänenumsprudelten Harem der alten Sardaare; die Russen haben ihn in ein Lazarett umgewandelt. Wo früher die schönsten Odalisken Georgiens und Persiens sich auf üppigen Polstern wälzten und Hafisens Lieder sangen, da ließen jetzt sieche Kranke auf hartem Lager ihre Klagetöne erschallen. Die vielen Zimmer im Palaste fanden wir unbedeutend und klein für fürstliche Bewohner. Nur ein großer, gewölbter Saal, dessen Wände, Decke, Gesimse usw. ganz mit Spiegelglas belegt sind, fesselte länger unsere Aufmerksamkeit. Wir fanden hier außer vielen persischen Gemälden, welche berühmte Schahs und Heerführer sowie Bilder aus der persischen Mythologie und Geschichte darstellen, auch ein Porträt von Katharina II. und ihrem unglücklichen Sohne, Kaiser Paul. Die persischen Gemälde blenden bloß durch ihre wundervollen Farben. In der Malerei selbst offenbaren sich nur die rohen Anfänge der Kunst. Bemerkenswert im Saale sind noch die schön mit Bildern nach orientalischer Weise bemalten Wände. In der Mitte des luftigen Gemachs, das nach dem Hofe zu theatralisch nur durch einen rotseidenen Vorhang verhüllt ist, springt eine Fontäne; runde, farbige Glasscheiben gewähren eine herrliche Aussicht nach der anderen Seite.

Der schöne Schloßhof ist mit Alleen durchzogen, zwischen welchen Fontänen ihren Silberstaub aufwerfen.

Doch genug von diesen Monumenten unreifer Menschenkunst! Folgt mir auf den Balkon des Palastes, ich werde euch von dort aus ein Monument zeigen, eines der schönsten, die Gott sich selbst auf Erden gesetzt.

In der Ferne steigt vor uns auf die Gebirgskette des Ararat. Zwei Berge, die alle andern überragen, heben sich gewaltig daraus empor. Der zur Linken, rein konisch geformte, ist der zwölftausend Fuß hohe kleine Ararat – der zur Rechten, dreifach gezackte, ist der majestätische Noahberg, der sechzehntausend Fuß hohe Ararat. Ein in wunderbaren Farben schimmernder Eispanzer umzwängt seine breiten Schultern, und er hebt sein Haupt so hoch empor, daß man nicht weiß, ob er mehr dem Himmel oder der Erde angehört.

Von den Vorgebirgen her schlängeln sich sanft geschwellte Hügelreihen, auslaufend in weiten, üppig überwachsenen Ge-

Spiegelsaal im Palast des Sardaars von Eriwan (G. Gagarin)

filden; eben zieht eine lange Karawane von Dromedaren darüber hin; in weiter Ferne fließt, dem spähenden Auge kaum sichtbar, der Araxes; in den Lüften wiegen sich raubspähende Geier und Adler; dicht vor uns liegt der herrliche Park, durchduftet von den ersten Blumen des Frühlings, und zwischen dem Park und den Mauern des Palastes rauschen die klaren Wellen der Senghi.

Es überkam uns eine wundersame Andacht beim Anschauen dieses erhabenen Bildes. Worte vermögen solch ein Bild nicht wiederzugeben, und überhaupt vermögen nur diejenigen Leser, welche Ähnliches gesehen haben, die obigen Andeutungen ganz zu verstehen.

*

»Nun, ihr habt mir einen schönen Streich gespielt!« rief der Fürst T. uns entgegen, als wir am späten Abend nach Hause zurückkehrten, »die halbe Stadt ist hier gewesen, um euch zu sehen; der Landeshauptmann, russische Offiziere und alle Mullahs und Schriftgelehrten von Eriwan. Nicht wahr, du?«

»W'Allah eiladirr!« (Bei Gott, so ist es!) rief der unvermeidliche Diener, dessen sich der Leser noch von der Fontäne her entsinnen wird.

Wir erzählten unserm Hausherrn, daß wir nicht umhin gekonnt hätten, den Tag beim Kommandanten zuzubringen.

»Wißt ihr was!« entgegnete er, »ihr seid heute beim Kommandanten gewesen, ladet morgen den Kommandanten zu euch ein! An Essen und Trinken soll es nicht fehlen; mein ganzes Haus steht euch zu Gebote. Euer Wille ist mein Wille, was ihr befehlt, soll geschehen! Und am besten wäre es, wenn ihr dem Landeshauptmanne auch gleich eine Einladung schicktet; da wir doch einmal ein Festessen veranstalten, macht's nicht viel Unterschied, ob ein Gast mehr oder weniger kommt.«

Wir merkten, wo er hinauswollte, aber versprachen, seinem Wunsche Folge zu leisten. Das Trinkhorn ging wieder fröhlich im Kreise herum, und wir blieben noch bis spät in die Nacht hinein beisammen.

Ich müßte ein ganzes Buch schreiben, wollte ich euch alle unsere Erlebnisse in Eriwan auch nur skizzenweise vor die Augen führen. Doch der beschränkte Raum gebietet Kürze, und ich werde deshalb, ehe wir unsere Wanderung nach Etschmiadsin, dem Sitze des Patriarchen von Armenien, antreten, euch nur noch von einem Besuche erzählen, welchen wir bei Suleiman-Chan, dem vornehmsten islamischen Fürsten des Landes, machten. Suleiman-Chan, der Herrscher eines großen Tatarenstammes, hatte sich, die Unmöglichkeit einsehend, dem russischen Koloß auf Dauer zu widerstehen, vor kurzem freiwillig dem weißen Zar unterworfen und seit der Zeit seinen Wohnsitz in Eriwan aufgeschlagen.

Er stand hier in dem Rufe eines streng auf die Gebräuche seiner Religion haltenden, sonst aber sehr freisinnigen und gebildeten Mannes, und die Art und Weise, wie er uns empfing und die Unterhaltung führte, entsprach ganz unserer vorgefaßten günstigen Meinung.

Der große, das altertümliche Gebäude der Länge nach durchschneidende Empfangssaal war durch einen seidenen Vorhang von dem Vorzimmer getrennt, wo die Umgebung des Fürsten – bestehend aus etwa zwanzig schmuck gekleideten Persern und Tataren – sich aufhielt. Das lange Gemach hatte keine andere Verzierung als die buntfarbigen Ringelfenster, welche nach zwei Seiten hin eine heitere Aussicht gewährten, und die kostbaren persischen Teppiche, womit der ganze Fußboden überlegt war. Rund um die Wand her lief ein prachtvoller Divan, auf welchem wir uns niederließen, während der Fürst selbst auf einem thronartigen Sessel saß, natürlich mit unterschlagenen Beinen.

Suleiman-Chan, ein bildschöner Mann, damals etwa fünfundzwanzig Jahre alt, bewegte sich mit einer fast weiblichen Anmut und Leichtigkeit. Ich übergehe die Einzelheiten unserer Unterhaltung und bemerke nur, daß wir ihm vor dem Abschiede einige Verse zum Andenken aufschreiben mußten. Er schenkte dafür jedem von uns ein von seiner Hand geschriebenes Gedicht an seine Geliebte, welches mir hübsch genug erscheint, um hier eine Stelle in der Übersetzung zu verdienen.

An Zarema

Welche Sterne sind wohl schöner:
Die zur Nacht am Himmel funkeln?
Oder die wie deine Augen
Selbst des Tages Glanz verdunkeln?

Sprich, was brachte mehr Gefahren:
Dieses Grübchen auf den Wangen?
Oder jenes Netz von Haaren,
Drin du Schlaue mich gefangen?

Bülbül wußte nicht, von welchem
Duft Begeisterung zu nippen:
Ob aus Schiras' Rosenkelchen,
Ob von deinen Rosenlippen.

Ich – ich weiß es; aber nimmer
Hab ich Bülbüls Glück genossen!
Doch mein Sang wird bald und immer
Mir eröffnen, was verschlossen!

Staunst du, daß so wunderbare
Töne meiner Brust entklungen?
Sieh, ich habe deine Haare,
Mädchen, um mein Herz geschlungen!

Wo zu solchem Saitenspiele
Sich des Sängers Finger rühren,

Muß der Sang zu hohem Ziele,
Muß zur Gunst der Schönen führen!

Sieh, Zarema! Dir zum Ruhme
Und zum Lobe deiner Schöne
Duftet diese Liedesblume,
Schallen meiner Saiten Töne.

Keiner wagt es wohl, die Töne
Dieses duft'gen Lieds zu tadeln –
Lesen wird es meine Schöne,
Und ihr Auge wird es adeln.

Also wird dein Blick ein Siegel,
Das des Liedes Wert besiegelt;
Und das Lied ist selbst ein Spiegel,
Der dein Bild schön widerspiegelt!

Als wir zurückkehrten von unserem Besuche bei Suleiman-Chan, fanden wir unsere Behausung von einem zahllosen Volkshaufen umdrängt. Perser, Tataren, Armenier, Zigeuner, alles wogte durcheinander und lärmte unter einem ohrenbetäubenden Wirrwarr der seltsamsten Kehl- und Zischlaute, woran die semitischen Sprachen so reich sind. Wir hatten Mühe, in das Innere des Hofes zu gelangen.

»Macht Platz!« rief plötzlich mit lauter Stimme ein hochgewachsener Kisilbaschi, »macht Platz! Da kommen die Hadschis, die Pilgrime von Fränkistan!«

Alsogleich bildete sich vor uns ein breites Spalier. »Nimm dich zusammen«, flüsterte ich R. zu, »hier müssen wir prinzliche Gesichter schneiden, um die Würde des Abendlandes gehörig zu vertreten.«

Gemessenen Schrittes und ernstes Antlitzes gingen wir auf das Haus zu, hin und wieder sehr gnädig zur Linken und zur Rechten nach morgenländischer Weise grüßend.

In unserem Zimmer fanden wir Luka, der uns lächelnd die erwünschten Aufschlüsse über das seltsame Schauspiel draußen gab.

»Der Fürst«, sagte er, »hat in ganz Eriwan bekanntmachen lassen, daß heute der Kommandant und der Landeschef in seinem Hause speisen werden. Da dieses nun ein bisher unerhörter Fall ist, so hat sich das Volk versammelt, um sich mit eigenen Augen davon zu überzeugen. Viele benutzen auch solche Gelegenheiten, um Bittschriften, Beschwerden und dergleichen zu überreichen, die, auf gewöhnlichem Wege befördert, selten an den rechten Mann kommen, wenn der Weg nicht mit Gold gepflastert ist.«

Bald darauf langten unsere Gäste an, wurden aber nicht, wie das bei uns üblich, vom Volke mit lauten Zurufen, Lebehochs und dergleichen, sondern mit tiefem Stillschweigen empfangen.

Bei dem Gastmahle ging es ziemlich europäisch zu, weshalb ich euch nicht viel davon zu erzählen brauche.

Der Kommandant, ein gesetzter Mann, der vor allem eine gute Suppe liebte, hatte zur Vorsicht seinen Koch geschickt, da er wußte, daß eine Suppe nach europäischem Geschmack zu den Unmöglichkeiten der asiatischen Küche gehört.

Der Landeschef hatte, angeblich aus Rücksicht für uns, gleiche Vorsichtsmaßregeln beobachtet wie sein tapferer Freund, und da die beiden entsandten Speisekünstler bei der Revision des Tafelgeschirrs verschiedene Kleinigkeiten, wie Tischtücher, Servietten, Gabeln und dergleichen, vermißten, so trugen sie Sorge, alles Fehlende aus dem Service ihrer Herren zu ersetzen. Auch Gläser zum Trinken der feineren Weine waren vom Schlosse herbeigeschafft, doch wurde die Unzulänglichkeit von Weingläsern bei einem armenischen Diner bald eingesehen, und das Trinkhorn brach sich siegreich wieder Bahn.

Da fällt mir ein, daß ich bei meinen früheren Tafelschilderungen vergessen habe, eines eigentümlichen Brauches Erwähnung zu tun, der nicht allein in Armenien, sondern auch in Georgien jedes Trinkgelag charakterisiert.

»Allah werdy!« (Gott hat's gegeben!) ruft der Trinkende, bevor er das Horn an den Mund setzt; »Jachschi Jol« (Einen guten Weg gehe es!) entgegnet der Nachbar.

Im gewöhnlichen Leben bilden diese Worte den stehenden Trinkspruch; will man aber bei festlichen Gelegenheiten noch etwas Besonderes sagen, so muß das »Allah werdy!« wenigstens als Einleitung dienen. Z. B.:

Allah werdy! Gott gab den Wein
Zur Labung unsrer Seele,
Zur Stärkung unserm Magen!

Und: Jachschi Jol! Gut fließ er ein
In deine durst'ge Kehle,
Mög' er dir wohlbehagen!

Oder: Allah werdy!

Wie die Nachtigallen an den Rosen nippen –
Sie sind klug und wissen, daß es gut ist! –
Netzen wir am Weine unsre losen Lippen –
Wir sind klug und wissen, daß es gut ist!

Wie die Meereswellen an den Felsenklippen –
Wenn das sturmbewegte Meer in Wut ist –
Breche schäumend sich der Wein an unsern Lippen –
Wir sind klug und wissen, daß es gut ist!

Wie ein Geisterkönig ohne Fleisch und Rippen –
Weil sein Wesen eitel Duft und Glut ist –
Zieh er siegreich ein durchs Rosentor der Lippen –
Wir sind klug und wissen, daß es gut ist!

Doch ich eile zum Schlusse und führe euch weg von dem heiteren Mahle nach dem nur wenige Meilen von der Stadt entfernten Kloster Etschmiadsin auf der Hochebene des Ararat. Dort hat der Katholikos, der Patriarch von Armenien, seinen Sitz mit seiner ganzen Synode, bestehend aus vier Erzbischöfen und acht Bischöfen. Von hier aus wird die ganze armenische Christenheit regiert; hier ist der armenische Vatikan, und viele wunderbare Sagen knüpfen sich an die heiligen Gemäuer, deren Gründung bis zum Jahre 300 nach Christus zurückreicht.

Etschmiadsin, auf den Ruinen von Wagharschabad, einer altberühmten armenischen Hauptstadt, erbaut, hat seine Gründung dem großen Apostel Armeniens, Gregorius dem Erleuchter, zu danken. Nach der Sage erschien an der Stelle, wo der Hauptaltar der Klosterkirche steht, Christus dem Gregor und befahl ihm, eine Kirche zu bauen zur Ehre des welterlösenden Glaubens. Daher der Name des Klosters: Etschmiadsin, d. i.: »Es stieg herab der Eingeborene.« Seit seiner Gründung ist das Kloster der Sitz eines Patriarchen gewesen, und seine Mauern umschließen die ganze Geschichte des Christentums in Armenien. Die Hauptgebäude bestehen aus der eigentlichen

Mönchswohnung, der Patriarchalkirche, dem Pilgerhause und dem Warenhause. Eine von vier Toren durchbrochene Mauer umschließt das Ganze.

Noch ist der Ararat wegen des eingetretenen Tauwetters unzugänglich, und wir müssen, ehe wir unsere Weiterreise antreten, Schutz suchen im Kloster Etschmiadsin. Doch um weilen zu dürfen in den heiligen Hallen, wo wir uns in der weltberühmten Sammlung von Büchern und Manuskripten reiche Ausbeute versprachen, ist es nötig, zuvor Gastfreundschaft vom Erzbischof-Stellvertreter des Katholikos zu erflehen. Den Katholikos selbst, den fast achtzigjährigen Narses, hatte ich schon früher in Moskau kennengelernt, wo er sich seit längerer Zeit aufhielt.

Mit einem glänzenden Reitergefolge, bestehend aus Kosaken, Kurden, Tataren und Armeniern, treffen wir ein vor den Mauern von Etschmiadsin.

Unser freundlicher Führer Obowian hat die Güte, unsere Ankunft zu verkünden.

Der ehrwürdige Erzbischof empfängt uns, umgeben von einigen Bischöfen und Mönchen. R. überläßt mir die Anrede.

Ich trete auf den stattlichen Greis zu, küsse seine Hand und sage: »Heiliger Vater! Der Vogel hat sein Nest und das Tier hat seine Höhle – aber der hilflose Mensch hat nicht, wohin er sein Haupt lege!«

Der Erzbischof antwortete: »Fremdling! was sagt der Dichter: wenn ein Gast bei dir einkehrt, so wasche seine Füße und breite Teppiche aus, daß er niedersitze und ausruhe an deinem Herde. – Mein Haus ist dein Haus!«

Ich nehme wieder das Wort und sage: »Ja, ehrwürdiger Vater! Gastfreundschaft macht die Wüste zum Rosengarten, aber Feindseligkeit macht den Rosengarten zur Wüste!«

Der Erzbischof drückt warm meine Hand und entgegnet: »Fremdling! Du sprichst schon sehr weise für deine jungen Jahre!«

»Heiliger Vater! Meine Weisheit ist nur ein Abglanz von der deinigen, denn deine Worte fallen auf mich nieder süß wie auf die Kinder Israel das Mannah in der Wüste!«

Der Alte wendet sich lächelnd zu den Umstehenden, flüstert einem Bischof etwas ins Ohr, ergreift abermals meine Hand und spricht: »Junger Pilgrim! Du streuest Blumen aus deinem Munde!«

»Heiliger Vater! Was kann ich tun, als wandeln auf den Blumen, die du vor mir herstreuest? Was bin ich gegen dich? Was ist ein Tropfen gegen das Meer, was ein Staubkorn gegen die Wüste, was eine Nachtlampe gegen die Sonne! Dein Wille ist mein Wille!«

*

Und ein fürstliches Gemach wurde uns bereitet im Kloster zu Etschmiadsin, dem Sitze des Patriarchen von Armenien, auf der Hochebene des Ararat.

Armenisches Allerlei

Mein Aufenthalt in dem beinahe 2900 Fuß über der Meeresfläche gelegenen Kloster Etschmiadsin, dessen Gründung in die ersten Jahre des vierten Jahrhunderts christlicher Zeitrechnung zurückreicht, gehört zu den angenehmsten Erinnerungen meines Lebens.

Ich kann nicht einstimmen in den Tadel, welchen frühere Reisende ausgesprochen haben über die Art und Weise, wie hier die Gastfreundschaft gegen Fremde geübt wird. Nur liebe und freundliche Bilder schweben an mir vorüber, wenn ich zurückdenke an jene Tage, die ich in den Ringmauern dieser uralten, gegen Persien und das Osmanenreich vorgeschobenen Veste des Christentums verlebte.

Vielleicht hatten wir es wesentlich den zuvorkommenden Empfehlungen des Landeschefs und der freundschaftlichen Vermittlung Obowians zu danken, daß uns eine Aufnahme und Bewirtung zuteil wurde, welche alle unsere Erwartungen weit übertraf.

Seit einzelne Mitglieder des Kaiserhauses und der in Rußland allmächtige Kriegsminister, Fürst Tschernitschew, Etschmiadsin besucht, hat ein Teil der früher klösterlich einfachen Räume einen halb europäischen Anstrich gewonnen. Irre ich mich nicht, war unser Schlafgemach sogar mit Tapeten ausgeschlagen. Man kennt bereits in Etschmiadsin den Gebrauch von Tischen und Stühlen, von Messer und Gabel, von weißen Tischtüchern und Servietten, und die sonst landesüblichen Trinkhörner und Krüge werden durch Flaschen und Gläser ersetzt.

Die Tafel, an welcher wir mit einigen Erzbischöfen und Bischöfen speisten, war so geschmackvoll eingerichtet, wie ich's in den elegantesten Restaurants von Paris nicht besser gefunden, weshalb jede Schilderung der Einzelheiten hier überflüssig erscheinen dürfte. Nur dies eine sei bemerkt, daß die häufig gehörte Begrüßung: »Blumen vor eure Füße!« keine leere Phrase blieb, indem wir jeden Morgen auf unserem Zimmer und jeden Mittag auf unserem Teller ein duftendes Blumensträußchen fanden.

Etschmiadsin (G. Gagarin)

Unsere täglichen Besuche der berühmten Bibliothek des Klosters waren infolge verschiedener Umstände leider immer nur von kurzer Dauer.

Brosset der Jüngere, in der Gelehrtenwelt bekannt durch seine Werke über georgische Literatur, hat in französischer Sprache einen Katalog dieser Bibliothek herausgegeben, und der Umstand, daß die sehr unvollständige Arbeit noch keine Ergänzung gefunden, scheint ein Beweis zu sein, daß die Benutzung der literarischen Schätze von Etschmiadsin mit steten Schwierigkeiten verbunden ist.

Die armenische Literatur, reich an theologischen Schriften und besonders an Übersetzungen aus alten und neuen Sprachen, ist für uns nur von Wert und Bedeutung durch ihre älteren historischen Werke, welche vorzugsweise die Geschichte des Landes zum Gegenstande haben. Hier seien nur einige der berühmtesten Namen genannt: Mac-Ibas-Cadina, der älteste Geschichtsschreiber Armeniens, lebte um die Mitte des zweiten Jahrhunderts vor Christi Geburt. Er war der erste, welcher die verstreuten Annalen des Landes zu einem großen Ganzen vereinigte. – Agatangelos, welcher in der ersten Hälfte des vierten Jahrhunderts lebte, war Geheimschreiber des armenischen Königs Tiridates. Er schrieb eine Geschichte seiner Zeit, worin sich ein reiches Material über den Feuerdienst, über die Tempel, Bildsäulen und Gottheiten der Perser sowie über die Einführung des Christentums in Armenien findet. – Die Lebenszeit des bedeutendsten Geschichtsschreibers des Landes, Moses von Chorene, beigenannt »der Grammatiker«, fällt in das fünfte Jahrhundert, welches zugleich die verhängnisvollste Periode der armenischen Geschichte bezeichnet. – Eine ausführliche Schilderung der furchtbaren Kämpfe dieses Jahrhunderts, welche den Untergang des Parsismus oder des Feuerdienstes und die dauernde Befestigung des Christentums in Armenien zur Folge hatten, finden wir in dem trefflichen Werke, welches Wartabed Elisäus, ein Zeitgenosse des Moses von Chorene, auf den Wunsch Davids, des Mamigoniers, geschrieben. Von den späteren Schriftstellern seien hier noch flüchtig Gregorius, Nerses und Tschamtschan genannt, denen wir ein reiches Material zur Geschichte des Christentums in Armenien zu verdanken haben.

Die einzigen Spuren altarmenischer Poesie finden wir in ein paar unbedeutenden Fragmenten, welche Moses von Chorene (sprich: Churrni) in seiner berühmten Geschichte des Landes aufbewahrt hat, wozu er das Material, nach seiner eigenen Angabe, hauptsächlich aus alten Volksliedern und Epopöen schöpfte. Das eine beschreibt die Geburt des großen Helden Wahagn, des armenischen Herkules, des Sohnes Tigran I.; und das andere besingt den tapferen König Artasches II., wie er in den Krieg zieht gegen die Alanen und der Krieg durch seine Vermählung mit der alanischen Königstocher ein Ende nimmt.

Es war mir von landeskundigen Freunden Hoffnung gemacht, für meine Sammlungen von Volksliedern, sowohl unter den Armeniern wie unter den Kurden und Tataren, reiche Ausbeute zu finden.

Ich habe es hauptsächlich den eifrigen Bemühungen des trefflichen Obowian zu verdanken, daß diese Hoffnung nicht ganz unerfüllt geblieben, denn bei meiner Unbekanntschaft mit der vulgär-armenischen Sprache hätte ich mich auf das Niederschreiben der wenigen kurdischen und tatarischen Lieder beschränken müssen, welche der Zufall mir entgegenwarf, wenn Obowian es nicht auf sich genommen hätte, mir eine

Sammlung aller im Sardariat von Eriwan aufzutreibenden Volkslieder zu liefern. Das erste, von seiner eigenen Hand geschriebene und mit einem vollständigen deutschen Kommentar versehene Heft dieser Sammlung erhielt ich noch vor meiner Rückkehr nach Europa, mit dem Versprechen, daß bald mehrere ähnliche Hefte nachfolgen würden.

Meinem gelehrten Freunde, Herrn Professor Petermann in Berlin, ist es gelungen, die in korrumpiertem Vulgär-Armenisch geschriebenen Lieder bis auf ein Wort zu entziffern.

Noch ist die Sammlung zu klein, um eine besondere Herausgabe zu rechtfertigen, und wiederum zu groß, um hier ganz Platz finden zu können. Ich beschränke mich daher auf die Mitteilung desjenigen Liedes, welches mir unter den in meinem Besitz befindlichen am wertvollsten scheint.

Armenisches Grablied

Zu deinem Grabe bin ich gegangen,
Mein Auge wandt' ich dem Grabsteine zu –
Oh, daß es sich auftue, mich zu empfangen
An deiner Seite zur ewigen Ruh!

Daß ich mein welkendes Haupt der Erde
Hingebe und meine Seele dir!
Daß ich verwese, zu Asche werde,
Um Ruhe zu finden, Ruhe bei dir!

Geh ich ins Haus, da seh ich die Wände,
Tret ich hinaus, die Berge stehn –
Glühend zittert's durch Kopf und Hände,
Kalt aber fühl' ich's mein Herz durchwehn.

Erloschen ist meiner Augen Feuer,
Der Tag meines Lebens verdunkelt mir –
Was glaubtest du mir auf Erden noch teuer,
Daß du mich hierließest – nicht mitnahmst zu dir!

Ein Schatten, schwank ich umher – zerschlagen
Ist meine Kraft und der männliche Mut;
Mir blieb nur die Stimme, mein Unglück zu klagen,
Und das Auge zu bitterer Tränenflut.

Laß mich, o laß mich der Erde entfliehen!
Es schlottert mein Knie, meine Wange ist bleich;
Wohin auch die dunklen Gewalten mich ziehen,
Ich finde dich wieder im Schattenreich!

Dir Weihrauch und Licht hab ich angezündet,
Sieh betend auf deinem Grabe mich knien –
Oh, könnte dem Dampf gleich, der wirbelnd entschwindet,
Auch meine Seele nach oben ziehn!

Was hab ich noch Augen, mein Unglück zu sehen,
Was eine Stimme, die jammernd dich ruft –
Kannst du doch nimmer meine Klagen verstehen,
Hörst nicht den Laut in der schaurigen Gruft!

Man erkennt gleich, daß diese Mimosa sensitiva unter den Blumen morgenländischer Dichtung auf christlichem Boden gewachsen.

Ich übergehe die Schilderung der Ausflüge, welche wir von Etschmiadsin aus ins Innere des Landes machten, sowie der Reliquien und Wunderdinge, welche das Kloster in seinen vielbeschriebenen Räumen birgt. Mit Ausnahme eines Stückes von der Arche Noah hatte ich alle übrigen hier gezeigten Heiligtümer, als da sind: Nägel und Holzstücke vom Kreuz Christi, Arme und Kleidungsstücke von Aposteln usw., schon früher in solcher Menge gesehen, daß man eine neue Arche Noah daraus hätte bauen können.

Bei der Fülle des zu bewältigenden Stoffes durfte ich nur das Wichtigste hervorheben; wo scheinbar Unbedeutendes in die Darstellung aufgenommen wurde, geschah dies lediglich zur notwendigen Vervollständigung der vorgeführten Bilder.

Vor allem mußte mein Streben darauf gerichtet sein, Wiederholungen zu vermeiden; über manches, was hier nur kurz angedeutet wurde, wird der wißbegierige Leser in meinen früheren Schriften über die Völker Südrußlands und des Kaukasus ausführlichere Mitteilungen finden.

Es liegt in dem Plane dieses Buches, für sich ein abgerundetes Ganzes zu bilden und doch eine poetische und belebende Ergänzung jener Schriften zu sein, deren Inhalt wesentlich die ethnographischen, statistischen, kultur- und kriegsgeschichtlichen Verhältnisse der Länder zwischen dem Kaspischen und Schwarzen Meere umfaßt.

Wie dort, so hier, habe ich mich einer möglichst objektiven Darstellung befleißigt und persönliche Bemerkungen und Erlebnisse nur da eingeflochten, wo es zur Vermittlung oder Ergänzung notwendig erschien.

Ebenso sind die Naturschilderungen nur als Hintergrund und Rahmen der vorgeführten lebenden Bilder zu betrachten.

*

Bei heiterem Himmel und dem wärmsten Sonnenschein, unter Blumenduft und dem Gezwitscher der Sänger des Frühlings hatten wir unseren Einzug gehalten in Etschmiadsin, und als wir zu Ende März über Eriwan unsere Rückreise nach Tiflis antraten, herrschte auf der Hälfte des Weges eine Kälte, daß wir am zweiten Tage buchstäblich dem Tode des Erfrierens nahe waren. Die Senghi war so stark zugefroren, daß man Schlittschuhe darauf hätte laufen können; eine über zwei Fuß hohe Schneeschicht bedeckte die ganze Araxes-Ebene, und die Obstbäume in den Gärten, welche schon bei unserer Ankunft in voller Blüte standen, hatten ihren Frühlingsschmuck wieder von sich geschüttelt und ließen traurig ihre Häupter hängen in tiefwinterlicher Umhüllung.

Obgleich plötzliche Wetterveränderungen im armenischen Hochlande nichts Seltenes sind, so konnten sich doch die ältesten Väter des Klosters nicht entsinnen, eine so entsetzliche Kälte um diese Jahreszeit erlebt zu haben.

Nach einer rührenden Abschiedsszene im gastlichen Kloster von Etschmiadsin, wobei durch liebliche Redeblumen die verschneiten Blumen des Feldes ersetzt wurden, kamen wir halb erfroren nach Eriwan zurück und stiegen wieder ab im Hause unseres armenischen Gastfreundes. Die immer steigende Kälte und das entsetzliche Schneegestöber zwangen uns, ein paar Tage länger in der Hauptstadt Armeniens zu verweilen, als unsere Absicht war.

Wir empfingen Besuche von der ganzen christlichen und islamitischen Geistlichkeit der Stadt, und unsere Mappe wurde durch manches wertvolle Andenken bereichert. Dem Mangel an Öfen in seinem Hause suchte der Fürst T. durch feurige Weine abzuhelfen, und Obowian erfreute uns, soweit es seine

Verhältnisse erlaubten, nach wie vor durch seine für uns so lehrreiche Gegenwart.

Es war den Armeniern eine große Genugtuung, aus unserem Munde das Lob des Lehrers ihrer Kinder zu vernehmen, und noch mehr freute es sie, zu hören, wie die jungen Leute selbst sich ganz geläufig deutsch mit uns unterhielten.

Unsere Bekanntschaften mehrten sich von Stunde zu Stunde, und fast jedes Gespräch gab uns neue Aufschlüsse über die Zustände und Sitten des Landes.

»Wie gefällt euch unser Kreishauptmann?« fragte mich ein alter armenischer Kaufmann mit schlauem Blicke.

»Sehr gut«, erwiderte ich, »ich höre ihn überall nur loben.«

»O das ist ein prächtiger Kerl!« fing der Alte wieder an, »wollte Gott, daß überall solche Menschen wären! Strenge, sage ich Ihnen, wie der Teufel, aber ehrlich dabei, wie ich nie Ähnliches im Leben gesehen; er nimmt nichts, Sie mögen's ihm aufdrängen, wie Sie wollen; er nimmt nichts!«

Der Alte strömte völlig über vom Lobe des Eriwanschen Kreishauptmanns, und alle Augenblicke unterbrach er sich selbst durch die ausdrucksvollen Worte: »Er nimmt nichts!«

Ich war begierig, mir einen Kommentar zu dieser seltsamen Lobeserhebung zu verschaffen, und der Alte erzählte mir mit großer Ausführlichkeit, wie er einen langen Prozeß um eine bedeutende Summe mit einem anderen Kaufmann geführt und wie er schon nahe daran gewesen, den Prozeß zu verlieren; aber da habe er sich, im Gefühl der Gerechtigkeit seiner Sache, geradezu an den Kreishauptmann gewandt, und der habe die Sache streng untersuchen lassen und ihm recht gegeben.

»Ich wußte nicht«, fuhr der geschwätzige Alte fort, »wie ich dem braven Herrn meinen Dank zu erkennen geben sollte. Ich nahm eine Rolle von zwanzig Dukaten und wollte ihm die als ein kleines Andenken in die Hand drücken; ›es ist nicht viel‹, sagte ich, ›aber Euer Hochwohlgeboren können immer auf mich rechnen!‹«

»Nun«, fragte ich neugierig, »und was sagte der Kreishauptmann?«

»Was er sagte? ›Hundesohn!‹ sagte er, ›hältst du mich für einen Wsjatschnik (bestechlichen Menschen)? Ich werde dich einstecken lassen, wenn du dich nicht gleich zur Tür hinauspackst!‹ Und dabei gab er mir einen Stoß in den Rücken, daß ich mit dem Kopf gegen die Wand schlug, und dann faßt' er mich beim Arm und warf mich zur Tür hinaus mit den Worten: ›Wart, du Rasboinik (Räuber), ich werde dich lehren, dein Geld an den Mann zu bringen!‹« – »Prächtiger Herr!« rief der Alte in eins fort, »so etwas haben wir sonst nie gesehen hierzulande.«

Alle Nachbarn fielen bestätigend ein, und des Lobes über dieses russische Beamtenwunder war kein Ende.

Bei Tisch mußte uns ein Märchenerzähler durch Lieder und Geschichten ergötzen. Er drückte sich, um allen verständlich zu sein, in tatarischer Sprache aus, die den Armeniern ebenso geläufig ist wie ihre Muttersprache. Ja, die meisten Volkslieder dieses Landes sind in tatarischer Sprache gedichtet. [. . .]

*

Nun sagen wir der Hauptstadt und den hohen Bergen Armeniens, den beiden Ararat und dem Allages, Lebewohl und kehren nach Tiflis zurück in die Schule der Weisheit.

Kaum eine Stunde vor unserer Abreise von Eriwan kamen noch zwei Mullahs angeritten – jeder von einem Kalljan und Kohlenbecken tragenden Adam (Menschen, Diener) gefolgt –, um uns Briefe an Mirza-Schaffy mitzugeben, der bei den Schriftgelehrten dieses Landes in hohem Ansehen zu stehen schien.

Der Geleitspruch, den wir dieses Mal mit auf den Weg bekamen, war wiederum dem Gjülistan von Sadi entnommen und lautete:

> »Es wird sich niemand in der Eulen Schutz begeben,
> Ob auch schon in der Welt kein Adler sollte leben.«

So schieden wir. Aber war schon unsere Herreise beschwerlich gewesen, so wurde unsere Rückreise noch unendlich beschwerlicher. Besonders waren wir beim Übergange der Gebirge des inzwischen stark zugefrorenen Gjoktschai-Sees mehr als einmal nahe daran, vor Kälte umzukommen oder in den unergründlichen, von den Gebirgen herabgerollten Schneemassen steckenzubleiben, wie kurz vor uns eine ganze Karawane Kamele, die samt ihren Führern unter dem Schnee begraben wurde. Entsetzten Auges sahen wir noch die Spuren dieser grausenvollen Begebenheit.

Doch wenden wir unsere Blicke hinweg von solchen Bildern des Schreckens; statt euch teilnehmen zu lassen an den Beschwerlichkeiten der Wanderfahrt, will ich lieber noch etwas von den Eigentümlichkeiten des Landes erzählen, dem wir von den Höhen des Ischekj-Meidan (Eselsplatz; hier: Eselsrücken) unser letztes Lebewohl zurufen.

Folgt mir in ein armenisches Dorf. Wir sehen hier dieselben schmutzigen, roh aufgeworfenen, halb unterirdischen Häuser, die wir in Georgien kennengelernt haben. Vor jedem Hause steht ein sorgfältig aufgeschichteter, kegelförmiger Turm von zwölf bis zwanzig Fuß Höhe. Dieser Turm, zusammengebakken aus verdorbenem Stroh und allem Unrat des Hauses und Stalles, bildet das gewöhnliche Brennmaterial der Familie. Wo dieser Kisljak (die tatarische Benennung dafür) vom Winde und von der Sonne getrocknet und zu einer torfähnlichen Masse gediehen ist, wird der tägliche Hausbedarf geschöpft und die dadurch entstandene Lücke gleich wieder ausgefüllt.

Ist es schon ein wenig appetitlicher Anblick, solch unreinliches Brennmaterial zur Bereitung des Brotes und zum Kochen verwendet zu sehen, so machte es mir doch einen viel unangenehmeren Eindruck, zu erfahren, daß hauptsächlich den Frauen der Armenier das Aufbauen und die Unterhaltung der Kisljak-Pyramiden obliegt.

Man denke sich diese im Vergleich zu ihrer dürftigen Behausung sehr schmuck gekleideten Landbewohnerinnen mit gelben Schuhen, roten Pantalons, kurzem Rocke und langem Schleier, wie sie an den Kisljak-Pyramiden beschäftigt sind! Und dieses Schauspiel wurde uns jedesmal, wenn wir ein armenisches Dorf passierten. Ein Glück, daß das Handküssen hierzulande nicht Sitte ist.

Kriechen wir nun in das Innere einer armenischen Dorfwohnung, so glauben wir uns ganz in die Zeiten Abrahams zurückversetzt. Bei wohlhabenden Leuten findet man ein besonderes Gemach für den weiblichen Teil der Familie; bei den Ärmeren, welche die große Mehrzahl bilden, besteht die Hütte nur aus einem großen Raume, wo die Menschen von ihrem Hausvieh bloß durch Querbalken getrennt sind. Von Fenstern, Tischen, Stühlen usw. ist natürlich keine Spur zu finden. Das Licht fällt durch eine Öffnung des Daches; der lehmgestampfte Fußboden ist mit Stroh bedeckt, und die darüber ausgebreiteten Matten (bei den Wohlhabenden Teppiche) ersetzen zugleich Stühle, Betten und Sofas.

In der Mitte des Frauengemaches befindet sich gewöhnlich

eine mit Steinen ausgemauerte Öffnung, wo das Brot (Tschoräkj, Lawasche) gebacken wird.

Mögen diese kurzen Andeutungen zur Schilderung eines armenischen Dorfhausstandes genügen. Der Leser würde wenig Vergnügen finden, mir durch alle übrigen unerquicklichen Einzelheiten zu folgen. [. . .]

Wanderung durch das Paschalik Achalzich

Ein heftiges Gallenfieber, welches mich im Frühsommer aufs Krankenlager warf und welches die Ärzte in dem trockenheißen Tiflis für unheilbar erklärten, zwang mich, die Hauptstadt wieder auf längere Zeit zu verlassen, um in der stärkenden Gebirgsluft Heilung zu suchen.

Mirza-Schaffy, der die Verschlimmerung meiner Krankheit lediglich den gebrauchten Arzneimitteln zuschrieb, riet mir, in seiner Gesellschaft den Kronsgarten am Berge Solalaki zu besuchen und mir dort den Magen mit der Frucht des Maulbeerbaumes zu füllen, deren Genuß mein Übel alsbald verscheuchen würde.

Der Berg Solalaki, einer der schönsten Punkte der Stadt, trägt auf seinem breiten Rücken die Ruinen der alten Veste Narikale, welche durch eine lange Mauer mit dem ebenfalls in Trümmern liegenden Schlosse Schahi-tacht (Thron des Schahs) in Verbindung steht und an die schlimmen Zeiten erinnert, wo Georgien noch unter der grausamen Herrschaft der Perserkönige zitterte.

Von den Höhen des Berges Solalaki erfreut man sich einer Aussicht, welche die vom Davidsberge noch an Großartigkeit übertrifft. Von hier übersieht man die große Ebene Didubeh; unten zwischen dem Kyros und dem Bergrücken von Soganlug breiten sich die schönsten Gärten von Tiflis aus. Vor allem aber macht der von hohen Mauern beherrschte, terrassenförmig sich abstufende Kronsgarten selbst mit seiner üppigen Vegetation einen zauberhaften Eindruck.

Ich hatte mich schon ganz eingelebt in Tiflis, und dennoch schien mir alles, was ich sah, so vollständig fremdartig und ungewohnt, als ich zum ersten Male nach langer Zeit meine Klause wieder verließ, um mit Mirza-Schaffy die Wallfahrt anzutreten zu den Maulbeerbäumen im Garten des Solalaki.

Es war zwischen sechs und sieben Uhr morgens. Die Straßen fingen an sich zu beleben, die Werkstätten und Magazine öffneten sich; hier schrien uns ein paar Droschkenführer, welche mit tief verhüllten Frauen zu den Bädern fuhren, ihr lautes Kabada! (Platz gemacht!) zu, dort wurde uns der Weg versperrt durch lange, hagere Imereter, welche Lasttiere, beladen mit großen, wassergefüllten Doppelschläuchen, vor sich hertrieben – endlich sahen wir die alte Veste Narikale vor uns aufsteigen, und als wir, um den Weg abzukürzen, eine Reihe stufenförmig aneinanderhängender Häuser überkletterten, fanden wir auf einigen Dächern noch die Bewohnerinnen im tiefen Schlafe unter freiem Himmel, während von andern Dächern eben das Bettzeug weggeräumt wurde.

Im Kronsgarten angekommen, ruhten wir ein wenig aus im Schatten der hohen Nußbäume, denn schon waren die Sonnenstrahlen von gewaltiger Kraft, und darauf bestieg ich unter Mirza-Schaffys Hilfe und Anleitung einen Maulbeerbaum, um Heilung zu suchen im Genuß seiner Früchte.

Das Klettern wie das Hangen und Bangen in den schwankenden Zweigen wurde meinem geschwächten Körper sehr sauer, aber der Weise von Gjändsha bestand darauf, daß ich die Früchte mit eigner Hand pflücken müsse, wenn sie Genesung bringen sollten, und ich mußte mich seinem Willen fügen.

Aber trotz dieser Kur der Weisheit nahm meine Krankheit einen immer schlimmeren Charakter an, und erst einige Wochen später wurde ich vollständig hergestellt in der lieblichen Bergwildnis von Priutina, dem Sommeraufenthalte der kaukasischen Statthalter.

Den freundlichen Einladungen der Statthalterin, Frau von Neidhart, folgend, brachte ich die heißen Monate in Priutina zu unter anmutigen Damen, Blumenduft, Bergluft und Waldesgrün, und neu gestärkt an Leib und Seele trat ich von hier aus über Manglis meine Wanderung ins Paschalik Achalzich an. Die Reise wurde, wie die Natur des Weges dies bedingte, zu Pferde gemacht, und meine Begleitung bestand dieses Mal aus Giorgi, meinem Diener, einem schlauen, mit Sprachen und Sitten der transkaukasischen Länder genau bekannten Armenier, und zwei donischen Kosaken als Eskorte.

Der Gebirgspfad, welcher von Priutina nach dem nur wenige Meilen entfernten Manglis führt, ist aller Reize voll. Burgentragende Felswände wechseln ab mit waldumschlungenen Bergen, grünen Schluchten und lieblichen Fernsichten.

Es war schon spät am Tage, als ich mit meinem lanzentragenden Gefolge in Manglis, dem Standquartiere des Tifliser Jägerregiments, ankam. In Abwesenheit des Kommandanten, Oberst Belgard, wurde ich von dem in russischen Diensten

Achalzich (W. Timm)

stehenden georgischen Fürsten Schalikow aufs freundlichste empfangen. Von dem langen Ritte ermüdet, verschob ich alle weiteren Ausflüge bis auf den folgenden Tag und brachte den Abend in traulicher Unterhaltung mit dem Fürsten und verschiedenen anderen Offizieren zu, welche sich unserer Gesellschaft angeschlossen hatten.

Mein erster Ausflug am folgenden Morgen war ein Ritt durch die sich ziemlich weit ausdehnende Militärkolonie von Manglis. Ich glaubte mich in ein Dorf der reichen Wolgaprovinzen versetzt, so schmuck und sauber sah alles aus, was meinen Augen begegnete. Die ganz im russischen Geschmack erbauten, blendend weiß angestrichenen Häuser machten inmitten der dunkelbelaubten Berge, die sie von allen Seiten umragten, einen äußerst heiteren Eindruck. Jedes Haus war von einem kleinen, zierlich eingezäunten Garten umgeben, auf deren Beeten, wie überall, wo Russenhand die Erde pflegt, der Kohl die erste Rolle spielt. Sehr gut wissend, wie äußerst wenig die russische Regierung im allgemeinen zur Verpflegung ihrer Heere tut, konnte ich nicht umhin, meine Verwunderung über den Wohlstand, der sich ringsrum zeigte, auszudrücken.

»Wenn die Soldaten nichts hätten als ihren Sold«, antwortete ein mich begleitender Offizier auf meine in obigem Sinne gemachte Äußerung, »so würden die armen Teufel schwerlich so leben können, wie es hier und in den meisten anderen Militärkolonien wirklich der Fall ist. Aber die Kolonisten sind sämtlich verheiratet, und unter den Frauen gibt es, wie Sie sehen, viele frische, rüstige Wesen; da verdient sich denn manches nebenbei. Eine lobenswerte Eigenschaft dieser Weiber ist es, daß sie das also erworbene Geld nicht auf unnützen Flitterstaat, sondern zur Verbesserung ihrer Haushaltung anwenden.«

Wir fanden nach Besichtigung der Militärkolonie, der großen Kaserne und der übrigen Krongebäude noch Zeit, eine Exkursion nach den Ruinen des wenige Werst von dem neuen Manglis gelegenen alten Manglis zu machen. Wir ritten vom großen Wege ab durch einen hohen, schattigen Tannenwald und gelangten bald auf eine von wildem, üppigem Gesträuch umwachsene und von hohen, trotzigen Felsen überragte enge Bergstraße, deren Passage so schwierig war, daß wir samt unseren am Zügel nachgeführten Pferden zu verschiedenen Malen beim Überklimmen der rauhen Felsblöcke, welche überall den Weg versperrten, stürzten und leichte Verletzungen davontrugen. Doch wurden wir durch die großartigen Naturschauspiele, die auf jedem Schritte das Auge entzückten, überreichlich für das Ungemach des Weges entschädigt. Uns zur Rechten rollte der reißende Alghet seine schäumenden Wogen, hier die Wurzeln schwankender Gebüsche, dort die moosüberwachsenen Steinmassen wellentrotzender Felsblöcke umrauschend. Bunt schimmerten und leuchteten die Wogen, zitternd das Bild der Mittagssonne und der blumigen Uferrahmen widerspiegelnd.

Zu unserer Linken hochauf ragten, soweit das Auge spähte, gigantische, wunderlich gezackte Felsmauern, und wo diese von der Natur aufgetürmten Riesenvesten Lücken gelassen, waren sie durch Menschenhand ausgefüllt. Denn nicht immer standen diese fruchtbaren, wasserreichen Täler, diese schützenden Schluchten so verlassen da wie heute. Ein mächtiges Geschlecht hauste einst hier, dessen Taten noch fortleben in den Sagen Georgiens. Noch stehen die Trümmer der felsaufgetürmten Mauern da, welche das untenwohnende Volk einst gegen die Einfälle der räuberischen Lesghier errichtete; noch hängen, wie riesige Adlernester, die Ruinen alter Burgen und Schlösser an den laubholzgekrönten Bergen. Den Felswänden selbst haben hier die Menschen mit staunenswertem Fleiße Schutz und Wohnung abgetrotzt. Ganz kleine, hinter dichtem Gebüsch versteckte, unten unerspähbare Öffnungen führen zu geräumigen, künstlich gemeißelten Höhlen und Gemächern, wovon einige sechs bis acht Fuß Höhe haben und dreißig bis vierzig Fuß tief in die Brust der Berge hineingehauen sind.

Wir kletterten unter unsäglicher Anstrengung die steile Bergwand hinauf, um einige von den wunderbar gezimmerten Wohnungen in der Nähe zu betrachten, bestiegen, als wir in die Schlucht des Alghet zurückgekehrt waren, unsere unten harrenden Rosse, setzten quer durch den reißenden Fluß und gelangten ein halbes Stündchen später auf dem anderen Ufer nach den Ruinen von Manglis, dem Ziele unserer Wanderung.

Von den vielen Gebäuden, welche einst hier gestanden haben sollen, wo zu Wachtang-Gurgasslans Zeit der Sitz eines georgischen Bischofs war, fand ich nur noch Trümmer zerfallener Mauern und eine ziemlich wohlerhaltene, ihres hohen Alters wegen merkwürdige Kirche, welche schon in der ersten Hälfte des vierten Jahrhunderts n. Chr. unter der Regierung des Königs Miriam II. erbaut sein soll. Die Kirche ist, wie die meisten alten Kirchen Georgiens, klein von Umfang und innen und außen mit einer Menge Arabesken und Inschriften verziert. Bei meinem Eintritt in die geheiligten Räume brüllte mir eine wohlgenährte Herde Kühe ein dröhnendes Willkommen entgegen. Auf solchen Empfang war ich nicht vorbereitet, und so tolerant ich sonst in bezug auf kirchliche Angelegenheiten bin, so empörte es mich doch, das Haus des Herrn in einen Kuhstall umgewandelt zu sehen. Im Verfolg meiner Reisen hatte ich übrigens Gelegenheit, mich zu überzeugen, daß solche Vorkommnisse unter russischer Herrschaft nicht Ausnahmen sind, sondern die Regel bilden. Die Russen, welche selbst nur bauen, um Ruinen zu machen, haben wenig Verehrung für die Denkmäler des Altertums. Die Inschriften und Heiligenbilder waren rund umher von den gehörnten Vierfüßlern zernagt und abgerieben; nur eine Inschrift gelang es mir mit Hilfe des Fürsten Schalikow abzuzeichnen und zu entziffern. Sie befindet sich über dem Portal in Stein gehauen, ist in der alten georgischen Kirchensprache abgefaßt und lautet in der Übersetzung wie folgt: »Herr, erbarme dich des Gründers dieser Kirche, des Erzbischofs Arseni von Manglis: den 2. Februar des Jahres 360.« Diese Jahreszahl stimmt nicht überein mit der gewöhnlichen Angabe, daß die Kirche bereits zu König Miriams Zeiten erbaut sein soll, da dieser Fürst bekanntlich schon in der ersten Hälfte des vierten Jahrhunderts starb.

Nachdem ich eine genaue Zeichnung der malerischen Ruinen von Manglis entworfen hatte, wurde auf dem schwellenden Rasenteppich ein nach georgischer Weise zubereitetes Mittagsmahl eingenommen, wobei der im ganzen Orient so beliebte Pilau (hier Plow genannt) und das Schaschelik (ein in kleinen Stücken in seinem eigenen Fette gerösteter Hammelbraten) sowie verschiedene Süßigkeiten, worunter ich besonders »eingemachte Rosenblätter« hervorhebe, die Hauptrolle spielten; der Wein wurde dabei aus den altherkömmlichen kaukasischen Trinkgefäßen, d.h. aus großen, silberbeschlagenen Büffelhörnern getrunken. Die Virtuosität der Georgier im Weintrinken habe ich schon früher zu rühmen Gelegenheit genommen.

Ein echt georgisches Diner wird immer mit Gesang beschlossen, weshalb auch der freundliche Fürst zu meiner Überraschung Sorge getragen hatte, einen alten, blinden Sänger zu bestellen, welcher unser ländliches Mal durch tatarische Liebeslieder würzte.

Auf einem kürzeren und bequemeren Wege als der, welchen wir gekommen waren, nach den gastlichen Kasernen des neuen Manglis zurückgekehrt, traf ich Anstalt, meine Reise am folgenden Morgen fortzusetzen.

Wenn man die hohe, laub- und nadelholzgekrönte Bergkette (von den dortigen Einwohnern die gelben Berge genannt) überstiegen hat, über welche der Weg aus dem Talkessel von Manglis nach Zalka führt, so nimmt die Vegetation einen dürftigen und kälteren Charakter an, und das Land wird immer öder und wüster, je weiter man sich von Manglis entfernt.

Die Sonne war schon ihrem Untergange nahe, als wir das von Armeniern und einigen Griechen bewohnte Dorf Zalka, wo wir ein halbes Stündchen Rast gehalten hatten, verließen, um die noch etwa zehn Werst entfernte, nach dem Dorf benannte Festung, von den Russen Nazalsky-Redut geheißen, zu erreichen.

»Ist das eine Armenierin?« fragte ich meinen Diener, die Blicke bewundernd auf eine allerliebste junge Frau werfend, welche des Weges kam.

»Ich glaube, ja!« erwiderte Giorgi, »ihr Anzug spricht dafür, ihr Gesicht dagegen. Solche Schönheiten sind selten unter den Armeniern hierzulande. Welch ein reizendes Wesen!« fuhr er schmunzelnd fort, »was für Augen! Solch ein Blick geht einem durch die Seele. Bemerken Sie wohl, sie sieht sich noch einmal um. Beim heiligen David! das Weib sieht aus wie ein Mädchen von Gurien.«

»Sind die Mädchen von Gurien so schön?« fragte ich lächelnd.

»Und das wissen Sie nicht, Effendim?« rief mir der Kerl zu mit einem Blicke, welcher halb Erstaunen, halb Verachtung ob meiner Unwissenheit ausdrückte. – »Dann kennen Sie auch wohl nicht die Sage, welche die Ursache dieser Schönheit erklärt?«

»Nein«, erwiderte ich, »und wenn du die Sage kennst, so kannst du sie mir, während wir weiterreiten, erzählen.«

»Ob ich sie kenne? Aber wer kennt denn die nicht? Verzeihung, Effendim! ich werde gleich anfangen.«

Ich befahl den Kosaken voranzureiten, um uns in der Festung anzumelden und ein Lager für die Nacht zu bereiten, hielt mein unruhiges Pferd zurück, um mit dem sanften Tiere Giorgis in gleichem Schritte zu bleiben, und letzterer begann mit wichtigem Tone.

Die Sage von den vierzig Jungfrauen

Einst wollte Allah zur Freude seiner Seligen das Paradies mit neuen Huris bevölkern und befahl zu dem Ende einem Imam, sich umzuschauen unter den Töchtern der Menschen und die vierzig schönsten Jungfrauen, die auf Erden zu finden, in den Himmel zu führen. Der heilige Vater verstand sich auf Schönheit und erfüllte gewissenhaft seines Gottes Befehle.

Er ging nach Fränkistan in das Land der Inglis (England) und raubte die blühende Königstochter. Der König wollte den kühnen Entführer erschlagen, aber Allah blitzte ihm Dreck in den Kopf, daß seine Augen verfinstert wurden.

Der Imam schiffte übers große Wasser und kam nach dem Lande der Nemtsche, wo viele Mädchen sich durch seine bunten Gewänder und süßen Worte verlocken ließen, ihm zu folgen. Nach einem Jahre war die heilige Zahl voll, und er kehrte über das schwarze und weiße Gewässer zurück nach Osten.

Er kam glücklich mit seiner jungfräulichen Schar bis nach Gurien, aber dort trieb ihn der böse Feind, sich in eine der angehenden Huris zu verlieben und sie durch die sündigen Folgen seiner Liebe für das Paradies untauglich zu machen.

Umsonst suchte er umher unter den Schönen des Landes, er fand keine, welche die entweihte Jungfrau ersetzen konnte, und es fehlte eine an der heiligen Zahl. Voll Reue und Verzweiflung durchbohrte sich der Osmanli mit dem Dolche, um dem Zorne Allahs zu entgehen; die schönen Mädchen aber blieben in Gurien, vermischten sich mit den Kindern des Landes und erzeugten ein Geschlecht, schöner denn das alte.

*

Es war inzwischen stockfinster geworden, denn im Orient folgt die Nacht dem Tage ohne die süße Zwischenzeit der Dämmerung; ein schneidend kalter Wind wehte vom Gebirge her, wir zogen unser Baschalik tiefer über die Ohren, setzten unseren Pferden die Fersen in die Weichen und jagten in gestrecktem Galopp durch die stürmische Nacht dahin.

Nach einer halben Stunde knarrte schon das Tor der Festung vor uns auf, ein Kosak leuchtete mit einer Fackel voran und führte mich in ein altes, zerfallenes Gemach, das beste, welches in der Festung zu finden war.

Die Sonne drückte ihren Morgenkuß auf die weißen Wangen der Gletscher, daß sie erröteten in jungfräulicher Scham, als wir, diesmal von zwei Uralschen Kosaken begleitet, der unheimlichen Festung Lebewohl sagten.

Schon vor vier Uhr war Giorgi ins Zimmer getreten, um mich zu wecken und mir meinen Kaffee zu bringen. Er brauchte mich nicht zu wecken, ich hatte die ganze Nacht vor Kälte und Ungeziefer kein Auge zutun können.

Er klagte mir ebenfalls seine Not und meinte, die Prussaki der Festung schienen den kriegerischen Geist der Kosaken eingeatmet zu haben; sie hätten, um seinen Schlummer zu stören, während der Nacht legionenweise förmlich regelmäßige Angriffe auf ihn gemacht. Die Kosaken, fuhr er fort, könnten sich ruhig in ihr Heimatland begeben und die Prussaki als Besatzung in der Festung zurücklassen; kein Feind würde es sicherlich länger als einen Tag mit ihnen aushalten.

Wohl, dachte ich, wenn in diesem Lande, wo Ungeziefer aller Art so etwas Gewöhnliches ist, ein Mann von Giorgis Gelichter sich hier besonders davon geplagt fühlt, so muß es wahrhaftig schlimm damit aussehen!

*

Infolge eines mehrmaligen Aufenthalts, veranlaßt durch Zeichnen von Ruinen, welche ich unterwegs antraf, erreichten wir erst gegen Mittag das Kosakenlager von Tabiszachur, dicht neben dem schönen See Toporowan (auch kurzweg Toprana genannt) gelegen. Die hier lagernden Kosaken hatten ihre Pferde ein paar Stunden weit auf die Weide getrieben, und es bot sich mir die unerfreuliche Aussicht dar, hier den Rest des Tages und die Nacht zuzubringen, denn vor Abend waren keine Pferde herbeizuschaffen, und in der Dunkelheit war es unmöglich, den Gebirgskamm bis Achalkalaki zu übersteigen.

In Erwartung eines entsprechenden Trinkgeldes (in diesen öden, wenig bereisten Gegenden etwas sehr Seltenes für die armen Teufel) schlugen mir meine Begleiter vor, weiterzureiten, ohne die Pferde zu wechseln. Ich nahm bereitwillig ihren Vorschlag an, ließ unsere ermüdeten Tiere ein paar Stunden verschnaufen und nahm während der Zeit ein stärkendes Bad in dem kalten Wasser des Sees Toporowan.

Dieser das Sandshak Achalkalaki begrenzende See nimmt an Umfang etwa dreißig Werst ein, hat süßes, gesundes Wasser und ist reich an Fischen und historischen Erinnerungen.

Unter letzteren erwähne ich insonderheit die auf die Einführung des Christentums in Georgien Bezug habende, in Wachtangs Chronik mitgeteilte Sage von der heiligen Nino. Diese gesegnete Jungfrau war, um den greulichen Christenverfolgungen im Römischen Reiche zu entgehen, zusamt der heiligen Ripsime und deren Wärterin Gajan nach Armenien geflohen und rettete sich, nachdem ihr die Freundinnen durch den Märtyrertod entrissen waren, an die Ufer des Sees Toporowan. Später kam sie nach Mtzchetha, der alten Hauptstadt Georgiens, wo sie eine Menge Wunder übte, Tote ins Leben zurückrief usw. und die Einwohner zum Christentum bekehrte.

Unter den Fischen des Sees verdienen besonders die schmackhaften Lachsforellen rühmende Erwähnung.

Nachdem ich eine Schale Kaffee geschlürft und einen Tschibuk geraucht hatte, ging die Reise wieder rüstig von dannen. Wir waren etwa eine halbe Stunde geritten, als uns ein auf einem Esel langsam dahertrabender georgischer Priester aufstieß. Ein junger, hochgewachsener Bursche lief zu Fuß nebenher und hatte noch obendrein das ziemlich beträchtliche Reisebündel seines ehrwürdigen Gebieters zu tragen.

Ich rief dem geistlichen Herrn, einem stattlichen Manne von mittleren Jahren mit regelmäßigen Gesichtszügen und dichtem schwarzen Barte, einige freundliche Willkommensphrasen in georgischer Sprache zu, welche er ebenso freundlich erwiderte und zugleich höflich neugierige Fragen über meine Herkunft und den Zweck meiner Reise hinterhergleiten ließ. Ich gab ihm Auskunft, so gut ich konnte, merkte jedoch bald, daß mein in Tiflis begonnenes Studium der georgischen Sprache noch bedeutender Ergänzungen bedürfe. Eben wollte sich Giorgi dolmetschend ins Mittel legen und fing an, mir den Redeschwall des Priesters ins Russische zu übersetzen, als ihn der geistliche Herr mit den an mich gerichteten Worten unterbrach: »Ah, wenn Sie russisch verstehen, so können wir uns ohne Dolmetsch unterhalten, ich habe auf einem russischen Seminar studiert und bin der Sprache so kundig wie ein Eingeborener.«

In allen dem Kaiser unterworfenen Ländern des Kaukasus gilt die russische Sprache und Sitte aus leicht erklärlichen Gründen für das Höchste der Zivilisation. »Meine Töchter haben alle eine russische Erziehung erhalten«, sagt, rühmend auf seine Kinder deutend, der georgische Fürst zum europäischen Reisenden, vor dessen Auge freilich die gepriesene moskowitische Bildung eben nicht als der größte Reiz der schlanken Georgierinnen erscheint. Wer jedoch den Preis dieser hohen Errungenschaft schmälern wollte, würde bei den gastfreien Landeskindern entweder für hochmütig oder selbst gar für ungebildet und urteilsunfähig gelten, weshalb der Fremde wohltut, in den allgemeinen Ton mit einzustimmen und davon abweichende Ansichten höchstens seinem Tagebuche anzuvertrauen. Der Leser wird sich demnach nicht wundern, daß ich meinem eselberittenen Reisegefährten rühmend meine Anerkennung ob seiner Kenntnis der russischen Sprache ausdrückte und daß mir das Kompliment, mit orientalischem Schwulst umwickelt, zurückgegeben wurde.

Teils um seine Neugier weiter zu befriedigen, teils auch wohl, um seine Kenntnis der verschiedenen konfessionellen Parteien an den Tag zu legen, fragte er mich mit pfiffiger Miene, ob ich zur römisch-katholischen Kirche gehöre oder zu derjenigen Sekte, welche Luther als einzigen Heiligen anerkenne? Als ich, ohne weitere Erläuterungen in bezug auf die Heiligkeit Luthers, den zweiten Teil der Frage bejaht hatte, konnte der geistliche Herr, nachdem er einige kräftige Flüche gegen die jetzt in Rußland in schlechtem Kredit stehende römisch-katholische Kirche geschleudert, nicht umhin, seine Verwunderung darüber zu äußern, daß ein anscheinend so verständiger Mann wie ich mehrere Jahre in Rußland habe leben können, ohne in den Schoß der allein seligmachenden griechischen Kirche überzutreten.

Er setzte mir die großen Vorteile eines solchen Übertritts – wobei er vorzüglich die überwiegende, sich noch jährlich vermehrende Anzahl der Heiligen in Rußland und der Wunder, welche hier täglich geschehen, während bei uns dergleichen niemals vorkommen, hervorhob – so weitschweifig auseinander, daß ich den Strom seiner Bekehrungsrede nur durch das Versprechen hemmen konnte, die Sache nächstens in ernste Erwägung zu ziehen.

Als ich darauf, um dem Gespräche eine andere Wendung zu geben, preisend der großartigen Naturschönheiten des Kaukasus gedachte, hatte ich nochmals Gelegenheit, die Früchte der moskowitischen Studien meines geistlichen Freundes zu bewundern.

»Ja«, sagte er mit kundigem Blicke, »außer dem Chimborasso in der Schweiz findet man doch gewiß in der ganzen Welt keine so hohen Berge wie hier am Kaukasus!«

Ich nickte einverständlich mit dem Kopfe, wohl wissend, daß ich durch eine Berichtigung seines Irrtums meinem gelehrten Begleiter durchaus keinen Gefallen erzeigt haben würde.

Es wird meine freundlichen Leser vielleicht wundernehmen zu erfahren, daß mir in der bergeversetzenden Erklärung des geistlichen Herrn der Irrtum selbst weniger auffiel als der Umstand, daß ein georgischer Priester vom Dasein einer Schweiz und eines Chimborasso überhaupt etwas wußte.

Um noch vor Anbruch der Dunkelheit nach Achalkalaki zu gelangen, machte ich gewaltsam unserem lehrreichen Gespräch ein Ende und nahm freundlich Abschied von dem ehrwürdigen Verkünder des Wortes, von dem erfüllt wurde wie geschrieben steht: daß der Glaube sogar Berge versetzen kann.

Achalkalaki ist der Hauptort des Sandshaks gleichen Namens, dessen Gesamtzahl der Einwohner männlichen Geschlechts sich nach den russischen Statistiken auf 3200 beläuft, wovon 720 zum Islam, 200 zur griechisch-georgischen Kirche und die übrigen teils zur unierten, teils zur altarmenischen Kirche gehören.

Die einförmigen Häuser des obengenannten Städtchens sind nach asiatischer Weise niedrig, mit platten Dächern gebaut; die hier fehlenden Glasfenster sind durch Drahtgitter ersetzt. Achalkalaki besitzt einen ziemlich umfangreichen Markt und Bazar und wird von einer auf dem linken Ufer des Toparawan-Tschai gelegenen, den Rücken eines steilen Felsen krönenden Festung beherrscht, welche kurze Zeit nach der Eroberung des Landes durch die Türken erbaut sein soll und deren Entfernung von Tiflis 110 und von Achalzich 68 Werst beträgt. Inmitten der starken Ringmauern haben die Russen den Bau einer zweiten Festung begonnen, ein nach der Behauptung des mich begleitenden Ingenieur-Offiziers ebenso törichtes wie nutzloses Unternehmen, dessen Ausführung zu nichts weiter führen kann, als die Taschen der den Bau dirigierenden Beamten zu füllen.

Die größere Zahl der Einwohner besteht aus handeltreibenden Armeniern, welche noch von der Herrschaft der Osmanlis her ihre türkische Tracht beibehalten haben. Die Wohnungen sind, nach denjenigen zu schließen, welche ich in Gesellschaft meines Giorgi – der hier eine Menge von Verwandten und Bekannten hat – besuchte, auffallend reinlich und sauber gehalten. Die Frauen scheinen hier kein so zurückgezogenes Leben zu führen, wie man das sonst im Orient zu finden gewohnt ist; im Verlauf einer Stunde begegneten wir über zwanzig unverschleierten jungen Frauenzimmern, meistens von sehr angenehmer Gesichtsbildung und schlankem Körperbau. Auffallend war es mir, während meines freilich nur kurzen Aufenthaltes in Achalkalaki kein einziges Pferd zu sehen; alles scheint hier auf Eseln zu reiten. Auf meiner Wanderung durch die Straßen und den Basar wurde ich alle Augenblick von naseweisen Militärs angehalten, welche mich um Rang, Namen und Reisezweck befragten. Die Erscheinung eines Reisenden muß hier etwas sehr Seltenes sein, da mich auch die rührigen Handelsleute auf dem Basar mit abschreckender Neugier angafften.

Das Klima des Sandshaks, so wie überhaupt der ganzen Gegend von den Gebirgszügen bei Manglis an gerechnet bis zu dem blühenden Talkessel von Chertwis, unserem nächsten Aufenthaltspunkte, ist rauh, aber gesund. Die in den tiefer gelegenen Teilen Georgiens so gefährlichen und häufigen Fieber sind hier ganz unbekannt und sonstige Krankheiten selten.

Wenn man, dem Laufe des reißenden und fischreichen Toporawan-Tschai folgend, noch einige zwanzig Werst weit die kahle Hochebene überschreitet, welche sich in nordwestlicher Richtung hinter Achalkalaki ausdehnt, gelangt man an eine tiefgelegene weite Schlucht, von halb nackten, halb gesträuchbewachsenen Felsen umschlossen. Hier muß der Reiter sein Roß am Zügel führen und zu Fuß den steinigen, sich zwischen rauhen Felsblöcken hinschlängelnden Bergpfad hinabklimmen, welcher ins Tal zu dem tief unten liegenden Chertwis führt. Selten habe ich einen so halsbrechenden Bergweg wie diesen gefunden, aber selten auch wurde der Blick durch eine so lockende Aussicht belohnt, wie die blühenden Gärten des Tals, durchflossen vom Toporawan-Tschai, der seine Fluten hier mit denen des Kyros mischt, uns darboten. Die Füße jammerten, aber das Auge frohlockte, als wir, unsere guten Rosse am Zügel führend, über das rollende Gestein, die steilen Felswände entlang, behutsam zu dem tief unter uns liegenden Tale hinabstiegen.

Hochaufstrebende Efeuranken schlängelten sich jungfräulich schmiegsam um die schattigen Fruchtbäume, welche uns gastlich mit grünen Zweigarmen zu winken schienen, freudeschwankende Blumen nickten uns vertraulich zu, hell durch das dunkle Grün klang das Zwitschern der Sänger der Lüfte und dazwischen brausten die weißen Wellen der sich unten einenden Ströme wie lautschallendes Gelächter.

Man glaubt sich hier in die wasserreichen Gärten versetzt, die der Prophet seinen Gläubigen verheißen.

Chertwis, welches unter der Türkenherrschaft die Residenz eines Paschas war, zählt heutigen Tages nur noch etwa 800 Einwohner, ein Gemisch von Armeniern und Türken. Die hochgelegene Festung der Stadt stammt nach dem allgemeinen Dafürhalten noch aus der Blütezeit des georgischen Königreichs, d. h. aus der Regierungsperiode der vielgepriesenen Königin Tamar. Aus einer alten Inschrift jedoch, welche Dubois hier aufgefunden und Brosset der Jüngere in Petersburg teilweise entziffert hat, ergibt sich, daß die Festung erst um die Mitte des vierzehnten Jahrhunderts unter der Regierung des Attabeg

Kanarkare, Sohn des Sargis, eines Vasallen König Davids VIII., erbaut wurde. Man findet hier eine kleine griechische Kirche mit alten georgischen Inschriften; außerdem umschließen die Mauern des Forts sechs Häuser, die in ihrem Innern noch deutliche Spuren des orientalischen Luxus tragen, mit welchem sie einst geschmückt waren. Besonders ist der merkwürdige, gut erhaltene Harem der Beachtung wert. Das Städtchen erfreut sich eines herrlichen Klimas. Die Gärten der Umgegend, der einzige Reichtum des Ortes, sind in ganz Georgien berühmt wegen der köstlichen Früchte, welche hier im Überfluß wachsen. Die Wohnungen bestehen wie in allen ursprünglich georgischen Städten aus Saklis, d. h. aus kleinen, von Steinen roh aufgeworfenen Häusern ohne Fenster und mit platten Dächern. Das Licht fällt durch ein im Dache angebrachtes Loch, welches zugleich als Rauchfang dient und bei schlechtem Wetter geschlossen wird.

Mein Giorgi hat mich wieder bei einem alten, ihm verwandten Armenier einquartiert; der Kerl muß eine Unzahl von Verwandten in diesem Lande besitzen; bis jetzt haben wir noch kein Dorf passiert, wo er mich nicht mit einem halben Dutzend Cousinen, Schwestern, Schwägerinnen und Frau Basen bekannt gemacht hätte. Ich werde hier mit wenigen Worten des Innern meines Absteigequartiers Erwähnung tun, da dasselbe gleichsam als Typus aller übrigen armenischen Häuser von Chertwis gelten kann. Das Haus meines Gastfreundes besteht aus zwei luftigen, geräumigen Gemächern, deren jedes ein Viereck von etwa fünfzehn Schritt im Durchmesser bildet; das letztere oder Schlafgemach habe ich leider nicht genauer untersuchen können; das erstere ist zugleich Küche, Wohnstube und Gesellschaftszimmer. Zur rechten Hand von der Türe befindet sich ein großer, gut gebauter Kamin, den die Engländer für eine Nachahmung der ihrigen ansehen würden und welcher zugleich die Stelle des Herdes vertritt. An den beiden Seitenwänden hängen die Küchengerätschaften in so schöner Ordnung und so blank gescheuert, als ob die Kessel, Kasserollen und Töpfe nicht zum täglichen Gebrauch, sondern zum Verkauf da wären. Außer diesen Gerätschaften gewahrt man keinen anderen Schmuck als einen einfachen Teppich und einige kleine, niedrige Schemel; aber alles ist so hübsch verteilt und schmuck gehalten, daß meine Augen angenehm davon überrascht wurden.

Türke aus Achalzich (G. Gagarin)

Ich wollte meiner Wirtin ein Kompliment darüber machen, aber die gute Frau schien sich ungemein vor mir zu fürchten, denn sie wich immer zehn Schritte zurück, wenn ich einen Schritt gegen sie anrückte. Ich wandte alle mir zu Gebote stehende Beredsamkeit an, um ihr zu beweisen, daß gar kein Grund vorhanden sei, sich vor mir zu fürchten; ich sagte ihr, daß Frauen mir gar nichts Neues wären, daß ich sie sehr liebte, daß ich schon mit vielen Frauen in Berührung gekommen, daß meine eigene Mutter eine Frau wäre, daß ... Doch ich hatte nicht nötig, weiter fortzufahren, denn der letzte Punkt schien ihr alle Schüchternheit zu nehmen. Bald darauf wurde das sehr reinliche Mittagessen aufgetragen, dessen Hauptbestandteile wieder Pilau, Schaschelik und Süßigkeiten bildeten.

Nach Tische machte ich in Gesellschaft meines Wirtes eine Wanderung durch die blühende Umgebung von Chertwis, bei welcher Gelegenheit ich Bekanntschaft mit mehreren Türken anknüpfte, welche mich einluden, auch ihre Gärten in Augenschein zu nehmen, und, nachdem sie eine Stunde neben mir hergewatschelt und mir alles gezeigt und erklärt hatten, mich freundlich mit Kaffee und der perlenden Wasserpfeife bewirteten.

Nach der Schätzung Dubois', welcher im Jahre 1833 von Achalzich aus Chertwis besuchte, liegt das Fort etwa 4000 Fuß über dem Meeresspiegel. Die Häuser des Städtchens dehnen sich am Fuße des Forts links vor dem nach Süden zulaufenden Felsen aus. Die den Ort rings umragenden Berge haben nur zwei großen Schluchten Raum gelassen, wovon sich die eine in östlicher und die andere in südlicher Richtung öffnet; durch die erstere stürzt sich brausend der reißende Toporawan-Tschai dem nicht minder reißenden Kur zu, dessen Wellen die letztgenannte Schlucht durchrollen.

Chertwis ist nach Verhältnis der Größe das am meisten bevölkerte Sandshak des Paschaliks; die Zahl der Einwohner männlichen Geschlechts wird auf 4800 angeschlagen, worunter 2940 Armenier von der alten Kirche, 416 zur unierten Kirche gehörige, 510 griechisch-katholische Georgier, 340 Muhammedaner und 58 Juden sind. Das Klima ist sehr gesund und das Land ebenso wie Achalkalaki reich an Getreide.

Der Weg, welcher von Chertwis über Aspinsa nach Achalzich führt, ist weniger malerisch als beschwerlich. Um die etwa 45 Werst betragende Strecke zurückzulegen, brauchten wir trotz unserer trefflichen, wohlgenährten Pferde fast neun Stunden; man begegnet auf dem Wege einer Menge wenig bedeutender Ruinen.

Aspinsa, dessen Entfernung von Achalzich etwa dreißig Werst beträgt, ist der Hauptort des Sandshaks gleichen Namens; dieses Sandshak ist das kleinste und unbedeutendste des ganzen Paschaliks. Die Zahl der in den zwölf kleinen Dörfern verstreuten Bevölkerung wird auf 500 angeschlagen; die Einwohner sind fast durchgehend Muhammedaner. Von dem Klima und den Produkten des Landes gilt dasselbe, was über Chertwis gesagt wurde. Man findet in Aspinsa, welches früher die Residenz des aus den letzten Türkenkriegen bekannt gewordenen Mustapha-Achmed-Bey-Oglu war, ein in unregelmäßigem Viereck gebautes altes türkisches Schloß von 140 Fuß Länge und 56 Fuß Breite, welches zu beiden Seiten von bewohnbaren Türmen überragt wird.

Ich enthalte mich als Laie aller Bemerkungen über die äußerst interessanten, auf rein vulkanischen Ursprung deutenden Formationen, welche besonders von Chertwis an bis zu dem von Trappfelsen und Traßschichten eingeschlossenen Tale von Aspinsa das Auge in Erstaunen versetzen, da wir in aller Wahrscheinlichkeit von dem gelehrten Naturforscher Professor Abich, welcher wenige Monate nach mir diese Gegend besuchte, bald eine gründliche Abhandlung darüber erwarten dürfen.

Ganz ermüdet und zerschlagen von dem langen Ritte kam ich nachmittags um sechs Uhr in Achalzich, der Hauptstadt des gleichbenannten Paschaliks, an und machte gleich dem freundlichen Kommandanten der Festung, Oberst von Brevern, den ich schon früher in Armenien kennengelernt hatte, meine Aufwartung. Die gastliche Einladung des Obersten, ein Appartement in den Festungsgebäuden zu beziehen, lehnte ich höflich ab, da mir Giorgi schon unterwegs eine Wohnung bei einem ihm verwandten armenischen Kaufmann in Aussicht gestellt hatte. Den Abend brachte ich in Gesellschaft der liebenswürdigen Familie des Herrn von Brevern zu, wo ich noch einen jungen deutschen Offizier aus den Ostseeprovinzen, den Ingenieur-Kapitän von Dahl, kennenlernte, in dessen Gesellschaft ich am folgenden Morgen meine Wanderungen durch die Stadt begann. [...]

Achalzich liegt an einem von dem Potzchoflusse, dem Kaja-Dagh und den Ausläufern der Gebirgszüge von Persaat gebildeten Winkel, wo sich die unansehnlichen, eng zusammengebauten Häuser in einem Umfange von etwa drei Werst ausdehnen. Die Stadt zerfällt in drei Teile: die Festung, die Alt- und Neustadt, welche letzteren zwei durch den Potzcho voneinander geschieden sind.

Fangen wir, um eine leichtere Übersicht zu gewinnen, unsere Betrachtungen bei der Festung als dem am höchsten gelegenen Punkte der Stadt an.

Die Gründung dieser Festung wird, wie alle großartigen Bauten des Landes, von dem Volke der Königin Tamar, der georgischen Semiramis, zugeschrieben. Die Türken nennen die Veste Achiszcha-Kalessi; die Georgier haben dafür den alten Namen Achale-Ziche (d. i. die neue Festung) beibehalten.

Die Befestigungswerke, welche aus drei Teilen bestehen, genannt die obere und die untere Festung und die Zitadelle, bilden ein seltsames Gemisch von georgischer und türkischer Bauart. Der obere Teil nämlich und die Zitadelle wurden von den Georgiern erbaut und der untere Teil später von den Türken hinzugefügt. Die Mauern dehnen sich auf einem hohen, schwer zugänglichen Felsen aus, dessen Fuß der reißende Potzcho bespült.

Unter den im Innern der Festung befindlichen Gebäuden ist nur die schöne, leider jetzt auch halb in Trümmern dastehende Moschee näherer Beachtung wert. Die Gründung derselben wird dem türkischen Pascha Achmed, welcher zu Anfang des achtzehnten Jahrhunderts über Achalzich herrschte, zugeschrieben. Wie Fluge (in Nr. 4 der Zeitung von Tiflis des Jahres 1832) erzählt, verschrieb dieser Pascha zur Erbauung der Moschee einen europäischen Architekten aus Konstantinopel, ließ eine Menge christlicher Kirchen niederreißen und das so erbeutete Material zum Bau des prachtvollen, in großartigem Stile ausgeführten Tempels verwenden, welcher jetzt bestimmt ist, wiederum in ein christliches Bethaus umgewandelt zu werden.

Die äußeren Mauern der Moschee sind einfach und schmucklos, aber von dauerhafter, geschmackvoller Arbeit. Vier hohe, steinerne Säulen von bläulicher Farbe, mit kupfernem Piedestal und durch schön geformte Bogen miteinander verbunden, bilden die Hauptfassade des herrlichen Gebäudes. Der Raum zwischen diesen Säulen und der Moschee wurde von drei kleinen, mit vergoldeten Halbmonden geschmückten Kuppeln überragt. Die Hauptkuppel der Moschee, welche über sechzig Fuß im Durchmesser hat, ist aus Ziegelsteinen aufgeführt und mit gepreßtem Blei überkleidet. Das hoch durch die Lüfte ragende schlanke Minarett gewährt neben dem umfangreichen Tempel einen besonders schönen Anblick.

Beide sich der Moschee anschließende Vorhöfe sind mit glatten Quadern von bläulicher Farbe gepflastert, welche in einem etwa zwei Stunden von Achalzich gelegenen Steinbruche gewonnen werden. In der Mitte des ersten Hofes sprang eine große, schön eingefaßte Fontäne, von einer mit dem goldenen Halbmond geschmückten Kuppel überragt, welche von acht zierlichen Säulen getragen wird. Dies ist ein Bild der Moschee, wie sie gewesen; die Fontäne springt jetzt nicht mehr, der goldene Halbmond ist verschwunden, die das Innere des Gebäudes zierenden Arabesken und Inschriften sind abgerieben oder übertüncht, und überhaupt sieht man heutzutage nur noch die Spuren der einstigen Pracht.

Die Sage erzählt, daß der grausame Achmed-Pascha dem Architekten, als er das große Werk vollendet hatte, zum Dank den Kopf abhauen ließ, um ihn zu verhindern, anderswo ein ähnliches Gebäude zu errichten. Doch wurde der Pascha selbst vom Sultan mit dem Tode für seine Grausamkeit bestraft; sein Grabmal findet sich an der Ecke des Vorhofes der Moschee.

Steigen wir jetzt von der Festung hinab, um eine flüchtige Wanderung durch die Stadt zu machen, welche mit ihrer öden, aller Vegetation entbehrenden Umgebung und ihren kleinen, eng zusammengeworfenen Häusern einen ziemlich traurigen Anblick gewährt.

Unter den durchgängig unansehnlichen Gebäuden tun wir nur der unfern der Festung gelegenen türkischen Bäder sowie der Kirchen Erwähnung, deren man sechs in Achalzich findet: eine georgische, eine katholische, drei armenische und einen israelischen Kahal nebst Synagoge. Der früher so berühmte Basar von Achalzich trägt jetzt ein höchst ärmliches Gepräge. Von der ehemaligen Bevölkerung dieser einst so volkreichen Stadt ist seit der Besitznahme durch die Russen kaum eine Spur übriggeblieben; von den türkischen Einwohnern haben sich alle wohlhabenden nach der Türkei zurückgezogen, und die übrigen leben zerstreut in den Dörfern der angrenzenden Sandshaks.

Unfern Achalzich, am rechten Ufer des Potzcho, inmitten einer engen, wilden Schlucht, stehen die zerfallenen Mauern einer alten armenischen Kirche.

Die Ruinen, welche von dem Geschmacke und der Kunst des Baumeisters eben keine hohe Idee geben, verdienen nur insofern Beachtung, als sie ihres Altertums wegen von Armeniern und Georgiern in hohen Ehren gehalten werden und ihnen als Zeugnis gelten, wie früh das Christentum in diesem Lande schon einheimisch gewesen. Zudem knüpft sich eine noch heute unter dem Volke fortlebende Sage daran, welche erzählt, daß der heilige Magnessi nach seiner Vertreibung aus Persien sich in Trapezunt niedergelassen habe, jedoch auch von dort wieder schimpflich verjagt und mit dem Tode bedroht worden sei, weil er mehrere Muhammedaner zur armenischen Kirche bekehrt habe. Des Lebens in den großen Städten müde und um den steten Verfolgungen der Türken zu entgehen, habe er sich in der Nähe von Achalzich angesiedelt und dort eine christliche Gemeinde gebildet, von welcher die oben erwähnte Kirche herstammt. Nicht lange jedoch sollte er in seinem neuen Wohnorte sich der Ruhe erfreuen. Bei einem Verheerungszuge der Feinde durch Achalzich kam er ums Leben, und sein Leichnam wurde, von Wunden entstellt, am Eingange des Gotteshauses gefunden. Er war gestorben als ein Streiter Gottes, das Heiligtum des Herrn mit tapferer Hand verteidigend.

Seit jener Zeit hat die Kirche immer leer und unbenutzt gestanden und wird nur im Sommer, an hohen Festtagen, von den frommen Einwohnern der Umgegend besucht.

*

Mit dem gesellschaftlichen Leben sieht es in Achalzich traurig aus, da es hier an dem belebenden und veredelnden Element der Gesellschaft – an Damen – fehlt. Von den hier dienenden Offizieren und Beamten sind die meisten ohne Vermögen und folglich auch unverheiratet, da ihre spärliche Besoldung zum Unterhalt einer Familie nicht ausreicht.

Frau von Brevern, die einzige gebildete Dame, die ich in Achalzich gefunden, hat sich vielfach, aber vergebens bemüht, unter den vornehmeren Armenierinnen Geselligkeit, im europäischen Sinne des Wortes, einzuführen. Die Verschiedenheit der Sprachen, Sitten und Kleidung sowie die Eifersucht der armenischen Ehemänner, welche über die Sittlichkeit der russischen Offiziere ihre eigenen Ansichten haben, machten jedwede dauernde Annäherung unmöglich. Man begreift demnach leicht, daß eine Anstellung in Achalzich eben kein beneidenswertes Los ist und gewöhnlich als eine Verbannung betrachtet wird. Die unverheirateten Offiziere und Beamten, von denen die wenigsten Sinn für wissenschaftliche Bestrebungen haben, suchen sich für die vielen geistigen Entbehrungen, denen sie hier ausgesetzt sind, durch materielles Wohlleben zu entschädigen und die peinigende Langeweile durch häufige und lustige Gelage zu verscheuchen. Ich wohnte zu verschiedenen Malen solchen Ergötzlichkeiten bei, glaube mir jedoch eine Schilderung derselben ersparen zu können, da meine Leser wenig Neues daraus lernen würden.

*

Die Wohnungen der Armenier in Achalzich sind ebenso anziehend und reinlich, wie die der Georgier und Juden abstoßend und schmutzig sind. Ich war wieder bei einem Verwandten meines Giorgi, einem ziemlich wohlhabenden Kaufmanne, einquartiert, in dessen Behausung es mir um so besser gefiel, als der Sohn des Hauses, der schwarzgelockte Jussuf, in der ganzen Stadt als liederreicher Sänger bekannt und gepriesen war. Wenn ich abends von meinen Streifzügen nach Hause kam und ermüdet auf den Teppich niedersank, so wußte mir Jussuf immer noch mit seinem frischen Gesange ein Stündchen angenehm zu vertreiben, wobei er sich mit großer Fingerfertigkeit abwechselnd zur Saß und zur Tschengjir begleitete.

Ich suchte von dem reichhaltigen Liederschatze des Sohnes meines Wirtes so viel auszubeuten, wie meine kurze Zeit mir erlaubte, und verließ Achalzich nach achttägigem Aufenthalte, um weitere Ausflüge in das Innere des Landes zu unternehmen.

Der erste Ort, wo ich wieder halt machte, war das seiner vielen merkwürdigen Ruinen, seiner Mineralquellen und geschichtlichen Erinnerungen wegen berühmte Tal von Bordshom, die alte Verbindungsstraße zwischen dem unteren Karthli und Achalzich. Dubois de Montpéreux gibt uns in seinem trefflichen, nur etwas zu weitschweifigen Reisewerke eine so ausführliche Schilderung des Tales von Bordshom, daß ich nichts Neues von Belang hinzuzufügen wüßte.

Auf der Rückreise gab mir ein mehrtägiger Aufenthalt in den Bädern von Abbas-Tuman Gelegenheit, mich über die Zustände der dort angesiedelten deutschen Einwanderer etwas genauer zu unterrichten. Sie bestehen nur aus zehn Familien, die ich sämtlich in höchst armseligen Umständen fand; sie klagten mir jammernd ihre Not und wünschten nichts sehnlicher, als Mittel zu finden, auf ihre alten Wohnplätze in Taurien zurückzukehren.

Was ihre Lage noch verschlimmert und das Mitleid ein wenig verstummen macht, ist die beklagenswerte Uneinigkeit, in welcher sie selbst untereinander leben.

Die von üppig bekleideten, ruinentragenden Bergen und wunderlich gezackten Felsen eingeschlossene Schlucht von Abbas-Tuman gehört zu den schönsten Plätzen des Paschaliks.

Die hier befindlichen Mineralquellen, welche erst seit wenigen Jahren unter ärztlicher Aufsicht benutzt werden, haben in verschiedenen Abstufungen von 28 bis 40° R. Man findet hier ein Hospital, wohin die kranken Soldaten aus der Umgegend geschickt werden. Außer diesen Soldaten und einigen armenischen und georgischen Offizieren war die Zahl der Badegäste so gering, daß ich buchstäblich mehr Häuser als Bewohner fand.

Wenn der schöne Badeort nicht gar zu fern von der zivilisierten Welt läge, so würde derselbe zweifelsohne bald ebenso besucht wie berühmt werden.

Mit Ausnahme meiner Wanderung nach Adigion, welcher ein besonderes Kapitel gewidmet werden soll, weil sie einen Besuch bei dem berühmten Weisen Omar-Effendi in sich schließt, übergehe ich die Schilderung meiner weiteren Ausflüge durch das Paschalik Achalzich und fasse die daraus gewonnenen Notizen in Folgendem übersichtlich zusammen.

Der Ackerbau steht im Paschalik Achalzich noch auf einer sehr niedrigen Stufe, woran einerseits der nicht überall ergiebige Boden, besonders aber die einem Europäer unbegreifliche Trägheit der Einwohner schuld ist. Am ungünstigsten ist das Land in den Sandshaks Atzchwer und Aspinsa, doch könnte nach der Behauptung erfahrener Agronomen bei gehöriger Kultur, Bewässerung und Düngung des Bodens auch hier der bisherige Ertrag um das Zehnfache gesteigert werden.

In den Sandshaks Chertwis und Achalkalaki ist der Boden im allgemeinen sehr fruchtbar und wasserreich genug, um künstliche Bewässerung entbehren zu können; das Düngen ist hier jedoch mit großen Schwierigkeiten verknüpft, da wegen des gänzlichen Mangels an Holz aller Mist getrocknet und als Brennmaterial verbraucht wird, in derselben Weise, wie es früher bei unserer Wanderung nach Eriwan beschrieben wurde.

Die Hauptprodukte, welche in den obengenannten Sandshaks gewonnen werden, sind: Weizen, Gerste, türkische Bohnen und verschiedene Obstarten; in den höher gelegenen Gegenden baut man besonders Jusluk, das hiesige Winterkorn, d. i. eine Mischung von Roggen und Weizen. Der Merkwürdigkeit wegen muß ich der sonderbaren Art und Weise, wie man hier den Ackerbau betreibt, etwas umständlicher Erwähnung tun.

Zum Pflügen des harten Bodens bedient man sich eines auf Rädern ruhenden, äußerst schwerfälligen Pfluges, zu dessen Fortschaffung nach Umständen fünf bis zehn Paar Ochsen erfordert werden. Der Pflug enthält zwei kolossale Eisen; das erstere, vorn befestigte, ist ganz schmal und scharf und dient gleichsam als Vorläufer des letzteren, indem es die Erde nur ein wenig aufreißt, während das breite, dreieckige, hinten befestigte Eisen tief einschneidend hinterhergleitet.

Das Eggen geschieht hier auf dieselbe drollige Weise wie in Grusien (Georgien): Man befestigt eine Menge Reiser auf einem etwa sieben Fuß langen, dünnen Balken; zwei oder drei Burschen setzen sich darauf, ein Zug Ochsen wird davorgespannt und so geht es schreiend und knarrend vorwärts. Es bedarf kaum der Erwähnung, wie wenig zweckfördernd dieses Verfahren ist.

Noch möchte die eigentümliche Weise des Dreschens hierzulande einer kurzen Schilderung wert sein. Statt der Dreschflegel, deren Handhabung den Leuten zu mühsam sein würde, bedient man sich hier eines etwa fünf Fuß langen und anderthalb Fuß breiten, vorn spitz zulaufenden und nach oben gebogenen Brettes, an dessen Unterteile glatte Steine in der Ordnung eines Schachbrettes befestigt sind. Ein paar Menschen setzen sich darauf, teils um das Gewicht zu vermehren, teils um die angespannten Ochsen zu lenken, und so wird der sonderbare Dreschflegel auf dem im Kreise ausgestreuten Getreide herumgefahren.

Die früher sehr bedeutende Viehzucht ist seit dem letzten Kriege ebenfalls außerordentlich gesunken. Die hiesigen Büffel, Schafe und besonders die zahlreichen Esel sind von ungewöhnlicher Größe. Die Schafe, deren Wolle sehr dicht und lang ist, werden jährlich zweimal geschoren, zu Anfang des Frühjahrs und zu Ende des Herbstes. Die Pferde des Landes sind kräftig, behende und ausdauernd, aber durchgehends klein.

Der Gartenbau ist außer dem Tale von Chertwis nur in den Sandshaks Atzchwer und Aspinsa von einiger Bedeutung. Die Früchte, welche hier besonders in großer Menge gewonnen werden, sind: Äpfel, Birnen, verschiedene Arten von Kirschen, Pflaumen und Nüsse. Der Maulbeerbaum, welcher hier vortrefflich gedeiht, wird nicht des Seidenbaues, sondern lediglich seiner Frucht wegen gezogen.

In den Gärten sowohl wie in den Wäldern, welche die Berge von Atzchwer und Aspinsa überkleiden, findet man im Überfluß: die Berbisbeere, Haselnüsse, Stachelbeeren, Himbeeren, Erdbeeren, Preiselbeeren, Hagebutten usf.

Der Weinbau ist durchgehends noch außerordentlich vernachlässigt, obgleich in den tiefer gelegenen Tälern bei besserer Kultur die Rebe sehr wohl gedeihen würde. Der wenige Wein, welcher hier gewonnen wird, ist infolge der schlechten Zubereitung fast ungenießbar.

Ich schließe dieses Kapitel mit der Bemerkung, daß, wenn ich mich hier mehr in Einzelheiten eingelassen habe als bei der Schilderung der übrigen Länder, dieses hauptsächlich deshalb geschah, weil das Paschalik Achalzich verhältnismäßig weniger bekannt und besucht ist.

Der Weise von Adigion, das Dach der Witwe und der Wettkampf der Weisheit

Nach der Eroberung des Paschaliks Achalzich durch Paskjewitsch verließen fast alle türkischen Einwohner die Hauptstadt und siedelten nach Anatolien über, um nicht unter russischer Botmäßigkeit zu stehen.

Die türkischen Auswanderer wurden zu einem großen Teile ersetzt durch armenische Einwanderer, welche als Christen die Herrschaft des weißen Zaren der des Statthalters Muhammeds vorzogen.

Unter den wenigen in Achalzich zurückgebliebenen Türken war der hervorragendste Omar-Effendi, ein Schriftgelehrter, den ein kleiner Grundbesitz in dem unweit der Hauptstadt gelegenen Dorfe Adigion sowie besondere Gunstbezeugungen der russischen Regierung an die Scholle fesselten.

Der aufmerksame Leser wird sich erinnern, daß Mirza-Schaffy gleich im Beginn unserer Bekanntschaft der Weisheit Omar-Effendis rühmend gedachte, wie denn überhaupt die gute Meinung des ehrwürdigen Mirza über die anderen Weisen des Morgenlandes sich bemessen ließ nach der Entfernung, in welcher sie von ihm wohnten, oder der Anerkennung, welche sie ihm zollten.

Es tat seiner Schule der Weisheit keinen Eintrag, Abbas-Kuli-Chan zu rühmen, der in Baku am Kaspischen Meere hauste, oder Omar-Effendi, der in der Wildnis von Adigion Nachtigallen und Rosen besang.

Die Schriftgelehrten von Tiflis aber mußten gedemütigt werden, weil sie sich für weiser hielten als Mirza-Schaffy und weil hier der Gedanke der Konkurrenz zu nahe lag.

Als ich den Weisen von Gjändsha einmal fragte, wie er es vereinbaren könne mit seinen Grundsätzen, in freundschaftlichen Beziehungen zu so vielen gläubigen Priestern und Schriftgelehrten zu stehen, wie von der Sekte der Sunniten, so von der Sekte der Schiiten, antwortete er:

»Wie du unweise redest, o Jünger! was gehen mich die Sekten und Spaltungen der Kirche an? Jede Schafherde will ihren Hirten haben und jede Gemeinde ihren Prediger; ein jeglicher treibt sein Geschäft auf seine Weise, denn der Mensch will leben. Die Weisen müssen sich mehr nach den Toren richten als die Toren nach den Weisen, denn der Toren sind viele und der Weisen sind wenige. Der Kaufmann rühmt seine Waren, und die Menschen kaufen davon nach ihrem Bedürfnis; der Mullah rühmt die wasserreichen Gärten des Paradieses, und die Menschen glauben daran nach ihrem Bedürfnis.

Wenn aber der Kaufmann sagen wollte: meine Ware ist schlecht – so würde er zum Bettler werden und seine Kunden verlieren. Die Kunden aber würden nicht nackt gehen deshalb, sondern ihre Waren von anderen Kaufleuten nehmen.

Und wenn der Mullah sagen wollte: meine Lehre ist falsch – so würden die Toren ihn steinigen und einen anderen an seine Stelle setzen. Aber je mehr er sich ihrer Torheit anbequemt, für desto weiser werden sie ihn halten. Nur nach und nach findet die Wahrheit Eingang bei den Menschen; nur nach und nach keimt das Saatkorn und treibt Frucht.

Aber soll man kein Licht anzünden, weil die Sonne nicht scheint in der Nacht? Soll man den Verstand schelten, weil er auf Kosten des Unverstandes leben muß? Was sagt Sadi: ›Soll man das schöne Himmelslicht anklagen, weil die Fledermäuse der Sonne Strahlen nicht ertragen können? Eher mögen tausend Fledermausaugen geblendet werden, als daß die Sonne sich deshalb verfinstere!‹«

*

Mirza-Schaffy hatte schon in den ersten Monaten unseres Beisammenseins an Omar-Effendi geschrieben, es hause jetzt in Tiflis ein junger Alim aus dem Abendlande, der bei ihm die Weisheit lerne und der später auch eine Wallfahrt zu Omar-Effendi unternehmen werde, um seine Sprüche der Weisheit zu erforschen.

Mein bescheidenes Dasein war also nicht nur dem Weisen von Adigion längst bekannt, sondern durch diesen auch zur Kenntnis der ganzen Nachbarschaft gekommen, wo Omar-Effendi nicht wenig an Ansehen gewonnen hatte bei der Nachricht, daß sein Mund der Born sei, dazu die Weisen des Abendlandes gepilgert kämen, um daraus zu schöpfen.

Es blieb nur übrig, das Verheißene in Erfüllung zu bringen. Bei meiner Ankunft in Achalzich erfuhr ich, daß Omar-Effendi bereits vor einigen Wochen die Stadt verlassen und seine Sommerwohnung in Adigion bezogen habe.

Ehe ich meine Ausflüge ins Innere des Paschaliks antrat, entsandte ich die Botschaft an den Weisen, daß ich den Stab der Pilgerfahrt ergreifen und demnächst bei ihm eintreffen werde.

Nach meiner Rückkehr von Abbas-Tuman fand ich eine Antwort von Omar-Effendi vor, worin er mir sein Herz und seinen Verstand zu Füßen legte und sagte, daß die Schwelle seines Hauses nach dem Glücke seufze, von meinen Füßen berührt zu werden.

Ein russischer Offizier, der eine Dienstreise in das Innere des Landes zu machen hatte, bot mir seine Begleitung bis Adigion an; Giorgi bat mich um die Erlaubnis, Jussuf, unseren Wirt, und noch einige Verwandte mitnehmen zu dürfen, so daß die Gesellschaft mit der Kosaken-Eskorte einen ganz stattlichen Reiterzug bildete.

Von den vielen Dörfern, welche wir auf der Reise passierten, verdient nur das seiner Größe und seiner schönen Moschee wegen bemerkenswerte Suchilis besondere Erwähnung. Wir machten hier eine Stunde halt, um die Pferde etwas verschnaufen zu lassen.

Vorüberreitende Türken mußten inzwischen die Nachricht nach Adigion gebracht haben, daß eine Karawane im Anzuge sei, denn noch ehe wir einritten in das Dorf, kamen uns Botschafter von Omar-Effendi entgegen, welche Teppiche vor uns ausbreiteten und uns mit Milch und süßen Früchten bewirteten.

Trotz der Untiefen der schmutzigen Gassen von Adigion und trotz der von furchtbarem Bellen begleiteten Angriffe der scharenweis auf uns losstürzenden Hunde des Ortes kamen wir mit einbrechender Dämmerung glücklich vor dem Hause Omar-Effendis an.

Das ganze Dach sowie der Balkon waren mit Menschen angefüllt, und Sänger waren aufgestellt, uns mit Saitenspiel und Gesang zu begrüßen.

Nach dem für alle geltenden landesüblichen Gruße, die Hand an Herz und Stirn zu legen, wandte sich Omar-Effendi zu mir und sprach: »Möge deinen Fußstapfen Glück folgen! Mein Haus ist dein Haus! Deine Wünsche sind mir Befehle!«

Darauf wurden noch eine Menge der schmeichelhaftesten Phrasen gewechselt.

»Was sagt Togrul-Ben-Arslan!« rief der Weise: ›Das Angesicht meines Gastes entzückte mich also, daß mein Herz überquoll vor Freude!‹«

»Was sagt Fisuli!« entgegnete ich: ›So bin ich armer Wanderer zu dir gekommen wie ein Tropfen Wasser, der zum Ozean geschwommen!‹«

Inzwischen dauerten der Gesang und das Saitenspiel ohne Unterbrechung fort.

Ich lasse hier beispielshalber einige Verse von einem mir zu Ehren gedichteten Liede folgen, welches ich wenigstens zwanzigmal unter dem furchtbarsten Akkompagnement hören mußte:

»Den jungen Fremdling aus dem Abendland
Besingen wir;
Ihn, der den Pfad zum Born der Weisheit fand,
Besingen wir.

Wir preisen seinen Mut, sein kühnes Wagen –
Sein gutes Roß, sein faltenreich Gewand
Besingen wir.

Wir streuen Blumen vor des Pilgrims Füße,
Und seines Hauptes Weisheit und Verstand
Besingen wir.

Willkommen sei der Fremdling unserm Hause!
Ihn, der des Weges Mühsal überwand,
Besingen wir.«

Trotz der dunkel hereinbrechenden Nacht blieben wir auf dem Balkon, der durch ein halb Dutzend riesig langer, aus geöltem Papier bestehenden Laternen erleuchtet wurde.

Fortwährend wurden Früchte, Milchspeisen verschiedener Art und süßes Backwerk herumgereicht.

Meinem russischen Freunde, dem die ganze Szene so komisch erschien, daß er nur mit Mühe durch fortwährenden Genuß der dicken Milch das Lachen unterdrücken konnte, war etwas unwohl geworden. Er klagte mir seine Not, denn es war kein Ausweg zu finden, ohne eine allgemeine Störung herbeizuführen.

Der Balkon führte in das Selamlik (Begrüßungszimmer), welches wiederum mit den anderen Gemächern des Hauses in Verbindung stand. Allein dort hinzugehen wäre gegen alle Sitte des Landes gewesen; es blieb sonach nichts übrig, als vom Balkon herab auf die Dächer der angrenzenden Häuser zu steigen, was aber wegen der vielen Hunde sehr gefährlich war.

Ich wandte mich an Omar-Effendi und sagte: »O Weiser! löse mir dies Rätsel: es steht geschrieben, der Geist sei gewaltiger als der Körper, und doch hat dieser mehr Gewalt über jenen als jener über diesen. Wenn der Geist sich zum Himmel emporschwingt, so kann er den Körper nicht mitnehmen – wenn aber der Körper seine gewöhnlichsten Bedürfnisse hat, so muß die unsterbliche Seele ihm folgen!«

Omar-Effendi lächelte, winkte einigen Leuten und befahl ihnen, Laternen zu bereiten, um zu leuchten, und Knittel zur Abwehr der Hunde.

In wenigen Minuten erschienen acht dickbeturbante Türken und stiegen mit meinem russischen Freunde den Balkon hinab auf die angrenzenden, terrassenförmig gebauten Häuser.

Ein riesiger Türke in blutrotem Gewand führte den Zug, in der Hand eine lange Laterne tragend; der zweite Laternenträger ging hinterher, während die übrigen Begleiter, mit furchtbaren Knitteln bewaffnet, den Russen in die Mitte nahmen, um ihn vor den wolfähnlichen, von allen Seiten heranstürzenden Hunden zu schützen.

Von Zeit zu Zeit blieben sie stehen, um zu erforschen, ob der richtige Anhaltspunkt gefunden sei.

»Wessen Haus ist dieses?« fragte der erste Laternenträger.

»Abdullahs, des Kaufmanns!« erwiderte der zweite.

»Das ist gefährlich; hier können wir nicht bleiben.«

Und sie stiegen weiter hinab auf ein ganz niedriges Haus.

»Wessen Dach ist dieses?«

»Das Dach der Witwe Ibrahims, des Schneiders!«

Und sie ließen sich nieder auf dem Dach der Witwe.

Am folgenden Tage reiste der Offizier weiter, Jussuf und seine Verwandten kehrten nach Achalzich zurück, und ich blieb mit Giorgi allein bei Omar-Effendi.

Wir besuchten gemeinschaftlich die in der Nachbarschaft von Adigion hart an der türkischen Grenze gelegenen, ziemlich wohlerhaltenen, aber ebenfalls in einen Kuhstall umgewandelten Ruinen einer alten georgischen Kirche, welche, nach Bauart und Inschriften zu schließen, aus der ersten Hälfte des vierten Jahrhunderts christlicher Zeitrechnung datiert.

Nachdem ich eine Zeichnung von der Kirche entworfen und die Inschriften kopiert hatte, kehrten wir nach Adigion zurück, wo ich mit Omar-Effendi noch einige fröhliche Tage verlebte.

Unsere Mahlzeiten hielten wir gewöhnlich in den obstreichen Gärten des Dorfes, welche, wie das ganze Land, künstlich durch Kanäle bewässert waren. Auf den dunklen Rasen wurde ein Teppich gelegt, darüber eine kaum sechs Zoll hohe Tischscheibe gestellt, und rundumher saßen wir mit untergeschlagenen Beinen. Ein paar der angeseheneren Einwohner des Dorfes befanden sich gewöhnlich in unserer Gesellschaft, während andere in großer Zahl sich freiwillig zu unserer Bedienung anboten.

Wein wurde an der sonst reichlich besetzten Tafel nicht getrunken; schlechte Musik, mittelmäßiger Gesang und gute Laune mußten Ersatz dafür bieten.

Ich konnte nicht genau ermitteln, ob Omar-Effendi aus Rücksicht auf seine strenggläubige Umgebung oder aus eigenem Festhalten an den Satzungen des Koran sich den Genuß des Weines versagte.

Ich glaube, daß das erstere der Fall war, da die Lieder, welche er mir vorsang, sämtlich überflossen vom Ruhme des Weines. Gewohnt, mich überall streng der Sitte des Hauses meiner Gastfreunde anzubequemen, wagte ich nicht, Omar-Effendi um Aufklärung des kitzligen Punktes zu bitten.

Ich mußte meinem Wirte alle Lieder und Sprüche der Weisheit sagen, die ich von Mirza-Schaffy gelernt hatte, und der Weise von Adigion sang mir dafür die seinigen vor. Ich fand darin ebensoviel Anmaßung und Selbstgefühl, aber bei weitem nicht die Frische und Originalität wie in den Gesängen Mirza-Schaffys.

Wir schrieben gemeinschaftlich Briefe an Mirza-Schaffy; mein Wirt, um seine Freude über meinen Besuch auszudrükken, und ich, um ihm nach langer Trennung wieder einen Bericht von meinen Erlebnissen zu geben.

Wir rühmten gegenseitig unsere Handschrift, denn auf das Schönschreiben wird im Orient ein ungemein großer Wert gelegt; ja, es wird als ein wesentlicher Bestandteil der Weisheit betrachtet. Darum kommt es hier nicht selten vor, daß ein

Schriftgelehrter den andern auffordert, ihm einen Beweis seiner Schreibkunst zu geben, und ihn verhöhnt, wenn die Probe schlecht ausfällt.

Die Artigkeiten, welche Omar-Effendi mir über meinen Brief sagte – den ich ihm zeigte, wie er mir den seinigen –, schrieb ich alle auf Rechnung Mirza-Schaffys.

»Du tust wohl«, entgegnete er, »deinen Lehrer zu preisen; aber die Weisheit läßt sich nicht ganz so verschenken wie ein anderes Ding: nur halb kann sie gegeben, halb muß sie gewonnen werden. Es läßt sich kein Baum pflanzen auf Steinen und keine Weisheit im Kopfe eines Toren. Was sagt Hafis:

›Nie wirst du das Juwel deiner Wünsche erlangen
Durch eigene Mühe –
Und doch nie, o Hafis! wird es zu dir gelangen
Ohne eigene Mühe!‹«

Ich zitierte ihm zur Entgegnung die Stelle aus der Bibel, wo es heißt: »Wer da hat, dem wird gegeben, wer aber nicht hat, dem wird noch genommen, was er hat.«

Er nickte einverständlich mit dem Kopfe, und ich fuhr fort: »Es geht mit den Sprüchen der Weisheit im Kopfe eines Toren wie mit dem Gelde in der Hand eines Bettlers, davon Sadi geredet: ›In der Hand eines Bettlers bleibt das Geld so beständig wie die Geduld im Kopfe eines Verliebten und das Wasser im Siebe!‹«

»Aber ebenso schwer«, rief Omar-Effendi, »wie es ist, die Weisheit in die Köpfe der Toren zu bringen, ebenso schwer ist es auch, die Torheit ganz zu vertreiben aus den Köpfen der Weisen!«

»Weil auf dem fruchtbarsten Acker«, entgegnete ich, »auch das Unkraut am besten gedeiht. Es genügt, wenn der guten Früchte mehr sind als des Unkrautes, und dazu bedarf es schon großer Pflege und großen Kampfes. Ein Gleiches gilt von den Anlagen und Eigenschaften der Menschen. Was ist die Reinlichkeit? ein Kampf gegen den Schmutz; was ist die Tugend? ein Kampf gegen das Laster; denn jedes gute Ding hat seinen schlimmen Gegensatz, und je beständiger der Kampf, desto größer der Wert des Menschen, weil seine Kräfte nicht ermatten, sondern gestärkt werden in solchem Kampfe.«

Omar-Effendi sah eine Zeitlang schweigend vor sich hin, klopfte seine Tschibuk aus, rückte an seinem Turban, und dann wandte er sich zu mir und sagte mit ernstem Gesichte: »Ich möchte wissen, wer von uns beiden der Weiseste ist!«

Ich hatte Mühe, bei dieser seltsamen Frage das Lachen zu unterdrücken, aber ich bezwang mich und erwiderte: »Wie kannst du solche Frage tun? Was ist ein Wassertropfen im Vergleich zur Perle? Was ist ein Staubkorn im Vergleich zum Diamanten? Was bin ich im Vergleich zu dir?«

Er lächelte zufrieden über meine Antwort, aber bestand nichtsdestoweniger darauf, zu erforschen, wer von uns beiden der Weiseste wäre.

Ich war neugierig, wie er seine Forschungen anstellen würde. Er ging ins Haus, holte ein paar gleiche Stücke Papier, gab mir eines davon, legte das andere vor sich aufs Knie zum Schreiben und sagte: »Nun schreib, ich werde zu gleicher Zeit mit dir anfangen!«

Da ich noch immer nicht fassen konnte, wo er hinaus wollte, fragte ich ihn: »Sag mir, o Omar-Effendi! was ist dein Rat und Begehren?«

Er bedeutete mich, ich solle ihn in Versen besingen und er werde mich besingen, und wer von uns am ehesten das Blatt Papier ausfüllte, der sollte der Weiseste sein.

Ich hatte Mühe, ihm klarzumachen, daß es ein großer Unterschied sei, sich notdürftig in einer fremden Sprache ausdrükken zu können oder Gasels darin zu schmieden. »Und wenn ich noch zwanzig Jahre Türkisch lernte«, schloß ich, »so würde ich doch nimmer so schöne Verse drin schreiben können wie du!«

»So schreib du in deiner Sprache«, entgegnete er, »und ich werde in meiner schreiben. Nachher aber sagst du mir so gut du kannst, was du geschrieben.«

Ich mußte mich fügen; wir setzten uns nieder, und der Wettkampf der Weisheit begann.

Es war mir natürlich leichter, eine Seite deutscher Knittelverse zu schreiben, als es ihm sein konnte, eine Seite mit seinen türkischen Hieroglyphen anzufüllen.

Ich schrieb, was mir eben durch den Kopf fuhr, und als er bemerkte, wie ich meine Feder rührig handhabte, während er kaum ein Dutzend Buchstaben gemalt hatte, rief er mir zu, ja aufmerksam zu schreiben, denn er werde das Blatt bewahren und zeigen, wenn einmal wieder ein Weiser aus dem Abendlande zu ihm gepilgert käme.

Ich schrieb langsam weiter; da ich aber ein schlechter Gelegenheitsdichter bin, so konnte ich nichts Besseres tun, als die Knittelverse zu vollenden in der Weise, wie ich sie begonnen hatte.

Ich war fertig, ehe er noch die Hälfte seines Blattes beschrieben hatte, aber ich schwieg und zog unbemerkt mein Notizbuch aus der Tasche, um die Verse abzuschreiben zum Andenken an den seltsamen Kampf der Weisheit in Adigion.

Doch selbst nachdem ich die Abschrift genommen hatte, war Omar-Effendi noch immer nicht fertig.

»Hast du dein Gedicht vollendet?« fragte er nach einer Weile.

Ich antwortete: »Ja.«

»Zeige, was du geschrieben!«

Ich suchte ihm die Knittelverse zu verdolmetschen, so gut es gehen wollte.

Und da vielleicht auch mancher Leser neugierig ist, den Inhalt jenes Blattes zu kennen, so lasse ich den Urtext hier folgen, ungefeilt und unverfälscht, in treuer Abschrift aus meinem Tagebuche, um der Wahrheit getreu zu bleiben, so sehr auch die Verse darunter leiden mögen.

An Omar-Effendi

Ein jeder hat sein Schicksal hier im Leben,
Wie's Allah ihm, der Einige, gegeben.
Erfüllt der Mensch, was ihm das Herz bewegt,
Tut er, was Allah ihm ins Herz gelegt.
Mir ward der Hang, durch alle Welt zu wandern,
Daß ich der Menschen Tun und Treiben lerne –
So zog ich fort von einem Land zum andern
Und ließ die Heimat und die Meinen ferne.
Wohl oft fand ich, was Aug und Herz ergötzte,
Doch nie, was meine Heimat mir ersetzte!
Ob trüb, ob heiter meines Schicksals Sterne,
Die Blicke schweiften heimwärts in die Ferne.
Bei dir, o Omar, nur sah ich und hört ich
Das Ferne nicht, und nur was gegenwärtig
Erfüllte mich: so freudebringend ward

In deinem Hause mir die Gegenwart!
Ich wiegte mich auf deiner Gärten Matten,
Ich ward gekühlt von deiner Bäume Schatten,
Zum Klang der Tschengjir schollen Lustgesänge,
Es harrte meines Winks der Diener Menge;
Ich labte mich an deiner Weisheit Wort,
Du scheuchtest Sorgen, Gram und Zweifel fort;
Ich ward gesonnt von deiner Freundschaft Blick,
Omar, bei dir nichts fehlte meinem Glück!
Gelobt sei Allah, daß er mir im Leben
Durch dich solch schönen Augenblick gegeben!
Lob, Preis ihm, daß er dir mich ließ begegnen,
Und mög er dich und alles Deine segnen!

Der Weise schien sehr erfreut zu sein über das Bild, welches ich von dem Genuß seiner Gastfreundschaft gezeichnet; aber er weigerte sich, mir das von ihm beschriebene Blatt zu geben. Er sagte, es sei ihm nicht gelungen, wie er es wünschte, und er wolle mir etwas Besseres dafür aufschreiben.

Da ich aber zuerst fertig geworden war, so entschied er den Kampf der Weisheit folgendermaßen: »In deinem Stamme bist du der Weiseste – in meinem Stamme bin ich der Weiseste!«

Darauf drückte er kräftig meine Hand und ging in seinen Harem, mit dem Versprechen, bald zurückzukommen.

Nach einer Viertelstunde erschien er wieder und sagte, er habe seiner Fatima erzählt von den Redeblumen, womit ich sein Haus überschüttet, und sie habe mir dafür ein Geschenk zugedacht, einen prächtig gestickten Tabaksbeutel.

»Es ist eigentlich nicht schicklich für den Mann«, fuhr er fort, »von seinen Frauen zu sprechen, aber ich mache eine Ausnahme, um dich zu ehren. Und hier«, sagte er, indem er ein altes Buch aus seinem Gewande zog, »hast du ein Andenken von mir. Es ist das Beste, was ich dir anbieten kann, denn es sind meine, meines Vaters und meines Großvaters Gedichte darin! Nimm es und behalt es als Preis für den Sieg im Kampfe der Weisheit!«

Noch nicht zufrieden mit diesen reichen Gunstbezeugungen, setzte er sich nieder und schrieb mir das Gedicht auf, wodurch er das Herz seiner Fatima gewonnen. Es lautet in der Übersetzung wie folgt:

»Welchen Wert, sprich, kann die Rose haben,
Wenn im Garten keine Nachtigallen?
Welchen Wert, sprich, kann dein Haupthaar haben,
Wenn die Locken nicht vom Nacken wallen?

Mögst du noch so schönen Wuchses prangen,
Mög auch Rosenröte deine Wangen,
Nachtigallensang den Mund durchziehn:
Welchen Wert, sprich, hat dein Leib, wenn ihn
Des Geliebten Arme nicht umfangen?
O Fatima! stille mein Verlangen!«

Der schöne Tabaksbeutel wurde mir später in Konstantinopel gestohlen; das kostbare Buch aber besitze ich noch unversehrt; dasselbe befindet sich in diesem Augenblicke in den Händen des Herrn Professor Petermann, dem ich es geliehen habe mit dem Wunsche, es herauszugeben, wozu mir selbst leider Zeit und Gelehrsamkeit mangelt.

*

Über Chertwis, Zalka und Manglis kehrte ich nach Tiflis zurück, um den Winter dort zuzubringen.

Der Geleitspruch, welchen mir Omar-Effendi mit auf den Weg gab, war wieder aus dem Gjülistan des Sadi und lautete:

»Ein neugepflanzter Baum kann durch einen starken Mann leicht wieder aus der Erde gezogen werden; so der Baum aber eine Zeitlang gestanden und tiefe Wurzeln geschlagen, wird man ihn selbst mit einem Gespann Pferde nicht herausreißen können.«

Tiflis im Spätsommer – Häuser und Straßenbilder

Es war am 8. August alten oder am 20. August neuen Stils, als ich wieder in Tiflis eintraf, wo die Hitze noch so unerträglich war, daß ich sofort aufs neue einen längeren Ausflug ins Gebirge unternommen hätte, wenn das mit meinen maßgebenden Plänen und Umständen vereinbar gewesen wäre. Die durchschnittlich höchste Temperatur blieb bis zu Anfang September 25° R. im Schatten, eine Hitze, die sich vorübergehend ganz wohl ertragen läßt, die aber in Tiflis deshalb so unerträglich ist, weil sie infolge der eigentümlichen Lage dieser von kahlen Bergen eingeschlossenen, wasserarmen Stadt selbst während der Nacht nur um wenige Grade abnimmt, so daß es fast zur Unmöglichkeit wird, in geschlossenen Zimmern zu schlafen, und jeder, wer es irgend einrichten kann, sein Lager auf dem Söller, dem Balkon oder der Galerie des Hauses aufschlägt.

Durch die schon im Mai beginnende und über vier Monate anhaltende drückende Hitze werden in Tiflis verhältnismäßig alljährlich ebenso viele Menschen hingerafft, als wenn an anderen Orten irgendeine bösartige Seuche wütet. Am meisten aber haben die Russen wie überhaupt alle Fremden darunter zu leiden, welche in den (hier trotz ihrer Unzweckmäßigkeit leider immer mehr überhandnehmenden) nach europäischer Weise gebauten Häusern wohnen, während die Wohnungen der Georgier durch ihre eigentümliche (an Süditalien und Griechenland erinnernde) Bauart und Einrichtung den wirksamsten Schutz gegen die Hitze bieten. Dieselben bestehen nämlich aus einem einzigen halb unterirdischen, massiven Geschosse, welches als Dach eine waagerechte Schicht Lehm und Erde von etwa zwei Fuß Dicke auf sich trägt. Diese tonige, rings mit Kräutern bewachsene Erdlage zieht bei Nacht die Feuchtigkeit der Atmosphäre in sich hinein, welche in der Tageshitze wieder verdunstet und solchergestalt eine wesentliche Abkühlung erzeugt. Ebenso wirksam ist das während der heißen Tagesstunden von den Georgiern und Tataren oft wiederholte Besprengen des lehmgestampften Fußbodens. Mehr oder minder teilen alle georgischen und tatarischen Wohnungen die Eigenschaft unserer Keller, im Winter warm und im Sommer kühl zu sein.

Ich war nicht so glücklich, der Vorteile eines georgischen Hauses teilhaftig zu werden, da mein Hauswirt, der armenische Fürst Tumanoff, obschon ein Landeseingeborener und in seiner inneren Häuslichkeit ganz asiatisch eingerichtet, seinen Wohnungsgebäuden nach außen einen europäischen Anstrich zu geben bemüht gewesen war. Das einzige, worin er seinem heimatlichen Brauche auch nach außen treu geblieben, war die schattige Galerie, womit er das Haus umzogen hatte und worauf ich während der heißen Jahreszeit fast ausschließlich wohnte und schlief. Hier wurde auch nach meiner Rückkehr von Achalzich, unter der Leitung Mirza-Schaffys, der sich durch die drückende Hitze wenig in seinen Gewohnheiten stören ließ, die Schule der Weisheit wieder eröffnet. [...]

*

Bei allem Ansehen, welches Mirza-Schaffy unter den tatarischen und persischen Schriftgelehrten genoß, war er in der sogenannten »guten Gesellschaft« von Tiflis gänzlich unbekannt. Diese »gute Gesellschaft« bestand vorwiegend aus den vornehmeren Militärs und der höheren russischen Beamtenwelt, worunter eine Menge deutsche und einzelne französische und spanische Namen sich befinden. Dazu kamen zahllose Prinzen und Prinzessinnen aus dem alten georgischen Königshause und einzelne begüterte armenische und georgische Fürsten, deren Kleidung und Lebensweise schon mehr oder weniger einen europäischen Anstrich trug.

Bei großen Diners, Bällen und ähnlichen außergewöhnlichen Festlichkeiten war das asiatische Element stärker vertreten. Man sah dann in den prachtvollsten Gewändern und im kostbarsten Waffengeschmeide Fürsten der Kirgisen, Truchmenen, Kabarder, Abchasen, Gurier, Tuschen, Mingrelier, Imereter; Chane, Sultane und Häuptlinge verschiedener Tataren- und Tscherkessenstämme.

Von den engeren Zirkeln der Gesellschaft blieben diese fremden Elemente größtenteils ausgeschlossen; hier war das Französische die vorherrschende Sprache und der schwarze Frack oder die Uniform die vorherrschende Tracht. Auch die Toilette der Damen war ganz den strengsten Pariser Anforderungen entsprechend. Einzelne in den engeren Zirkeln heimische Damen aus georgischen Fürstenhäusern wie die Tschawtschewadses und die Gribojedow hatten sich, teils durch längeren Aufenthalt am Petersburger Hofe, teils durch Reisen im Auslande, so in europäische Tracht und Sitte hineingelebt, daß man sie nur durch ihre orientalische Schönheit von den übrigen unterscheiden konnte.

Die große Masse der georgischen, armenischen, tatarischen und persischen Bevölkerung von Tiflis stand zu der Salon-Gesellschaft ungefähr in demselben Verhältnis, wie in der vormärzlichen Zeit das Ghetto von Prag zu der dortigen Aristokratie.

Es galt für »mauvais genre«, das Haus einer nicht salonfähigen Familie zu besuchen, und Beamte wie Militärs fügten sich, mit wenigen genialen Ausnahmen, dem herrschenden Vorurteile. Da jedoch in den Tifliser Salons wenig mehr vom asiatischen Leben zu sehen war als in irgendeinem Salon von Paris, Wien oder Berlin, so suchte ich das asiatische mauvais genre, sooft sich mir Gelegenheit dazu bot.

Ein gesellschaftliches Leben in unserem Sinne des Wortes herrscht bei den Asiaten nicht, da gewöhnlich die Frauen streng von den Männern geschieden sind und überhaupt Gesellschaften nur bei besonderen Anlässen (Hochzeit, Kindtaufe etc.) stattfinden. Solche gesonderte Frauengesellschaften kann ein Fremder natürlich nur vom Hörensagen oder durch ausnahmsweise, zufällige Begünstigungen kennenlernen.

Ich wohnte am Fuße des heiligen Davidsberges (der die wundertätige Kapelle trägt) in dem Nebengebäude eines Hauses, welches der reiche armenische Kaufmann Tamamschew eigens für sich und die Familie seines Schwiegersohnes, des Fürsten Tumanoff, eingerichtet hatte.

Von dem Balkon wie von der Terrasse meiner Wohnung aus, wo ich bei schönem Wetter jeden Morgen und Abend meinen Tschibuk rauchte, konnte ich mit aller Behaglichkeit die ganze mir zur Rechten liegende Stadt übersehen. Zur Linken brach sich der Blick am heiligen Davidsberge, der jeden Donnerstag durch die langen Züge schöner Pilgerinnen, die hinauf zur Kapelle wallfahrten, ein gar anmutiges Schauspiel bot. Dicht neben meiner Wohnung, am Fuße des Berges, lagen einige halb unterirdische Saklis, aus welchen auch hin und wieder eine schlanke Georgierin hervorstieg, um sich auf das Dach ihrer eigenen dunklen Steinhütte zu setzen oder um eine Freundin auf irgendeinem benachbarten Dache zu besuchen. Das Haus Tamamschews lag meiner Wohnung gerade gegenüber, und über den nicht sehr weiten Hofraum hinweg konnte ich, besonders abends, wenn alles erleuchtet war, ziemlich genau sehen, was in den Frauengemächern vorging.

Da saßen (bei jedem festlichen Anlaß) dreißig bis vierzig armenische Frauen mit gekreuzten Beinen auf einem großen, das ganze Zimmer ausmessenden Teppich in buntem Kreise, alle angetan mit schweren, kostbaren Stoffen, den Nacken von einem weißen Schleier überwallt und das Leibchen zwiefach halbmondförmig so weit ausgeschnitten, daß des Busens bessere Teil offen zur Schau lag.

Ich kann hier die Bemerkung einschalten, daß im Morgenlande die Frauen mit ihren Busen noch viel weniger heimlich tun als bei uns. Dem strengsten Schamgefühl ist dort Genüge getan mit dem Verhüllen des Gesichtes. Alle übrigen Körperteile werden geringerer Berücksichtigung gewürdigt.

Es ist um das Schicklichkeits- und Anstandsgefühl (wie es im Grunde allen Völkern innewohnt, sich aber auf die verschiedenste Art kundgibt) ein eigenes Ding. Eine Schottin kann vor lauter Schamhaftigkeit in Ohnmacht fallen, wenn sie einen Mann mit einem Barte sieht, findet es aber ganz ihren Begriffen von Anstand gemäß, daß die Männer ohne Hosen einhergehen, ein Zustand, der den Damen anderer Länder wieder das Blut der Scham in die Wangen treiben würde. Eine badende Europäerin wird, wenn sie sich von Männeraugen erspät weiß, alles andere eher verhüllen als ihr Gesicht. Eine Asiatin wird unter ähnlichen Umständen fremden Blicken alles andere eher preisgeben als ihr Gesicht. Diese wenigen Beispiele mögen genügen, um darzutun, wie schwer es ist, in dem, was man Sitte und Anstand nennt, die Scheidelinie zwischen dem Ernsten und Komischen, zwischen Weisheit und Torheit zu ziehen. Der beschränkte Mensch ist immer am meisten geneigt, das zu belächeln, was über seinen engen Gesichtskreis hinausreicht; je weiter der Blick, desto milder das Urteil.

Doch kehren wir zu den armenischen Frauen zurück, welche Veranlassung zu dieser Abschweifung gegeben.

Von meiner Wohnung aus sah ich oft stundenlang den Gesellschaften der Tamamschew und Tumanoff zu. Da saßen die zahlreichen weiblichen Gäste in dem oben beschriebenen

Kreise, dessen Mittelpunkt eine mit Backwerk, Erfrischungen und eingemachten Süßigkeiten aller Art beladene Tischplatte bildete. Eine geraume Zeit hindurch blieben sie alle stumm und regungslos wie Wachsfiguren. Dann lösten sie eine nach der anderen ihre als Armbänder getragenen Tschotken (Rosenkränze, welche nicht zum Beten, sondern zum Spielen bestimmt sind) los und ließen in Ermangelung besseren Zeitvertreibes die Perlen langsam die seidenen Fädchen herabgleiten, ohne andere Unterbrechung als ein gelegentliches Nippen von den auf der Tischplatte stehenden Süßigkeiten. Zuweilen nahm auch eine von den älteren Frauen das Wort, um ein Märchen oder eine Geschichte zu erzählen; dann hörten die Umsitzenden immer so gespannt zu, daß sie das Spielen mit ihrer Tschotka gänzlich außer acht ließen. Hierauf beschränkten sich die Ansprüche dieser Frauen auf gesellschaftliches Vergnügen. An eine lebendige, von der ganzen Gesellschaft geteilte Unterhaltung war nicht zu denken.

Bewegter und lauter ging es in den anderen Zimmern her, wo die Männer ihr Festgelag hielten. Hier hatte jeder Bekannte des Hauses freien Zutritt, und wer am meisten trinken konnte von dem in naphtabestrichenen Schläuchen aufbewahrten Landeswein, war der willkommenste Gast. Wie bei den Frauen das Spielen mit der Tschotka, so war bei den Männern das Trinken die Hauptsache, und wahrlich gehörte ein mit Naphta ausgestrichener Magen dazu, um es den Armeniern im Weintrinken gleichzutun.

In denjenigen armenischen und georgischen Häusern, wo man mit Beibehaltung aller sonstigen nationalen Eigentümlichkeiten in gesellschaftlicher Beziehung mehr den europäischen Sitten sich anbequemt, pflegt es infolge des allezeit veredelnden Einflusses der Frauen mäßiger bei den Trinkgelagen und lebhafter in der Unterhaltung herzugehen.

In eine solche gemischte Gesellschaft wünschte ich bei Gelegenheit eines armenischen Hochzeitsfestes meine freundlichen Leser zu führen und wäre gleich in medias res gesprungen, wenn ich nicht an dem Grundsatze festhielte, meinen Schilderungen aus dem Leben immer mit historischer Treue die vorbereitenden und erklärenden Züge einzuflechten.

Bei der Schwerfälligkeit meines Geistes bedurfte ich selber stets einer anregenden Vorbereitung, um mich mit nötiger Sicherheit und richtigem Blicke in fremde Situationen zu versetzen. Deshalb waren meine Arbeitstage streng geschieden von den Tagen des Genusses. Lag mir am Morgen eine besonders interessante Einladung für den Abend vor, so war den Tag über an kein ernstes Studieren zu denken. Ich pflegte dann ein paar gute Bekannte aufzusuchen, um mit ihnen die Stadt zu durchstreifen, im Basar zu verweilen, zwischen den halbunterirdischen Wohnungen der Georgier umherzuklettern, das Treiben und Leben in den Karawansereis, auf Straße und Markt zu betrachten und alles Neue von Interesse durch ein paar Züge in meinem Tagebuche zu bleibender Erinnerung anzumerken.

So geschah es auch an jenem Tage, als ich die Einladung zu der armenischen Hochzeit erhielt. Ich legte meine Bücher und Hefte beiseite und machte mich auf den Weg, um einige Bekannte zur Begleitung aufzusuchen.

Eine ungepflasterte, unregelmäßige Straße führte von meiner Wohnung, bergab zwischen Weingärten sich hinziehend, in die Hauptstraße von Tiflis, zur Rechten von dem Palaste des Sardaars (Oberbefehlshabers) und zur Linken von dem fast ebenso großartig gebauten neuen Gymnasium begrenzt.

Hier wurde mir der Weg dieses Mal von einem zahlreichen Schwarm Tataren versperrt, welche sich vom Gymnasium bis zum Sardaarpalaste hin teils auf der Erde gelagert hatten, teils in einzelnen Gruppen umherstanden und durch ihre grimmigen Blicke, lebhaften Bewegungen und lauten Worte meine Neugier aufs höchste erregten.

Ich brachte bald in Erfahrung, daß es eine ein paar hundert Mann starke Deputation aus dem Innern des Landes war, nach Tiflis zu dem Zwecke gekommen, um den Sardaar zu bitten, ein Gesetz wiederaufzuheben, welches vorschrieb, daß die Tataren ihren Tribut künftig in Hammeln entrichten sollten.

Einige der Angeseheneren von ihnen waren als Wortführer in die Wohnung des Sardaars gegangen und hatten sich, da dieser verreist war, an seinen Stellvertreter gewandt, der sich vergeblich bemühte, die Bittsteller durch unbestimmte Verheißungen loszuwerden. Sie verlangten eine bestimmte Antwort und gaben zu verstehen, daß, bis solche erfolgt sei, die draußen lagernde Tatarenschar Tiflis nicht verlassen werde.

Der stellvertretende Generalgouverneur gab sofort Befehl, die Tataren friedlich zu bedeuten, daß sie die Stadt ohne weiteres zu verlassen hätten, und, falls sie dieser Weisung nicht Folge leisteten, Kosaken aufzubieten, um sie mit Gewalt zu vertreiben. Dies hatte jedoch seine großen Schwierigkeiten, denn obgleich die Tataren unbewaffnet waren (man hätte sonst einem so großen Schwarme den Einzug in die Stadt nicht erlaubt), so setzten sie doch den Kosaken so derb mit ihren kräftigen Fäusten zu, daß man genötigt war, noch Verstärkungen herbeizuziehen und von der blanken Klinge Gebrauch zu machen, ehe es gelang, die wilden Nachkommen der Goldenen Horde aus der Stadt zu vertreiben.

Schon während dieses Schauspiels, das die ganze Nachbarschaft auf die Beine brachte, hatten sich einige Bekannte zu mir gesellt, die sich gleich bereit finden ließen, mich auf meiner Wanderung durch die Stadt zu begleiten.

Wir hatten kaum hundert Schritte zurückgelegt, als auf dem mit der großen Straße von Tiflis zusammenhängenden Eriwanschen Platze ein neues Schauspiel eigentümlicher Art unsere Aufmerksamkeit in Anspruch nahm.

Etwa ein Dutzend von Kopf bis Fuß in die weiße Tschadra gehüllter alter Frauen von ärmlichem Ansehen und der Mehrzahl nach von abschreckender Häßlichkeit kam feierlichen Zuges über den Platz geschritten und machte in einer angrenzenden Straße halt.

Ein paar der gespensterhaft aussehenden Wesen verschwanden in einem georgischen Hause, kamen jedoch nach kurzer Zeit wieder zum Vorschein, um sich aufs neue mit dem Zuge in Bewegung zu setzen. Dasselbe Manöver wurde bei jedem georgischen Hause wiederholt.

Zur Erklärung dieses seltsamen Schauspiels wurde mir gesagt, daß jedesmal bei anhaltender Dürre die armen Georgierinnen in Prozession von Haus zu Haus ziehen, um Almosen zu sammeln und dafür den lieben Gott zu bitten, daß er den Born seiner Barmherzigkeit erschließe und Regen auf die lechzende Erde herabsende.

Zu diesem Zwecke pilgern sie, beladen mit Kreuzen, Heiligenbildern und anderem frommen Zubehör, hinaus ins Freie, um auf den Äckern und für den Segen derer zu beten, welche Opfergaben gespendet haben. Diese Feierlichkeit mit dem vorbereitenden Almosensammeln wiederholt sich täglich, bis der Himmel endlich die Gebete erhört und Regen zur Erde sendet.

Wir folgten den frommen Schwestern nicht aufs Feld hinaus, da es meine Absicht war, Mirza-Schaffy aufzusuchen und ihn zu bitten, die für den Abend angesetzte Unterrichtsstunde auf einen anderen Tag zu verlegen. Ich hatte den Weisen früher nie in seiner Wohnung gesehen, und es verlangte mich deshalb sehr, einmal einen Blick in seine häusliche Einrichtung zu werfen, ein Verlangen, das von meinen Begleitern, die schon viel von Mirza-Schaffy gehört hatten, lebhaft geteilt wurde.

Wir wandten uns in der Richtung nach dem Kyros zu durch eine krumme, schmutzige Gasse, welche, zu beiden Seiten von grauen Saklis begrenzt, nur hin und wieder einmal ein etwas wohnlicheres Gebäude durchblicken ließ. Hausnummern gibt es hier natürlich nicht, und eine georgische oder tatarische Sakli ist von der anderen ebensoschwer zu unterscheiden wie ein Maulwurfshaufen von dem anderen. Wir hatten deshalb große Not, die Wohnung des Weisen ausfindig zu machen, obgleich er mir den Platz ziemlich genau beschrieben hatte. Erst verscheuchten wir durch unsere bloße Anrede ein paar junge rothosige Mädchen vom Dache, welche, statt auf die ihnen vorgelegte Frage zu antworten, mit Blitzesschnelle in ihre unterirdische Behausung verschwanden. Dann wurden wir selbst verscheucht durch ein paar zähnefletschende Hunde, welche, als wir auf unserer Entdeckungsreise in ein Gehöft einbogen, mit wütendem Geheul auf uns losstürzten. Ein alter Tatar, der ernsten Blickes an uns vorüberwatschelte, deutete zur Antwort auf unsere Frage nach Mirza-Schaffys Wohnung auf eine ferne Häusergruppe hin und wandelte dann seines Weges fort, ohne sich weiter nach uns umzusehen. Endlich waren wir so glücklich, einen schwarzäugigen, in die buntfarbigsten Lumpen gekleideten Jungen aufzutreiben, der uns für einen Abbas (etwa 6 Silbergroschen) in die Klause des Weisen von Gjändsha zu führen versprach. Er trieb uns erst einen Teil des Weges, welchen wir gekommen waren, zurück, feuerte uns dann durch sein Beispiel an, eine Reihe von Saklis zu überklettern, wobei wir mit großer Vorsicht verfahren mußten, um nicht durch die Öffnungen in den platten Dächern irgendeiner Familie uneingeladen ins Haus zu fallen, bis wir uns plötzlich in eine kleine, bergablaufende Sackgasse versetzt sahen, wo sich vor uns ein niedriges, aber ziemlich umfangreiches Gebäude auftat, welches mit seinen grauen Flügeln einen nichts weniger als reinen und ebenen Hofraum umschloß. In dem linken Flügel, hinter welchem einige Bäume die Nähe eines Gartens verrieten, wohnte Mirza-Schaffy.

Wir hatten kaum festen Fuß im Hofe gefaßt, als uns ein entsetzliches Hundegeheul wieder am Vorgehen hinderte und uns zwang, eine verteidigende Stellung einzunehmen. Unser jugendlicher Führer wußte jedoch durch die seltsamsten Kehl- und Zischlaute die bellend auf uns losstürzenden Ungetüme bald zum Rückzuge zu zwingen; noch ein paar Schritte – und wir befanden uns in der Wohnung Mirza-Schaffys.

Die Tür wurde geöffnet von demselben schmächtigen, gliedergeschmeidigen Tatarenjüngling, durch dessen Vermittlung Mirza-Schaffy einst in den Besitz meiner englischen Schere kam, nachdem er den Blick des Verlangens darauf geworfen.

Wir traten in ein kleines, schmuckloses Gemach, welches mit einem größeren, etwas wohnlicher eingerichteten Zimmer zusammenhing. Ersteres, wo der junge Tatar hauste, bildete gleichsam das Vorzimmer zu letzterem, wo Mirza-Schaffy seine Wohnung hatte.

Beide Gemächer waren weiß übertüncht, der Fußboden war mit Matten belegt, in den Seitenwänden befanden sich Nischen, und im Hintergrunde des größeren Zimmers war eine Art von Kamin angebracht. Das Ganze trug einen sehr einfachen und sauberen Anstrich.

Mirza-Schaffy lag mit untergeschlagenen Beinen auf dem niedrigen, rot überkleideten Divan, als wir eintraten, und schien mit nichts anderem beschäftigt, als die Pfeife der Betrachtung zu rauchen. Vor ihm stand auf einer kleinen Tischplatte ein hoher persischer Kalljan, dessen hochauffliegende Kohle bezeugte, daß er eben erst wieder mit frischen Tombagju (grobgeschnittener Tabak, welcher bloß aus dem Kalljan und Nargile geraucht wird, im Gegensatz zu dem feingeschnittenen Tabak (Tütin, der für die Tschibuks bestimmt ist) gefüllt war.

Der Weise erhob sich langsam, als er unser angesichtig wurde, rief uns ein herzliches »Chosch gjäldinnis!« (Seid willkommen!) entgegen und setzte sich erst wieder, als wir alle um ihn her Platz genommen hatten. Der junge Tatar war inzwischen unaufgefordert beschäftigt, uns Kaffee und Pfeifen zu besorgen, und erst als jeder sein dampfendes Schälchen vor sich stehen und den dampfenden Tschibuk im Munde hatte, begann die eigentliche Unterhaltung.

Ich hatte große Lust, mich näher in der Wohnung umzusehen, um die ganze Einrichtung in ihren Einzelheiten kennenzulernen, hielt aber gewaltsam an mich und bat meine Gefährten, ein Gleiches zu tun, da ich wußte, daß es uns wesentlich in der Achtung des Weisen herabsetzen würde, wenn wir den Blick der Neugier gleich aus einer Ecke in die andere schweifen ließen.

Ich wartete deshalb einen günstigen Augenblick ab und wandte, nachdem ich meine Absagebestellung ausgerichtet, das Gespräch zunächst auf die Schwierigkeiten, welche wir zu überwinden hatten, um zu Mirza-Schaffys Wohnung zu gelangen. »Wie ist es nur möglich«, schloß ich, »daß du mit deinen feinen grünen Pantoffeln und schmucken, buntgewirkten Strümpfen bei schlechtem Wetter den langen Weg zu mir machen kannst, ohne jemals schmutzig zu werden, während wir selbst bei gutem Wetter nicht rein davonkommen?«

»Adad-der – das macht die Gewohnheit!« sprach er lächelnd. Darauf wandte er sich mit einer allgemein gehaltenen Frage an meine beiden Begleiter, die jedoch nicht gleich antworten konnten, weil sie nicht tatarisch verstanden. Das wollte er bloß wissen, um mich ausforschen zu können, ob ihnen im Punkte des Weintrinkens zu trauen sei. Da er sich auf meine Veranlassung um eine Stelle beim Gymnasium bemühte und die Entscheidung noch nicht erfolgt war, so wollte er es vermeiden, die Schwierigkeiten, welche ihm frommtuende Nebenbuhler in den Weg gelegt hatten, leichtsinnig zu vermehren.

Nachdem ich ihn vollständig über meine Begleiter beruhigt hatte, rief er dem im Nebenzimmer kauernden Tatarenburschen die Anfangsworte eines Hafisischen Liedes zu: »Ssaki bijar bade!« (Schenke, bring Wein!) Der Bursche sprang sofort auf und eilte geräuschlos zur Tür hinaus. Man sah es seinem verständnisflinken Wesen an, daß ihm dergleichen Aufträge nicht neu waren.

»Wer ist der junge Mensch?« fragte ich Mirza-Schaffy. »Ein armer Verwandter von mir«, antwortete der Weise, »den ich seit dem Tode seines Vaters ins Haus genommen habe, um ihn in der Weisheit zu unterrichten. Es ist aber nichts mit ihm aufzustellen; der Mensch ist von der Natur für die Kutte bestimmt, und deshalb lasse ich ihn ruhig bei seinem Vorsatze, ein Geistlicher zu werden. Der Muschtahid gilt ihm für eine größere Autorität als ich, und ein Kuß auf die Hand des alten wunderlichen Heiligen schmeckt ihm süßer als ein Glas Wein von mir. Es sollte mich gar nicht wundern, wenn der Bursche selbst einmal Muschtahid würde. Er hat allen Stoff dazu. Gesichter kann er schneiden wie ein Derwisch, und winden kann er sich wie ein Aal. Den ganzen Tag sitzt er und schreibt alte Gebete und heilige Geschichten ab; das erbauet ihn, und er verdient sich etwas Geld damit.«

Während Mirza-Schaffy noch so sprach, kam der junge Heilige mit einem großen Kruge Wein ins Zimmer, kramte aus einer durch einen rotseidenden Vorhang verhüllten Wandnische einige verschiedengestaltete Gläser hervor und war eben im Begriffe, uns einzuschenken, als Mirza-Schaffy ihm den Krug abnahm mit den Worten: »Überlaß mir das Weinschenken! Geh du und hole uns deine Hefte her, der junge Weise hier will sehen, was du diese Woche geschrieben hast.«

Der Bursche ging und brachte ein paar sauber geschriebene Hefte zum Vorschein, wovon das eine den Titel trug: »Lobgedicht auf die Ankunft der Russen in Eriwan« und das andere: »Gebet der Tataren von Karabagh für den großen Padischah der Russen, den Herrscher der Erde usf., usf.«.

Das erste Heft war in tatarischer, das zweite in arabischer Sprache, untermischt mit persischen Versen, geschrieben, mit solcher Zierlichkeit und Sorgfalt, daß ich nicht umhin konnte, dem Schreiber etwas Artiges darüber zu sagen und den Wunsch zu äußern, eine ähnlich sorgfältige Abschrift der beiden Hefte zu besitzen.

Der junge Heilige, sehr erfreut über das ihm gespendete Lob, wollte mir gleich die Hefte zu Füßen legen, aber Mirza-Schaffy schickte ihn fort und sagte zu mir: »Laß das heute gut sein; er kann erst noch eine Abschrift davon nehmen und zur nächsten Unterrichtsstunde bring ich dir das Loblied samt dem Gebete selbst mit, um dir beides zu erklären. Und wenn du frommer danach wirst, so will ich ein Gelübde tun, keinen Wein mehr zu trinken!«

»Ich wäre neugierig, einmal einen Blick in deine Bibliothek zu werfen, o Weiser! Du hast gewiß ganz andere Bücher als fromme Loblieder und Gebete.«

»Ich kann mit Hafis singen«, entgegnete lächelnd der Weise:

»Schon lang ist mein letztes Buch versetzt,
In die Schenke für Wein gekommen,
Und es ist dadurch über die Schenke jetzt
Ein Heiligenschein gekommen!

Nun ist die Schenke zum Bethaus mir,
Zur Werkstatt und Wohnung geworden,
Und ich gehe nicht mehr hinaus, bis daß
Der Tod hereingekommen!«

»In der Tat«, fuhr er fort, »bedarf es keines Kamels, um meine Bücher davonzutragen.« Und er zeigte mir eine kleine, aber sehr wertvolle Sammlung von persischen und arabischen Manuskripten, poetischen und philosophischen Inhalts, die seinen ganzen literarischen Reichtum ausmachten. Ich konnte die Frage nicht unterdrücken: »Aber wie ist es möglich, o Weiser! daß du täglich mit den schönsten Blumen morgenländischer Dichtung um dich wirfst wie der Ost mit den Blumen des Frühlings, wenn der Born so gering ist, daraus zu schöpfen?«

»Der Born ist gering an Umfang, aber groß an Inhalt. Was die besten Dichter Gutes geschrieben haben, weiß ich auswendig, und wo ich etwas davon vergesse, lern ich es wieder. Von den schlechten Dichtern aber les ich gar nichts; wozu brauch ich ihre Werke? Je reicher ich werde an Weisheit, desto ärmer werde ich an Büchern. Jedesmal wenn ich Musterung halte, finde ich noch etwas Überflüssiges. Besser ist es, ein gutes Buch hundertmal zu lesen, als hundert schlechte Bücher einmal. Je mehr Bücher, desto mehr Verwirrung. Es ist mir nie ein gutes Gedicht gelungen, wenn ich zuvor fremde Gedichte gelesen, weil sich dann immer gar zu leicht Fremdes mit einschleicht. Es ist mir jedesmal ein gutes Gedicht gelungen, wenn ich bezaubert war von schönen Augen, von lieblichen Händen und Füßen, von duftigen Blumen, von gutem Wein, von reiner Frühlingsluft. Das sind die Quellen, daraus man schöpfen muß!« Der Weise schlürfte bei diesen Worten ein Glas Wein herunter, schenkte sich gleich wieder ein und fuhr dann etwas aufgeregter fort: »Der kleinste Blumengarten spendet mehr Duft als die größte Wüste mit ihren Oasen und güterbeladenen Karawanen. Aus einer rosigen Mädchenwange sauge ich mehr Begeisterung als aus allen fremden Dichtern zusammengenommen. Ein kleines, unschuldiges Kind stimmt mich andächtiger und frommer als die längste Predigt. Aus einem Glase Wein schlürfe ich mehr Witz als aus den gelehrtesten Werken der Sufis und Philosophen.«

Er stopfte sich einen frischen Tschibuk, während ich nach

der Uhr sah, denn der Tag neigte sich fast zu Ende. »Es ist Zeit zum Aufbruch«, sagte ich, »wir müssen uns noch rüsten zur Hochzeit; doch laß uns nicht scheiden, o Weiser, ohne uns ein kleines Lied gesungen zu haben. Die Nachtigall singt am liebsten an feuchten Plätzen und der Sänger beim Weine. Ich liebe es, von lustigen Gelagen einen poetischen Nachklang mit auf den Weg zu nehmen.«

»Jeder hat seine eigene Liebhaberei«, erwiderte der Weise:

»Der Fromme liebt das Schaurige,
Der Leidende das Traurige,
Der Hoffende das Künftige,
Der Weise das Vernünftige.«

»Was kann es Vernünftigeres geben«, warf ich ein, »als ein Lied der Weisheit zum Klange des Bechers!«

Von neuem begann der Weise:

»Wenn Mirza-Schaffy den Becher erhebt,
Einen Witz in dem Munde:
Wie sich freudig das Herz der Zecher erhebt
In der jauchzenden Runde!
Sie fühlen es, daß für die Tollheit der Welt
Sich zu jeglicher Stunde
Aus dem Geiste des Weines ein Rächer erhebt,
Mit der Weisheit im Bunde!«

»Wie ich jetzt gehe, meinen Körper in Festgewand zu kleiden, so hat dein Gesang, o Mirza-Schaffy, meinen Geist festlich angetan. Und selbst den Tribut des Dankes und der Freude, welchen ich dir ausdrücken wollte, hast du mir aus dem Munde genommen und deinem eigenen Liede einverleibt!«

Ich sagte ihm dies, als wir schon aufgestanden waren, um Abschied zu nehmen und er uns zur Hintertür des Hauses hinaus einen kürzeren Weg durch den Garten führte. Und wiederum begann er:

»Ist ein Witz dir zur rechten Stunde gekommen,
So antwortet jeder, den du nie gefragt hast:
Du hast mir das Wort aus dem Munde genommen,
Oft hab ich gedacht, was du mir gesagt hast!

Mirza-Schaffy! das ist dein Geschäft so!
Was die andern denken, das schreibt deine Hand –
Manch kernigen Witz umschließt jedes Heft so,
Und all deine Witze sind einzig im Land!«

»Ich brauche des Lobes nicht mehr hinzuzufügen«, entgegnete ich, »aber sag mir, o Weiser, wie du es anfängst, Reim, Bild und Gedanken immer so schnell zusammenzufinden: bedarfst du denn gar keiner Vorbereitung zu deinen Liedern?«

Der Garten, durch welchen wir gingen, trug schon das bunte Kleid des Frühlings. Die Blumen waren hervorgekommen im Grase, der Weinstock hatte Knoten gewonnen, von den Mandelbäumen fielen wie Schneeflocken die weißen Blüten ab, und die Rosensträuche begannen zu knospen.

Mirza-Schaffy streckte seine Hand aus und pflückte von den Blumen zu einem Strauß, reichte mir den und sprach: »Siehe, dieser Strauß ist gepflückt in einem Augenblick, aber die Blumen dazu sind nicht in einem Augenblick gewachsen! Also ist es mit meinen Liedern.«

*

Wir wenden uns nun, nachdem wir schwarzes Gewand angetan, dem in der Nähe der armenischen Kathedrale gelegenen Hause zu, wo die Hochzeit begangen wird.

Die armenischen Häuser in Tiflis bilden den Übergang von den georgischen und tatarischen Saklis zu den russischen Palästen im neuen Stadtteile. Sie sind durchgängig wohnlich und reinlich, viele sogar mit einer eigentümlichen, aus europäischen und asiatischen Elementen gemischten Eleganz eingerichtet. Einige haben besondere Vorhöfe, andere pfeilergetragene Vorhallen, und die meisten sind von zwei bis drei hölzernen Galerien umwunden, welche in den engen Straßen durch Balkons ersetzt werden.

Das Haus des reichen armenischen Kaufmanns, zu dessen Hochzeitsfeier wir pilgern, gehört zu den wohnlichsten und besteingerichteten. Wir entdecken schon von ferne, daß Festliches darin vorgeht. Die hohe Einfuhr zum Vorhof und die Seitenmauern sind mit Hunderten von buntfarbigen Lampen übersät. Auf dem Hofe drängen sich Droschken und Equipagen. Das Haus im Hintergrund strahlt, als sprängen die Flammen aus Mauern und Dächern hervor. Die luftigen Galerien, welche das Haus dreifach umschlingen, sind dicht mit Lampen besetzt. Ebenso ziehen sich förmliche Lampengewinde zwischen den hellerleuchteten Fenstern hin, während auf dem Dache Fackeln brennen.

Wir finden bei unserem Eintritt in die schimmernden Gemächer schon eine zahlreiche, vorwiegend aus Armeniern und Georgiern bestehende Gesellschaft versammelt, die Frauen sämtlich in ihrer malerischen Nationaltracht, unter den Männern wenige Ausnahmen in schwarzem Frack und Uniform. Die festlich geschmückten Räume nehmen die ganze Breite des Hauses ein. Mit Ausnahme des zum Tanzen bestimmten Saales sind alle Gemächer mit prachtvollen persischen Teppichen belegt. In dem großen Mittelzimmer drängt sich Tisch an Tisch, beladen mit stärkenden Getränken und appetitreizendem Imbiß der verschiedensten Art: von dem stillwirkenden, aus silbernen Schälchen geschlürften Likör bis zu dem wild aufbrausenden Champagner; von der leichten, unscheinbaren Sardine bis zum fetten, magenbeschwerenden Lachs.

Die übrigen Zimmer sind nur spärlich mit Tischen und noch spärlicher mit Stühlen bedacht. Die Frauen sitzen gruppenweise auf niedrigen, teils mit Seide oder Sammet überzogenen, teils mit Teppichen belegten Divans, welche sich rings um die Wände ziehen. Eine lebendige Unterhaltung mit diesen Frauen, die der Mehrzahl nach so unbeweglich dasitzen wie Figuren in einem Wachskabinett, ist auf die Dauer unmöglich, wenn man es nicht versteht, ihre zur Schau getragene Schüchternheit durch ganz besondere Mittel zu verscheuchen. Nur einige der Älteren, welche mit der russischen Sprache auch etwas von der russischen Sitte angenommen haben, und einige der Jüngeren, welche in der adeligen Pension von Tiflis erzogen sind und nicht allein russisch, sondern auch französisch sprechen, benehmen sich unbefangener in der Unterhaltung.

Die Perle unter den weiblichen Gästen ist die junge Fürstin Nassinka Orbeljanow, eine der lieblichsten Blumen, die je unter Georgias Himmel gewachsen. Das jetzt verarmte Geschlecht der Orbeljanow, dessen Geschichte bis lange vor Christi Geburt zurückreicht, war einst reich an Ruhm, Macht und Gütern. Die Vorfahren der jungen Fürstin herrschten als Könige in Armenien und Georgien. Aber aller Glanz und Ruhm ihrer Vorfahren wiegt die Schönheit der jungen Fürstin Nassinka nicht auf. Sie ist keine von jenen üppigen Gestalten, die man in Georgien vorherrschend findet, aber sie hat eine Feinheit der Züge und des Gliederbaues, eine Zierlichkeit der Hände und Füße, eine Fülle des Haares und einen so taubenhaften Ausdruck des Auges, daß sie zu den lieblichsten Erscheinungen zählt, die mir aus dem Morgenlande im Gedächtnis geblieben.

Jetzt tanzt sie mit einem jungen Armenier die Lesghinka, und alt und jung strömt herbei, Frauen und Mädchen verlassen ihre Sitze, um das liebliche Wesen zu sehen. Sie schlägt verschämt das Auge nieder, biegt das Köpfchen zurück und stemmt die feinen Arme in die Seiten; plötzlich läßt sie die Arme wellenförmig herabschweben und hüpft leichtfüßig auf den gegenüberstehenden Tänzer los; dieser setzt sich ebenfalls in Bewegung, um ihr entgegenzueilen, aber beide streifen aneinander vorüber, ohne sich zu berühren; so schweben sie fortwährend in kleinen Kreisen umher, in stetem Entgegenkommen und stetem Ausweichen. Das Händeklatschen der Umstehenden begleitet die Bewegungen der Tanzenden.

Als der Tanz zu Ende war, wurde die Aufmerksamkeit der Gäste durch die vier Rhapsoden in Anspruch genommen, welche das Fest durch Spiel und Gesang verherrlichten. Der eine spielte den Tar, der andere den Tschianu, der dritte die Saß, der vierte die Deira, Streichinstrumente verschiedener Gestaltung – und dabei sangen sie Lieder zum Ruhme des Hauses, des Brautpaares und der Gäste.

Alles drängte sich um die Sänger her, von denen besonders ein alter Blinder die Aufmerksamkeit der Umstehenden in Anspruch nahm, weil er jedem, der ihn darum bat, etwas Angenehmes in Versen zu sagen wußte. Seine Lieder waren nicht von Bedeutung, wirkten aber durch den Zauber des Improvisierens.

In einem Nebenzimmer standen grüne Tische, auf welchen verschiedene Gruppen alter Armenier Schach und Lotto spielten, während einige russische Tschinowniks eine Whistpartie machten.

Inzwischen machten fortwährend eine Menge Diener die Runde, die ausgewähltesten Leckereien und besonders süßes Backwerk aller Art umhertragend. Das alles war bloß zu vorläufigem Imbiß bestimmt, denn das eigentliche Nachtessen folgte erst nach der Trauung, welche in der benachbarten Kathedrale im Beisein aller Gäste vollzogen wurde. [. . .]

Als die Feierlichkeit zu Ende war, begannen wieder Tanz, Spiel und Gesang, während im Speisesaale das Nachtessen angerichtet wurde. Abermals drängte sich alles dem Zimmer zu, wo die junge Fürstin Orbeljanow mit dem Bruder des Bräutigams unter dem Händegeklatsch der Umstehenden im Tanz der Lesghinka sich schwang. Und sooft ich das Auge auf die kleinen, feinbeschuhten Füßchen schweifen ließ, fielen mir die Worte aus dem Hohenliede Salomonis ein: »Wie schön ist dein Gang in den Schuhen, du Fürstentochter!«

Nachdem nun die vielen und reichen Hochzeitsgeschenke von den Gästen durchmustert waren, begann das Souper, und in der Tat, es war hohe Zeit dazu! Das lange Stehen in der Kirche sowie das Anhören der vielen Gebete, Gesänge, Psalme, Sprüche und Ermahnungen hatte bei den meisten wieder ein förmliches Gefühl von Nüchternheit hervorgebracht.

Die Speisen wären sämtlich vortrefflich gewesen, wenn die verschiedenen Arten von Pilau (nach der dortigen Aussprache: Plow) nicht allzusehr den Beigeschmack des Safran, womit der Reis halbfingerdick überstreut wird, getragen hätten und wenn ein guter Braten, im deutschen Sinne des Wortes, in Tiflis wegen des fast durchgehend schlechten Fleisches und der mangelhaften Kochkunst nicht zu den Unmöglichkeiten gehörte. Dagegen ließen die Fische in ihrer mannigfaltigen Zubereitung, die Backwerke und Süßigkeiten nichts zu wünschen übrig. Ebenso waren die Weine, wozu Georgien, Armenien, Frankreich und der Rhein ihren Tribut geliefert, allen Preises wert.

Solange Essen und Trinken noch einander das Gleichgewicht hielten, ging es an den Tischen ziemlich ruhig her. Als aber die gewichtigen Speisen beseitigt waren, der Champagner zu fließen begann und das Trinken die Oberhand nahm, erscholl ein Stimmengewirr, wie es eine mit asiatischer Lebendigkeit geführte Unterhaltung, in welcher ein halb Dutzend Sprachen durcheinander gesprochen werden, nur zu erzeugen vermag.

In einer Ecke des Saales, an einem besonderen Tische, saßen die Sänger und Spielleute, und während die einen alles aufboten, um ihren Gesang nicht ungehört verhallen zu lassen, sägten die anderen so unbarmherzig auf ihre Instrumente los, daß selbst die an solche Schauspiele gewöhnten Gäste das Lachen nicht unterdrücken konnten.

Einen größeren Genuß, als diese musikalischen Kraftäußerungen dem Ohre gewähren konnten, hatte das Auge beim Anblick der schmucken Hochzeitsgäste, wie sie in langen Reihen die Tafeln entlang saßen, der Mehrzahl nach in der kleidsamen georgischen und armenischen Nationaltracht. Je lauter es wurde im Saale, desto mehr lichteten sich die Reihen der reichgeschmückten Frauen, und nun begann erst das eigentliche Trinken. Auf jedes »Allawerdy« mußte der, dem es galt, mit der Entgegnung »Jachschi jol« Bescheid tun bis auf die Nagelprobe. Der stattliche Archirei, welcher die Trauung vollzogen, sowie die übrigen Geistlichen, deren Gegenwart das Festgelag heiligte, waren nicht die schlechtesten Trinker. Und als ich das Haus am hellen Morgen verließ, widerhallten die Räume noch laut vom Becherklang und vom Hochzeitsjubel der Gäste.

[. . .]

Die Frauen im Orient

»Wie ist aber das Schicksal einer Frau im Morgenlande?« höre ich manche meiner freundlichen Leserinnen fragen, und ich will versuchen, die Frage, so gut ich es vermag, zu beantworten. [...]

Der Regel nach ist die Stellung der Frau zum Manne im Orient nicht viel besser als die Stellung einer Sklavin zu ihrem Herrn. Der Mann kauft sie um einen bestimmten Preis ihren Eltern ab und kann sich um einen bestimmten Preis ihrer zu jeder Zeit wieder entledigen, ohne daß sie auch nur das Recht hätte, ihre Kinder mitzunehmen.

Gesellschaftliche Vergnügungen in unserem Sinne des Wortes kennt man im Orient nicht. Theater, Opern, Konzerte, öffentliche Spaziergänge, Bälle, Abendunterhaltungen, Vergnügungsreisen und dergleichen Zerstreuungen und Annehmlichkeiten sind den Frauen hier etwas ebenso Unbekanntes wie eine anmutige und gemütliche Häuslichkeit. Der einzige Ort ihrer geselligen Zusammenkunft ist das Bad. Hier bringen sie denn auch den größten Teil ihres Tages zu, und hier sucht es jede der anderen in Zungenbeweglichkeit, Putz und Flitterstaat zuvorzutun, da ihnen sonst, außer dem Harem, keine Gelegenheit geboten wird, ihre Reize und Schmucksachen zu entfalten und ihrer Zunge den Zügel schießen zu lassen. Da liegen sie, halb enthüllt auf weichen Teppichen ausgestreckt, stundenlang aus kleinen Schälchen schwarzen Kaffee schlürfend und ihren Tschibuk oder Kalljan dazu rauchend. Die Kostbarkeit dieses Tschibuks sowie die Pracht ihrer Gewänder und sonstigen Zierate und endlich die Zahl ihrer Sklavinnen bilden den Maßstab, wonach sie ihre Stellung untereinander bemessen, sich gegenseitig anziehen und abstoßen, befreunden und befeinden, loben und schmähen, bewundern und beneiden. Dieses bezieht sich natürlich nur auf solche Frauen, deren Männer in einer gewissen Wohlhabenheit leben. Von den ganz armen Frauen, welche weder Sklavinnen noch Dienerinnen halten können und alle Hausarbeit selbst tun müssen, läßt sich im Vergleich mit den armen Frauen bei uns zulande, außer den durch das Klima bedingten Verschiedenheiten, nichts sonderlich Abweichendes melden. Das Los der Armut sieht sich überall so ziemlich gleich.

Werfen wir, um die Stellung einer in günstigeren Verhältnissen lebenden Frau im Morgenlande richtig aufzufassen, einen Blick auf die Knospe, aus welcher die Blume sich entfaltet.

Die Kindheit der Mädchen ist hier eine sehr kurze; mit dem zwölften Jahr wird die Jungfrau schon mannbar und muß nun ihr Gesicht verhüllen vor den Augen der Menschen. Wo ist aber ein hübsches Gesicht, welches sich nicht gern sehen ließe? Der Wunsch zu gefallen ist zu natürlich und menschlich, um ganz unterdrückt werden zu können, und wo ihm keine unnatürlichen Hindernisse in den Weg gelegt werden, da sorgt die Natur insgemein selbst dafür, daß er nicht ausarte in Gefallsucht. Solche unnatürlichen Hindernisse treten aber den Mädchen im Orient auf jedem Schritt entgegen und zwingen sie, heimlich und durch List zu erreichen, was ihnen öffentlich durch Brauch und Sitte der Heimat versagt wird.

So kann die wahre Tugend des Weibes hier nicht gedeihen, und das, was dafür gehalten wird, widerstrebt der menschlichen Natur zu sehr, um von ihr aus freien Stücken als Tugend anerkannt und geübt zu werden; daß verbotene Frucht aber am meisten lockt, ist eine Erfahrung so alt wie die Welt. Deshalb reicht auch in der Tat die weibliche Tugend im Orient nicht über den Haremskerker hinaus, und die Leidenschaft der Frauen kennt hier keine anderen Grenzen als die, welche ihr gewaltsam gesteckt werden.

Das junge Mädchen wächst im Vaterhaus auf wie eine Blume im Treibhaus und verläßt, wenn sie heiratet, den einen Kerker nur, um ihn mit einem anderen zu vertauschen. Sie hat lesen, schreiben, singen und allerlei weibliche Arbeitskünste gelernt, aber ohne sich das Leben dadurch wirklich verschönern zu können, denn je mehr ihr Verstand und ihre Einbildungskraft geweckt werden, desto lebendiger wird sie sich ihrer erniedrigenden und hilflosen Lage bewußt. Das Lesen des Korans kann ihr keinen Trost bieten, da die Verheißungen des Propheten von ewigen Strafen und Belohnungen sich nur auf die Männer beziehen; und an den Dichterwerken ihres Landes kann sie sich wohl berauschen, aber nicht laben, da das in diesen Werken geschilderte Glück in zu grellem Widerspruche mit den gegebenen Verhältnissen steht, denn der Grundzug der persischen Lyrik ist durchgehend ein geistvolles Bespötteln

Georgierin aus Tiflis (G. Gagarin)

und Bekämpfen des Bestehenden, und eben deshalb sprudeln diese Liederquellen so übermütig, frisch und lebendig, weil sie von ihrer Höhe herab die starren Satzungen des Glaubens und der Sitte keck überspringen, durchbrechen und mit dem Schaum ihres Witzes bespritzen. Ein Liebesglück, wie es Hafis predigt, kann heutzutage nur eine Geliebte des Mirza-Schaffy finden, und solche Geister sind im Morgenlande selten.

Es gehört hier zu den Ausnahmefällen, daß ein Mädchen einem Manne die Hand reicht, den sie wirklich liebt. In der Regel entscheiden die Eltern über das Schicksal ihrer Tochter und sehen bei der Wahl des Eidams weniger auf vortreffliche Eigenschaften des Körpers, Geistes und Herzens, als auf eine einflußreiche Stellung, Rang und Vermögen. Nun denke man sich ein frisches, blühendes Mädchen von zwölf bis fünfzehn Jahren verheiratet mit einem sechzig- oder siebzigjährigen Manne, den sie nie gesehen und von dem sie höchstens weiß, daß er vielleicht schon ein paar Dutzend ebenso blühende und junge Mädchen vor ihr seinen Lüsten geopfert. Unter den Augen dieses Mannes eingekerkert und bewacht wie eine Verbrecherin, muß sie sich in ihrem einförmigen Haremsleben noch glücklich preisen, wenn sie seine einzige Frau ist und nicht ein halb Dutzend zänkischer, neidischer und verbitterter Nebenbuhlerinnen über sich hat, die nach dem Rechte der Anciennität, das auch in dem Harem gilt, ihr das Leben um so schwerer machen, je wohlgefälliger der Herr und Gebieter auf sie blickt.

Nimmt man einen solchen Fall, der zu den gewöhnlichen gehört, und erwägt man dabei, daß eine junge Haremsschöne bei ihrem südlichen Feuer vielleicht in einem Monat mehr von der Leidenschaft geplagt wird als eine ehrbare Nordländerin während ihres ganzens Lebens, so wird man es begreiflich finden, daß die Hareme des Morgenlandes wahre Spinngewebe von Intrigen, Ränken und Unsittlichkeiten sind. Denn weil hier die Erziehung des weiblichen Geschlechtes auf nichts weniger hinausläuft als den Geist zu bilden und das Herz zu veredeln, und weil die Mädchen von Jugend auf nur wüste und verwildernde Beispiele sehen, so gewöhnen sie sich schon früh daran, alles Lebensglück nur in einem rohen Sinnentaumel oder in gleißenden Äußerlichkeiten zu suchen. Es gehört in der Tat eine grundedle, harmonisch angelegte, wunderbar begabte Natur dazu, unter solchen Verhältnissen und Einflüssen die echte Weiblichkeit zu wahren und gleichsam instinktartig das Rechte zu finden. Und wenn sie das Rechte gefunden, so müßte sie auch den Rechten finden, um es wahren zu können, ein Fall, der, wo nicht unmöglich, doch äußerst selten ist. Ich wiederhole es: der Regel nach ist die Stellung der Frauen im Orient (nach germanischen Begriffen von Frauenwürde) eine unfreie und unsittliche; und weil bei der Vielweiberei ein veredelnder Einfluß auf die Kinder nicht gedacht werden kann, so sind die Hareme als die Quellen aller Übel zu betrachten, welche die muhammedanischen Völker seit Jahrhunderten heimsuchen und sie ihrem sicheren Untergange entgegenführen. Ausnahmen davon bilden die lebensfrischen Stämme des Kaukasus, die eigentlich nur dem Namen nach Muhammedaner sind und mit der Vielweiberei sowenig zu tun haben wie mit anderen Auswüchsen entarteter Leidenschaft, welchen in Persien und der Türkei jährlich viele Tausende von Menschen zum Opfer fallen.

Daß es trotz der sklavischen Stellung der Frauen im Orient, wie ich solche oben in nackter Wahrheit zu schildern versucht habe, doch häufig einer schönen oder klugen Frau gelingt, einen dummen oder verliebten Mann vollständig zu beherrschen, ist ebenso leicht erklärlich wie die Tatsache, daß die meisten Frauen das Entwürdigende ihrer Stellung gar nicht fühlen und daß diejenigen, welche Gelegenheit gehabt haben, europäisches Leben kennenzulernen, mit einer wahren Verachtung und tugendhaften Entrüstung auf ihre europäischen Schwestern herabsehen, die unverhüllten Gesichts über die Straßen wandeln und auch mit anderen Männern als ihren Ehegatten sprechen und verkehren.

In heimlicher Sicherheit mit einem Manne zu verkehren, der ihr gefiele, und ihm alles zu gewähren, was ihm gefiele, würde das Gewissen einer Perserin oder Türkin schwerlich beunruhigen; aber auf offener Straße mit einem vielleicht ganz ungefährlichen Manne über ganz gleichgültige Dinge zu sprechen: welch ein Greuel! – So richtet sich Urteil, Anstands- und Schicklichkeitsgefühl immer genau nach den Einflüssen und Gewöhnungen unserer heimischen Umgebung. Um sich davon zu überzeugen, braucht man freilich weder nach Persien noch nach der Türkei zu reisen, wo sich die Begriffe wenigstens an althergebrachte, unveränderliche Formen knüpfen, während bei uns die tyrannische Mode alljährlich neue Formen und neue Begriffsverkehrtheiten erzeugt, so daß die oft gehörten Ausdrücke: Man tut das nicht; man trägt das nicht; das paßt sich nicht! nichts anderes bedeuten als: ich und meine Frau Nachbarin von Krähwinkel tun das nicht, tragen das nicht und halten das nicht für passend, seit wir das letzte Modejournal gesehen haben.

Wie sich die meisten Verkehrtheiten auf einen ursprünglich ganz vernünftigen Gedanken zurückführen lassen, so läßt sich auch manches zugunsten des morgenländischen Brauches sagen, welcher will, daß die Frauen sich nur für ihren Mann schmücken und nur vor ihm ihr Gesicht enthüllen, während es ihre Aufgabe sein soll, außer dem Hause nur verhüllt und in möglichst unansehnlicher Tracht zu erscheinen. Bei uns findet bekanntlich das umgekehrte Verhältnis statt: Die Frauen verwenden zu Hause geringe Sorgfalt auf ihre Toilette und putzen sich nur, wenn sie Gesellschaft bei sich sehen oder in Gesellschaft gehen; also mit einem Worte, sie entfalten ihre Reize und ihren Putz mehr, um anderen als um ihrem eigenen Manne dadurch zu gefallen, und der Mann seinerseits sieht es mit Stolz und Befriedigung, daß seine Frau von anderen Männern als eine schöne und elegante Erscheinung bewundert wird. Der Morgenländer dagegen hält es für recht und sittlich, streng darüber zu wachen, daß die Reize seiner Frau keine sündigen Begierden in den Herzen anderer Männer erwecken, und darum muß seine Frau beim Ausgehen ihre zierlichen Füßchen in möglichst großen Stiefeln und ihren feinen Wuchs in möglichst weiten Gewändern verbergen, während sie vom Gesicht nichts sehen lassen darf, als was sie selbst zum Sehen braucht: die Augen. Zu Hause aber muß sie so feine und elegante Pantoffeln tragen, wie man dergleichen bei uns nur als Seltenheit sieht, und muß überhaupt ihren Körper mit einer Sorgfalt baden, salben, pflegen und bekleiden, wie etwas Ähnliches bei uns ebenfalls nicht zu der Regel gehört.

Das Sittliche und Gute, was diesem Brauche zugrunde liegt, wird aber wieder aufgehoben durch den Mißbrauch der Vielweiberei, der, wie man es nicht genug wiederholen kann, die Quelle alles Übels ist, weil er kein rechtes Familienleben aufkommen läßt und dadurch dem Staate seine beste und dauerndste Grundlage nimmt.

Freilich läßt der tatarische Lustspieldichter Mirza-Feth-Ali-Achundow in Tiflis einen seiner Helden sagen, die Vielweiberei, wie sie bei ihnen herrsche, sei nicht schlimmer als die Vielmännerei bei den Franzosen: »Die Vielweiberei bedeutet, daß ein Mann an einer Frau nicht genug hat, und Vielmännerei bedeutet, daß eine Frau sich nicht mit einem Manne begnügt. Die erstere Sitte herrscht bei uns, und die letztere herrscht in Paris.«

Daß etwas Wahres darin liegt, läßt sich (auch über die Grenzen von Paris hinaus) nicht leugnen, nur muß hinzugefügt werden, daß die Vielmännerei bei uns unter allen Umständen als etwas Unerlaubtes, Ungesetzliches und Strafwürdiges betrachtet wird, während die Vielweiberei im Morgenlande durch Religion, Brauch und Sitte geheiligt erscheint und deshalb um so verderblicher in ihren Folgen wirkt, weil kein Gesetz ihr abschreckend und strafend entgegentreten kann.

Auch liegt es wahrlich nicht an den Frauen des Orients, daß sie die Vielmännerei nicht mehr treiben, als sie tun. Anlage und Lust dazu sind gewiß in hohem Grade bei ihnen vorhanden und nichts fehlt als die – Gelegenheit! Wo diese sich darbietet, wird sie schwerlich unbenutzt gelassen. Auch lassen die Frauen kein Mittel unversucht, um die Schwierigkeiten zu beseitigen, welche ihrem Verkehr mit Männern im Wege stehen, trotz aller Gefahren, welche ihnen dabei drohen. Mit Hilfe der Blumensprache, vermittelnder Derwische und bestechlicher Dienstboten wird manche geheime Verbindung angeknüpft und manche verbotene Liebesblume auf den Beeten des Harems gezogen.

Wie dem immer sein möge, die Lebensfreuden sind den Frauen des Morgenlandes karg zugemessen. Gewöhnlich ist die Zeit ihrer Blüte schon mit dem dreißigsten Jahr dahin, und an einer Asiatin, die nicht mehr durch Schönheit reizt, ist sonst wenig Reizendes zu entdecken. Das Gesicht welkt zusammen, der Charakter verbittert sich, und die Stimme wird widerlich kreischend, daß sie gleichsam allen menschlichen Ausdruck verliert.

Tiflis im Winter – Salon- und Volksleben

Ich habe euch bis jetzt Tiflis und seine Bewohner immer nur an schönen Frühlingstagen und aus verklärender Ferne gezeigt; laßt uns nun die Bilder einmal zu einer anderen Jahreszeit und in der Nähe betrachten.

Es ist Winter. Wir haben zur Nacht ein paar Grad Kälte gehabt; dem schon zu dicker Schicht angewachsenen Schnee droht noch anderer zu folgen; der Himmel ist grau umwölkt und benimmt alle Aussicht auf die Gebirge; kaum noch bemerkt man aus der Ferne die hohe Bergveste von Tiflis, die so unheimlich aussieht, als wolle sie mit ihrem Schneemantel alle die blutigen Erinnerungen verhüllen, welche vergangene Jahrhunderte in ihr zurückgelassen. Der Winterschmuck steht ihr schlecht wie ihrer ganzen Umgebung.

Die Kälte ist hier für einen Nordländer doppelt empfindlich und unangenehm, weil er fast gar keine schützenden Vorkehrungen dagegen findet. Dennoch wünschte ich immer bei der steigenden Wärme des vorrückenden Tages die Kälte des Morgens zurück, denn wenn die Sonne auf ein paar Stunden den Wolkenschleier zerreißt, so wird die ganze Stadt in ein Schmutzmeer verwandelt.

Der morgens von den Dächern der Häuser heruntergeschaufelte Schnee häuft sich in den engen, krummen Gassen zu förmlichen Hügeln an und bildet, durchknetet von Sonnenblicken und Kameltritten, eine so unergründliche Masse, daß ein Fußgänger bei jedem Schritte tief einsinkt und selbst der bestbespannte Wagen Mühe hat durchzukommen.

Aber dies ist noch die schönste Seite des Winters, die höchstens ein paar Wochen dauert, während welcher man doch wenigstens morgens und abends ausgehen kann, wenn durch die Kälte der Schmutz eine gewisse Festigkeit gewinnt.

Die eigentliche Drecksaison beginnt erst, wenn die Nachtfröste und Schneegestöber ganz aufgehört haben. Die Luft ist warm, wo die Stadt von den sie umschließenden Bergen geschützt wird; aber dort, wo die Berge sich spalten, weht vom Kaukasus her in selten unterbrochener Furchtbarkeit ein schneidend kalter Wind, der die Hauptstraße von Tiflis durchheult und auch auf dem Taurischen und Eriwanschen Platze oft das Gehen unmöglich macht.

Durch den geschmolzenen Schnee und die häufigen Regengüsse sind die ungepflasterten Straßen oft zwei bis drei Fuß tief schmutzunterwühlt und an tieferen Stellen ganz unter Wasser gesetzt. Während dieser Zeit – und man kann auf das Jahr immer ein paar Monate rechnen – wird jede Wanderung durch die Stadt zu einem gefährlichen Wagestück, denn selbst wer sich eines Pferdes, eines Esels oder einer Droschke als Transportmittel bedient, kommt in Gefahr, ein unfreiwilliges Kotbad zu nehmen.

Daß unter solchen Umständen an Reinlichkeit in Kleidung und Wohnung bei der ärmeren Volksklasse, woraus doch die große Mehrzahl der Einwohner besteht, nicht zu denken ist, bedarf kaum der Erwähnung. Überhaupt kennt man hier, selbst bei den höheren Ständen, mit Ausnahme derjenigen Georgier, welche sich schon ganz den europäischen Sitten anbequemt haben, keine Reinlichkeit in unserem Sinne des Wortes.

Die warmen, von Zeit zu Zeit genommenen Bäder müssen die ins einzelne gehende Sauberkeit wie häufigen Wechsel der Wäsche usw. ersetzen.

Ich lasse es bei diesen allgemeinen Andeutungen genügen, denn so reizend es ist, eine feine und duftige Frauentoilette bis in ihre Innerlichkeiten zu verfolgen, so unerquicklich dürfte es sein, desgleichen zu tun, wo das Saubere und Feine sich bloß nach außen kehrt wie bei der Mehrzahl der georgischen und armenischen Damen.

Die der Zahl nach schwer zu bestimmende, im Durchschnitt der verschiedenen Angaben etwa 35000 Menschen starke Bevölkerung von Tiflis besteht in ihren Hauptelementen aus Georgiern, Armeniern, Russen, Deutschen und Persern. In geringerer Anzahl findet man Tataren, Juden, Zigeuner, Kurden, Lesghier, Osseten, Mingrelier, Imerier, Gurier, Tuschen und viele andere Gebirgsvölker vertreten. Einzelne Franzosen und Schweizer haben sich am Eriwanschen Platze und in den angrenzenden Straßen als Perückenmacher und Zuckerbäcker für die vornehme Welt niedergelassen.

Diese vornehme Welt von Tiflis besteht wesentlich aus den russischen Beamten und Offizieren von höherem Rang, um welche sich die reicheren georgischen und armenischen Fürstenfamilien, wie die Eristaff, Tumanoff, Tschawtschewadse,

Karganoff, Andronikoff, Orbelian usf., sowie die vielen nachgebliebenen Prinzen und Prinzessinnen des alten georgischen Königshauses scharen.

(Wundere sich der sprachenkundige Leser nicht über die häufig vorkommende russische Endung »off« bei den georgischen und armenischen Namen – die Russen treiben ihr Eroberungssystem gründlich und unterwerfen selbst die Namen ihrer Vasallen gewaltsamen Veränderungen. Jene Endsilbe »off« ist bei allen armenischen und georgischen Namen ein rein russisches Anhängsel, wo es ausgelassen ist, haben sich die betreffenden Familien der Russifizierung ihres Namens widersetzt. So heißen z. B. einige Mitglieder des alten georgischen Fürstenhauses Orbelian: Orbelianoff. Sogar der Fürstentitel der Herrscher von Mingrelien, Dadian, ist für einen in Rußland lebenden Zweig der Familie in Dadianoff umgewandelt. Dasselbe gilt von einem Zweig der Familie von Rosen: Rosenoff usw.)

Das Leben in den Salons von Tiflis unterscheidet sich in nichts Wesentlichem von dem Salonleben der größeren Städte Europas. Nur bei feierlichen Gelegenheiten, an Gratulationstagen, auf großen Bällen im Palaste des Statthalters und dergleichen entfaltet sich eine Pracht und Mannigfaltigkeit der Kleidung, wie ich selbst in Konstantinopel und Paris nichts Ähnliches gesehen habe.

Zu den großen Bällen im Sardaarpalaste werden gewöhnlich ein paar tausend Personen geladen. Die georgischen Damen erscheinen dabei so reich geschmückt, daß sie buchstäblich ihr ganzes Vermögen in Perlen, Edelsteinen und kostbaren Stoffen zur Schau tragen. Ja, ich habe Damen gekannt, welche aus der ganzen Nachbarschaft Schmucksachen zusammenborgten, um recht glänzen zu können auf den großen Bällen von Tiflis.

Während die tanzende Welt sich in der Mitte des großen Saales bewegt, sitzen rundumher an den Wänden die stolzen nichttanzenden asiatischen Gäste, im silbernen Gürtel die blitzenden Dolche, als ob es zum Kampfe ginge.

Hier neben dem hochgewachsenen Tscherkessenhäuptling, der sich eine Zeitlang den Russen unterworfen, um bei günstiger Gelegenheit wieder loszuschlagen gegen seine Erbfeinde, sitzt, bedeckt mit der schwarzen phrygischen Mütze, im blauen Talar der persische Muschtahid (Oberpriester) so feierlichen Antlitzes, als ob er die Gläubigen ermahnen wolle zum Gebet.

Jener langgewachsene Mann dort mit den welken, gebräunten Wangen und dem scharlachroten Gewande ist der Fürst der Truchmenen, der sich vor kurzem ebenfalls mit seinem Stamme dem großen Padischah der Moskov unterworfen hat und jetzt, geblendet von dem ihn umgebenden Glanz, nicht weiß, wohin er sein staunendes Auge wenden soll inmitten der luftigen, von Juwelen schimmernden Peris, die so lieblich umherspringen und die Männer umfassen im Tanze, als wäre das ganze Haus ihr Harem und jeder Gast ihr Geliebter.

Der breitschultrige Mann dort mit den geschlitzten Augen, dem rotgefärbten Barte und dem silberumbrämten Waffenrocke ist ein Tatarenchan aus dem Daghestan. Er hält seine an den Fingerspitzen mit Henna blaugefärbte Hand an den langen Kinshal (Dolch) und denkt: Allah ist groß, und seine Wege sind wunderbar, daß er meine Schritte geleitet in die Gemächer der Schönheit, wo die Frauen in den Gewändern der Pracht, auf den Füßen des Leichtsinns umherspringen vor den Blicken der fremden Männer, ohne Schleier und Scham, als ob ihre eigenen Männer sie nichts kümmerten!

Jener schlanke, junge Mann dort mit dem stolzen Gesichte und den dunklen Augen, der, sich über die Sitten seines Landes hinwegsetzend, mit der jungen Fürstin Orbelian den anmutigen Nationaltanz, die Lesghinka, tanzt, ist Daniel, der Sultan von Jelissui. Die ganze Damenwelt betrachtet seine schöne Gestalt, seine leichten Bewegungen mit Freude und Wohlgefallen; die gläubigen Moslem aber sehen zornigen Blickes auf ihn und – dieser eine Tanz hat ihn Land und Thron gekostet!

Ich hatte versprochen, ihn in Jelissui zu besuchen, und unterwegs erfuhr ich, daß sein Volk ein furchtbares Blutbad angerichtet, die Russen aus dem Lande gejagt und daß Sultan Daniel seine Zuflucht zu Schamyl genommen habe, dessen Erster Naib er noch jetzt ist.

In meiner Geschichte der kaukasischen Kriege und in meinem Epos »Ada, die Lesghierin« findet der Leser ausführlichere Notizen über diese Vorgänge.

Wir steigen jetzt herab aus den prachtvollen Sälen des Sadaarpalastes, um zu sehen, wie sich das Volk auf den Straßen belustigt. Denn in Tiflis gibt es keine geschlossenen Lokale zur Belustigung der arbeitenden Klassen.

Nicht einmal Kaffeehäuser findet man hier wie in Konstantinopel und Smyrna.

Die Duchans (Schenken) sind ganz kleine Winkelkneipen, welche nur von ärmeren Leuten besucht werden und gerade Platz genug bieten für den Duchantschik (Schenkwirt), seine Weinkrüge und einige Kunden.

Weinkrüge sage ich, weil der Wein in Georgien nicht in Fässern, sondern in Krügen aufbewahrt und in Burduks (Schläuchen), inwendig mit Naphtha bestrichen, transportiert wird. Diese Krüge ähneln in Gestalt den etruskischen und kommen an Größe unseren Weinfässern gleich.

Besonders in Kacheti, dem eigentlichen Weinlande, findet man solche in die Erde gemauerten Krüge von ungeheurer Weite und Höhe. Die deutschen Einwanderer sind hierin, wie in allem, dem Brauche der Heimat treugeblieben und bewahren ihren Wein in Fässern auf.

Die eigentlichen Volksvergnügungen sind: der Dsherrid (das bekannte Scheinturnier), der Faustkampf, das Strickspiel, der Tanz und die Jagd.

Der Dsherrid und der Faustkampf, wobei die meist breitschultrigen und hochgewachsenen Georgier eine staunenswerte Kraft und Gewandtheit des Körpers entwickeln, wurde während meines Aufenthaltes in Tiflis von der russischen Regierung verboten, angeblich, weil zu häufig Verwundungen dabei vorfielen, in der Tat aber aus demselben Grunde, welcher früher das Turnen bei uns zu einem strafbaren Vergnügen machte.

Die beiden erstgenannten kriegerischen Ergötzlichkeiten wurden immer auf freiem Felde vor den Toren der Stadt unter Zudrang der ganzen kampffähigen Männerwelt, mit Einschluß der Fürsten und Vornehmen des Volkes, abgehalten.

Das Strick- oder Prügelspiel hingegen ist ein bloßes Straßenvergnügen der ärmeren Volksklasse. Die Spielenden teilen sich in Verteidiger und Angreifende. Von den Verteidigern hat jeder zwischen den weit ausgestreckten Beinen einen dicken, etwa drei Ellen langen Strick liegen, welchen die anderen ihm durch List oder Gewalt zu entreißen suchen.

Die über den Stricken Stehenden wissen jedoch ihren Schatz so hartnäckig und ausdauernd zu verteidigen, daß die Angreifenden eine Menge Rippenstöße und Fußtritte davontragen, ehe sie, nach langem Ringen, zum Ziele kommen.

Haben sie sich jedoch endlich der Stricke bemächtigt, so steht ihnen das Recht zu, denen, welchen sie dieselben entrissen, den Rücken damit zu gerben, was denn auch auf die unbarmherzigste Weise, obschon unter lautem Gelächter von beiden Seiten, geschieht.

Sind alle Stricke geraubt, so geht das Spiel von neuem an, indem die verteidigende Partei sich alsdann in die angreifende verwandelt.

Es wird einem Europäer ganz seltsam zumute beim Anschauen dieses wilden Gezerrs und Geprügels.

Die Georgier vergessen dabei wie beim Dsherrid und Faustkampfe ganz die ihnen scheinbar angeborne Trägheit. Alles ist Leben und Feuer. Die Füße in den hochhackigen, enganschließenden Schnabelstiefeln drehen und heben sich mit unnachahmbarer Schnelligkeit; die großen, meist dunklen Augen rollen spähend nach allen Seiten hin; der schlanke Körper biegt und hebt sich mit wunderbarer Elastizität und die prügelausteilenden, unter weit aufgeschlitzten Ärmeln hervorragenden Arme ergehen sich in den anmutigsten Bewegungen.

Eine andere Belustigung der Georgier besteht darin, daß sie ihre schwarzen Schafpelzmützen (welche sich von den persischen nur dadurch unterscheiden, daß sie nicht so hoch und spitz auslaufen) hoch in die Luft werfen und mit den Köpfen, ohne alle Beteiligung der Hände, wieder fangen, und zwar so geschickt, daß nur in äußerst seltenen Fällen eine Mütze vorbei und zur Erde fällt. Kommt ein solcher Fall doch einmal vor, so hat der Schleuderer und Besitzer der Mütze eine gute Weile das Spottgelächter der Umstehenden für seine Ungeschicklichkeit zu ertragen.

Bei abendlichen Spaziergängen auf dem Awlabar oder nach der vor der Stadt gelegenen deutschen Kolonie Neu-Tiflis hat man auch häufig Gelegenheit, den ganz dem griechischen Choros ähnlichen Lieblingstanz der Georgier zu sehen.

Eine Anzahl Männer bilden einen großen Kreis; jeder legt die Hände auf die Schultern seiner Nachbarn, und so drehen sie sich singend in der Runde umher unter lautem, taktmäßigem Händegeklatsch und Zurufen der Umstehenden.

Die Lieder, welche man bei solchen Gelegenheiten hört, stammen meist aus der alten Zeit und sind gewöhnlich weit wertvoller als die Erzeugnisse der georgischen Kunstpoesie. Z. B. der schmucke Bursch erzählt seinen Freunden, wie er heimkehren wollte abends vom Trinkgelage, wo sie gesessen und sich ergötzt haben an Wein und Gesang, neun volle

Stunden. Warum tranken sie so lange? Dumme Frage! Sie bezahlten nichts dafür, weil die Frau des Wirtes einen Sohn bekommen; und es war große Freude im Hause über den Segen, der der Frau widerfahren, denn sie hatte nur Töchter bis dahin. Und es wurde den Gästen Wein gespendet in Fülle; zehn Tungas roter Kachetiner!

Und als der schmucke Bursch geschwankt kam vor das Haus der Liebsten, fiel er nieder. Und sie stand auf dem Dache und zürnte und schmähete ihn, denn es war niemand in der Nähe. Und er antwortete: »Trunken bin ich, Kind, aber trunken von Liebe!« – »Nein, der Wein hat dich niedergeworfen, du Trunkenbold!« – »So richte mich wieder auf durch die Liebe! Siehe, es war große Freude im Hause der Wirtes, weil die Frau einen Sohn bekommen, denn sie hatte nur Töchter. Und wenn du zürnst über solchen Segen, so wird der Himmel dir wieder zürnen und dir solchen Segen versagen!«

Und sie lächelte und warf ein Kissen vom Dache und verschwand. Wozu braucht man ein Kissen? Um darauf zu schlafen. Wozu warf sie es herunter? Weil das Kissen für ihr Köpfchen zu groß war; es verlangte ihr nach einem anderen Kopf dazu; zwei Köpfe aber auf einem Kissen bedeuten Mann und Frau!

Es muß hier ergänzend bemerkt werden, daß es bei den Georgiern wie bei den Armeniern als böse Vorbedeutung gilt, wenn das erste Kind in der Ehe ein Mädchen ist; ganz unglücklich aber fühlt sich das Ehepaar, wenn mehrere Mädchen aufeinander folgen. Eine Georgierin wagt sich kaum zu zeigen vor den Menschen, wenn sie nur Mutter von Töchtern ist. Wird aber ein Knabe geboren, so ist der Jubel groß, und Festgelage und Schmausereien werden gegeben zur Ehre des Kindes und der Mutter.

Die Tänze des weiblichen Geschlechts (d. h. der Mädchen, denn für verheiratete Frauen gilt das Tanzen hierzulande als etwas höchst Unanständiges) unterscheiden sich wesentlich von denen der Männer.

Entweder tanzt eine junge Georgierin allein auf dem Dache ihres würfelförmig gebauten Hauses zum Klange des Tamburins, welches sie geschickt in die Höhe wirft und wieder fängt, während sie in den anmutigen Bewegungen ihres Körpers gleichsam alle Geheimnisse des Herzens auszudrücken versucht, oder es stellen sich zwei junge Mädchen einander gegen-

Die Terrassen von Tiflis (G. Gagarin)

über und tanzen, ebenfalls zum Klange des Tamburins und von dem Händegeklatsch der umstehenden Zuschauerinnen begleitet, die Lesghinka, den fandangoähnlichen, schon früher beschriebenen kaukasischen Nationaltanz.

Bei festlichen Gelegenheiten bilden sich, während die jungen Männer in einiger Entfernung mit entblößten Füßen und abgeworfenen Oberkleidern im Faustkampf ringen oder übereinander wegspringen, zwei lange Reihen von Tänzerinnen, aus welchen nacheinander einzeln ein paar junge Mädchen vortreten, die eine der anderen – das Tamburin in der Hand und mit niedergeschlagenen Augen – entgegenhüpfend, sie kreisförmig umschwebend und sich in den lieblichsten Fuß- und Armbewegungen ergehend.

Diese Tänze der jungen Georgierinnen gehören zu den liebsten Erinnerungsbildern des Reisenden, dem es vergönnt war, sie bei festlichen Gelegenheiten im Innern des Landes oder in warmen Mondscheinnächten auf den Dächern der Häuser von Tiflis zu sehen.

Die Vergnügungen der georgischen Männer sind alle mehr oder weniger lärmender Natur, sei es nun, daß sie sich singend im Tanze drehen, sich am Strickspiel, Mützenwerfen oder Faustkampf ergötzen, im kriegerischen Reiterspiel den Dsherrid schleudern oder beim Trinkgelage sitzen und das silberbeschlagene Büffelhorn im Kreise herumgehen lassen. Das Trinken bildet am Ende doch der Georgier liebstes und vornehmstes Vergnügen, und sicher tun sie's darin allen Völkern des Erdballs zuvor, obgleich man wiederum in keinem Lande so selten einen Betrunkenen sieht wie in Georgien, hauptsächlich wohl, weil der Wein im Lande so billig und gut ist, daß er die Leute vom Schnapstrinken, der Quelle roher Gemütserregungen, abhält. Begegnet man einmal abends einem Betrunkenen in den Straßen von Tiflis, so kann man immer hundert gegen eins wetten, daß es kein weintrinkender Georgier, sondern ein schnapstrinkender Russe ist.

Ich habe schon früher bemerkt, daß die georgischen Trinkgelage gewöhnlich durch Sänger und Sasandare (Spieler der Saß) verherrlicht werden. Diese herumziehenden Sänger lassen sich auch häufig auf den Straßen, öffentlichen Plätzen und besonders auf dem Basar hören und finden allezeit ein zahlreiches und aufmerksames Publikum. Die Lieder, welche sie singen, sind meistens von ihnen selbst erdacht und stehen durchschnittlich etwa auf einer Stufe mit den auf unseren Jahrmärkten abgeorgelten Gesängen. Doch findet sich auch manche poetische Perle darunter, welche die Georgier wohl von dem gewöhnlichen Singsang des Tages zu unterscheiden wissen und im Gedächtnisse bewahren. Da man lyrische Poesie nicht wohl beschreiben, sondern nur durch Beispiele veranschaulichen kann, so lasse ich hier eines der besseren georgischen Volkslieder in möglichst wortgetreuer und sorgfältiger Übersetzung folgen.

Georgisches Lied

Seele, jüngst im Paradies geboren,
Seele, mir zur Seligkeit erkoren,
Seele, der Unsterblichkeit gegeben:
Glück erwarte ich von dir und Leben!

Grüner Frühling, frisch und duftig blühend,
Mond, so hell am reinen Himmel glühend,
Engel, zur Erlösung mir gegeben:
Glück erwarte ich von euch und Leben!

Maid, wie lieblich bist du von Gebärden!
Sieh, kein Welterob'rer will ich werden,
Nur zu dir laß mich den Blick erheben:
Glück erwarte ich von dir und Leben!

Lieblingskind der Schöpfung! makellose,
Wonnevolle frische Bergesrose,
Hin zu dir geht all mein Denken, Streben:
Glück erwarte ich von dir und Leben!

Wenn solches Lied mit Begleitung des Instruments vom Sasandar vorgetragen wird, so singen alle Umstehenden den Refrain, wodurch zuweilen ein Lärm entsteht, wie ihn nur asiatische Ohren zu ertragen vermögen. Während meines Aufenthaltes in Tiflis saß tagtäglich ein alter, blinder georgischer Sasandar – der, wie die meisten seiner Zunft, zugleich Improvisator war – in einer Ecke des großen armenischen Basars und sang dort, bald allein, bald umdrängt von einem Haufen teilnehmender Zuhörer, mit zitternder Stimme seine melancholischen Lieder. Neben ihm auf der Erde lag ein altes Tuch ausgebreitet zum Empfange der kleinen Geldgaben, welche mitleidige Seelen ihm spendeten und welche die einzige Quelle seines Unterhalts bildeten.

Ein ergötzlicheres Bild, als der Anblick dieses armen, blinden Greises bot, fesselte mich einst auf der Rückkehr vom Basar in meine Wohnung. Auf dem Dache eines kleinen, kaum acht Fuß über die Erde emporsteigenden Hauses stand ein Mann, der, ohne sich darum zu kümmern, ob ihm jemand zuhörte, aus Leibeskräften in die Welt hineinsang mit einer Stimme, die einer besseren Schule würdig gewesen wäre, als er durchgemacht zu haben schien.

Ich war schon eine gute Weile sein staunender Zuhörer gewesen, ohne von ihm bemerkt zu werden, als sich plötzlich eine andere, nicht minder kräftige Stimme von der Straße her vernehmen ließ. Wenige Schritte vom Hause entfernt stand ein Mann, der scheinbar in drohender Bewegung nach dem Dache hinaufgestikulierte und dabei Verse sang, deren Inhalt ich leider nicht verstehen konnte, die aber jedenfalls auf den obenstehenden Sänger gemünzt waren, da dieser sofort eine heftige Entgegung vom Dache heruntersang. Das seltsame Duett wurde immer lebendiger und lauter und lockte nach und nach eine Menge Leute in die sonst wenig belebte Gasse. Der Mut und die Sicherheit des unten stehenden Sängers schien mit der Zahl seiner Zuhörer zu wachsen, denn er improvisierte nun mit einer Geläufigkeit und Ausdauer, die seinen Gegner in die größte Aufregung versetzte und ihn lange gar nicht zu Worte kommen ließ. Halb in Verzweiflung, verwandelte der auf dem Dache Stehende seinen Gesang in ein förmliches Gebrüll, fing an zu husten, blieb stecken, wurde verlegen, schlug sich vor die Stirn und stand da in höchst komischer Stellung, mit offenem Munde, gespreizten Beinen und vorgestreckten Armen, unfähig, weiterzusingen, während der untenstehende Sieger und das Volk ihn durch ein weithinschallendes, langanhaltendes Gelächter verhöhnten.

*

Die heißen Bäder von Tiflis spielen zwar im Winter nicht dieselbe Rolle wie im Sommer, wo sie, nach dem Grundsatz, daß Hitze durch Hitze vertrieben werden müsse, als tägliches Abkühlungsmittel gebraucht werden – aber wenigstens einmal in der Woche geht auch im Winter jede Georgierin und Armenierin ins Bad und bringt dann sicher auch die besten Stunden des Tages darin zu. Natürlich sind Vorkehrungen getroffen, um den Frauen in den Bädern störende Begegnungen mit Männern zu ersparen, und es dürfte wohl selten einem Reisenden selbst bei längerem Aufenthalte in Tiflis vergönnt gewesen sein, einen Anblick zu genießen wie Alexander Puschkin, als er zum erstenmal ein georgisches Bad besuchte. »Am Eingange des Bades«, erzählt Puschkin, »saß der Eigentümer, ein alter Perser. Er öffnete mir die Tür; ich trat in ein weites, gewölbtes Gemach, und welch Schauspiel bot sich hier meinen Blicken dar! Mehr als fünfzig Frauen, junge und alte, halb und ganz entkleidete, teils an der Wand stehend, teils sitzend, teils auf den Pritschen liegend, die eine mit An-, die andere mit Auskleiden beschäftigt, füllten das Gemach aus. ›Kommen Sie, kommen Sie‹, sagte der Alte, ›heute ist Dienstag, heute ist Frauentag. Nun, ein großes Unglück ist es übrigens nicht!‹ – ›Durchaus kein Unglück! im Gegenteil!‹ erwiderte ich und blieb noch ein kurzes stehen. Unser Anblick schien auf die Frauen nicht den geringsten Eindruck zu machen. Sie fuhren fort, untereinander zu kichern und zu sprechen, wie in dem Augenblick, da wir eintraten. Keiner einzigen fiel es ein, sich mit ihrer Tschadra zu verhüllen, keine einzige ließ sich im Auskleiden stören. Es kam mir fast vor, als wäre ich den Frauen unsichtbar geblieben. Viele unter ihnen waren in der Tat herrlich und bewahrheiteten die Verse Thomas Moores in seiner Lalla Rookh:

> – a lovely Georgian maid,
> With all the bloom, the freshen'd glow
> Of her own country maidens looks,
> When warm they rise from Teflis' brooks.

Dagegen habe ich nie etwas Abschreckenderes gesehen als die alten Georgierinnen: das sind wahre Hexen.«

Die warmen Mineralquellen von Tiflis – alt- und weitberühmt durch ihre heilsame Wirksamkeit gegen Rheumatismen, Flechten, Kontrakturen usw. – entspringen am südlichen Ende der Stadt, wo sie am Fuße des Narikale zwischen den Kalksteinschichten in großer Menge hervorsprudeln und durch messingene Röhren in die steinernen, fast würfelförmig ausgehauenen Bassins der weitausgedehnten, kuppelbedeckten Badehäuser geleitet werden.

Die Temperatur der Bäder ist in verschiedenen, durch Luftwechsel nur wenig beeinträchtigten Abstufungen von 19 bis zu 37 Grad Réaumur. Wer die Bäder nur zu seiner Hauptreinigung benutzt, hat folgende Operation durchzugehen:

Zuerst muß der Badende in ein Bassin – so heiß er es irgend vertragen kann – hinabsteigen und so lange darin sitzen bleiben, bis er sich in starker Transpiration befindet. Dann wird er auf ein Brett, eine Art Pritsche, gelegt und von dem Badediener – wozu man in Tiflis gewöhnlich handfeste Tataren nimmt – so kräftig abgerieben, daß dem Zuschauer solcher Operation angst und bange wird, während der Geriebene sich sehr wohl dabei befindet. Hierauf nimmt der Badediener eine aus feiner Leinwand oder Seide gefertigte, mit wohlriechendem Seifenschaum angefüllte Blase und schlägt damit so lange auf den badenden Dulder los, bis dieser ganz mit Seifenschaum bedeckt ist. Nun fängt das Reiben wieder an, welches bald mit bloßer Faust, bald mit einem grobseidenen Fausthandschuh geschieht, und nachdem der Körper so nach allen Richtungen förmlich durchgeknetet ist, wird er mit lauwarmem Wasser übergossen und von dem Schaume befreit. Der Badediener reckt und biegt an allen Gliedern, Knöcheln und Gelenken, daß der Neuling immer in der Furcht schwebt, das Bein, der Arm oder der Finger, an welchem eben gebogen oder gepackt wird, müsse abbrechen. Der Körper hat aber durch das Transpirieren, den Seifenschaum und das Baden eine solche Geschmeidigkeit erlangt, daß die anscheinend halsbrecherische Operation ganz ohne Schmerz und Gefahr vorübergeht. Zur Vollendung seines Werkes gleitet der Badediener in geduckter Stellung und mit großer Geschicklichkeit den Körper des erst auf dem Bauch und dann auf dem Rücken ausgestreckt Liegenden hinab. Dann wird der Badende noch einmal eingeseift, abgerieben und abgewaschen und verläßt nach einigem Ausruhen das Bad so leicht und wohlgemut, als ob ein neuer Geist in ihn gefahren wäre.

Es muß zum Schlusse hier noch bemerkt werden, daß die Operation nicht immer gerade in derselben Stufenfolge vor sich geht, wie ich sie oben beschrieben habe. Die einen der Badenden und Bader machen es so und die anderen anders. Ich überließ mich beim Eintritte ins Bad immer ganz meinem Schicksale und den starken Armen der Badediener. Und so kam es bei dem einen vor, daß der Anfang mit dem Einsteigen in das Bassin gemacht wurde, während es bei dem anderen geschah, daß man mich erst einseifte, rieb und knetete, bevor man mich in das heiße Wasser hinabsteigen ließ.

Die beiden Hauptpunkte des orientalischen Badens aber: das Reiben und Gliederrenken, blieben immer dieselben. Das längere oder kürzere Sitzen in den Bassins und die höhere oder geringere Temperatur des Wassers ist natürlich auch keinen festen Regeln unterworfen, sondern richtet sich ganz danach, wieviel der Badende vertragen kann.

So fühlt sich zum Beispiel ein Georgier sehr behaglich bei einer Wassertemperatur, die einem an solche Badegenüsse nicht gewöhnten Europäer die Haut verbrennen würde. Wie in allen Dingen, tut auch hier die Gewohnheit viel; nur an das stundenlange Verweilen in den heißen Bädern nach Art der Landeseingeborenen gewöhnt sich der Europäer nicht so leicht.

[...]

Letzte Eindrücke von Tiflis

War ein Aufruf geschehen gen Daghestan,
Zogen die Krieger vom Tal und Gebirg heran,
Des Kaisers Armee vom Russenland,
Die Armenier in flatterndem Kriegsgewand,
Der Tataren rotbärtiger Räubertroß,
Die gepanzerten Reiter von Kachethos;
Die Stämme von Kolchis, vom Ararat
Kamen alle gezogen zur Kyrosstadt.
Und die Horden halten – der greise Sardaar
Reitet auf und ab und mustert die Schar.
Es ertönen die Hörner, die Trommel schallt,
Daß es laut von den Bergen rings widerhallt.
Und auf den Dächern der Häuser stehen
Die Frauen und Kinder – im Morgenwind wehen
Die bunten Gewänder, und manch Auge wird feucht,
Wie's hinab auf die Scharen der Krieger steigt –
Weint die Mutter den Sohn und das Weib den Mann,
Die zu Felde ziehen gen Daghestan …

Es war die letzte Musterung, welche der greise Sardaar (General von Neidhart) in Tiflis hielt. Er wurde abberufen, und nach ihm bezog Graf (jetzt Fürst) Woronzow den Palast der Statthalter vom Kaukasus.

Bald darauf sagte auch ich der alten Kyrosstadt Lebewohl, um durch die Wälder von Kolchis zu pilgern, die Küsten des Schwarzen und Asowschen Meeres zu besuchen, die Krim zu durchwandern und mich dann von Odessa nach Konstantinopel einzuschiffen. Selten, vielleicht nie mehr, hat Tiflis solch zauberischen Glanz, solchen Zudrang von Menschen, solch wunderbare Pracht in seinen Mauern gesehen als während der Festlichkeiten, welche zu Ehren der Ankunft des neuen Statthalters und seiner Familie begangen wurden.

Suchen wir, um uns das Ganze besser zu veranschaulichen, noch einmal einen raschen Gesamtüberblick von Tiflis zu gewinnen.

Zwischen kahlen, aus Kalkstein und Tonschiefer aufgeschichteten Bergen, welche nur gegen Norden und Süden eine Öffnung lassen, dehnt sich die unregelmäßig gebaute Stadt in einem vom Kur (Kyros) durchschlängelten Tale aus, solchergestalt, daß alle Hauptstraßen, Plätze und größeren Gebäude auf der rechten Seite des Stromes liegen. Gegen Süden lehnt sich die Stadt an einen etwa 400 Fuß über den Wasserspiegel des Kyros aufsteigenden, von Südwesten herlaufenden Hügelrücken, welcher die mächtigen Ruinen der uralten Festung Narikale trägt. Im Westen ist der höchste Punkt der schon oft genannte Mta-Zminda oder heilige Davidsberg, der sich 1050 Fuß über die Kurbrücke erhebt und demnach eine absolute Höhe von 2150 Fuß hat, da das Kyrostal hier (nach dem sehr genauen Nivellement, welches Parrot mit Herrn von Behaghel von Tiflis bis zum Schwarzen Meer gemacht) 1100 Fuß über der Meeresfläche liegt.

Nach allen Seiten steigen würfelförmig gebaute Häuser, bald einzeln, bald in unregelmäßigen Gruppen, die Berge hinan, und überall fällt der Blick auf strotzendes Gartenland.

Gewährt so Tiflis schon an und für sich durch seine malerische Lage eine reiche Abwechslung fesselnder Bilder, um wieviel mehr, wenn es sich im Festschmucke zeigt! Das herrlichste Wetter begünstigte die Festlichkeiten. Die Straßen waren trocken und der Himmel heiter. Alle Häuser der wohlhabenden Einwohner waren behangen mit kostbaren Stoffen, alle Basars mit reichen Teppichen ausgelegt, alle Straßen mit Blumen bestreut. Einige Fontänen waren mit blutrotem Wein gefüllt, was besonders bei abendlicher Beleuchtung ein zauberhaftes Farbenspiel erzeugte.

Am blendendsten aber war das Schauspiel in der Hauptstraße der Stadt, wo der Sardaar seinen Einzug hielt. Nur in Rom während des Karnevals habe ich Ähnliches gesehen. Auf den Dächern, auf den Balkons und Galerien leuchtete Kopf an Kopf aus den schönen Gewändern hervor. Jedes Haus war zu einem Piedestal lebender Bilder, jedes Fenster zum Rahmen der Schönheit geworden.

Strahlender als alle übrigen aber war dein Antlitz, Julia, du wonniges Wesen! Du warst ein Fremdling in diesem Lande, aber die Töchter des Gebirges beneideten dich um deine Schöne, und sie nannten dich »die Rose vom Kaukasus«. Und nie haben zwei so kleine Füße soviel Schönheit, Tugend, Hoheit und Anmut getragen als deine Füßchen!

Blick auf Tiflis (M. J. Lermontow)

Wir werfen einen flüchtigen Blick auf die festliche Abendbeleuchtung der Stadt und nehmen dann Abschied auf immer.

Ganz Tiflis schien in ein Feuermeer verwandelt; alle Berge in der Runde schienen zu flammenden Vulkanen geworden; die Erde atmete warm; auf allen Plätzen brannten bengalische Feuer; auf allen Dächern loderten Fackeln; schimmernde Lampenreihen durchzogen die Stadt in allen Richtungen gleich blitzenden Perlenschnüren, und dazwischen wandelten die leichtfüßigen Töchter von Tiflis in luftigen Gewändern und die stattlichen Männer des Gebirges im silbernen Waffengeschmeide.

Das schönste Märchen der Tausendundeinen Nacht kam dieser Wirklichkeit nicht gleich. – Jetzt scheiden wir von Tiflis, und in wenigen Tagebuchblättern erzähle ich euch meine Erlebnisse auf der Reise zum Schwarzen Meere.

Wanderung zu den Ländern am Schwarzen Meere

Von Tiflis bis Mtzchetha bieten die Hügelketten, welche den Weg begrenzen, einen ziemlich einförmigen und kahlen Anblick. Von dort bis Gori zeigt sich schon eine reichere, mannigfaltigere Vegetation, und man fährt zwischen frühlingsbunten Hügelreihen und üppig bewachsenen Fluren, welche nur hin und wieder durch kahle, wüste Flächen unterbrochen werden.

Von der Herrlichkeit der alten Hauptstadt ist jetzt nichts mehr zu sehen; nur einige zeitverwüstete Ruinen, eine schöne, gut erhaltene Kirche und etwa hundert von armen Georgiern und Armeniern bewohnte Häuser zeigen die Stelle, wo sie gestanden. Wie in der Geschichte, so auch in den Sagen und Liedern des Volks spielt Mtzchetha eine große Rolle.

Hier ist der Schauplatz des durch meine Übersetzung in Deutschland bekanntgewordenen Gedichts von Lermontow: »Der Tscherkessenknabe«.

Interessant war es mir, in bezug auf die alten Trümmer des

Mtzchetha (A. A. Wereschtschagin)

Schlosses von Mtzchetha unter dem Volke eine Sage zu finden, wovon die meisten Völker Europas Analoges aufzuweisen haben. Sie erzählt von einer schönen, buhlerischen Königin, welche vorzeiten das Schloß bewohnte und durch List oder Gewalt die jungen Wanderer, die des Weges zogen, zu sich lockte und, wenn sie ihrer frechen Lust gefrönt, die Betrogenen von den Zinnen der Veste hinabstürzen ließ in der Aragua Flut. Ein grusischer Dichter hat die Sage poetisch bearbeitet: das Gedicht ist zu lang und weitschweifig, als daß ich es hier ganz wiedergeben könnte; ich werde nur einige Strophen davon anführen:

»Zu der Schneegebirge Füßen,
Grusiens alter Hauptstadt nah,
Wo die gelben Ströme fließen,
Kyros und Aragua,
Steht ein Schloß – zerstört, zerfallen
Längst im Sturmesschritt der Zeit;
Doch noch zeugen seine Hallen
Von vergangner Herrlichkeit,
Und noch blüht im blum'gen Duft es
Um der Mauern grauen Kreis,
Aus den schatt'gen Bäumen ruft es,
Ruft es laut und flüstert's leis.
Nur zur mitternächt'gen Stunde
All der bunte Zauber weicht,
Atmet's schaurig in der Runde;
Der Gesang der Vögel schweigt …«

Dann beschreibt der Sänger die böse Bewohnerin des Schlosses und wie sie fortlebte im Fluche des Volkes:

»Schön war sie – doch ihre Schöne
nie ein liebend Herz gewann;
Jung war sie – doch Grusiens Söhne
Sahen sie mit Schaudern an …«

Nachdem er darauf lebhaft ihren frevelhaften Lebenswandel geschildert, läßt er ihr die Strafe auf dem Fuß folgen. Sie verliebt sich nämlich in einen Mann, welcher trotz allen Versprechungen und Drohungen ihre Liebe unerwidert läßt. Der Dichter malt ihn also:

»Groß und schön sind Grusiens Söhne,
Aber nie betrat ihr Schloß
Je ein Mann, den solche Schöne,
Solcher stolze Mut umfloß.«

Und bei seinem Anblick steigen Gefühle in ihrem Herzen auf, die sie nie gekannt; reuezerknirscht sieht sie zurück auf ihr fluchbeladenes Leben und verspricht an der Hand ihres neuen Geliebten, auch in einem neuen Leben zu wandeln. Aber der weist sie kalt zurück und erwidert ihre Anträge mit stolzer Verachtung. Sie kämpft einen langen Kampf; endlich trägt ihr Stolz den Sieg davon, und sie weiht den jungen, unerbittlichen Grusier einem furchtbaren Tode. Der Dichter fährt fort:

»Wird sich nie ein Rächer finden,
Der dem Frevel Halt gebeut
Und sie straft für ihre Sünden?
Doch der Rächer ist nicht weit,
Kennt nicht Gnade noch Verzeihung:
Selber rächt die Liebe sich,
Nimmer duldet sie Entweihung,
Ihr Gericht ist fürchterlich!«

Die Königin findet nach dem Tode ihres Geliebten nicht Ruhe mehr; die alte Liebe taucht wieder auf mit all ihrer Macht und verfolgt sie wie ein drohender Schatten. Und die Gewissensbisse, der Sünde peinigende Kinder, foltert sie Tag und Nacht, bis die Lebensmüde endlich durch ihren Tod die strafenden Mächte versöhnt.

*

Gori, unser erster Anhaltspunkt, ist eine Stadt von nur ein paar tausend Einwohnern (die Garnison ausgenommen, welche sich auf 5000 Mann beläuft), aber für jemanden, der grusisches (georgisches) Leben und Treiben kennenlernen will, der wichtigste Punkt des Königreiches.

In Tiflis ist das russische Element schon seit zu langen Jahren vorherrschend gewesen, als daß die armenische und grusische Bevölkerung dieser Stadt von seinem Einfluß hätte frei bleiben können. In Gori ist dies weniger der Fall, weshalb sich auch hier die Eigentümlichkeiten und Sitten des Volkes in größerer Reinheit erhalten haben. Wir waren gezwungen, hier bis zur Durchreise der Gräfin Woronzow, welche in diesen Tagen erwartet wurde, zu verweilen, da auf den Stationen alle Pferde für die Gräfin und ihr Gefolge in Bereitschaft gehalten werden mußten.

Die Reisenden in den russischen Landen befinden sich immer in einer mißlichen Lage, wenn auf dem Wege, welchen sie zu machen haben, zufällig irgendeine hohe Person erwartet wird. Man muß in einem solchen Falle zuweilen ganze Wochen lang vergeblich auf Pferde warten. In dem europäischen Rußland ist dem Übel leichter abzuhelfen, da man dort fast überall bei den Bauern Mietpferde findet, welche man freilich oft mit dem Dreifachen des gewöhnlichen Preises bezahlt, dafür aber auch der Unannehmlichkeit überhoben wird, die Zeit nutzlos auf den ungastlichen Stationen zu vergeuden.

Von dem Oberst Kapioff, Chef des hier stehenden Regiments, wurden wir mit großer Freundlichkeit aufgenommen, wie sich überhaupt Gastfreundschaft noch in hohem Grade bei den Russen findet. Da das Haus des Obersten der Vereinigungspunkt der vornehmeren Gesellschaft von Gori ist, so hatten wir Gelegenheit, einige der vielgepriesenen Schönen der Stadt etwas genauer kennenzulernen. Zudem hatte der Oberst die Güte, heute morgen mit uns ein paar Fürstinnen in ihren Wohnungen zu besuchen; wir wurden jedoch nur von der jungen Fürstin Martha Eristaff empfangen, deren anmutiger Wuchs und üppiges Haar in ganz Georgien berühmt sind.

Der Oberst gebrauchte die Vorsicht, ehe er mit uns zur Fürstin fuhr, sich eine Stunde vorher bei ihr anmelden zu lassen, »denn«, sagte er kundig lächelnd, »eine schöne Georgierin zeigt sich nie den Augen eines Fremden, wenn ihr nicht Zeit gelassen wird, erst gehörig Toilette zu machen und besonders Schminke aufzulegen«.

Es ist hier, deucht mir, der Platz, noch einige ergänzende Worte über die weltberühmte Schönheit der Georgierinnen zu sagen. In Europa denkt man sich gewöhnlich unter einer Georgierin ein hohes, schlankes Wesen von üppiger Leibesgestalt, in weite, reiche Gewänder gehüllt, mit dichtem, schwarzem Haar, lang genug, um alle Männerherzen damit fesselnd zu umschlingen, mit freier, edler Stirn und ein paar Augen, welche alle Geheimnisse von Sinnen- und Seelenlust in ihren dunklen, rätselhaften Zauberkreis festbannen. Ihr Gang ist Wollust.

Freude geht vor ihr her, und Bewunderung folgt ihr. Die Blumen, die sie zertritt, blicken noch sterbend lustzitternd empor und senden der Schönen opfernd ihren Duft nach.

Mit solchen Ideen kommen die Fremden gewöhnlich nach Georgien und – finden sich seltsam enttäuscht. Die Reisenden, welche mit so hochgespannten Erwartungen das durch Geschichte und Sage mit einem Nimbus umgebene Wunderland betreten, bleiben entweder hartnäckig bei ihrer vorgefaßten Meinung, oder sie gehen flugs zum anderen Extrem über und finden alles schmutzig, häßlich, ekelhaft, zum Entsetzen. Die Wahrheit liegt in der Mitte. Das Volk der Georgier ist, im ganzen genommen, unleugbar eines der schönsten Völker der Erde. Aber obgleich ich ein großer Verehrer von Frauen bin, muß ich doch hier den Männern unbedingt den Preis vor dem anderen Geschlecht zuerkennen. Hierin stimmen alle diejenigen gebildeten Bewohner Georgiens mit mir überein, welche Auge, Geschmack und unparteiisches Urteil haben. Noch muß ich hinzufügen, daß von jener höheren Schönheit, wo Herz, Geist und Gemüt sich im Auge widerspiegeln, am ganzen Kaukasus, unter Frauen wie Männern, wenig Spuren zu finden. Ich habe so ziemlich alles gesehen, was Georgien von Weibern Schönes in sich schließt, aber kein Gesicht ist mir vorgekommen, das mich ganz befriedigt hätte, obgleich die anmutige Tracht der Bewohnerinnen dieses Landes sehr zur Erhöhung ihrer Reize beiträgt. Es fehlt dem Gesicht ganz jener edlere geistige Ausdruck, welcher schönen Europäerinnen einen so eigentümlichen Zauber verleiht. Diese können noch Liebe erwecken und Herzen gewinnen, selbst wenn die Zeit ihrer Blüte längst vorüber ist; bei einer Georgierin hingegen welkt mit der Jugendfrische alles dahin.

Das Auge, welches von jeher trotz seines scheinbaren Feuers nichts als Ruhe und träge Wollust geatmet, nimmt einen matten Ausdruck an; die an und für sich schon die Schönheitsgrenze etwas überschreitende Nase erscheint infolge der früh einfallenden Wangen in so unnatürlicher Größe, daß viele Leute glauben, sie nehme mit den Jahren wirklich an Umfang zu, und der Busen, welcher hierzulande eben keine versteckte Rolle spielt, nimmt gar zu früh einen schlottrigen Charakter an – lauter Erscheinungen, welche bei Europäerinnen seltener, unmerklicher und in weit geringerem Maße stattfinden. Rechnet man dazu noch die in Georgien bei jung und alt verbreitete

Sitte des Auflegens weißer und roter Schminke, so begreift man, daß solche und ähnliche zu sehr in die Augen springende Toilettenkünste nur schmälernd auf die gute Meinung des Beobachters einwirken können.

Die Wohnungen der Fürsten dieses Landes bieten einem durch europäische Pracht verwöhnten Auge wenig Anziehendes dar. Überhaupt habe ich einen sich in vielen Dichtungen und Reisebeschreibungen oft wiederholenden Ausdruck nie verstehen können; ich meine den Ausdruck: orientalischer Luxus. Wo dieser weitgerühmte Luxus zu finden ist, weiß ich sowenig wie einer von den vielen mir bekannten Reisenden, welche das Morgenland in allen Richtungen durchzogen haben. Die Perser, Tataren und Georgier leben in ihren Wohnungen wie das liebe Vieh; selbst die Häuser der Großen und Reichen unter ihnen können sich mit denen unseres wohlhabenderen Mittelstandes nicht messen.

Die einzigen wertvollen Gegenstände, welche man in den Wohnungen der Reicheren dieser Länder findet, sind schöne Teppiche, Waffen und Kleidungsstücke. Vorzüglich auf letztere wird eine große Sorgfalt verwendet. Die Pracht der Kleider steht in gar keinem Verhältnis zu den engen, schmutzigen, oft ekelhaften Wohnungen.

Wir machten in Begleitung einiger Kosaken einen Ausflug nach dem nur etwa sechzehn Werst von hier gelegenen berühmten Felsenschloß Uphlis-Ziche, wovon Dubois in seinem trefflichen Reisewerk eine genaue Zeichnung und Beschreibung gegeben hat. Eine kürzere, aber nicht minder richtige Schilderung findet man in der alten georgischen Geographie des Zarewitsch (Königssohn) Wachuscht, wo es also heißt: »Über der Ebene von Achurian, auf einem Berge, welcher unten mit dem Felsen von Cwernak zusammenhängt, am Ufer des Mtcwar, liegt Uphlis-Ziche, eine Burg, erbaut von Uphlos, dem Sohn des Karthlos. Bis zu den Zeiten des Tschingis-Chan stand hier eine Stadt; heutzutage sieht man nur noch die Ruinen davon. Die Bauart und Einrichtung des Ganzen war bewunderungswürdig. Es waren große, in den Felsen gehauene Gemächer und Säle; man sah daselbst gleichfalls eine in Stein gehöhlte ungeheure Grotte, welche sich bis Mtcwar hin erstreckte. Östlich davon dehnt sich ein steiler Abgrund aus, wo sich eine Menge in den Felsen gehauene, jetzt unzugängliche Höhlen befinden.«

Von den Gemächern, Höhlen und Grotten sieht man heutigen Tages immer noch genug, um zur Bewunderung des unbeugsamen Willens und der eisernen Kraft hingerissen zu werden, welche dem starren, unwirtlichen Felsen hier Wohnung und Schutz abtrotzten. Die Gemächer sind mit einer Regelmäßigkeit und Kunstfertigkeit gearbeitet, welche in Erstaunen setzen. Die Decken sind mit Bildhauerarbeit, die Wände mit Inschriften verziert. Von der Höhe des Felsens hinab genießt man eine entzückende Aussicht. Doch dies ist eine abgedroschene Bemerkung, welche ebensogut hätte wegbleiben können, da in allen Reisebeschreibungen regelmäßig eine entzükkende Aussicht jeder Berg- oder Felserklimmung folgt.

In dem Saale, wo einst die große Königin Tamar gewohnt haben soll, meckerte bei unserem Eintritt vergnügt eine Herde junger Ziegen. Ähnliches findet der Reisende häufig, wenn er in Georgien oder Armenien die Ruinen der Tempel und Paläste der Vorzeit besucht.

Der Weg von Gori nach Uphlis-Ziche bietet die großartigsten Bilder und die mannigfaltigste Abwechslung dar. Die grusischen Landschaften haben einen besonderen Reiz für mich. Ich sage für mich, da ich eine Menge Leute gefunden habe, welche hier nichts Schönes entdecken können und die grellen, stark ausgeprägten Frühlingsfarben des Nordens dem sanft verschmolzenen Farbenspiel eines grusischen Frühlings vorziehen. Nirgends gewahrt hier das Auge scharfe Umrisse, alles ist so weich, so hingehaucht, farbenunbestimmt. Das eine verliert sich in dem anderen gleich den umrißlosen Farben des Regenbogens, und das Ganze erzeugt mehr eine große, feierliche, als heitere Stimmung. Eine stille Wehmut scheint aus Wald und Gebirg herüberzuwehen; die Natur scheint hier für den Menschen zu denken, bald stumm im ruhigen Glanze des Himmels und der Gletscher, bald laut im Gesange der Vögel, im Murmeln der Wasser, im Rauschen der Wälder.

Kutais

Mein Freund Henry Seymour war von Tiflis aus mein Reisegefährte gewesen in der Absicht, mich bis zum Schwarzen Meer zu begleiten. Indes schon in Gori kam er auf andere Gedanken. Das halsbrechende, unbequeme Fahren in der russischen Telega brachte ihn so außer sich, daß er schwur, niemals wieder einen solchen Marterkasten (wie er das Fuhrwerk nicht ohne Grund nannte) zu besteigen. Da aber seine Diener weit und breit keine bequemere Equipage auftreiben konnten und seine Reisekoffer auf Pferden nicht gut zu transportieren waren, so entschloß er sich, seiner Reiselust in Gori ein Ziel zu setzen, ein Floß zimmern zu lassen und solchergestalt zu Wasser nach Tiflis zurückzukehren; ein unerhörter Gedanke, der aber mit englischer Zähigkeit wirklich ausgeführt wurde.

*

Hinter Gori hatten wir unter großen Schwierigkeiten für uns und unser Gepäck über den hier in drei Arme sich ausbreitenden Kyros zu setzen. Bis Gargarenskaja, der ersten Station auf der Straße nach Kutais, bot sich dem Auge wenig Bemerkenswertes. Von dort aus aber entfaltete sich vor uns eine Pracht und Mannigfaltigkeit der Landschaft, wie sie nur Kolchis mit seinen blühenden, wasserbelebten Tälern, begrenzt von grünen Hügelreihen und massenhaften, wunderlich gezackten Felsen, zu erzeugen vermag. Der Weg schlängelte sich an den reichbewachsenen Borden der Tschcherimella und Quirila hin, in deren hochangeschwollenen, lautrauschenden Wassern die malerisch zerrissenen, quellendurchbrochenen Felsenmauern sich spiegelten. Die Vegetation gibt hier schon einen Vorgeschmack von dem durch Fallmerayer so glücklich benannten, so meisterlich beschriebenen »immergrünen Buschwalde von Kolchis«.

So zauberhafte Eindrücke hatte mir noch keine Reise geboten. Alles Ungemach des Weges wurde darüber vergessen, aller Ärger über die oft unsägliche Schwierigkeit des Fortkommens unterdrückt. Auf der letzten Station vor Quirilskaja (so benannt nach der Quirila) mußte ich drei Stunden warten, ehe es mir gelang, eine alte, schwerfällige Araba mit zwei ebenso schwerfälligen Ochsen zur Fortschaffung meines Gepäcks aufzutreiben. Das von einem dürren, hochgewachsenen Imerier geführte Ochsengespann zog voraus, und ich folgte mit meinem Diener zu Pferde nach. Der Zug bewegte sich aber dank dem schwerfälligen Fuhrwerk so langsam, daß wir volle zehn Stunden brauchten, um die nächste Station zu erreichen, während wir unter anderen Umständen den Weg bequem in zwei bis drei Stunden zurückgelegt hätten.

Spät am Nachmittage, kurz vor einbrechender Dämmerung, waren wir ausgezogen und hatten so die ganze Nacht zu durchwandern. Ich hätte die Reise lieber am Tage gemacht, durfte aber keine Zeit verlieren, um das Schiff nicht zu verfehlen, welches mich von Redut-Kale weiterführen sollte. Anfangs war ich sehr mißgestimmt darüber, diesen mit Naturschönheiten so gesegneten Teil des kolchischen Wunderlandes in nächtlicher Weile durchziehen zu müssen. Und wie jede Mißstimmung immer ganze Schwärme trüber Gedanken nach sich zieht, so drängte sich in Kopf und Herzen alles zusammen, was ich in den letzten Monaten Bitteres erfahren und Törichtes getan hatte. Kaum vernarbte Wunden brachen wieder auf, qualvolle Erinnerungen stürmten auf mich ein. Ich ließ den Kopf hängen und war sehr traurig. Plötzlich schien es mir, als würde es hell um mich. Ich hob die Augen empor: Aus den Bergen war der Mond aufgestiegen, anfangs leicht von zerrissenen Wölkchen umschleiert, dann in seiner ganzen Glorie strahlend. Die Wellen der Tschcherimella schimmerten wie Diamanten, die Felsen und Bäume warfen lange Schatten ins Tal. Wem würde es gelingen, die Zauber einer kolchischen Mondnacht zu malen! Ein Blick auf diese weichen Licht- und Schattenbilder um mich her, und mein Herz war so leicht und meine Stirne so klar, als wäre nie ein Wölkchen darüber hingezogen.

Die feierliche Stille der Nacht wurde durch nichts unterbrochen als durch das Rauschen der schimmernden Wellen zu unserer Rechten und das Murmeln und Plätschern der links von den hohen Felswänden stürzenden Quellen. Ich grollte dem Führer nicht mehr, daß er seine Ochsen so langsam trieb; ich war selig im Genusse des Schönen um mich her und hätte dieser Nacht die Dauer eines Jahres geben mögen. Alle trüben Erinnerungen waren verschwunden und nur heitere Bilder dafür an die Stelle getreten.

Aber schnell, wie es hell geworden war, wurde es auch wieder dunkel. Dicke Regentropfen scheuchten mich auf aus meinen Träumereien, und bald strömte es so heftig vom Himmel herab, daß das Wasser durch Kleider und Koffer drang. Fünf volle Stunden hatten wir den Regen (der noch den ganzen folgenden Tag hindurch anhielt) zu ertragen, ehe wir ein schützendes, wenn auch schmutziges Obdach erreichten. Sobald wir unsere Kleider getrocknet hatten und die Straße wieder einigermaßen befahrbar geworden war, setzten wir unsere Reise fort und erreichten nach drei Stunden Kutais, die Hauptstadt des alten Königreichs Imerien (Imerethi).

*

Kutais, an beiden Seiten des Rion (Phasis) gelegen, zeichnet sich durch sein herrliches Klima, sein gutes Wasser und seine anmutige Lage aus. Rosen, Krokus, Azaleen blühen im Winter unter freiem Himmel. Die Umgegend ist aller Naturreize voll, welche Wasser, Wälder und Berge zu erzeugen vermögen.

Die Einwohner von Kutais, deren Zahl sich ohne die Garnison auf 2–3000 beläuft, sind ein Gemisch von Imeriern, Armeniern, Juden und Russen; hin und wieder sieht man auch einige Türken und Griechen. Die Haupterwerbsquelle der Stadt ist Handel.

Die imerischen Häuser unterscheiden sich durchaus von den würfelförmig gebauten Steinhütten der Georgier und nähern sich in ihrer Bauart mehr unserem Geschmack. Sie sind klein, von Holz, mit breiten, oben spitz zulaufenden Dächern.

Seit der letzte König von Imerien, Salomon II., im Jahre 1810 dem Andrange der Russen erlag und aus seinem Land flüchten mußte, ist dieses kleine Königreich zu einer russischen Provinz geworden und Kutais der Sitz eines russischen Landhauptmanns, der von hier aus zugleich Gurien, Mingrelien und Abchasien verwaltet.

Die Hauptzierden der Stadt sind der von uralten riesigen Linden beschattete Boulevard und der weite Marktplatz, an welchem die umfangreichen Gebäude der russischen Behörden und des Gymnasiums stehen.

Kutais ist reich an malerischen Ruinen aus der alten Zeit. Doch wird bald nichts mehr davon übrig sein, da die Trümmer der alten Kirchen und Klöster von den Russen als Material zu neuen Bauten benutzt werden. Einen besonders großartigen

Die Ruinen der Bagrati-Kirche (M. Tschernetzow, 1830)

Anblick gewähren die Ruinen der seit alters berühmten Burg von Kutais, welche einen am anderen Ufer des Rion steilansteigenden, die Stadt beherrschenden Berg krönen. Dubois hat in seinem trefflichen Reisewerk eine ins einzelne gehende Beschreibung all dieser Altertümer gegeben.

In seiner Gesamtheit macht Kutais einen ziemlich modernen Eindruck und bietet (abgesehen von den Naturschönheiten, welche den Rahmen der Stadt bilden) keinen so großartigen Anblick wie Gori, wo alles jenen grauen, altertümlichen Anstrich trägt, der gefällt, ohne zu blenden, der zum Nachdenken anregt und unwillkürlich Auge und Geist zurückruft in das Dunkel vergangener Jahrhunderte.

Nach der Angabe des Kreishauptmanns zählt Imerethi heute 200000 Einwohner, worunter sich 5000 Fürsten und ungefähr 11000 Edelleute befinden! Diese Zahlen mögen genügen, eine Idee von der heutigen imerischen Aristokratie zu geben und besonders die hiesige Bedeutung des Titels »Fürst« etwas anschaulicher zu machen.

Die Adeligen dieses Landes sind, mit wenigen Ausnahmen, nicht reich, sondern nur etwas weniger arm als die übrigen. Wie ich mehrfach auf der Herreise von Beamten und Offizieren gehört habe, soll die Volksarmut in den letzten Jahren noch bedeutend zugenommen haben, besonders infolge von Überschwemmungen und daraus entspringenden Mißernten. Im Dezember vorigen Jahres trat die Quirila aus ihren Ufern und überströmte das ganze umliegende Land, wodurch eine förmliche Hungersnot erzeugt wurde. Man zeigte mir noch auf den letzten Stationen vor Kutais die Spuren der Verwüstung, welche sich nicht allein in verödeten Äckern und Gärten, in umgerissenen Zäunen und Häusern, sondern auch in schrecklichen Zügen auf dem Angesicht der Menschen kundtat.

Die Folgen so unglücklicher Ereignisse müssen um so dauernder und furchtbarer sein in einem Lande, wo der Ackerbau noch auf einer so niedrigen Stufe steht wie hier. Die Einwohner Imerethis wissen so wenig Vorteile aus dem reichen und fruchtbaren Boden ihres Landes zu ziehen, daß selbst in günstigen Jahren der Ertrag ihrer Äcker kaum zur Befriedigung ihrer dringendsten Bedürfnisse ausreicht. Schon seit langen Jahren halten sich eine Menge Imerier in Tiflis auf, wo sie als Lastenträger ihren Unterhalt verdienen. Der Imerier lebt, wie die meisten Völker des Orients, nur für den Augenblick, ohne sich um die Zukunft zu kümmern. Bei alledem ist er gut, ehrlich und gastfrei. Diebstahl und Räubereien sind etwas Unerhörtes in diesem Lande, wo man mit der vollkommensten Sicherheit reist. Friedlich zu Hause, ist der Imerier furchtbar im Kriege, und die Miliz dieses Volkes hat sich immer durch ihre Tapferkeit in den Feldzügen der Russen gegen die Bergvölker ausgezeichnet. Bei allen Sitten- und Charakterschilderungen übrigens muß man immer eine Ausnahme mit den Leuten machen, welche in großen Städten oder an der großen Heerstraße wohnen, denn dort findet man überall Spitzbuben und gewissenloses Gesindel.

Die Haupt- und Lieblingsspeise der Imerier wie auch der Mingrelier und Abchasen ist das Gomi, eine Art Hirsebrot, für europäische Zungen fast ungenießbar. Sonstige Lieblingsgenüsse des Volkes sind Wein und Tabak, welche das Land im Überfluß hervorbringt. Den Tabak finde ich gut, aber der Wein ist schlecht; wahrscheinlich weil ihn die Leute nicht zu behandeln wissen. Übrigens wird hier wie in allen christlichen Ländern des Kaukasus allgemein so viel Wein und so wenig Wasser getrunken, daß ich mehr als einmal den Ausruf der Verwunderung gehört habe: »Er trinkt Wasser wie Wein!«. Gerade wie man bei uns umgekehrt sagt: »Er trinkt Wein wie Wasser!«

Nichts ist schwieriger, unsicherer und undankbarer als die

Würdigung eines solchen in der Übergangsperiode stehenden Volkes. Alles ist hier unstet, flüchtig, stets wechselnd; nirgends findet man allgemeine, farbenbestimmte Umrisse, auf welche man bei Darstellung des einzelnen fußen könnte, und das Urteil des Reisenden, welcher bei seinen Betrachtungen den ersten Eindrücken folgt, ohne die Geschichte zur Basis zu nehmen, muß ein sehr ungünstiges und schwankendes werden. Am schwierigsten wird die Betrachtung bei allen fremden, dem russischen Zepter unterworfenen Völkern, deren Zivilisierung Rußland unternommen hat, denn hier drängt sich dem unbefangenen Beobachter unwillkürlich die Frage auf: Sind die Russen, welche selbst noch auf einer so wenig Anerkennung findenden Stufe der Bildung stehen, auch schon befugt und berufen, andere Völker zu zivilisieren?

Bis jetzt haben die Georgier durch ihre Berührung mit den Russen nichts gelernt, als eine für ihr Land unzweckmäßige Kleidung zu tragen, statt der bloßen Finger Messer und Gabeln beim Essen zu gebrauchen, auf Stühlen und Bänken zu sitzen, ohne die Beine unterzuschlagen etc. Trotz allen von der Regierung angelegten Schulen und Anstalten wird noch ein ganzes Jahrhundert vergehen, ehe wahre Bildung in diesem Lande Wurzel schlagen und dem Volke eine höhere Richtung geben kann. Alle auf einer niederen Kulturstufe stehenden Völker sind wie Kinder und nehmen von den sich ihnen zu Lehrern aufdringenden Völkern erst alles Sonderbare, Auffallende an, ehe wahrhaft Nützliches bei ihnen Eingang findet; sie müssen gleichsam erst alles Schlechte durchmachen, um zum Guten zu gelangen. Und eine solche Kulturschule kann erst nach Jahrhunderten zu erfreulichen Resultaten führen: in der ersten Zeit werden die Lernenden immer scheinbar verlieren, da ihnen anfänglich unmöglich Ersatz für die Opfer, welche sie bringen, geboten werden kann, denn die größte Einfachheit kann nur durch die größte Feinheit der Sitten aufgewogen werden; alles Dazwischenliegende, einen Übergang Bildende steht weder dem einen noch dem anderen gleich.

Von Imerien nach Mingrelien

Wir beschleunigten unsere Abreise von Kutais und ritten die Nacht durch, um Redut-Kale, den nächsten Hafen am Schwarzen Meere, möglichst schnell zu erreichen, von wo uns der russische Kriegsdampfer »Kolchis« die Tscherkessenküste entlang nach Anapa und von dort nach Kertsch führen sollte. Zu jener Zeit bestand noch keine regelmäßige Verbindung zwischen der Küste von Kolchis und den übrigen Küsten des Schwarzen Meeres. Nur einmal monatlich umfuhr ein von Kertsch kommender Kriegsdampfer das von russischen Forts beherrschte Gebiet der Ostküste bis zur türkischen Grenze, d. h. bis zur Festung St. Nikolaus, wo der Tscholok mündet und von hier aus die Scheidelinie zwischen dem türkischen und dem russischen Kolchis zieht. Mit Empfehlungen versehene Reisende wurden auf diesem Dampfer weiterbefördert, wenn sie das Glück hatten, ihn gerade in Redut-Kale, wo er nur wenige Stunden, höchstens einen halben Tag, anlegte, zu treffen. Anderenfalls mußten sie vier Wochen auf die Wiederkehr des Dampfers warten oder sich der Gnade griechischer Barkenführer anvertrauen, die sich ihre Dienste immer mit Gold aufwiegen ließen.

Von Kutais bis zur nächsten Station kamen wir leidlich schnell vorwärts. Bald aber stellten sich uns außer den durch Überschwemmungen unterwühlten und gänzlich verdorbenen Wegen noch andere Schwierigkeiten des Fortkommens entgegen. Es fehlte in den Dörfern sowohl an Fuhrwerk wie an Lasttieren, um unser Gepäck weiterzuschaffen. Nach unsäglichen Mühen gelang es uns endlich, einen elenden Karren und ein paar schwerfällige Ochsen aufzutreiben, deren bloßer Anblick mir alle peinlichen Gefühle wieder vergegenwärtigte, die frühere Ochsenfahrten in mir erzeugt hatten. Wer einmal in den Ländern des Kaukasus mit Ochsen gefahren ist, wird es gewiß nicht zum zweiten Male versuchen, wenn sich irgendeine andere Möglichkeit des Weiterkommens findet; und wer diese entsetzliche Geduldsprobe nie durchgemacht, kann sich keinen Begriff bilden von der Langsamkeit und Schwerfälligkeit, mit welcher ein kaukasisches Ochsengespann sich von der

Stelle bewegt, und von der ermüdenden Langeweile, die den Reisenden dabei überschleicht. Die trägen, halsstarrigen Ochsen müssen von ihrem rauhstimmigen Führer durch Hiebe und wunderliche Kehllaute zu jedem Schritt aufgestachelt und ermuntert werden; sobald das Schreien und Prügeln aufhört, bleiben sie wie angewurzelt stehen.

Da uns aber keine Wahl gelassen war, so mußten wir uns schon zu dem Ochsenfuhrwerk als dem einzigen Transportmittel für unser Gepäck bequemen und unseren guten Pferden Gewalt antun, um mit dem schwerfälligen Gespann gleichen Schritt zu halten. Das war noch schwerer, als ich gedacht hatte. Es ist herrlich, auf schnellfüßigem Roß die Steppe zu durchfliegen, gleichsam mit den Wolken um die Wette zu jagen; aber entsetzlich ist es, auf schnellfüßigem Rosse mit schwerfälligen Ochsen in Langsamkeit wetteifern zu müssen. Ich hielt es nicht lange aus und zog vor, abzusteigen und mein Pferd am Zügel führen zu lassen. Bei mäßigem Schritt gewann ich bald einen bedeutenden Vorsprung und konnte mich so allein an den durch Hügel, Wald und Wasser gebildeten reichen Naturschönheiten um mich her mehr erfreuen, als in der Nähe des knarrenden Ochsengespanns mit seinem unaufhörlich schreienden Führer möglich war. Aber auch dieser Genuß sollte mir bald verleidet werden. Von der Seite her, wo der Phasis (Rion) bei Kutais aus den von der Gewalt des Stromes zerrissenen Jurakalkfelsen in schmalem Bette hervorbraust, zog sich dunkles Sturmgewölk über unseren Köpfen zusammen, so daß es Nacht wurde, noch ehe die Tageszeit zu Ende war.

Immer schwärzer und größer ballten sich die Wolken über uns, bis sie sich endlich in einem furchtbaren Gewitter entluden. Der Donner rollte, als wäre die Erde aus ihren Fugen gegangen, die Blitze schossen bald in wunderlichem Zickzack, bald wie riesige Feuerschlangen vom Himmel herab und zeigten uns auf Augenblicke das schönheitsreiche Land um uns her in blendendem Farbenspiele. Dann aber stürzte ein wolkenbruchähnlicher Regen herab, der etwa eine halbe Stunde lang mit solcher Heftigkeit anhielt, daß wir trotz aller Kleidungsvorsicht alle bis auf die Haut durchnäßt wurden und auf dem überschwemmten Wege weder vor- noch rückwärts konnten.

Zum Glück verlief sich das Wasser bald wieder weit genug,

um die Fortsetzung unserer schwierigen Reise zu ermöglichen. Da weder ein Unterkommen zu finden noch an Kleidungswechsel zu denken war, so schlugen wir uns durch, so gut es gehen wollte, bis wir mit Tagesanbruch ein im Waldesdickicht liegendes mingrelisches Dorf am Ufer des Phasis erreichten. Hier ruhten wir etwas aus und beschlossen, die Reise zu Wasser fortzusetzen.

Eine Barke war bald gemietet; zwei junge, schöne Mingrelier dienten als Ruderer, und ein hagerer Imerier führte das Steuer.

Das Wetter hatte sich vollständig ausgetobt, und der ruhige, warme, sonnenhelle Tag erschien uns nach der kalten, stürmischen Nacht um so erquicklicher und wonniger. Hatte sich in der Nacht wieder unwillkürlich in der Erinnerung alles zusammengedrängt, was ich je Trübes im Leben erfahren, so riefen jetzt, als ich behaglich ausgestreckt, von der Sonne durchwärmt in der Barke lag, meinem Tschibuk den wohlriechendend Rauch des feinen mingrelischen Tabaks entlockend, die unbeschreiblich schönen Bilder um mich her auch nur Schönes und Herrliches in meiner Erinnerung hervor.

Schon der bloße Gedanke beseligte mich, auf dem Phasis zu fahren, dem sagengeheiligten Strome, der auch Phryxus, Jason und die Dioskuren getragen, im Lande des Goldenen Vlieses zu weilen, das die Fürsten von Mingrelien noch heute im Wappen tragen, das kolchische Wunderland zu durchziehen, wo der Palast des Aietes und der Tempel der Leukothea gestanden, wo Kirke gehaust und ihre kräuterkundige Nichte Medea.

Doch genug der alten Erinnerungen! Ich weiß nicht mehr – und euch kann es auch gleichgültig sein zu wissen – welche wundersamen Gedanken meinen Kopf durchschwärmten, als ich in behaglicher Ruhe auf schnell dahingleitendem Kahne durch die Wälder von Kolchis den Phasis hinabfuhr, dem Schwarzen Meere zu.

Nur das weiß ich noch, daß dieser Tag einer der schönsten meines Lebens war. In buntem, bezauberndem Farbenspiel zogen an uns vorüber die frühlingsgrünen Hügel und die immergrünen Wälder von Kolchis, in einer Vegetationsfülle von solcher Kraft und üppigen Mannigfaltigkeit, daß mir alles, was ich bis dahin von Busch- und Baumwuchs gesehen hatte, dürftig dagegen erschien. Die Natur hat hier nirgends eine Lücke gelassen; alles ist dicht verwachsen und ausgefüllt. Das hohe saftige Gras und die würzigen Kräuter und Blumen verhüllen vollständig den unteren Teil des hohen Gebüsches, dessen rings ineinander verschlungenes Laubwerk wieder bis in das Laub der höchsten Bäume hinaufragt, so daß alles von unten bis oben eine einzige undurchdringliche grüne Wand bildet, und selbst wo vereinzelte Riesenbäume aus dem Dickicht hervortreten, sind sie von der Wurzel bis zur Krone ganz von Schlingpflanzen umwunden und eingehüllt.

Hin und wieder lugte, wenn wir in der Nähe mingrelischer Dörfer vorüberfuhren (die aus leichtgebauten, einstöckigen, durch Bäume getrennten hölzernen Häusern bestehen), ein schwarzäugiges, neugieriges Mädchengesicht durch das dichte Gebüsch, zog sich aber schnell zurück, sobald es sich von uns bemerkt sah.

Vor uns auf ragten himmelhoch und durchsichtig die im reinsten Sonnenglanz schimmernden Schneekuppen des Kaukasus. Hier der Frühling in reicher, warmer, alles verhüllender Blütenpracht; dort der Winter in nackter Schöne und kalter Majestät.

Das trunkene Auge wußte nicht, ob es vor-, rück- oder seitwärts schauen sollte, so wetteiferten von allen Seiten die Bilder an Schönheit und Farbenglanz. Mir zur Seite kauerte mein georgischer Diener und sang mit zitternder Stimme ein Lied aus der alten Zeit: wie der alte König Wamek eine junge Abchasierin geliebt, die er von einem Kriegszug mit heimgebracht, und wie sie ihm untreu geworden und er sie ertränken ließ im Schwarzen Meer.

*

Um nach Redut-Kale zu gelangen, mußten wir vom Phasis, der seine Quellen in den südlichen Ausläufern des Elborus hat, Imerien und Mingrelien durchzieht und bei der Festung Poti ins Schwarze Meer fällt, in die durch einen Flußarm damit zusammenhängende Chopi einbiegen, die auf den südlichen Abhängen der Gebirge entspringt, welche Suanethi von Mingrelien scheiden, und bei Redut-Kale mündet.

Redut-Kale, seit 1820 von den Russen gegründet, ist der elendeste aller Hafenplätze, die ich im Leben gesehen. Die Stadt – wenn anders der armselige, schlecht befestigte Ort diesen Namen verdient – besteht aus drei Häuserreihen, welche durch die Chopi und eine lange, beinahe fußdick mit Kieselsteinen überworfene Straße voneinander getrennt werden. Die Häuser

Landung eines Kommandanten in Redut-Kale (G. Gagarin)

sind alle von Holz gebaut und größtenteils in schlechtem Zustande, unansehnlich von innen und außen.

Die Einwohner, ungefähr 1500 an der Zahl, bilden ein Gemisch von Griechen, Türken, wenigen Russen und Armeniern.

Solange Redut-Kale ein Freihafen war (bis 1832), galt es für den belebtesten aller Häfen an der Ostküste des Pontus; jetzt aber sieht hier alles wie abgestorben aus. Zwischen den Wundern der Tiefe des Schwarzen Meeres und den immergrünen Wäldern von Kolchis liegt die aschgraue, einförmige Häusermasse mit ihrer kahlen Umgebung wie der Gegensatz zu einer Oasis in der Wüste.

Trotzdem hat es nicht an phantasiereichen Reisenden gefehlt, welche Redut-Kale mit Venedig verglichen haben, weil, wie oben geschildert, die Chopi zwischen zweien der drei Häuserreihen eine Wasserstraße bildet. Der Vergleich paßt etwa ebenso, als ob man irgendein Krähwinkel, welches eine gepflasterte Straße hat, mit Nürnberg vergleichen wollte, weil – hier ebenfalls gepflasterte Straßen zu finden sind.

Nach den örtlichen Verhältnissen zu urteilen, muß dem Beobachter nichts natürlicher erscheinen als der gegenwärtige traurige Zustand von Redut-Kale. Die Lage ist unfreundlich, die Gegend – wegen der vielen Sümpfe in der Nähe – ungesund und der Hafen im höchsten Grade gefährlich und unbequem. Nur ganz kleine Schiffe können hier einlaufen, und auch diese haben oft in bedenklicher Weise mit der Strömung der hier mündenden Chopi zu kämpfen, während größere Fahrzeuge in stundenweiter Entfernung von der Stadt im offenen Meer anlegen und bei stürmischem Wetter im Hafen der benachbarten Festung Poti Schutz suchen müssen.

Und doch war Redut-Kale lange Jahre hindurch der Mittelpunkt der Handelsoperationen zwischen Persien und Europa. Aber seit die Vorteile der Handelsfreiheit verschwunden, haben alle größeren Kaufleute die Stadt schnell wieder verlassen, und die Bevölkerung besteht jetzt vorwiegend aus Krämern und Schiffern, die, soviel ich davon kennengelernt habe, in jeder Beziehung den schlechten Ruf verdienen, in welchem sie stehen. Dazu herrscht hier eine Teuerung und eine Unsolidität des Handels, die alle Begriffe übersteigen.

Der kolchische Urwald und Guria

Das erste, was wir bei unserer Ankunft in Redut-Kale erfuhren, war die niederschlagende Nachricht: das Dampfschiff »Kolchis«, auf welchem wir unsere Reise über das Schwarze Meer machen sollten, sei schon am vergangenen Tage in See gegangen!

So hatten wir denn unsere Abreise von Tiflis vergebens beschleunigt, hatten vergebens unseren Aufenthalt überall abgekürzt, waren vergebens Tag und Nacht mit der Schnelligkeit von Kurieren gereist.

Einige griechische Schiffer, welche sich alsbald eingefunden hatten, um mit uns wegen der Überfahrt zu unterhandeln, machten so unverschämt hohe Forderungen, daß ich ihnen die Tür wies, ohne sie einer Antwort zu würdigen.

Ich suchte mich so gut wie möglich in mein Schicksal zu finden, nahm Seebäder, schrieb Gedichte, las im Homer die Stellen nach, welche auf die Küste von Kolchis Bezug haben, und suchte aus meinem Koffer auch die Argonautenfahrt von Orpheus hervor, der in dem geographisch unauflösbaren Knäuel seiner poetischen Erzählung die Argonauten durch den Mäotischen See in den Tanais und auf diesem Strome in den nördlichen Ozean fahren läßt.

Aber was ich auch tat, um mich gesund und bei guter Laune zu erhalten: kaum hatte ich drei Tage in Redut-Kale zugebracht, als das ungesunde Klima schon anfing, verderblich auf meinen Körper zu wirken, so daß ich mich kurz entschloß, einen kleinen Ausflug, die Meeresküste entlang, in das benachbarte Gurien zu unternehmen. Vergebens suchte mein Wirt, ein habsüchtiger Grieche, mich von meinem Entschlusse abzubringen, indem er seinen Witz in tausend Gründen erschöpfte, um mir wahrscheinlich zu machen, daß in den nächsten Tagen ein Schiff eintreffen werde, mich zu erlösen aus meiner unfreiwilligen Gefangenschaft.

Es ging mir – insofern ich die Ankunft eines mich erlösenden Schiffes als ein Glück betrachten mußte – ähnlich wie jenem Unglücklichen, dem man sagte: »Habe Geduld, das

Glück wird schon kommen!« Worauf er erwiderte: »Das ist möglich, aber ich fürchte, daß es mich nicht mehr antreffen wird!«

Obgleich ich wieder ein Gallenfieber im Anzuge fühlte – eine Krankheit, wovon ich schon in den vorhergehenden Jahren viel zu leiden gehabt –, machte ich mich doch unverzüglich auf den Weg, in der Hoffnung, daß der Schatten der Wälder, die ich zu durchpilgern hatte, das durch die Sonnenglut von Redut-Kale erzeugte Übel im Keime ersticken würde. Und nach wenigen Stunden befand ich mich wieder mitten in der Blütenpracht des schon im vorigen Kapitel flüchtig geschilderten immergrünen Buschwaldes von Kolchis, dieser majestätischen Pflanzenwelt, zu deren Veranschaulichung ich vergebens nach einem passenden Vergleiche suche, denn weder vor- noch nachher habe ich eine ähnliche Größe, Fülle und Frische vegetabilischer Gestaltungen gesehen.

Riesige Eichen, Buchen und Erlen rauschen heimatliche Erinnerungen in uns wach, wie grüne Moscheenkuppeln wölben sich über uns die großblättrigen Kastanienbäume, und wie Kirchtürme steigen die glänzenden Silberpappeln aus dem Waldheiligtume hervor. Der Kirschlorbeer, die Myrte und förmliche Wände von Buchsbaum und Mispelgesträuch drängen sich bis dicht ans Meer. Bis zu den Gipfeln der höchsten Bäume klettert die wilde Rebe empor und läßt ihre Ranken lang herabhängen wie losgerissene Maschen des grünen Netzes, welches den ganzen Urwald umspannt. Lianen, Hopfen, Efeu – kurz Schling- und Schmarotzerpflanzen aller Art, die Diplomaten des Waldes, kriechen von Baum zu Baum, von Zweig zu Zweig, den Boden seiner besten Kräfte beraubend, bloß um alles zu verwirren und zu umstricken. Weder die starke Eiche noch die mächtige Hagebuche, weder der ernste Lorbeer noch die keusche Myrte können sich den Umarmungen dieser üppigen Parasiten entwinden.

Es herrscht hier ein wirres Durcheinander, ein gegenseitiges Drängen und Unterdrücken, ein nutzloses Vergeuden der edelsten Kräfte, daß, wie Naturforscher behaupten, viele Bäume schon vor der Zeit hinsterben, getötet durch ihre schmarotzende Umgebung.

Nur selten betritt eines Menschen Fuß das Innere dieser unwegsamen Waldungen, wo man am Tag nichts hört als das Zwitschern und Singen der Vögel, während zur Nachtzeit eine zahllose Menge von Schakalen ihr unheimliches Gewimmer erhebt.

Die Natur ist hier zur Verschwenderin geworden, aber keiner zieht Nutzen davon, und nur wenige haben Freude daran. Nirgends mehr als hier finden die sinnigen Verse Youngs ihre Bestätigung, wo er von der Natur sagt:

»In distant wilds, by human eye unseen,
She rears her flowers and spreads her velvet green;
Pure gurgling rills the lonely desert trace
And waste their music on the savage race.«

Lebendig gedachte ich oft inmitten dieser strotzenden Pflanzenwelt des fernen Nordens, wo man in verkrüppelten Exemplaren mühsam zieht, was hier, ungepflegt durch Menschenhand, in so übermütiger Fülle gedeiht.

Und doch preise ich glücklicher jene Länder, wo der Mensch im Schweiße seines Angesichts der Natur mühsam abringt, was ihm Nutzen und Freude bringt, als dieses kolchische Wunderland mit seinen grünen Hainen, wo keiner des Segens genießt, den die Erde ihm bietet. Denn dieses Land ist trotz seiner Naturwunder eine Wüste – und die Menschen, die hier hausen, sind trotz ihrer Körperschöne ein verkommenes Geschlecht.

*

Dort wo die kolchische Vegetation sich in wildester Pracht und Fülle entfaltet, zwischen dem Rion und Tscholok, liegt Guria, ein mit allen Reizen der Natur geschmücktes Ländchen, dessen Bewohner seit alters als der schönste Stamm kartwelscher Race gelten.

Die Geschichte dieses Ländchens knüpft sich nur an die Namen der fremden Eroberer, denen es, soweit unsere Kunde zurückreicht, immer unterworfen gewesen. Daher konnte die Bevölkerung trotz der glücklichsten Naturanlagen nie zu einer selbständigen Kraftentwicklung kommen. Denn wo die politische Selbständigkeit und die Sicherheit des Eigentums fehlt, sind Kultur und Wohlstand unmöglich.

Die jetzt unter Türken und Russen geteilte Ländermasse, welcher Gurien ursprünglich angehört, war im grauen Altertume bekannt unter dem Namen Äthiopia, wurde später nach der dort herrschenden Priesterkaste Kolchis und zuletzt nach dem lasischen Volksstamme Lazia oder Lazica genannt.

Lange Zeit wahrten die Herrscher des Landes, welche, zu ohnmächtig, Guria vor fremden Einfällen zu schützen, nur dazu dienten, das Volk mit aussaugen zu helfen, eine gewisse Scheinsouveränität, bis im Jahre 1810 der letzte Guriel, Mamia, notgedrungen sich den Russen unterwarf. Seine ehrgeizige Gemahlin Sophie machte später einige fruchtlose Versuche, mit Hilfe der Türken wieder in den unabhängigen Besitz ihres Ländchens zu gelangen. Diese Bestrebungen dienten jedoch nur dazu, die russische Herrschaft zu befestigen. Durch den für die Türken so unglücklichen Ausgang des Krieges zwischen Rußland und der Pforte wurde Guria dauernd dem Zaren unterworfen.

Das ganze Land zählt auf einem Flächeninhalte von 1800 Quadratwerst nur 18000 männliche Einwohner; die Gesamtzahl seiner Bevölkerung (d. h. Frauen und Kinder eingerechnet, welche bei den russischen Zählungen bekanntlich nicht mitbegriffen werden) würde also die Einwohnerzahl einer Stadt wie Braunschweig nicht übersteigen.

Die im Lande verstreuten Ruinen aus der Perser- und Römerzeit bieten dem Archäologen mannigfaltigen Stoff zu interessanten Forschungen, welche jedoch bei längerem Aufenthalte immer mit Lebensgefahr verbunden sind, da in keinem Teile des Kaukasus tödliche Fieber- und Leberkrankheiten in solcher Furchtbarkeit hausen wie hier.

Der treffliche Dubois de Montpéreux hat das Verdienst, den ausführlichsten Bericht über die Altertümer von Guria gegeben zu haben. Dieser von allen Ausländern den Russen am meisten freundlich gesinnte Reisende kann sich doch nicht enthalten, der Regierung bittere Vorwürfe darüber zu machen, daß sie hier alljährlich so viele Menschen den klimatischen Zerstörungen zum Opfer bringt. »Nie«, sagt Dubois, indem er von der Besatzung von Ponti spricht, »hatte eine Garnison ein so höllenmäßiges Klima zu bekämpfen. Die Soldaten, in das feuchte Delta zwischen dem Rion und dem stagnierenden See Paleastom eingeschlossen, in der Nähe des verpesteten Kanals Nadorta und der noch mehr verpesteten Wälder, die sich zwischen dem Meere und dem See ausbreiten, auf allen Seiten von den stehenden Morästen der Nabada und Pitschora-Moltawska umringt, durch eine fiebererzeugende, verdorbene Luft, von welcher Seite der Wind immer wehte, angesteckt, fielen wie die Blätter, welche der Winterwind mit sich fortweht. Typhische Fieber rissen mit erschreckender Schnelligkeit große Lücken in die Reihen dieser unglücklichen Menschen. Trotzdem hat man den Mut gehabt, eine Kompanie verheirateter Soldaten als Kolonie gerade längs des aus dem See Paleastom kommenden Kanals anzusiedeln – längs jenes Kanals, dessen Wasser so faulig und stinkend ist, daß alles, was sich in ihm befindet, Fische wie Krebse darin sterben und die Ufer bedecken. Ich werde nie den Eindruck vergessen, den jene Militärkolonie auf mich hervorbrachte, als ich um die Mitte Oktober durch dieselbe kam. Ich und mein Diener wendeten die Augen hinweg, um jene Grabgestalten, jene blassen, bleichen Weiber und Kinder nicht zu sehen, so sehr preßte uns dieser Anblick das Herz zusammen.«

Mein Aufenthalt in Guria war von sehr kurzer Dauer, aber nach allem, was ich von den Zerstörungen des Klimas gesehen und gehört habe, kann ich Dubois' Bericht nur bestätigen, der ebensogut auf die übrigen Ortschaften des Landes paßte.

Wenn die russische Regierung eine gleiche Anzahl von Menschen, wie alljährlich durch den nutzlosen Krieg in den Schluchten des Kaukasus ihren Tod finden, dazu verwenden wollte, diese Sümpfe und Moräste zu entwässern, diese Wälder zu lichten und die überall hier verborgenen Naturschätze auszubeuten, so könnten in wenigen Jahren diese Küstenländer in ein Paradies umgewandelt und die Bewohner dem Moskowiterlande enger und dauernder verbündet werden, als das Schwert und die rohe Gewalt es je zu erzwingen vermögen.

Den größten Teil meines Aufenthalts in Osurgethi (der Hauptstadt des Ländchens, einem kleinen, ärmlichen Orte) verbrachte ich im Verkehr mit einem seit dreizehn Jahren in der Verbannung lebenden Polen, den das Schicksal in der Gestalt eines russischen Obersten damals auf kurze Zeit in Dienstangelegenheiten nach Guria geführt hatte.

Unsere Unterhaltung drehte sich hauptsächlich um die russischen Zustände, und L. wußte mir aus seiner reichen Erfahrung eine Menge Züge zu erzählen, die mir manche neue Aufschlüsse über das riesige Land gaben, das ich selbst vor Jahren von einem Ende bis zum anderen durchstreift hatte.

Ich machte bei meinem neuen polnischen Bekannten wiederholt eine Bemerkung, die sich mir schon häufig in früherem

Verkehr mit seinen Landsleuten aufgedrungen hatte: daß die Polen, selbst solche, die in Rußland nichts als Unglück und Elend gefunden hatten, immer mit einer gewissen Sympathie und Anerkennung von der Masse des russischen Volkes sprachen, während die Ausdrücke ihres Hasses und ihrer Rache nur dem Kaiser und seinen Ratgebern galten.

Und als meine feste Überzeugung muß ich es aussprechen – eine Überzeugung, die sich auf langjährige Beobachtungen gründet –, daß, wenn es einmal zum Kampfe zwischen Rußland und Deutschland kommen sollte, die Polen, selbst bei voller Freiheit der Wahl, unbedingt mit Rußland und gegen Deutschland kämpfen würden.

[...]

Giorgi und das Christentum in Rußland

Da mein unfreiwilliger Aufenthalt im kolchischen Küstenland bei der hier herrschenden Teuerung mir einen großen Querstrich durch die Rechnung machte, so hatte ich meinen Diener, unter dessen Hand die Rechnungen immer merkwürdig anschwollen, wiederholt ermahnt, vorsichtig und sparsam zu sein, um mich nicht in Geldverlegenheit zu bringen, indem ich erst bei meiner Ankunft in Odessa wieder Geld aufnehmen könne.

Giorgi war ganz außer sich vor Erstaunen, daß es mit meinen Dukaten auf die Neige gehe. Meine Börse hatte er für so unerschöpflich gehalten wie seinen Witz. »Wo ist nur all das Geld geblieben?«, fragte er kopfschüttelnd.

»Das mußt du am besten wissen«, entgegnete ich, »denn dir ist es alles durch die Finger gegangen! Wer dachte daran, daß in diesen armseligen Ländern solche Teuerung sein würde? Hast du mir nicht bei deinem Kopfe geschworen, als wir zum letzten Mal Abrechnung hielten und ich mich wunderte über die hohen Preise, du hättest in Redut-Kale den griechischen Kaufleuten jedes Huhn mit einem Dukaten bezahlen müssen wegen des Osterfestes? Statt mir das vorher zu sagen, um eine andere Einrichtung möglich zu machen, kommst du mit deinen Klageliedern lange nachdem die teuren Hühnchen alle verzehrt sind! Hast du mir nicht zwei Abbas auf die Rechnung gesetzt für jedes Hemd zu waschen, und sind nicht alle meine Hemden nach dieser Rechnung öfter gewaschen, als ich sie getragen habe? Ist es da ein Wunder, wenn das Geld durch die Finger läuft wie das Wasser durchs Sieb?«

Giorgi sah mich verblüfft an, ohne ein Wort zu erwidern, und verließ dann, rückwärts gehend und die Blicke abwechselnd auf den Boden und auf mich heftend, langsamen Schrittes das Zimmer.

*

Es war am Vorabend meiner Abreise von Osurgethi. Giorgi packte meine Sachen ein, während ich Anstalt traf, mir Tee zu bereiten, ein Geschäft, das ich immer selbst verrichtete, seit es sich einmal ereignet hatte, daß mir Giorgi auf unserer Wanderung durchs Paschalik Achalzich aus Versehen persisches Insektenpulver statt des Tees in den Topf geschüttet und den schönen Tee dafür ins Bett gestreut hatte, um das Ungeziefer des Hauses dadurch fernzuhalten. Verfehlte der Tee seine Wirkung auf das Ungeziefer, so wirkte das ursprünglich für dieses bestimmte Pulver auf mich desto stärker, und geplagt von innen und außen brachte ich eine schreckliche Nacht zu. Ich hatte natürlich gleich beim Trinken gemerkt, daß etwas Absonderliches mit dem Tee vorgefallen sein mußte, aber schrieb es anfangs der starken Beimischung von Rum zu, bis ich zufällig der Sache auf den Grund kam.

Doch kehren wir von dieser kleinen Abweichung zurück zu unserer Geschichte. Giorgi zeigte sich bei dem Einpacken so zerstreut und schnitt so demutsvoll-verlegene Mienen, wie ich Ähnliches früher nie an ihm bemerkt. Alle Augenblicke machte er sich um meine Person zu schaffen und sah mich dann immer so verlegen an, als ob er etwas Schweres auf dem Herzen habe und doch nicht wage, damit herauszurücken.

Ich hatte die Kanne vom Roste genommen, um mir Tee einzuschenken, wobei ich mich statt einer Tasse meines großen Reisebechers bediente, und eben wollte ich den Trank an die Lippen bringen, nachdem ich den überheißen Topf auf den Tisch gestellt, als Giorgi auf den Kohlenbehälter zustürzte und mit ängstlicher Hast die Kanne wieder auf den Rost setzte. »Aga! Aga! was haben Sie gemacht?« rief er in klagendem Tone. »Wie viele arme Kinderseelen mag der Teufel (scheitan) jetzt schon auf dem Roste verbrannt haben!«

War mir der Mensch schon den ganzen Tag hindurch rätselhaft vorgekommen, so wußte ich doch in jenem Augenblick am allerwenigsten, was ich aus ihm machen sollte.

»Giorgi, bist du nicht recht bei Sinnen?« fuhr ich ihn an, »was hast du mit der Teekanne zu tun, warum bleibst du nicht beim Einpacken?«

Statt aller Antwort schüttelte er ernst den Kopf und hielt die Kanne mit der Hand auf dem Roste fest.

Nach vielen Fragen kam ich endlich der Sache auf den Grund und erfuhr (was nach Giorgis Voraussetzung jedes Kind wissen müßte), daß nach dem Aberglauben der Armenier niemals ein Eisen über das Feuer gelegt werden dürfe, ohne daß etwas darauf gestellt werde, weil sonst der Teufel das Recht habe, die Seelen der Kinder darauf zu verbrennen.

»Woher weißt du das denn?« fragte ich ihn weiter, begierig, den Ursprung dieses seltsamen Aberglaubens zu erforschen.

»Verlassen Sie sich darauf! Verlassen Sie sich darauf!« rief er, in sichtbarer Verlegenheit, wie er den Respekt vor mir mit meiner Unwissenheit in Einklang bringen sollte. »Warum erzeugt der Hasenschwanz Schlaf, wenn er unter das Kissen eines Kindes gelegt wird? Warum gibt das Wolfsauge Mut jedem, der es trägt? Wer kann den Schleier heben vom Buche der Geheimnisse? Reibt eine Frau mit Wolfsfett ein, und sie wird unfruchtbar werden, und ihr Mann wird nie wieder den Arm des Verlangens nach ihr ausstrecken – reibt sie mit der Galle des Wolfes ein, und sie wird gesegnet werden, und ihr Mann wird ihr nie untreu werden. Wir wissen, daß dem so ist, aber wir wissen nicht, warum.«

»Ich frage dich auch nicht, warum dem so ist, ich frage dich nur, woher du es weißt?«

»Das lernt sich wie essen und trinken! Was man von Vater und Mutter gehört, vergißt sich nicht leicht wieder, und wenn man auch noch so weit umher kommt in der Welt, wie es mein Schicksal gewesen. Die alten Frauen sind nicht mundfaul in Armenien, und wenn ich Ihnen alles erzählen wollte, was mir aus der Kindheit im Gedächtnis geblieben, die Geduld würde Ihnen bald ausgehen, es anzuhören. Ich sollte ja eigentlich auch ein Wartabed (Gottesgelehrter) werden, aber es kam etwas dazwischen, und da ging ich auf Reisen und bin auf Reisen geblieben bis auf den heutigen Tag. Gute Herren habe ich immer gefunden und Essen und Trinken und auch wohl einen Sparpfennig für meine alten Tage; aber wenn ich das gewußt hätte, Aga, es wäre nicht so gekommen – nein, Aga, ich hätt's wahrhaftig nicht getan, wenn ich gewußt hätte –«

»Wenn du was gewußt hättest?« fragte ich neugierig.

»Daß – seien Sie nicht böse! – daß – Sie kein reicher Mann sind.«

Das Eis war gebrochen, und in viel freierem Tone fuhr er mit gewohnter Geschwätzigkeit fort.

»Ich will Ihnen alles gern wiedergeben! Es kommt mir nicht darauf an. Ich weiß auch nicht, wie ich bei Ihnen dazu gekommen bin, aber es war mir so in der Gewohnheit aus früherer Zeit, wo es immer flott herging, wenn ich nach Teheran, Tauris, Moskau oder zur Messe nach Makariew (Nischny-Nowgorod) kam. Meine Herren waren reiche Kaufleute, die viel draufgehen ließen, und besonders der letzte, der alte Tomamschew von Tauris, nahm es nie sehr genau, wenn er ein gutes Geschäft gemacht hatte. Bei dem alten Herrn habe ich einmal in einem Winter dreihundert Silberrubel verdient.«

»Dreihundert Silberrubel in einem Winter?« unterbrach ich ihn etwas ungläubig.

»Ja, Herr! in einem Winter, und zwar in einer einzigen Woche«, fuhr er in sehr sicherem Tone fort. »Es war in der Maslenitza in Moskau. Mein Herr hatte in dem großen Traktir auf der Maraseka mit anderen Kaufleuten bis spät in die Nacht hinein gezecht und mehr getrunken, als nötig war. Skurjätin, ein alter Kaufmann, der die Zeche bezahlen mußte, war so benebelt, daß er kaum auf den Beinen stehen konnte und daß mein Herr sich veranlaßt fühlte, ihm einen Platz in unserem Schlitten anzubieten, um ihn vor den großen Unannehmlichkeiten zu wahren, denen Trunkene in russischen Städten durch die Polizei ausgesetzt sind.

Der Iswoschtschik (Kutscher), der während des langen Wartens unten auch wohl ein Glas zuviel getrunken haben mochte, setzte seine Pferde so in Tritt, daß wir gleich am Anfang unserer Fahrt beim Einbiegen in die Straße neben der Börse umschlugen und allesamt in den Schnee stürzten, wie das so oft bei den Moskowiter Schlittenfahrten vorkommt.

Dem alten Skurjätin fiel bei der Gelegenheit seine dicke Brieftasche aus dem Kaftan; ich hob sie auf und überreichte sie ihm. Anstatt mir jedoch dafür zu danken, überschüttete er mich mit Schimpfworten und warf mir die Brieftasche an den Kopf. Ich wollte sie nun selbst einstecken, aber mein Herr, der trotz aller Trunkenheit für dergleichen immer ein scharfes Auge hatte, befahl mir, ihm die Brieftasche zu geben, er wolle sie aufbewahren bis morgen. Darauf steckte er sie in seinen Pelz. Kaum waren die beiden Alten unter großen Anstrengungen wieder in den Schlitten gestiegen, als sie einer nach dem anderen einschliefen. Der Weg, den wir zu fahren hatten, war weit. Ich konnte dem Drange der Neugier nicht widerstehen, einen Versuch zu machen, die Brieftasche noch einmal in meine Hand zu bekommen, um zu sehen, was darin war. Der Versuch gelang. Und da ich einmal einen Blick hineingeworfen und eine Menge Banknoten darin entdeckte, so nahm ich einige davon heraus, verbarg sie in meinem Kaftan und steckte darauf die Brieftasche wieder in den Pelz meines Herrn.

Ich fühlte wohl, daß ich Unrecht getan, aber es freute mich, dem alten, reichen Skurjätin, der mich immer so derb anfuhr, einen Possen zu spielen, und dann wäre ja auch ohne mich seine Brieftasche ganz verlorengegangen; ich hatte sie ihm gerettet und glaubte, eine Belohnung dafür zu verdienen, die ich mir gleich selbst nahm, um ihrer gewiß zu sein.

Vor Skurjätins Hause machten wir halt. Ich weckte den Alten und sorgte dafür, daß er in sichere Obhut kam. Als wir eine Viertelstunde später in unserer Wohnung anlangten, war mein Herr durch den Schlaf, die Kälte und die lange Fahrt wieder ganz frisch geworden. Ich selbst machte ihn aufmerksam, die beigesteckte Brieftasche nicht zu vergessen. Er nahm sie aus dem Pelze und legte sie samt seiner eigenen Brieftasche in ein vor seinem Bette stehendes Kästchen, worin er sein Geld zu verschließen pflegte.

Kaum waren wir am folgenden Tage aufgestanden, als Skurjätin ganz außer sich zu meinem Herrn ins Zimmer stürzte (wo ich eben mit den Vorbereitungen zum Frühstück beschäftigt war) und sich erkundigte, ob wir seine Brieftasche nicht gefunden hätten, die er bei der nächtlichen Fahrt verloren haben müsse. Es seien eine Menge wertvoller Papiere, Wechsel und Banknoten darin enthalten.

›Ich habe sie selbst zu mir genommen und der Vorsicht wegen verschlossen‹, sagte mein Herr, indem er die Brieftasche aus dem Kästchen nahm und sie Skurjätin überreichte.

Unter tausend freudigen Danksagungen nahm dieser den geretteten Schatz entgegen, überzählte schnell den Inhalt, und sein Gesicht umdüsterte sich ein wenig, als er mit dem Durchblicken der Papiere fertig war. Ich hörte, wie er vor sich hin murmelte: ›Sollte ich das Geld woanders hingelegt haben?‹ Darauf empfahl er sich, ohne weiter etwas zu sagen.

Ich war den ganzen Tag über mit Gängen und Besorgungen in der Stadt beschäftigt, und als ich abends nach Hause kam, fand ich meinen Herrn in sehr übler Stimmung. Ich erfuhr bald die Ursache seiner Gemütsbewegung. Skurjätin war wieder bei ihm gewesen, um über die fehlenden Banknoten Rücksprache zu nehmen. Tomamschew, der seiner Meinung nach die Brieftasche bis zum letzten Augenblick ungeöffnet in Verwahrung gehabt hatte, fühlte sich durch die Äußerungen Skurjätins beleidigt und wies nach einem heftigen Wortwechsel seinem Geschäftsfreunde die Türe.

So standen die Sachen, als ich nach Hause kam. Mir war sehr angst bei der Geschichte; ich fand jedoch einigen Trost darin, daß kein Verdacht auf mich gefallen war und daß bei einem Bruche zwischen den beiden der Schaden immer auf seiten Skurjätins blieb, der von meinem Herrn viel Geld verdiente und deshalb alles daransetzen mußte, um wieder anzuknüpfen.

Ich begegnete ihm am folgenden Tage auf dem Basar in der Kitaisky Gorod. An der ganz besonderen Freundlichkeit, womit er mich begrüßte, merkte ich bald, daß er etwas im Schilde mit mir führte. Er reichte mir die Hand, bat mich, ihn ins Traktir zu begleiten, um einen kleinen Imbiß zu nehmen, und war des Lobes voll über meine vortrefflichen Eigenschaften.

Nachdem wir ein gutes Glas Wein zusammen getrunken hatten und ihm die Zunge geläufig geworden war, rückte er mit der Sprache heraus. Erst sagte er, wie leid es ihm tue, daß ein so unglückliches Mißverständnis zwischen ihm und meinem Herrn entstanden sei; das unerklärliche Verschwinden der fehlenden Banknoten habe ihn zwar sehr geschmerzt und augenblicklich in schlechte Laune versetzt, aber am Ende sei doch der Gegenstand nicht so erheblich, um einen Bruch zwischen alten Geschäftsfreunden zu rechtfertigen; er wollte gern das Doppelte verlieren, wenn er seine alte Verbindung mit Tomamschew wiederherstellen könnte. Und nun machte er mir geradezu den Antrag, ich sollte mich stellen, als hätte ich das Geld heimlich beseitigt; für diesen Freundschaftsdienst bot er mir eine erkleckliche Summe, und für den Fall, daß ich den Dienst darüber verlieren sollte, wollte er mir eine andere, noch einträglichere Stelle verschaffen.

Erst stellte ich mich entrüstet über den Antrag, ging aber bald darauf ein, als ich sah, daß es ihm Ernst damit war. Den scheinbar leichteren Ausweg, zu sagen, er habe das Geld nachträglich gefunden, wollte er um jeden Preis vermeiden, denn er kannte die große Genauigkeit meines Herrn, der eine solche Unordnung schon an und für sich als Grund zum Bruche angesehen haben würde.

Ich warf mich dem alten Tomamschew zu Füßen und machte ihm ein so rührendes Geständnis meiner Sünde, daß der gute Herr mir alles verzieh. Bald war auch die Freundschaft mit

Skurjätin wiederhergestellt, und nach Abzug der Unkosten für die Absolution beim Priester blieben mir gerade dreihundert Silberrubel übrig als Gewinn bei dem Geschäfte.«

»Du bist mir ein schöner Spitzbube!« rief ich, als Giorgi seine Geschichte geendet. »Aber hast du denn gar keine Gewissensbisse mehr, nachdem der Priester dir die Absolution erteilt?«

»Nein«, entgegnete er sehr gelassen, »wozu hätte ich sonst das schwere Geld ausgegeben?«

Ich machte ihm noch einige andere ins Gewissen redende Bemerkungen, aber er antwortete sehr kurz darauf. Der einzige Zweck seiner Erzählung war gewesen, mir zu beweisen, daß er Gelegenheit genug gehabt habe, sich ein Stück Geld zu verdienen, und daß es ihm kein zu großes Opfer sei, mir das zurückzuerstatten, was er, in dem Wahne, ich sei ein reicher Mann, mir zuviel auf die Rechnung geschrieben.

Natürlich ließ ich mich nicht darauf ein, so sehr er auch bat und flehte; aber von jenem Tage an reiste ich beispiellos wohlfeil und hatte ebensooft Gelegenheit, mich über die Billigkeit der Lebensmittel usw. zu wundern, wie früher über das Gegenteil.

*

Ich habe diese Geschichte mit einiger Ausführlichkeit wiedergegeben, da sie einen Blick tun läßt in die Gefühls- und Gedankenwelt einer ganzen Menschenklasse, deren Kenntnis mindestens ebenso wichtig ist als die Kenntnis seltener Steine, Vögel und Pflanzen. Man kann Giorgi als Repräsentanten derjenigen Armenier seiner Bildungsstufe betrachten, welche mit den Russen in längeren und näheren Beziehungen gestanden haben.

Die landestümlichen Sitten und Gebräuche, welche seit Jahrhunderten die Stelle der Gesetze vertraten, verschwinden vor den fremden Eindringlingen, ohne daß etwas Besseres dafür geboten würde. Die Unterschiede im Guten werden verwischt, und das Schlechte wird verallgemeinert, wie das Unkraut überall leicht fortwuchert, während die Blumen und Fruchtbäume sorgfältiger Pflege bedürfen.

Diese Pflege können die Russen nicht ausüben, weil sie ihnen selbst nie zuteil geworden ist. Sie können die ureinwüchsigen Übel und Laster der Völker nur vermehren, ohne ihnen ein sittliches Gegengewicht zu geben. Das einzige, was sie mitbringen in die eroberten Länder, sind neue Zwangsmittel des alten Zwangsstaates, neue Formen des Betruges, der Lüge und des Mißbrauchs der Kirche zu polizeilichen Zwecken.

Veranschaulichen wir kurz das Gesagte an den beiden uns hier zunächst liegenden Ländern Georgien und Armenien, denen der Kaiser bisher für alle ihnen abgedrungenen Opfer nichts anderes hat bieten können als einen französischen Frack und die russische Sprache.

Was ist diesen Leuten damit gedient, daß sie, um nach dem herrschenden Vorurteil einen Anstrich von Bildung zu erlangen, in Kleider und Handschuhe von französischem Zuschnitt hineingezwängt werden auf Kosten ihres malerischen Nationalkostüms?

Was ist ihnen ferner damit gedient, sich ihrer eigenen Sprache und Sitte zu entäußern, um russische Sprache und Sitte dafür anzunehmen?

Sowohl die georgische wie die armenische Literatur kann sich der russischen so ziemlich gleichstellen. Was die Russen hier Neues zu bieten haben, gehört (außer ihrer Poesie) ursprünglich nicht ihnen selbst an, sondern ist den Deutschen, Engländern und Franzosen entlehnt.

Soll russische Gelehrsamkeit etwa die Vermittlerin zwischen diesen Ländern und dem klassischen Altertum spielen? Ein einziger Blick in den Katalog der alten Bibliothek von Etschmiadsin genügt, um zu zeigen, daß dies unnötig ist.

Wie die Armenier eine vortreffliche Bibelübersetzung hatten, ein halbes Jahrtausend bevor die Russen etwas vom Christentum wußten, so hatten sie auch Übersetzungen und Nachbildungen der alten Klassiker, lange bevor das Zarentum aus den Trümmern der Republik Nowgorod emporwuchs, ein Grab der Kultur der alten und eine Geißel der neuen Welt.

Oder meint ihr etwa, Rußland habe den Ackerbau, den Handel, die Gewerbe, die Industrie Georgiens und Armeniens gefördert?

Nur wenige der Landeskinder finden in Werkstätten ihr Brot, aber viele finden auf dem Schlachtfelde ihren Tod.

Der Ackerbau erinnert noch an die Urzustände menschlicher Tätigkeit und wurde nur hin und wieder von solchen Statthaltern gefördert, welche, wie Fürst Woronzow, eine Privatliebhaberei daraus machten.

Von den Gewerben blühen nur diejenigen, welche die Werkzeuge des Krieges, Waffen und Rüstungen, liefern.

Und wie kann dem anders sein in Ländern, wo seit mehr als einem halben Jahrhunderte alle menschliche Tätigkeit im großen nur auf Kampf und Zerstörung gerichtet war und die Verdienste der Menschen nur berechnet werden nach der Zahl ihrer Mitmenschen, die sie getötet.

Die Künste des Friedens lieben den Lärm des Krieges nicht und fliehen verscheucht zurück vor Kanonendonner, Schlachtdrommeten und Roßhufgestampf.

Was bleibt nach dem Gesagten den Eroberern noch übrig, zum Heil dieser Länder zu tun?

Wer aufmerksamen Blickes und Ohres das weite Zarenreich, das drei Weltteile umstrickende, durchwandert und dann die Summe seiner Betrachtungen zieht, dem schaudert bei dem Gedanken an die Geschichte, welche dieser Länderkoloß noch zu erfüllen hat.

Wer an der bevorstehenden Erfüllung dieser Geschicke zweifelt, kennt die Geschichte und kennt Rußland nicht.

So unterschieden von Ursprung und Interesse die bunt zusammengewürfelten Horden auch sein mögen, welche dieses Riesenreich bilden, es gibt ein gewaltiges Band, das sie alle zusammenhält: die byzantinische Kirche! Wer nicht hineingehört, wird hineingezwängt, und ehe das kommende Jahrhundert beginnt, werden alle Bewohner Rußlands eines Glaubens sein.

Schon jetzt umschließt jenes große Netz, dessen Maschen die Newa und die Wolga, der Don und der Dnepr, der Kyros und der Araxes bilden, eine vorwiegend christliche Bevölkerung, in deren Mitte die verstreuten islamitischen Stämme, die Nachkommen der Goldenen Horde, sich wie Tropfen im Ozean verlieren.

Welch eine wundersame Fügung des Schicksals, daß Rußland, dessen Regierungsprinzip den diametralen Gegensatz christlicher Satzung bildet, gerade das Christentum zum Eck- und Schlußstein seiner Macht gestalten muß! Und eine nicht minder wundersame Fügung des Schicksals ist es, daß der Zar überall, wohin er seine weitausgreifenden Arme streckt, christliche Anhaltspunkte findet, an welche er die Schicksalsfäden der von ihm künstlich zerstreuten Bekenner des Islams knüpfen kann: Armenien zu den Füßen des Ararat und Georgien zu den Füßen des Kaukasus!

Welcher Art aber ist dieses Christentum, das so viele Millionen Menschen zu einem großen Ganzen zusammenschmilzt und ihnen als Triebfeder dient zu Kraftäußerungen, welche über kurz oder lang der alten Welt eine neue Gestaltung geben werden?

Folgt mir einen Moment in das russische Mutterland, um einen flüchtigen Blick auf die dort herrschenden religiösen Zustände zu werfen.

Seht jenen armen Soldaten, der, müde und hungrig vom langen Marsche, erst sein Gebet verrichtet, bevor er Speise zu sich nimmt und die Ruhe sucht. Er zieht ein kleines Heiligenbild aus der Tasche, spuckt darauf und wischt es ab mit dem Ärmel seines Rockes; dann setzt er es nieder auf die Erde, kniet davor hin und bekreuzigt sich und küßt es in frommer Andacht.

Oder tretet sonntags mit mir in eine der düsteren, bildergeschmückten russischen Kirchen. Wenn nicht schon die Kleidung der Anwesenden die Standesunterschiede bezeichnete, ihr würdet diese Unterschiede erkennen an der Art und Weise, wie ein jeder sein Kreuz schlägt.

Betrachtet zunächst jenen vornehmen Herrn, der vor dem wundertätigen kasanschen Muttergottesbild stehenbleibt, sich leicht verbeugt und andeutungsweise bekreuzigt. Ins Deutsche übersetzt würde die Mienensprache dieses Herrn etwa folgendermaßen lauten: Ich weiß, daß dies alles nur ein frommer Wahn ist, aber man darf den Leuten kein Ärgernis geben, sonst geht alles Ansehen verloren. Würde das Volk sich länger für uns plagen, wenn es den Anweisungen nicht mehr traute, die wir ihm auf die Freuden des Himmels ausstellen lassen?

Nun sehet jenen kaftanbekleideten, feisten Kaufmann, der verschmitzten Blickes und sicheren Schrittes auf den Priester losgeht, um seine Seele von den Schachersünden der vergangenen Woche befreien zu lassen. Er kennt den Priester und weiß, daß ein gutes Stück Geld bei diesem eine gute Stätte findet; darum geht er so sicher, in dem Bewußtsein, die ganze Sündenrechnung in Bausch und Bogen abmachen zu können. Und wie die Absolution vorüber ist, stellt er sich vor das wundertätige Heiligenbild hin und schlägt so gewaltige Kreuze, daß vor dieser Arbeit auch die letzten Skrupel seiner Seele verschwinden müssen.

Betrachtet jetzt jenen armen Bauern, der demütig zur Pforte

hereinschleicht und sich scheu umsieht in den weihrauchdurchwölkten Hallen. Es ist des Glanzes, der Pracht zuviel für den armen Schelm. Gott, denkt er, was ist der Kaiser doch für ein gnädiger Herr, daß er so schöne Kirchen bauen läßt für uns arme Teufel! Gott segne den Kaiser! Und dann schleicht er schüchtern auf irgendein Heiligenbild los, wo der goldene Grund und die braunen Farben am grellsten kontrastieren und wirft sich nieder davor und schlägt mit der Stirne die Erde, daß die langen Haare ihm weit übers Gesicht fallen, und er mühet sich so ab im Körperverbeugen und riesigen Kreuzschlagen, bis er nicht mehr kann vor Erschöpfung. Denn je ärmer der Mensch in Rußland, desto größer das Kreuz, das er schlägt und trägt.

*

Wir verlassen Osurgethi bei Sonnenaufgang und werfen einen letzten Rückblick auf das blühende Land und dessen Gebirgsketten, die es durchziehen und umragen.

Der Morgen ist ruhig und frisch. Über dem dunklen Grün um uns her schweben weiße, weithin verschwimmende Streifen, die immer lichter und durchsichtiger werden, je weiter der Tag herabsteigt. Im Norden die schneebedeckten Kuppen des wildzerklüfteten Kaukasus! Schon ergießt es sich über die Höhen des Elborus wie ein Feuermeer, und immer weiter steigt's herab und springt in blendendem Farbenspiel von Berg zu Berg, von Fels zu Fels. Wir wenden das staunende Auge nach Süden, den adsharischen Bergen zu, welche Gurien von Anatolien scheiden und uns im frischesten Morgenglanze entgegenschimmern. Von dort lassen wir die Blicke nach Westen schweifen, wo sich das Schwarze Meer in unabsehbarer Weite vor uns auftut, blitzend und leuchtend wie die Sonne selbst. Dahin führt unser Weg.

Aus dem reizenden, mit Mais und Hirse und rebenumschlungenen Bäumen bedeckten Tale, wo Osurgethi liegt, wenden wir uns, dem Laufe des Natanebi folgend, nach St. Nikolaus, einem elenden, hart an der türkischen Grenze auf einer Sanddüne gelegenen Küstenfort, durch nichts bemerkenswert als durch seine schlechte Luft und Lage. Von dort kehren wir über Poti nach Redut-Kale zurück.

Meerfahrt an der Küste von Abchasien

In Redut-Kale wurde mir gleich nach meiner Rückkehr eine Nachricht, welche mich deshalb freudig stimmte, weil sie mir Gelegenheit bot, der ungastlichen Stadt, an welche sich auch nicht eine angenehme Erinnerung für mich knüpft, den Rükken zuzukehren und auf den stürmischen Wellen des Schwarzen Meeres – statt auf einem langwierigen Krankenlager – Erholung von meinem hartnäckigen Unwohlsein zu suchen.

Der Kommandant von Redut-Kale hatte nämlich einen Barkaß (d. i. ein unverdecktes Kriegsboot mit einer Kanone), bemannt mit vierzehn Kosaken unter Anführung eines Chorundshi (Kosakenoffizier untersten Grades), nach der Festung Ardiller an der Küste des Landes der Dshigethen auszurüsten und erteilte mir nebst zwei Leidensgefährten, bestehend aus einem jungen russischen Gardekapitän und dem tapferen Tatarenhauptmann Gjül-Bassar, gern die Erlaubnis, die im Monat April etwas gefährliche Fahrt mitzumachen. Die Zwecke, welche das Reisekleeblatt verfolgte, waren ebenso verschieden wie die Persönlichkeiten, aus welchen es zusammengesetzt war. Der Gardekapitän – ein parfümierter Salonheld – hatte dem die Militärlinie an der Ostküste des Schwarzen Meeres kommandierenden General von Budberg Depeschen vom Oberbefehlshaber zu überbringen.

Gjül-Bassar – jedenfalls die interessanteste Persönlichkeit von uns dreien –, ein auf dem Wege der russischen Zivilisation begriffener Tatar, hatte sich, gelockt durch Titel und Orden, dem in Warschau stehenden muselmännischen Reiterregiment zukommandieren lassen, um im fremden Lande im Glanze friedlicher Straßenparaden Auszeichnungen zu finden, deren Erringung ihm im Schoße der kriegbedrohten Heimat zu schwer geschienen.

Gjül-Bassar (zu deutsch: Rosenhaupt) stand mit seinem blumigen Namen in auffallend wunderbarem Einklang. Sein mit ebenso starken wie zahlreichen Pockennarben übersätes Antlitz sah aus wie eine Sammlung verwetterter Rosenknospen, und seine etwas lang geratene, schwammige Nase glänzte darüber hin wie ein durchsichtiger Behälter, dem alles Blut der abgestorbenen Rosenknospen zugeflossen. Als einzige Waffe trug der Rosenköpfige einen daghestanschen Dolch im Gürtel; die übrigen Mordwerkzeuge: ein Gewehr mit doppeltem Lauf, ein paar gewichtige persische Pistolen und einen langen Tscherkessensäbel hatte er seinem kleinen Diener Jussuf aufgebürdet, dessen winziger, schmaler Körper die Waffenlast mit Mühe zu tragen schien. Das Ergötzlichste an Gjül-Bassar war seine fixe Idee: Warschau liege irgendwo am Schwarzen Meer. Wir ließen ihn ruhig gewähren, nachdem wir vergeblich auf alle Weise versucht hatten, ihn von seinem Irrtum abzubringen, zu welchem ein ihm befreundeter Mullah aus dem Karabagh Veranlassung gegeben hatte.

Es war acht Uhr morgens am 19. April, als wir bei immer noch umwölktem Himmel Redut-Kale verließen. Der Barkaß war flottgemacht, unsere Sachen waren bereits aufgepackt, und die Kosaken standen am Ufer und harrten ihres Führers, sich nach ihrer Gewohnheit die Zeit mit Singen heimatlicher Lieder vertreibend.

Zwölf Kosaken hatten einen Kreis gebildet, der dreizehnte stand in der Mitte und sang mit lauter, gewandter Stimme ein lustiges Lied, dessen letzte Verse jeder Strophe die Umstehenden immer halb schreiend, halb singend wiederholten.

Lied der Kosaken vom Schwarzen Meere

»Was hängst du das Köpfchen so traurig und schwer?« –
»Was ziehst, mein Kosak, fort zum Schwarzen Meer?«
So sprach ich zum Mädel, so sprach sie zu mir –
Just war ich beim Mädel, und jetzt bin ich hier!
Chor: So sprach ich zum Mädel ...

Und weine nicht, Mädchen, hell' auf deinen Blick!
Wohl muß ich davon, doch bald kehr ich zurück –
Der Kosak liebt das Meer, und er liebt die Gefahr,
Doch er liebt auch, was Süßes beim Mädel ihm war!
Chor: Der Kosak liebt das Meer ...

Der Priester, der spricht: »Das ist Sünde, mein Sohn!«
Doch beicht ich die Sünd, da verzeiht er sie schon.
Ein Griff in die Tasch', ein geschmeidiger Mund,
Das macht uns beim Priester von Sünden gesund!
Chor: Ein Griff in die Tasch'

Es donnert zum Kampfe – da zagen wir nicht,
Ob zu Meer, ob zu Lande, das fragen wir nicht;
Ob nah oder ferne, das messen wir nicht,
Und das Liebchen, das treue, vergessen wir nicht!
Chor: Ob nah oder ferne ...

Drum frisch, ihr Kosaken, das Segel gespannt!
Die Schaschka zur Seite, den Kinshal zur Hand!
Und weine nicht, Mädchen, hell' auf deinen Blick:
Der Kosak muß davon, doch bald kehrt er zurück!
Chor: Und weine nicht, Mädchen ...

»Wer hat das hübsche Lied gedichtet?« fragte ich, auf die Sänger zugehend. Die Kosaken blieben mir die Antwort schuldig, denn in diesem Augenblick kam ihr Führer eiligen Schrittes herbeigegangen, und im Nu saßen alle bei ihren Rudern im Fahrzeug. Eine halbe Stunde später hatten wir schon die heftige Strömung passiert, welche die Chopi bei ihrer Mündung im Schwarzen Meere bildet.

Wir saßen mit dem Offizier und einem alten Urjädnik (Unteroffizier), welcher als Steuermann fungierte, im Hinterteile des Barkaß, der gerade groß genug war, die Mannschaft, welche, uns und unsere Leute mitgerechnet, aus zweiundzwanzig Personen bestand, zu fassen.

»Wo habt ihr Türkisch gelernt?« fragte ich einen Kosaken, welcher sich eifrig in dieser Sprache mit Gjül-Bassars Diener unterhielt. »Was sollten wir nicht Türkisch sprechen können«, entgegnete der Gefragte, »wir sind ja in der Türkei groß geworden.« Durch weiteres Fragen gelangte ich zu der Gewißheit, daß unsere Kosaken zu den Resten der tapferen Saporoschzen gehörten, welche, vermehrt durch eine Menge Überläufer und Vagabunden, unter der Regierung Peters I. zu den Türken übergingen und seit der Zeit hartnäckige Feinde der Russen wurden. Nach der Einnahme von Varna (1828) unterwarf sich ein Teil dieser Krieger, welche im fremden Lande ihre Sprache, Religion und Sitten treu bewahrt hatten, aufs neue dem russischen Zepter unter Anführung ihres Atamans Gladkoi.

Die Kosaken, von welchen die meisten mit bei Varna gewesen waren, erzählten mir in bezug auf die oben angedeutete Begebenheit eine Menge Geschichten zur Verherrlichung ihres neuen Herrschers, unter anderem, wie er sich, nur von seinem

Adjutanten Orlow begleitet, auf einem Kriegsboote den ihm bis dahin feindlichen Kriegern anvertraute, ohne, trotz aller Warnungen seiner Umgebung, die mindeste Besorgnis noch Furcht zu äußern: sechsundzwanzig Saporoschzen saßen am Ruder, und der Ataman selbst fungierte als Steuermann.

Persönlicher Mut wird dem Kaiser von niemand abgesprochen; aber als Feldherr hat sowohl er wie sein verstorbener Bruder, der Großfürst Michael, während des Türkenkrieges sehr geringe Beweise von höherer Befähigung gegeben. So erzählten mir wenigstens hochgestellte Offiziere, welche den Türkenkrieg mitgemacht und Gelegenheit hatten, den Kaiser in der Nähe zu beobachten.

Die geschwätzigen Kosaken vertrieben uns durch ihre Lieder und Sagen die Zeit ganz angenehm; wir ergötzten unsere Blicke an den das Fahrzeug oft scharenweise umspielenden Delphinen und langten gegen zwei Uhr nachmittags glücklich in der Festung Anaklea an.

Dieser jetzt nur von wenigen Türken, Juden und Kosaken bewohnte Ort (mutmaßlich das alte Heraklea der Griechen) am linken Ufer des Ingur, welcher sich hier ins Schwarze Meer ergießt, gelegen, bezeichnet an der Küste den Grenzpunkt zwischen Mingrelien und dem Gebiete von Samursachan.

Wir waren gezwungen, hier einige Stunden Rast zu halten, damit die ermüdeten Kosaken, welche bei den ungünstigen, unsere Segel unnütz machenden Winden den ganzen Tag das Ruder schwingen mußten, neue Kräfte sammeln konnten.

Um sechs Uhr begaben wir uns wieder auf unser Fahrzeug und liefen bei einbrechender Nacht, die hier ohne die süße Zwischenzeit der Dämmerung dem Tage folgt, in eine kleine Bucht an der Küste von Samursachan ein.

Ein paar kleine, hinter Bäumen hervorlugende Bretterhäuschen hatten uns zu der Meinung verleitet, es befinde sich hier ein Dorf, wo wir Obdach für die Nacht finden könnten; allein wir sahen uns bei näherem Rekognoszieren nicht nur in unserer Erwartung getäuscht, sondern hatten noch obendrein ein kleines Zusammentreffen mit türkischen Kontrebandisten, welche sich mit ihren in den oben erwähnten Häuschen versteckten Waren im Dunkel der Nacht wieder auf den Weg machten, wahrscheinlich um einem anderen Schlupfwinkel an der Küste von Abchasien oder Dshighethistan zuzusteuern. Wir brachten die Nacht unter freiem Himmel zu, zündeten

Wachtfeuer an, stellten Wachen aus und ließen uns von nahem Wellengemurmel und fernem Schakalgeheul in Schlaf singen.

Trotz unseres unbequemen Lagers schliefen wir vortrefflich, ausgenommen Gjül-Bassar, welcher, die Pistolen in der Hand, mit gekreuzten Beinen auf seinem Teppich kauernd, die ganze Nacht vor Unruhe und Besorgnis kein Auge schließen konnte. Diese sich bei der kleinsten Gefahr äußernde Besorgnis hatte keineswegs in angeborner Feigherzigkeit ihren Grund. Ein gläubiger Muselman wie unser Tatar fürchtet den Tod nicht; auch bin ich überzeugt, daß sich Gjül-Bassar zu jeder anderen Zeit, ohne zu zittern, jeglicher Gefahr ausgesetzt haben würde; für den Augenblick jedoch war ihm sein Leben lieb, denn er hatte gehört, der Kaiser werde am 15. Mai in Warschau eine Musterung der muselmanischen Regimenter halten, bei welcher Gelegenheit jeder anwesende Offizier einen Orden zu erwarten hätte.

Dieser zu erwartende Orden nun war der Anfang und das Ende aller Wünsche Gjül-Bassars. Seit unserer Abreise von Redut-Kale hatte er von nichts weiter gesprochen; das Meer mit seinen tausend Wundern, die stets wechselnden, großartigen Naturschönheiten, welche uns umgaben, alles ließ ihn ungerührt; er dachte nur an seinen Orden.

Von einem mehrstündigen Regen durchnäßt, verließen wir bei Tagesanbruch unser romantisches Lager und langten nach etwa siebenstündiger Fahrt im Hafen von Utschamtschuri an.

Ich unterlasse es, mich in nichtssagenden Schilderungen der herrlichen Naturschauspiele zu ergehen, welche die Küste, vom Meer aus gesehen, in üppiger Fülle darbietet: die schäumende Brandung, das steinige Ufer, die sich in endlose Ferne verlierenden undurchdringlichen Wälder, die baumgekrönten, bunten Hügelreihen und dahinter die große Gebirgskette mit ihrem nimmer beständigen Farbenspiel. Hier ist alles in stetigem Wechsel begriffen, wenn nicht ein vollkommen heiterer Tag, wie der April ihrer nur wenige bietet, einen sicheren, klaren Blick gewährt.

Oft zieht sich eine alles verhüllende dichte Nebelmauer vor den spähenden Blicken hin, und vergebens sucht dann das Auge einen erquickenden Anhaltspunkt, bis plötzlich ein Sonnenblick den aschgrauen Schleier zerreißt und ein leuchtender Strahl wie ein goldener Zauberstab Wald, Hügel und Gletscher in neuem Glanze erschimmern läßt.

Utschamtschuri und Suchum-Kale

Utschamtschuri ist ein aus einer Straße und mehreren dahinter zerstreut liegenden Häusern bestehender abchasischer Hafenplatz mit etwa fünfhundert Einwohnern, deren Hauptnahrungsquelle der Handel mit eingeschmuggelten Waren ist.

Ich fand auf dem den größten Teil des Ortes einnehmenden Basar eine mannigfaltige, obschon weder reiche noch gesuchte Auswahl von Stoffen und Fabrikaten aus dem Abend- und Morgenlande. Viele hier wohl selten oder nie gekaufte Waren liegen da aufgespeichert, denen man es gleichsam ansehen kann, daß sie nicht Spekulationsgeist, sondern bloßer Zufall an Abchasiens ungastliche Küste geschleudert.

Diese Mutmaßung wird zur Gewißheit, wenn man sich bei den Kaufleuten nach den Preisen der betreffenden Waren erkundigt, welche selten oder nie im Verhältnis mit ihrem Werte stehen. So wurde mir z. B. ein Stück feines englisches Scharlachtuch zu einem Preise angeboten, für welchen ich dasselbe in England nicht hätte kaufen können.

Die Kaufleute sind ein Gemisch von Türken aus Trapezunt, Griechen, Armeniern und Abchasen; der Handel der letzteren erstreckt sich lediglich auf Waffen und einheimische Produkte, worunter besonders das treffliche, dem lesghischen an Stärke fast gleichkommende Tuch und das äußerst zierlich und fein gearbeitete Schuhwerk bemerkenswert sind.

Der Basar von Utschamtschuri trägt ein ganz eigentümliches, kriegerisches Gepräge. In jeder Bude, welche sich alle offen vor den Augen des Zuschauers ausdehnen, steht ein geladenes Gewehr; häufig findet man auch noch sonstige Waffen wie Dolche, Pistolen etc. Die Käufer, welche teils zu Fuß, teils zu Pferde den Basar durchziehen (größtenteils Abchasen aus den umliegenden Dörfern), sind alle vollständig bewaffnet, die Flinte auf dem Rücken, Dolch und Pistolen im Gürtel. Unter den Männern erregten viele durch ihre schlanke und regelmäßige Körperform und ihr ausdrucksvolles Gesicht unsere Bewunderung. Was uns vom schönen Geschlechte zu Augen kam, war alles alt und häßlich.

Um keine von den Merkwürdigkeiten Utschamtschuris ungesehen zu lassen, besuchten wir, nachdem wir auf dem Basar verschiedene Einkäufe gemacht, das hier befindliche kleine Kaffeehaus, ein luftiges, zeltartig aufgeschlagenes Gebäude, dessen einziger Schmuck aus einer Art Kochofen zur Bereitung des Kaffees und einigen zur Bequemlichkeit der Gäste auf dem Boden ausgebreiteten Matten besteht.

Wir ergötzten uns eine Weile an der herrlichen Aussicht, welche man vom Balkon des Kaffeehauses nach dem Hafen zu hat, sahen dem Treiben der Gäste zu, wovon die einen Schach spielten und die anderen Keef machten, und kehrten darauf nach unserem Barkaß zurück, in der Hoffnung, noch vor der Nacht die nächste russische Festung zu erreichen. Dem sollte jedoch nicht so sein. Nachdem wir ein paar Stunden lang auf die unbarmherzigste Weise in unserem zerbrechlichen Fahrzeug von den tobenden Winden umhergeschleudert waren, mußten wir uns bei der heftigen Brandung noch glücklich schätzen, vor Anbruch der Dunkelheit einen einigermaßen günstigen Landungsplatz zu erreichen.

Wir schlugen unser Lager am Eingange eines dichten, die Küste begrenzenden Waldes auf, dasselbe Verfahren wie das erstemal dabei beobachtend.

Über die üppige Vegetation der Küste von Abchasien habe ich schon oben andeutend gesprochen; man findet hier wildes Stein- und Kernobst aller Art, Zwerglorbeer, Buchsbaum, Nußbäume, Weinstöcke sieht man hier in großer Menge, besonders letztere von bedeutender Dicke und Höhe. Anmutig schlingt sich der Weinstock um die hohen Bäume, deren Wipfel seine hochaufstrebenden Ranken nicht erreichen. Welch ein Nutzen, welche Schätze könnten bei gehöriger Kultur diesem gesegneten Boden entlockt werden! Aber die Natur arbeitet hier für sich allein, ohne daß der Mensch fördernd dabei mitwirkte. Kein Auge ergötzt sich an den Blumen, die hier wachsen, keine Hand pflückt die Früchte, die hier reifen, und kein Ohr hört hier freudig dem Gemurmel der Quellen, dem Rauschen des Gießbachs und dem walddurchjubelnden Gesange der Vögel zu.

Das von den Türken erbaute Suchum-Kale, am Ausflusse der Gumista gelegen, gehört zu den bedeutenderen Festungen der Russen an der Ostküste des Schwarzen Meeres. Die Garnison besteht aus einer kleinen Abteilung asowischer Kosaken und einem Bataillon Infanterie unter den Befehlen eines russischen Obersten.

Der Hafen von Suchum-Kale ist seiner günstigen Lage und seines großen Umfanges wegen ausgezeichnet. Gerade dem Landungsplatze gegenüber liegt das Haus des die Aufsicht über den Hafen führenden Kapitäns; daneben breiten sich die Häuser der verheirateten Soldaten aus, welche eine ziemlich bedeutende Militärkolonie bilden. Bei jedem Hause befindet sich ein kleiner Garten, wodurch das Ganze einen recht hübschen Anblick gewährt. Hat man die Kolonie passiert, so gelangt man auf den ziemlich großen, aber wenig belebten Basar, hinter welchem sich die Mauern der Festung ausdehnen, wo der Kommandant seine Wohnung hat.

Interessant war es uns, auf dem Basar unter den größtenteils in Tscherkessenröcke und graue Soldatenkittel gehüllten Käufern auch einige elegant gekleidete, schleiergeschmückte Damen, Frauen der hiesigen Offiziere, zu sehen.

Wir schlugen das Anerbieten des Kommandanten, in der Festung zu wohnen, aus und suchten ein Obdach in der Militärkolonie, um das Leben und Treiben der Soldaten, ihre häusliche Einrichtung etc. besser beobachten zu können. Die Häuser der Soldaten sind dank der Sorgfalt der handfesten Weiber reinlich von außen und innen, das schwer zu vertilgende Ungeziefer abgerechnet, welches den Reisenden in Rußland überall plagend verfolgt, ob er an den Ufern der Newa, der Moskwa oder der Wolga weile.

Der russische Soldat trägt, möge er auch noch so weit dem Schoße seiner Heimat entrissen und in fremde Weltteile geschleudert werden, gleichsam immer sein Vaterland mit sich, bewahrt treu seinen Glauben, seine Lebensweise, seine Sitten, und überall, wo er sich ansiedelt, glaubt man ein Stück von Altrußland zu sehen.

Durch Ausflüge, welche ich in das Innere der Gebirgsländer unternahm, durch Bekanntschaft mit einigen der hervorragendsten Häuptlinge der Ubychen und Dshigethen, durch heftige Anfälle des Wechselfiebers und Umstände anderer Art wurde mein Aufenthalt an der Ostküste des Schwarzen Meeres um einige Zeit verlängert.

Das Wichtigste der Erfahrungen, welche ich während meines halb unfreiwilligen Aufenthaltes an der Ostküste des Pontus sammelte, ist in meinem Werke »Über die Völker des Kaukasus« niedergelegt, und da ich einerseits alle Wiederholungen vermeiden und andererseits auch bei Mitteilung des Neuen mich möglichst kurz fassen möchte, so werde ich hier nur einzelne Tagebuchblätter in gedrängter Zusammenstellung folgen lassen. Denn das Leben in jenen entlegenen Festungen ist so einförmiger Natur, daß die Schilderung einer einzigen im wesentlichen auf alle übrigen paßt.

Es war mein Schicksal, sie alle der Reihe nach, und die meisten zu wiederholten Malen, zu besuchen, und meine Tagebücher aus jener Zeit wären allein genügend, mehrere Bände zu füllen. Ob aber der Leser viel dabei gewinnen würde, unter den Beschränkungen, welche das Erscheinen vor der Öffentlichkeit mir auferlegt, ist eine andere Frage.

Wenn ich z. B. die Schicksale eines einzigen Mannes, wie ihrer viele hier in der Verbannung leben, erzählen wollte, so würde das für den Leser allerdings von großem Interesse, für den Helden der Erzählung aber von unglücklichen Folgen sein, denn selbst des Kaisers größte Anhänger sagen: L'empereur sait tout, mais il ne sait pas pardonner!

Enthüllungen aus Rußland, welche sich an hervorragende Personen knüpfen, kann ein Reisender, der die Gastfreundschaft heilig hält, nur nach dem Tode der betreffenden Personen machen.

Von diesem Standpunkte aus wünsche ich die folgenden Aufzeichnungen, welche in treuen Auszügen aus meinen Tagebüchern ein buntes Allerlei über das Leben und Treiben in den russischen Festungen an der Ostküste des Pontus enthalten, beurteilt zu sehen.

Pitzunda und seine Ruinen

In großen Städten, auf den Tummelplätzen des Lebens, wo Tempel und Paläste zu Hunderten stehen, wo sich Straßen auf Straßen, Häuser auf Häuser und Menschen auf Menschen drängen, als ob eines dem anderen keinen Platz gönne, gehen wir oft mit übersättigtem Blicke an den großartigsten Gebäuden, an den herrlichsten Denkmälern der Kunst gleichgültig vorüber, denn wo die Eindrücke so schnell aufeinanderfolgen, verwischt oder vermindert einer den anderen, und es ist unmöglich, alle klar in uns aufzunehmen und ordnend festzuhalten.

Begegnen wir aber einem solchen Palaste, einem solchen Tempel oder Denkmale in der Wildnis oder in einer Umgebung, welche nicht verkleinernd noch störend darauf einwirkt, vielmehr das Große noch größer, das Schöne noch schöner erscheinen läßt, so ist die Freude, welche wir fühlen, unbeschreiblich und der Genuß ein doppelt hoher.

Wir lassen alsdann dem Kunstwerke nicht nur gerechte Anerkennung widerfahren, sondern sind in der günstigen Stimmung des Augenblicks noch geneigt, den Gegenstand unserer Betrachtung zu überschätzen.

Nichts von dem Prosaischen des Lebens, das ähnliche Genüsse in den Hauptstädten Europas oft verleidet, stört uns hier in unserem Anschauen. Kein Wagengerassel und Zurufen der Kutscher zwingt uns hier, auf die Seite zu springen, um nicht überfahren zu werden; kein Schwarm vorübereilender Fußgänger erinnert uns durch unsanftes Stoßen und Drängen, daß wir nicht allein sind; kein zudringlicher Führer langweilt uns durch seine Tausende von Malen abgeleierten Geschichten – wir können uns ruhig und ungestört dem Genusse hingeben, der uns erwartet, und während das Auge sich weidet an dem Anblick der Hallen und Säulen, die sich vor uns auftürmen, steigt der forschende Geist zurück in das Dunkel vergangener Jahrhunderte und findet Stoff zu großen und lehrreichen Betrachtungen, und wo die Blätter der Geschichte unausgefüllt geblieben, ergänzt die Phantasie das Fehlende, erfüllt das Leere und ruft das Tote ins Leben zurück, daß wir die Menschen, die

Basilika von Pitzunda (G. Gagarin)

einst hier gehaust, wieder von Geschlecht zu Geschlecht den Blicken vorüberwandeln sehen. Alle unsere Aufmerksamkeit, all unsere Gedanken werden so dem einen Gegenstande zugewandt; daher kommt es denn wohl, daß solche vereinzelte Bilder meist lebendiger im Gedächtnis bleiben und angenehmere Erinnerungen zurücklassen, als wenn sie sich in Masse und in gemischter Umgebung dem Auge darbieten.

Mir wenigstens ist es immer so ergangen; aber unter allen Denkmälern der Vergangenheit, die ich auf meinen asiatischen Wanderungen besucht, hat mir keines einen so dauernden und großartigen Eindruck zurückgelassen als die alte Kirche von Pitzunda.

Nachdem wir unter unsäglichen Anstrengungen unsere Landung bewerkstelligt und den in den letzten Jahren sehr licht gewordenen Hain durchschritten hatten, welcher sich zwischen dem Meeresgestade und Pitzunda hinzieht (frühere Reisende sprechen von einem lichten Walde, wovon seitdem wohl ein großer Teil der Axt des Zimmermanns hat weichen müssen) und wo riesige Fichten, herrliche Nußbäume, wahrhaft kolossale Ulmen und Buchen miteinander abwechseln, gelangten wir zu den Baracken der Militärkolonie, welche den früher beschriebenen in jeder Beziehung gleicht. Nach Beseitigung der Pflichtbesuche und kleinen Plackereien, welche die jedesmalige Ankunft und Abfahrt von einer Festung bedingt, machten wir uns unverzüglich auf den Weg zur Kirche, deren etwas beschädigte Kuppel wir schon von ferne durch das dunkle Laubwerk hervorragen sahen.

Die Kirche liegt nur ein paar hundert Schritte von den Häusern der Militärkolonie, und der Weg dahin führt über einen großen, üppig bewachsenen, von alten, ehrwürdigen Bäumen überschatteten Rasenplatz, welcher, einem Garten gleich, von reingehaltenen Fußpfaden durchschnitten und an der einen Seite mit Bänken und Lauben geschmückt ist. An der anderen Seite befinden sich Schaukeln und Anstalten anderer Art zur Belustigung und Leibesübung der Soldaten der Garnison. Hinter diesem Platze dehnen sich die halbzerfallenen Mauern aus, in deren Mitte die herrliche Kirche liegt, ein Edelstein in kolossalem Ringe. Ebenfalls im Bereiche der Mauern und gerade der Kirche gegenüber ziehen sich die unansehnlichen hölzernen Gebäude der Kasernen hin.

Lange stand ich in stummer Bewunderung verloren, als ich die am Eingange stehenden Wachen passiert, das Tor durchschritten hatte und plötzlich den herrlichen, in einfachem, aber edlem Stile erbauten Tempel, diese Perle im Schlamme der Wildnis, vor mir aufsteigen sah. Die Sonne war bereits ihrem Untergange nahe, als ich des ersten Anblicks dieses Prachtgebäudes teilhaftig wurde, und ich mußte daher meine Zeichnungen und näheren Untersuchungen des Innern bis auf den folgenden Tag verschieben, aber auch der erste Anblick schon war ein wahrhaft erhebender. Fernher durch einige lichte Stellen der Feigenbäume, Ulmen, Granatbäume und Hainbuchen erschimmerte im Glanze der untergehenden Sonne die große Kette des Kaukasus, und der ehrwürdige Tempel selbst mit seinem alle Mauern und Dächer umrankenden und übersteigenden Laubwerke und Blütenschmucke kam mir vor wie ein riesiges Grabmal, auf welches liebevolle Hände in andächtiger Erinnerung Blumen und Efeu gepflanzt.

Auf der großen, etwas beschädigten Kuppel und dem zerrissenen Dache der Fassade haben sich mit der Zeit förmlich hängende Gärten gebildet, deren dunkles Grün mit den alten, aus grauen Kalksteinen und roten Backsteinen seltsam gemischten Mauern wunderlieblich kontrastiert. Sogar unser sonst nicht leicht zu rührender Gjül-Bassar war von den großartigen Formen der schönen Ruine ergriffen und meinte, das müsse eine herrliche Moschee abgeben. Bei dem immer noch streitigen und unsicheren Besitze dieses Küstenstriches ist es schwer, die Zukunft des herrlichen Gebäudes, das dreizehn Jahrhunderte den Verwüstungen der Zeit und der Menschen getrotzt hat, zu entscheiden.

Schon seit vielen Jahren gehen die Russen mit dem Plane um, die Kirche neu herzustellen und Gottesdienst darin halten zu lassen, was nach meinem Dafürhalten sehr leicht tunlich wäre. Bis jetzt sind noch keine ernsten Anstalten getroffen; der General von Wrangel sagte mir jedoch, daß der Kaiser, welcher sich aus guten Gründen immer großartig bei dergleichen Unternehmungen zeigt, bereits 200000 Rubel zur Restauration des Gebäudes bewilligt habe.

Zu interessanten Betrachtungen über die Stabilität der griechischen Kirche gibt der Gedanke Anlaß, daß bei Wiederbelebung des Tempels von Pitzunda durch die Russen der Gottesdienst hier heute genau auf dieselbe Weise, unter denselben Formen gehalten werden würde, wie vor 1300 Jahren geschehen; ja ich glaube, die Priester, welche heute die Messe hier lesen, würden mit ihren weiten patriarchalischen Gewändern, mit ihrem langen, ehrwürdigen, nie von einer Schere berührten Barte und Haupthaar den Priestern, welche zur Zeit der Einweihung des Tempels die Messe an diesen Altären gelesen, zum Verwechseln ähnlich sehen; und wieviel Geschlechter sind nicht seit jener Zeit angesichts dieser Mauern ins Grab gesunken!

Im Innern der Kirche findet man außer dem zertrümmerten, marmorüberkleideten Altare und vielen sehr mittelmäßigen, aber meist gut erhaltenen Freskomalereien keinen anderen Schmuck als die Schönheit und das Großartige der Verhältnisse des Baues.

Die majestätische, von buntverzierten Fenstern mit runden Scheiben durchleuchtete Kuppel wird von vier riesigen, über sechzig Fuß hohen Säulen getragen. Hiermit stehen die vier Hauptteile des Gebäudes in Verbindung, solchergestalt, daß der von kolossalen Fenstern erleuchtete Chor gegen Morgen und das große Schiff gegen Abend liegt. Mit vieler Mühe erstieg ich die von den engen Seitenwänden getragene Galerie, von wo ich mich nach allen Seiten hin mit einer herrlichen Aussicht erfreute. In der Mitte der Kirche fanden wir eine Menge Rüstungen, Metallstücke, Flintenläufe, Panzerhemden und Waffen aller Art sorgfältig aufgeschichtet; es sind dieses – wie der uns begleitende Offizier mich belehrte – Weihgeschenke aus früheren Zeiten, welche die kriegerischen Abchasen, wenn sie von ihren Streifzügen glücklich heimkehrten und reiche Beute mitbrachten, der Gottheit opferten. Hart an die Halle stößt eine mit merkwürdigen griechischen Schriften gezierte kleine Kapelle, deren Bau augenscheinlich einer späteren Zeit angehört.

*

Wenn man an einem schönen Frühlingsmorgen die blühenden Umgebungen von Pitzunda (oder Bitschwinda, wie es die Eingeborenen nennen) durchwandelt und das Auge an den mannigfaltigen Naturschönheiten weidet, die uns hier in üppigster Fülle entgegenlachen, so fällt es schwer zu glauben, daß diese scheinbar so gesegnete Küste ein Aufenthalt des Elends und des Jammers sein soll. Aber leider ist dem so; die krankhafte Gesichtsfarbe der Soldaten, ihre falben, eingefallenen Wangen tragen schreckliches Zeugnis davon. Die Kugeln der Feinde sind hier weniger zu fürchten als die Wechsel- und gelben Fieber, Leber- und sonstigen Krankheiten, welche in Pitzunda wie fast an der ganzen Ostküste des Pontus ihre Wohnung aufgeschlagen haben und Verheerungen anstiften, denen wenige der hier Wohnenden entgehen. Wohl ist das Los derer zu bemitleiden, welche ein feindseliges Verhängnis auf längere Zeit in diese Wildnis geschleudert.

Man darf im allgemeinen annehmen, daß von den hierher geschickten Soldaten keiner den Boden seiner Heimat wiedersieht. Wenn ich alle Nachrichten vergleiche, welche mir aus verschiedenen Quellen über diesen Gegenstand zugegangen sind, so stellt sich als Resultat heraus, daß die Besatzung der Festungen dieser Küste durchschnittlich alle drei Jahre erneuert werden muß. Zu den hier dienenden untergeordneten Offizieren nimmt man gewöhnlich solche, welche sich irgendeines Vergehens schuldig oder verdächtig gemacht haben;

unruhige Köpfe, die das Herz auf der Zunge tragen, liberal gesinnte Leute, welche nicht gelernt haben, leise zu denken, und mit der bestehenden Ordnung – oder damaligen Unordnung – der Dinge in Rußland nicht zufrieden waren; junge und alte Polen der verschiedensten Stände und Ansichten finden hier ein zweites Vaterland. Es leuchtet ein, daß man unter diesen Verbannten oft die interessantesten Persönlichkeiten findet und keineswegs das Herz der armen Leute nach ihrem unglücklichen Schicksale beurteilen darf.

Hier hat schon mancher hoffnungsvolle Jüngling, der in den Palästen der Hauptstadt aufgewachsen, einsam seinen fernbeweinten Tod gefunden; wohl mancher Jammerlaut hoffnungstoter Herzen mischte sich im Grauen der Nacht mit dem Geheul der unaufhörlich die Küste peitschenden Winde, und schon mancher lebensmüde Verbannte suchte und fand seinen Tod in den weißen Wellen des Schwarzen Meeres. Hinsichtlich der höheren, gewalthabenden Offiziere muß, da soviel von ihnen anhängt, die Regierung äußerst vorsichtig zu Werke gehen; auch habe ich unter diesen Herren sehr humane und tüchtige Leute gefunden.

Bei dem gastfreien Kommandanten von Pitzunda, einem Imerier von Geburt, fanden wir eine äußerst freundliche Aufnahme und verfehlten nicht, unseren in letzter Zeit sehr vernachlässigten Magen an seiner Tafel zu restaurieren. Wir besuchten in Gesellschaft des Kommandanten die in Berücksichtigung der ungünstigen Verhältnisse trefflich eingerichtete Kaserne sowie mehrere Häuser der schon erwähnten Militärkolonie, welche hier ebenso wie in Suchum-Kale nach Möglichkeit saubergehalten sind.

Eine interessante Bekanntschaft machten wir in der Person der Madame Pépin, oder Frau Hauptmännin Pépin, wie man in dem titelgesegneten Deutschland sagen muß. Diese Dame verdiente ihren militärischen Titel eher als die meisten ihrer Schwestern; sie ist eine moderne russische Jeanne d'Arc, deren Name an der ganzen Ostküste des Schwarzen Meeres mit Respekt genannt wird. Schon zu verschiedenen Malen hat sie sich durch ihre Geistesgegenwart und Unerschrockenheit in Augenblicken großer Gefahr so rühmlich hervorgetan, daß der Ruhm ihrer Taten bis zu den Ohren des Kaisers gedrungen ist, welcher auch nicht unterlassen hat, ihr durch Übersendung eines ehrenvollen Schreibens und kostbarer Geschenke seine

Zufriedenheit und Anerkennung auszudrücken. Madame Pépin war früher an den Kommandanten der Festung Sotscha verheiratet, welcher bei einem nächtlichen Überfalle der Tscherkessen das Leben verlor; eben bei Gelegenheit dieses Überfalls soll die Dame die unleugbarsten Beweise ihres Heldenmutes gegeben haben und die Retterin der Festung gewesen sein, indem sie durch Wort und Tat die schon wankenden Soldaten zur Ausdauer anfeuerte, ihren erkalteten Mut wiederbelebte, dem einen beschämend drohend, dem anderen freundlich zuredend und sich selbst inmitten des Donners der Geschütze unerschrocken den Kugeln der Feinde aussetzend. Eine derselben war ungalant genug, der Heldenfrau eine Wunde im Arme beizubringen; Madame ließ sich jedoch dadurch nicht abschrekken, sondern beharrte ausdauernd im Kampfe, bis der Sieg für die Belagerten entschieden war. Ich muß hier noch ergänzend bemerken, daß ich obige Details nicht der Madame Pépin selbst, sondern verschiedenen Offizieren zu verdanken habe, welche bei der Belagerung zugegen gewesen sind. Obgleich ich das Vergnügen hatte, mich längere Zeit mit Madame Pépin zu unterhalten, so konnte ich doch nur wenig von ihr in bezug auf die oben erwähnte Begebenheit erfahren. Sie sprach davon, als ob es etwas ganz Gewöhnliches wäre, und lenkte sofort das Gespräch auf andere Gegenstände. Ich hatte geglaubt, eine stämmige, handfeste Frau zu sehen, ein Mannweib, wie man sie häufig in Rußland, besonders unter den Steppenbewohnern, findet, und war daher nicht wenig erstaunt, eine geschmackvoll gekleidete, sehr präsentable Person vor mir zu sehen, schlank von Wuchs, mit sehr feiner Taille, augenscheinlich von etwas delikater Gesundheit, den Ausdruck echter Weiblichkeit in dem blassen Gesichte, gefällig von Manieren und mit einem Paar durchaus aristokratischer Händchen.

Gagra und der Fels des Prometheus

Wir benützten einen frischen Südostwind, um dem blühenden und doch so gefährlichen Pitzunda – einem herrlichen Blumenbeete mit verborgenen Giftschlangen vergleichbar – Lebewohl zu sagen, und liefen nach vierstündiger glücklicher Fahrt in die große, schöne Bucht von Gagra ein. Unsere Reise war um so angenehmer, da uns ein zweiter Barkaß, bestimmt, einige in besonderen Aufträgen abgesandte Offiziere nach der Festung Ardiller zu führen, begleitete. Unter diesen Offizieren befand sich auch Kapitän Pépin, der Gemahl der oben erwähnten Dame. Um uns leichter unterhalten zu können, verteilten wir unsere Mannschaft dergestalt, daß wir mit den Offizieren in einem Barkaß zu sitzen kamen. Die gewöhnlich mit asowschen Kosaken bemannten Barkasse sind nicht allein bestimmt, die Kommunikation zwischen den russischen Festungen zu unterhalten, sondern müssen auch Jagd auf die sich häufig zeigenden türkischen und griechischen Schiffe machen, welche den Sklaven- und sonstigen Handel zwischen Zirkassien und der Türkei unterhalten.

Auf den Karten des russischen Generalstabs ist Pitzunda als der Grenzpunkt zwischen Abchasien und dem Lande der Dshigethen angegeben, obgleich eigentlich Gagra die von der Natur bezeichnete Grenze der beiden Länder bildet, da hier das bis dahin ziemlich flache Gestade plötzlich von mächtigen Bergmauern, gebildet durch Ausläufer der großen Kette, unterbrochen wird.

Die Sage setzt des Dulders Prometheus Leidensstätte an Gagras meerbeherrschendes Felsengestade. Übrigens streiten sich die Ostküste des Pontus entlang sieben Felsen um die Ehre, an ihrer Brust die Qualen des Lichtbringers gesäugt zu haben. Kaiser Nikolaus, praktisch wie er ist, hat sich die klassischen Studien, welche jetzt so eifrig in seinem Lande betrieben werden, zunutze gemacht und auf den Baum der Dichtung das Reis der Wirklichkeit gepfropft; die Felsengestade dieser Küste dienen heute noch als Verbannungsstätte aller Lichtbringer und Menschenbeglücker des Zarenreichs.

Gagra ist durch seine Lage und großartige Umgebung einer

der schönsten Orte der Küste. Schade nur, daß alles oben zum Nachteil von Pitzunda Gesagte hier in doppeltem Maße seine Anwendung findet. In den Tälern wächst der Weinstock, die riesige Silberpappel, der Mispelstrauch, die Brombeerstaude, gedeihen Feigen und Buchsbäume; aber durch das dichte Gebüsch her drohen verderbenbringende Feuerschlünde; malerische Felsen, hohe, von der üppigsten Vegetation überwucherte Berge drängen sich bis dicht ans Meer, aber keiner darf es wagen, auf den Bergen Hütten zu bauen, denn die Bäume, die sie tragen, und die Höhlen, die sie bergen, dienen lauernden Feinden zum Verstecke, und was die Kugeln der Dshigethen verschonen, rafft der Sommer mit seiner die Täler verpestenden Glut, mit seinen Fiebern und bösartigen Krankheiten dahin.

Mit der von seiten der Tscherkessen drohenden Gefahr sieht es freilich heutzutage so schlimm nicht mehr aus wie früher, wo die Offiziere trotz der sie schützen sollenden Festung in ihren eigenen Wohnungen nicht sicher waren und sich's oft gefallen lassen mußten, bei Tische die vor ihnen stehenden Speisen von Tscherkessenkugeln gespickt zu sehen. Wie zweifelhaft übrigens auch jetzt noch die Sicherheit selbst in der nächsten Umgebung sein muß, geht aus dem Umstande hervor, daß der sonst so freundliche und zuvorkommende Kommandant mir anfangs durchaus nicht erlauben wollte, einen steilen, die große Schlucht von Gagra nordwestlich begrenzenden Berg zu erklimmen, welcher, wie die Sage geht, große, einst von der berühmten Hypata Gagrenskaja bewohnte Gemächer und Reliquien kostbarer Art in sich schließt.

Da der Kommandant sah, daß ich von meinem Vorhaben nicht gern absehen wollte, so ließ er alle möglichen Sicherheitsmaßregeln treffen und hatte die Güte, mich selbst mit noch mehreren anderen Offizieren bis zu dem am Fuße des Berges stehenden, die Schlucht verteidigenden Blockhause, welches etwa zwölf Kanonen in sich schließt, zu begleiten.

Schon von unten kann man die oben ziemlich regelmäßig in den Fels gehauenen Eingänge zu den heiligen Gemächern sehen. Der Tag war bereits zu weit vorgerückt, als ich meine mühsame Wanderung antrat, so daß ich kaum die Hälfte der steilen Bergwand erklommen hatte, als mich plötzlich einbrechende Nacht zwang, wieder umzukehren. Der Rückzug ging schneller vonstatten, als ich wünschte; ein mir unter den Füßen wegrollender Stein brachte mich ins Fallen, und ich kam, eine lebendige Lawine, unten an, so zerrissen an Kleidern und Körper, daß mir alle Lust verging, am folgenden Tage meine Wanderung von neuem zu beginnen.

Der Kommandant und die Offiziere von Gagra hatten trotz der schwierigen Verhältnisse, unter welchen sie leben, alle ihnen zu Gebote stehenden Mittel zur Verschönerung ihres Aufenthalts auf eine Weise benutzt, die ihrem Geschmacke alle Ehre macht. Nicht allein fand ich die Wohnungen dieser Herren sehr sauber und nett eingerichtet und mit allen kleinen Bequemlichkeiten des Lebens versehen – sogar zierliche Stickereien fehlten nicht –, sondern es erregte besonders ein im Gebiete der Festung liegender Garten meine Freude und Bewunderung. Das Nützliche ist hier auf die anmutigste Weise mit dem Schönen gepaart; schwellende Rasenplätze, von laubdichten Fruchtbäumen überschattet, duftende Blumenbeete und große, von Küchengewächsen strotzende Felder wechseln miteinander ab. In der Mitte des Gartens steht ein allerliebst gebauter Pavillon, dessen hölzernes Fachwerk dicht von dunklen Reben und Efeuranken umschlungen ist, in deren Schatten die Offiziere ihre Siesta zu halten pflegen, solange die im Sommer hier unausstehliche Hitze ihnen erlaubt, ihre Wohnungen zur Mittagszeit zu verlassen.

Es wurde damals tätig an der Verstärkung der Festungswerke und Verbesserung der Wohnungen gearbeitet; das hier befindliche Hospital ist – die Umstände in Betracht gezogen – trefflich eingerichtet.

Es muß wohl, seit Dubois de Montpéreux diese Gegenden bereiste, hier eine bedeutende Umwandlung stattgefunden haben, da seine damals gewiß richtige Beschreibung von Gagra diesem Orte heutzutage wenig mehr entspricht.

Die ehemals dichten Waldungen sind bedeutend gelichtet, der Boden bestmöglich angebaut, die engen dumpfen Hütten, deren böse Luft früher Krankheiten aller Art erzeugte, sind niedergerissen und über ihren Trümmern luftige, geräumige Wohnungen emporgewachsen, weshalb sich auch die Sterblichkeit der Soldaten in den letzten Jahren bedeutend vermindert hat. Es leuchtet ein, daß trotz meines gerechten Lobes der heutigen Zustände in Gagra der Aufenthalt an diesem Orte keineswegs beneidenswert ist. »Wenn mir keine andere Wahl bliebe, so würde ich es vorziehen, nach Sibirien zu wandern, als lebenslänglich in eine Festung an der Ostküste des Pontus verbannt zu werden«, sagte ein alter Offizier zu mir. »In Sibirien wissen die Verbannten wenigstens, wie sie daran sind, und können ohne große Mühe ihr Stück Brot verdienen, ohne einen anderen als den natürlichen Tod fürchten zu müssen; hier am Gestade des Pontus lacht den Verbannten Sonne und Ruhm an, aber die heiße Sonne haucht hier Tod und Verderben, und der Ruhm, wenn er am Leben läßt, macht gewöhnlich um einen Arm oder ein Bein kürzer.«

Tagebuchblätter von der Ostküste des Schwarzen Meeres

Wir liegen nun schon seit einer Woche wie Kriegsgefangene in der Festung Ardiller, mit größerer Ungeduld als je die so lange ersehnte Ankunft eines uns erlösenden Schiffes erwartend. Obgleich uns der freundliche Kommandant sorgsam von einem Tage zum anderen vertröstet, so wird doch vielleicht noch eine geraume Zeit verfließen, ehe unsere Wünsche in Erfüllung gehen.

Der Barkaß, auf welchem wir unsere abenteuerliche Fahrt begonnen, ist, nachdem er den Ort seiner Bestimmung erreicht, die nötigen Papiere gewechselt und Proviant eingenommen, vor einigen Tagen mit günstigem Winde samt unseren Kosaken wieder nach Redut-Kale abgesegelt.

Der Kommandant glaubt es nicht verantworten zu können, uns wieder ein Fahrzeug mit Mannschaft anzuvertrauen, da bei der hier größeren Gefahr Barkasse wie Kosaken fast täglich zu Rekognoszierungen und Angriffen gebraucht werden müssen. So können wir denn weder vor- noch rückwärts, und es bleibt uns nichts übrig, als uns unseren einstweiligen Aufenthalt so angenehm als möglich zu machen. In diesem Bestreben werden wir kräftig von unserem braven Kommandanten sowie von dem würdigen General X. unterstützt, den seine Geschäfte auf eine Zeitlang in unsere Nähe bannen, um Unterhandlungen mit einigen hierher gesandten Tscherkessenhäuptlingen zu pflegen. Außer den mir sehr interessanten Unterhaltungen mit General X. und Swan-Bey, dem Kommandanten, vertreibe ich mir die Zeit mit Zeichnen, Lesen, Schießen etc., wie es der Augenblick eben mit sich bringt. In der Festung wohnen einige friedliche Tscherkessen aus vornehmen Familien, Stammverwandte von Swan-Bey, mit welchen wir uns auf gastfreundschaftlichen Fuß gestellt und in deren Begleitung wir kleine Ausflüge in die Umgegend unternehmen, wobei wir vielfach Gelegenheit haben, die Geschicklichkeit dieser Leute im Schießen und im Tummeln der Rosse zu bewundern. Größere Ausflüge ins Innere dürfen wir nicht wagen, aus Furcht, das täglich erwartete Schiff, welches im Hafen von Ardiller gewöhnlich nur ein paar Stunden anlegt, zu verpassen. Abends bei Mondenschein wohnen wir dem Tanz, Spiel und Gesang der Soldaten bei und stärken unsere oft erschlaffende Geduld durch den Anblick dieser armen Leute, welche, ihrer Heimat auf immer entrissen, nach mühsam vollbrachtem Tagewerk, das harte Arbeit und Entbehrungen aller Art in sich schließt, noch Lust und Geschmack an solch heiteren Unterhaltungen finden.

Es gibt in der Welt kein drolligeres Geschöpf als einen russischen Soldaten. Man kann sich, wenn ein Bauerbursch zum erstenmal den Graumantel überwirft und das Gewehr auf die Schulter nimmt, nichts Plumperes und Linkischeres denken als solch ein Wesen. Aber dies scheinbar so ungefüge Geschöpf zeigt sich in erstaunlich kurzer Zeit nach jeder Richtung hin der größten Ausbildung fähig. Der Keim zu allem Edlen und Gemeinen, zu allem Guten und Schlechten liegt in diesem Volke versteckt. Er liegt freilich in allen Menschen, entwickelt sich aber nach den verschiedenartigsten Richtungen bei keinem Volke so leicht und so schnell wie bei dem russischen. Der russische Soldat ist tapfer, feige; ehrlich, diebisch; menschlich, grausam; fleißig, faul – alles nach dem Vorbilde seines Chefs. Wer ihn gehörig zu leiten versteht, kann alles aus ihm machen. Er selbst aber macht aus sich nichts und würde ohne fremde Einwirkung alle seine Anlagen unausgebildet zu Grabe tragen, außer einer gewissen natürlichen Gutmütigkeit und einer unverwüstlichen Heiterkeit. Es liegt einige Wahrheit in dem, was mir einst halb scherz-, halb ernsthaft ein im kaukasischen Korps dienender deutscher Offizier sagte: »Wenn ich einem meiner Soldaten befehle, auf der Stelle ein Lied zu dichten, wird er keinen Augenblick zögern zu gehorchen, und das Lied kommt zustande.« Wie gut oder schlecht, wollen wir dahingestellt sein lassen. Jedenfalls bildet dieser blinde Gehorsam – ein Kind der Furcht und des festen Glaubens an die Unfehlbarkeit des Führers – einen hervorstechenden, eigentümlichen Zug im Charakter des russischen Soldaten wie überhaupt des ganzen russischen Volkes.

Diese unbedingte Zuversicht, welche bei freieren Völkern nicht durch Rang und Stand, sondern nur durch das Übergewicht des Geistes errungen werden kann, ist in Rußland schon häufig die Mutter großer Taten gewesen. Wer erinnert sich hierbei nicht jener charakteristischen Anekdote aus dem letzten

Türkenkriege, welche uns die bei Gelegenheit der Belagerung einer Festung zwischen einem Russen und einem Deutschen gewechselten Wort aufbewahrt? Der Deutsche betrachtet sich die Festung mit sachkundigem Blick und gibt seine Meinung dahin ab, es sei unmöglich, die Festung zu nehmen. »Wieso unmöglich?« ruft verwundert der Russe, »der Kaiser hat's ja befohlen.«

Ein Beweis, daß die Herzen, welche unter diesen russischen Grauröcken schlagen, doch wenigstens ebensoviele gute als schlechte Eigenschaften bergen, glaube ich in der großen Zuneigung zu finden, welche die meisten der hier dienenden deutschen Offiziere zu ihren Soldaten hegen. Was meine persönliche Erfahrung anbelangt, so waren mir die Soldaten im europäischen Rußland in eben dem Grade peinlich, wie sie mir während meines Aufenthalts am Kaukasus lieb geworden sind. Der Krieg, dieses große Urübel der Menschheit, muß doch etwas Veredelndes haben. Dieser uralte Gedanke hat sich oft in mir erneut bei meinen Zügen in den Ländern des Kaukasus, wo Blut die Äcker düngt und Menschenknochen aus der Erde wachsen.

Daß aber die Lichtseite des Krieges nicht in Anschlag zu bringen ist gegen die unberechenbaren Übel, welche er immer in seinem Gefolge hat, wird kein ehrlicher Mensch leugnen.

Doch genug der allgemeinen Betrachtungen; kehren wir in unsere Festung Ardiller zurück! Der Kommandant, ein äußerst humaner Mann, sucht die Vergnügungen seiner Soldaten auf alle Weise zu befördern und den Reiz durch größere Mannigfaltigkeit zu erhöhen, so daß es mir wirklich Genuß gewährt, allabendlich den Nationaltänzen, den Spielen und dem Gesange der munteren Burschen beizuwohnen.

Die Lieder, welche sie singen, sind, außer einigen Kriegsliedern von dem berühmten Marlinsky, größtenteils von ihrer eigenen Komposition, und es findet sich unter diesem Liederschlamm da und dort eine Perle, welche ich mich bemühe, sammelnd herauszusuchen, wobei ich, nebenbei gesagt, zuweilen auf Schwierigkeiten sonderbarer Art stoße. So ließ ich z. B. heute morgen ein paar Hauptsänger zu mir kommen, um mir einige von den Liedern, welche mich am meisten angesprochen hatten, diktieren zu lassen; es war jedoch unmöglich, die Kerle dahin zu bringen, mir ein Lied Wort für Wort herzusagen. Sie brummten und jodelten in einem fort und hatten gewöhnlich schon das ganze Lied zu Ende gesummt, ehe ich noch mit dem Niederschreiben der ersten Strophe fertig war. Ich gab ihnen zu verstehen, daß mir für den Augenblick am Gesange nichts gelegen sei, sie sollten die Lieder Wort für Wort hersagen.

Sie versuchten nach Kräften, meinem Wunsche Folge zu leisten, aber es war ihnen unmöglich, auf diese Weise einen Vers herauszubringen. »Herr«, hub endlich der eine an, die Hand an die Mütze legend und sich zu mir wendend, »Herr, solche Sachen kann man nicht hersagen, die müssen gesungen werden.« So war ich denn genötigt, mir jedes Lied erst achtmal vorsummen zu lassen, ehe es mir gelang, den Inhalt desselben zu Papier zu bringen. [...]

Die Wohnungen der Dshigethen gleichen ganz denen der Abchasen. Es sind kleine, einstöckige, von Schilf und Holz aufgeführte Häuser, mit gelöschtem Kalk überstrichen, wodurch ihr Äußeres inmitten der dunkelbelaubten Bäume, von denen sie immer umgeben sind, einen recht hübschen Anblick gewährt. Die Dörfer bestehen hier nicht wie bei uns aus Straßen oder Häuserreihen, sondern aus einer Menge einzelner, weit voneinander abstehender Wohnungen, deren jede mit einem Hofraume, einer Umzäunung usw. den Anblick einer kleinen Festung gewährt. Die innere Einrichtung ist ebenso mangelhaft, und die wenigen Gerätschaften sind ebenso ärmlich, wie ich's bei den Georgiern und Armeniern beschrieben habe. Der Akkerbau steht in diesem Lande auf einer so niedrigen Stufe, daß durch den Fleiß der Menschen fast nichts als Hirse und Mais gewonnen wird.

Aus der Hirse bereiten sie ihr Brot, der Mais wird teils roh gegessen, teils zuvor in Wasser gekocht. Die ganze Industrie dieser Leute beschränkt sich auf die Verfertigung ihrer Kleidungsstücke und Waffen, in welcher Beziehung sie, durch die Not getrieben und durch natürliche Fähigkeiten unterstützt, es zu einiger Vollkommenheit gebracht haben. Der Genuß des Weins ist ihnen versagt; statt dessen trinken sie bei Spielen, Hochzeiten und sonstigen festlichen Gelegenheiten ein süßes, angenehm berauschendes Getränk, genannt die Busa, aus einer Mischung von in siedendem Wasser aufgelöstem Honig und Hirsemehl bereitet. Außer dem hier Angeführten beschränkt sich alles Wissen dieses Volkes auf das Tummeln der Rosse und die Führung der Waffen.

In diesem Punkt aber bringen sie es gewöhnlich zu einer ausgezeichneten Fertigkeit, welche ich selbst oft bei Knaben von acht bis zehn Jahren zu bewundern Gelegenheit gehabt habe. Der Wert des Mannes wird hier bloß geschätzt nach seiner Tapferkeit, nach der Stärke und Gewandtheit seines Arms, nach der Anzahl von Russen, die er ums Leben gebracht.

Ein Knabe, der sich schon in zarten Jahren solcher Taten rühmen kann, ist die Freude und der Stolz seiner Eltern. Die Blutrache herrscht hier noch in ihrer ganzen Furchtbarkeit und fordert fast täglich ihre Opfer.

Der Plan des Herzogs von Richelieu, des bekannten ehemaligen Gouverneurs von Südrußland, die Tscherkessen mit den Russen durch Handelsverbindungen zu befreunden und auf diese Weise besonders die Küstenvölker nach und nach ihrer Unterwerfung entgegenzuführen, ist, obwohl durch Herrn von Crassi (eines früher in russischen Diensten eine bedeutende Rolle spielenden Italieners) eine geraume Zeit hindurch vereitelt, in den letzten Jahren wieder mit Eifer aufgenommen, und es herrscht in der Tat gegenwärtig ein lebhafter Verkehr zwischen Russen und Tscherkessen.

Schauplätze dieses Verkehrs sind die bei den Festungen befindlichen Basare, welche immer im Bereich der russischen Kanonen liegen. Hier darf jeder Tscherkesse, von Kopf bis Fuß bewaffnet, ungehindert aus und ein gehen. Der Verkehr jedoch mit den Leuten innerhalb der Festungsmauern ist nur bei vorheriger Ablieferung der Waffen an die den Eingang hütenden Wachen erlaubt. Eine Ausnahme von dieser Regel machen die Kunaks (Gastfreunde) der Russen sowie die bekannten Häuptlinge und Fürsten, von welchen man keinen Mißbrauch der ihnen gestatteten Freiheit erwartet.

Der oben angeführte Verkehr besteht hauptsächlich im Tauschhandel; Geld spielt dabei eine unbedeutende Rolle. Die Tscherkessen bringen die Erzeugnisse ihrer Hände und, je nach den Umständen, ihrer Äcker zu Markte und tauschen dafür ihnen nötige Sachen ein. In diesem Jahr, wo infolge der Mißernte des vorigen eine Hungersnot über die Aoule der Tscherkessen zu kommen droht und bei einigen Stämmen wirklich schon ausgebrochen ist, sind Mehl und Salz diejenigen Artikel, welche in den Basaren am besten im Preise stehen und wofür man, nach Geldwert berechnet, um einen Spottpreis die kostbarsten Waffen und Gewänder eintauscht.

Man kann sich denken, welch einen merkwürdigen Eindruck es macht, die tapferen Söhne des Gebirges, deren kleine Häuflein so lange Jahre hindurch der Macht des gewaltigen Zaren trotzten und die jetzt noch unbezwungen dastehen, hier das Geschäft von Krämern und Hökern treiben zu sehen. Der eine zieht einen Hammel neben sich her, der andere trägt Knoblauch und Zwiebeln unterm Arme, der dritte bringt ein Stück Zeug zu Markte usf. All diese Sachen aber können nicht immer für Geld eingehandelt werden; der Preis dafür richtet sich nach den jedesmaligen Bedürfnissen der Verkäufer. So sah ich z. B. einen jungen Dshigethen, welcher einen Hammel zu Markte trieb, so lange mit seinem feisten Tiere halten, bis er ein altes Hemd dafür erzielt hatte. Kaum war aber das Hemd in Sicherheit gebracht, so peitschte er sein kleines, knöcheriges Pferd zur Eile an und jagte wie der Sturmwind davon.

Ein anderer tauschte ein Gefäß voll Milch gegen einen Laib Schwarzbrot aus; er brach zum sofortigen Genuß einen Bissen davon ab, packte das übrige sorgfältig in das zur Seite des Pferdes hängende Säckchen und begab sich ohne Verzug wieder auf den Rückweg, vielleicht um, zu Hause angekommen, sein Brot mit einer ganzen Familie zu teilen.

Wie unbeugsam muß dieses Volk sein, daß es sich bei dem bittersten Mangel, bei Entbehrungen aller Art nicht entschließen kann, seine Unabhängigkeit für ein sicheres, bequemeres Leben zu opfern.

Ich wollte solchergestalt in meinen Betrachtungen fortfahren, als mich plötzlich ein vom Wachthause aus gefeuerter und von den Mauern rings widerhallender Kanonenschuß aus dem Konzepte brachte und meine Neugier erregte. Ein paar vorübereilende Offiziere klopften ans Fenster und riefen mir zu, schnell nach dem Hafen zu kommen. Ich hing meinen Säbel um und machte mich ohne Verzug auf den Weg, hatte aber Mühe, als ich mich außerhalb der Festung befand, den von allen Seiten schreiend und lärmend heransprengenden Tscherkessen auszuweichen, welche gleich mir dem Hafen zueilten. Im Hafen war ein großer Volksauflauf. Man hatte in der Ferne ein anscheinend feindliches Schiff entdeckt, vom Wachthause den üblichen Signalschuß gefeuert, und da derselbe unerwidert geblieben, so wurde auf Befehl des Kommandanten sogleich ein Fahrzeug ausgerüstet, um Jagd auf das mit vollen Segeln dahingleitende Schiff zu machen.

Die in großer Anzahl auf dem Basar befindlichen Tscherkessen hatten sich, als sie den Schuß gehört, sogleich Beute witternd auf ihre Rosse geschwungen und kamen in buntem Wirrwarr dem Hafen zugesprengt, um teil an der Expedition zu nehmen. Ein zu einem türkischen Küstenfahrer gehöriges Boot war in einem Augenblick so mit Leuten überfüllt, daß es umschlug und die ganze Mannschaft ins Wasser stürzte.

Dadurch ließen sie sich aber nicht abschrecken; das Boot wurde flugs wieder flottgemacht, und es entspann sich nun ein Streit unter den Leuten über die Wahl und die Anzahl derer, die mitfahren sollten. Es wurden tüchtige Stöße und Hiebe gewechselt, und es herrschte dabei ein Geschrei und ein Lärm, daß mir die Ohren gellten. Ähnliche Szenen wiederholten sich überall, wohin das Auge blickte.

Die russischen Offiziere versuchten vergebens, durch ihre Soldaten und Dolmetscher die wilden Krieger zur Ordnung zu bringen. Selbst dem unerschrockenen Kommandanten, ihrem zivilisierten Landsmann, der sonst bei ihnen in großer Achtung steht, wollte es nicht gleich gelingen, die Ruhe herzustellen. Ein Kosak, welcher das Pferd eines die Menge anfeuernden hochgewachsenen Tscherkessen zur Seite treiben wollte, versetzte aus Versehen dem Tscherkessen mit der Knute einen Schlag aufs Bein; zornig schwang dieser den Säbel aus der Scheide und führte einen wütenden Hieb auf den Kosaken, der um einen Kopf kürzer geworden wäre, wenn er sich nicht durch schleuniges Niederwerfen zur Erde gerettet hätte.

Einer unserer Gastfreunde aus der Festung fiel dem Pferde in die Zügel, und während er sich mit dem Reiter herumschimpfte, hatte der unbewaffnete Kosak Zeit, sich aus dem Staube zu machen. Es wäre gewiß zu heftigeren Auftritten gekommen, wenn die Feuerschlünde der Festung, deren Wirkung sie früher schon oft erfahren haben, den Tscherkessen nicht zu sehr imponiert hätten.

Zudem gehören die Dshigethen zu den sogenannten friedlichen Tscherkessen und dürfen es bei der gegenwärtig unter ihnen herrschenden Teuerung nicht verderben mit den Russen, auf welche sie für den Augenblick zur Erlangung ihrer notwendigsten Lebensmittel angewiesen sind. Umgekehrt müssen aber auch die Russen dahin streben, mit den Dshigethen wenigstens scheinbar auf gutem Fuße zu stehen, teils des günstigen Beispiels wegen für die anderen Stämme, teils auch, weil es wirklich schon ein bedeutender Fortschritt für sie ist, daß die Häuptlinge der wilden Bergsöhne wenigstens Ruhe, wenn auch noch nicht Unterwerfung gelobt haben. Möge der Himmel übrigens jeden vor solcher Ruhe und solchen friedlichen Gesinnungen, wie die Dshigethen den Russen gegenüber zeigen, bewahren!

Von vielen Beispielen, welche geeignet wären, den Zustand der Dinge anschaulich zu machen, hier nur eines: Vor einigen Tagen hörte man auf dem Basar – welcher außerhalb der Festung, aber dicht neben der Militärkolonie liegt – um Mitternacht mehrere Schüsse fallen. Eine kleine Anzahl Dshigethen waren, um zu plündern, in das Haus eines Kaufmanns eingebrochen, hatten bei dem Eigentümer jedoch unerwarteten Widerstand gefunden und sich eiligst auf den Rückweg begeben, um nicht von den bei dem Geräusch herbeieilenden Soldaten gefangen zu werden. Bei Tagesanbruch ist der Kaufmann nicht wenig erstaunt, vor seiner Tür den Leichnam eines ihm sehr wohlbekannten Mannes zu finden; aber sein Erstaunen wird noch vermehrt, als kurze Zeit darauf der Bruder des Getöteten herbeigeritten kommt, um den Leichnam zu holen und denselben nach herkömmlicher Sitte bei seinem Dorfe zu bestatten. Sein Bruder, fügte er entschuldigend hinzu, hätte sich den Räubern nur beigesellt, um ein Stück Tuch zu erlangen, welches er zu einem neuen Rock brauchte. »Aber so hätte er zu mir kommen und mich darum bitten können, ich würde ihm gern das Stück Tuch gegeben haben, ohne ihn totzuschießen«, erwiderte der Kaufmann. »Ja, aber das ist nun zu spät«, wandte der andere ein, »so gib mir nun lieber das Zeug, ich habe auch einen neuen Rock nötig, und gib mir noch ein Leichentuch dazu, damit ich meinen Bruder begraben kann.« Solche und ähnliche Begebnisse sind nichts Seltenes hier und würden noch viel häufiger vorkommen, wenn Swan-Bey, der Kommandant von Ardiller, nicht in so großem Ansehen bei den Dshigethen stände.

Swan-Bey ist selbst ein Dshigeth von Geburt. Sein Vater war einer der angesehensten Häuptlinge des Landes und einer der erbittertsten Russenfeinde. In dem Hause, wo der junge Swan-Bey erzogen wurde, befand sich ein gefangener Georgier von guter Herkunft und einigen Kenntnissen, welcher den hübschen Knaben lieb gewann und ihm Unterricht in der georgischen und mingrelischen Sprache erteilte.

Eben durch diesen Georgier wurde Swan-Bey in den Grundlehren des Christentums unterrichtet und insgeheim getauft. Der wißbegierige Schüler, der in seinem Lande so wenig Gelegenheit und Mittel fand zu weiterer Ausbildung, hörte immer mit Begier den Erzählungen der russischen Gefangenen zu von der Pracht und den schönen Einrichtungen der großen Städte des Reichs, von den herrlichen Tempeln und Palästen der neuen und der alten Zarenstadt, von den vielen großartigen Schulen, wo man sich alle Kenntnisse der Welt aneignen könne etc. Durch Schilderungen der Art angeregt, entwickelte sich in dem lebhaften Knaben immer mehr der Vorsatz, das von den Gefangenen so gepriesene Land mit eigenen Augen zu sehen. Der junge Swan-Bey war etwa sechzehn Jahre alt, als sich ihm bei Gelegenheit eines längeren Kriegszuges der Mannen seines Aouls ein günstiger Augenblick darbot, in das russische Lager zu entfliehen.

Auf seinen Wunsch wurde er unter sicherer Obhut nach Petersburg geschickt, in einem dortigen Kadettenhause erzogen und nach abgelegter Prüfung der kaukasischen Armee eingereiht.

Hier zeichnete er sich durch Mut und Geschicklichkeit so vorteilhaft aus, daß er in wenigen Jahren zum Range eines Majors vorrückte und eine Menge Ehrenzeichen erhielt. Niemals war er zu bewegen, die Waffen gegen seine Landsleute zu ergreifen. Er wußte jedoch das Vertrauen der Russen in einem solchen Grade zu verdienen, daß er zum Kommandanten der Festung Ardiller ernannt wurde, in welcher Eigenschaft er gewissermaßen den Vermittler zwischen Russen und Dshigethen spielt. Es ist hier die Gewandtheit zu bewundern, mit welcher Swan-Bey seine schwierige Stellung den beiden Völkern gegenüber behauptet. Wie bei den Russen, so bei den Dshigethen hat er sich des unbedingtesten Vertrauens zu erfreuen, das bei den letzteren so weit geht, daß sie ihm erlaubt haben, eine Fürstin ihres Landes zu heiraten und sich wieder in den Besitz aller seiner Familie gehörigen Güter zu setzen. Seine junge und schöne Gattin, welche noch ganz der Tracht und den Sitten ihres Heimatlandes treu geblieben ist, lebt mit ihren Kindern in einem etwa dreißig Werst von Ardiller entfernten, reizend gelegenen Aoul, wo sie ihr Gemahl, sooft es seine Geschäfte erlauben, in Tscherkessentracht besucht.

Die Achtung, welche Swan-Bey gegenwärtig bei seinen ihm

anfangs feindlich gesinnten Landsleuten genießt, hat er vorzüglich den kräftigen Maßregeln zu verdanken, durch welche er versuchte, der in seinem Lande ausgebrochenen Teuerung Grenzen zu setzen.

Durch seinen Einfluß gelang es ihm, mehrere der angesehensten Häuptlinge für das Interesse der Russen zu gewinnen und sie zu bereden, ihre Söhne zur Erziehung nach Petersburg zu schicken. Viele junge Dshigethen sind sogar – nach dem Beispiel des Swan-Bey – ihren Eltern entlaufen und haben sich in die russischen Festungen geflüchtet, von wo sie dem hier schon mehrfach erwähnten General X. ausgeliefert wurden, welcher in Bambor eine förmliche Schule für die kleinen Flüchtlinge angelegt hat, wo dieselben sich mit unglaublichem Eifer die Elementarkenntnisse aneignen. Der General erzählte mir Wunder von dem Fleiß und der Aufmerksamkeit der unter seiner Obhut befindlichen kleinen Tscherkessen, welche übrigens, wie er lächelnd bemerkte, noch immer besser zu Pferde sitzen als auf der Schulbank und die Pistole geschickter zu führen wissen als den Gänsekiel.

Neulich kommt ein solcher kleiner Räuber, ein bildhübscher Knabe von etwa dreizehn Jahren, angeritten, läßt sich zum General führen und redet ihn ohne die mindeste Befangenheit mit den Worten an: »Kannst du mich nach Petersburg schicken?« – »O ja«, erwiderte der General freundlich, »was willst du aber da machen, mein Sohn?« – »Ich habe gesehen, daß die Leute, welche von euch in unser Land kommen, klüger sind und besser leben als wir; ich will ebenso klug werden und ebenso leben. Schicke mich nach Petersburg!«

Ich benutzte gestern eine höchst erfreuliche Gelegenheit, einer längeren Unterhaltung des Generals mit verschiedenen Häuptlingen des Landes beizuwohnen, deren hauptsächlichster Wortführer Asslan-Bey, der vornehmste der Dshigethenfürsten, war. Asslan-Bey ist eine der herrlichsten Männergestalten, die mir je zu Gesicht gekommen. Ich konnte sein schönes, durchdringendes Auge, seine scharf ausgeprägten würdevollen Züge, seinen majestätischen Wuchs, seinen edlen Anstand nicht genug bewundern. Ganz hingerissen wurde ich von seinem beredten Mienenspiel, von seinen anmutigen Bewegungen, wenn er sprach. Er schilderte dem General mit grellen Farben die jetzt im Lande herrschende Not und Armut und fügte hinzu, er wie die meisten anderen Fürsten seines Landes würden unbedingt Ruhe geloben, wenn von russischer Seite schleunige Abhilfe des täglich mehr und mehr um sich greifenden Elends geschähe, welches nicht bloß von der Mißernte des vorigen Jahres herrühre, sondern größtenteils eine Folge des Absperrungssystems der Russen sei. »Ihr habt uns so oft mit leeren Worten und Versprechungen hingehalten«, erwiderte der General, »daß wir uns hinfort unmöglich auf eure Bitten einlassen können, bevor ihr uns nicht überzeugendere Beweise von der Aufrichtigkeit eurer Gesinnungen gegeben. Ihr gelobt uns Ruhe, weil der Hunger euch dazu zwingt; der Magen spricht aus euch und nicht das Herz. Versuchten wir's noch einmal, wie wir schon oft getan, der bei euch herrschenden Volksnot zu steuern, ihr würdet uns wenig Dank dafür wissen und bald aufs neue unsere Festungen überfallen, aller Verträge und Gelübde vergessend.«

»Es ist Wahres in deinen Worten«, wandte der Fürst ein, »so dachte und handelte mein Volk noch vor wenigen Jahren, aber so denkt und handelt es heute nicht mehr. Einige wohlwollende Züge deines edlen Vorgängers Murawiew haben uns mehr zu euren Gunsten gestimmt als alle Drohungen eures Herrschers. Ich war einst des tapferen Führers erbittertster Feind; soll ich dir erzählen, bei welcher Gelegenheit ich Murawiew-Beys Freund geworden bin? Eine Schlacht war geschlagen zwischen euren und unseren Truppen; eure Truppen blieben Sieger. Ich ritt zum Lager des Generals, um wegen des Friedens zu unterhandeln. ›Wie viele‹, fragte er mich, ›sind von eurer Seite gefallen?‹ – ›Dreihundert‹, erwiderte ich. ›Sind unter den Gefallenen‹, fragte er weiter, ›viele Edle und Fürsten des Volks gewesen?‹ – ›Nein‹, erwiderte ich. Er bezeugte laut seine lebhafte Freude darüber. ›Wie kannst du dich freuen‹, fragte ich erstaunt, ›wenn die Fürsten und Edlen meines Volkes, die mächtigsten deiner Feinde, am Leben geblieben? Ich dachte, solche Botschaft müsse dir mehr Besorgnis als Freude bereiten.‹ – ›Du sprichst nicht weise, Asslan-Bey‹, antwortete er, ›der Tod eines Helden tut mir weh, mir gilt's gleich, ob er auf eurer oder auf unserer Seite gefallen.‹

Die Unterhandlung wurde hier abgebrochen und auf einen anderen Tag verschoben. Asslan-Bey blieb jedoch bis zum Abend in der Festung und aß mit uns zu Mittag. Obgleich ihm unsere Art und Weise zu essen etwas ganz Ungewöhnliches war, so benahm er sich doch dabei mit viel natürlichem Anstand und bediente sich des Messers und der Gabel, so gut es gehen wollte. Er lud uns ein, ihn auf ein paar Tage in seiner Behausung zu besuchen; er würde uns als Gastfreunde sicher hin- und zurückgeleiten. »Sehen Sie«, sagte der General lächelnd in deutscher Sprache zu mir, »es sieht heutzutage hier so schlimm nicht mehr aus, da die Fürsten unserer Feinde mit uns zu Tische sitzen.«

Nach Tisch unterhielt ich mich ein Stündchen mit dem stattlichen Tscherkessenfürsten. Er erzählte mir ein langes und breites von dem bekannten Engländer Bell, der zwei Jahre in den Aoulen der Ubychen und Dshigethen zugebracht und auch im Hause Asslan-Beys eine geraume Zeit gewohnt hat.

Herr Bell hatte unter den Völkern der Küste das Gerücht verbreitet, die Engländer und Franzosen würden eine große Flotte schicken, mit Überfluß an Mannschaft, Lebensmitteln und Kriegsbedarf. Diese fabelhafte Flotte hat die armen Leute jahrelang hingehalten und getäuscht; sie warten darauf wie die Juden auf den Messias; aber endlich ist ihnen das Warten ein bißchen langweilig geworden, und sie fangen nachgerade an zu glauben, daß die Hilfe der Engländer ganz ausbleiben könnte.

(Dieses wurde geschrieben im Jahre 1848. Seitdem ist bekanntlich die Prophezeiung des Herrn Bell doch in Erfüllung gegangen, und in dem Augenblicke, wo mein Werk in neuer Gestalt erscheint (1855), erscheinen die darin geschilderten Gegenden ebenfalls in neuer Gestalt. Eine englisch-französische Flotte beherrscht das Schwarze Meer, und Engländer und Franzosen bekämpfen gemeinschaftlich mit den Tscherkessen die Russen – eine historische Metamorphose, merkwürdig genug, um diese eingeklammerte Hinweisung darauf zu rechtfertigen). – Jetzt wissen wir freilich, daß es den Westmächten durchaus nicht um die Befreiung der Tscherkessen zu tun war, die seitdem bekanntlich nach der Türkei ausgewandert sind. (Zusatz vom Jahre 1865.)

*

Ich hatte heute wieder Gelegenheit, zu bewundern, wie heilig die Tscherkessen das Andenken der Männer halten, welche sich einmal durch Edelmut oder Tapferkeit ihre Achtung erworben haben, mögen es Freunde oder Feinde sein.

Heute morgen kommt Jerynbük-Bersek-Bey, der vornehmste der Ubychenfürsten, in größter Hast auf die Festung zugeritten, um sich bei Swan-Bey zu erkundigen, ob es wahr sei, daß General Murawiew ums Leben gekommen. Er habe die Nachricht von seinem Tode in Sotscha gehört.

Swan-Bey erwiderte, die Kunde von seinem Tode müsse falsch sein; er habe erst vor wenigen Tagen Briefe von Murawiew erhalten, aus welchen hervorgehe, daß derselbe noch ebenso munter und rüstig sei wie früher; auch habe er Jerynbük-Berseks in seinem Briefe mehrfache Erwähnung getan, versichere ihn seiner Freundschaft und lasse ihn herzlich grüßen. Bei diesen Worten wirft sich der alte Ubychenfürst vor Freude Swan-Bey an den Hals und herzt und drückt ihn, als ob er ihn zermalmen wollte.

Es sind jetzt drei Jahre her, als sich Jerynbük-Bersek und Murawiew noch als Todfeinde kämpfend gegenüberstanden. In der Nähe der Festung von Ardiller sollte eine Zusammenkunft der beiden Helden stattfinden; es war zur Bedingung gemacht, daß beide nur von ihren Dolmetschern begleitet, ohne sonstiges Gefolge und unbewaffnet erschienen. Murawiew war den Bedingungen getreu nachgekommen; der Ubychenfürst aber, den Russen wenig Zutrauen schenkend, erschien bewaffnet von Kopf bis Fuß und hatte obendrein einen Haufen Tscherkessen im Hinterhalt versteckt. Murawiew, ohne sich im mindesten dadurch einschüchtern zu lassen, wußte durch sein kühnes Auftreten dem Jerynbük-Bersek so zu imponieren, daß er seine ganze Achtung gewann, welche, wie wir aus dem oben angeführten Beispiel ersehen haben, noch jetzt ungeschwächt fortdauert. – In General X. hat Murawiew einen würdigen Nachfolger gefunden, welcher während der kurzen Zeit seines Aufenthalts hier sich schon in hohem Grade das Ansehen und Zutrauen der Dshigethen erworben hat.

Das Streben des Generals geht vorzüglich dahin, die Dshigethen an regelmäßige Beschäftigung zu gewöhnen, wozu er ihnen, soviel es in seinen Kräften steht, Gelegenheit darbietet. Kommen hin und wieder Haufen von Hungerleidenden und bitten um Abhilfe ihrer Not, so weist ihnen der General Festungs- oder Feldarbeiten an, wo sie bei Fleiß und gutem Willen leicht ihr tägliches Brot und noch etwas Geld dazu erschwingen können.

Hierzu verstehen sich jedoch die Tscherkessen, selbst die ärmsten unter ihnen, nicht so leicht, wie man denken sollte, denn Arbeit ist ihnen ebenso zuwider wie Schweinefleisch.

Sogar der sonst so gewichtige Einfluß ihrer Fürsten, welche endlich selbst die Notwendigkeit solcher Maßregeln zur Erhaltung ihrer Untertanen einsahen, hat diese nicht bewegen können, sich den Russen zur Arbeit zu verdingen. Mehrere Dshigethen, welche, durch Not getrieben, eine Zeitlang teil an den Festungsarbeiten der Soldaten genommen und sich sehr wohl dabei befunden hatten, wurden bei ihrer Rückkehr mit Schimpf und Hohn von ihren Landsleuten empfangen.

Wie schwer ist es, ein solches Volk an regelmäßige Beschäftigung zu gewöhnen, das keine andere Arbeit kennt, als den Säbel zu schwingen und das Roß zu tummeln; und wie schwer ist es, ein solches Volk zur Ruhe zu gewöhnen, das keine andere Ruhe kennt als die Rast nach blutigem Tagewerk!

*

Heute ist der General mit Swan-Bey unter Bedeckung nach Sotscha abgereist, wo einer der unbeugsamsten Ubychenfürsten, Hadshi-Bey, sie erwartet. Wir geleiteten die beiden Herren bis zum Hafen, wo sich unseren Blicken ein trauriges Schauspiel darbot.

Ein Trupp Soldaten hatte sich um zwei mehr tier- als menschenähnlich aussehende Wesen versammelt, welche einige von den Umstehenden mit bedenklichem Kopfschütteln und Lächeln, die meisten aber mit dem Ausdruck des tiefsten Mitleids betrachteten. Es waren ein paar Unglückliche, welche nach langen Jahren harter Sklaverei bei den Tscherkessen endlich ihre Freiheit wiedererlangt hatten. Aber beide waren schon so vorgerückt im Alter und so abgestumpft an Geist und Körper, daß es schien, als könne weder das Leben noch die Freiheit ihnen Ersatz für die ausgestandenen Qualen bieten. Beiden war der Bart so struppig und lang gewachsen, daß man sehen konnte, es habe seit dem ersten Tage ihrer Gefangenschaft kein Messer das Kinn berührt. Die rauhen Tscherkessenmützen auf den haarigen, zusammengeschrumpften Gesichtern gaben ihnen ein grausenhaftes, wildes Ansehen. Die Unglücklichen gingen barfuß und schienen überhaupt halb nackt den Händen ihrer Peiniger entronnen zu sein, denn die zerfetzten Filzmäntel, mit welchen sie beide den Oberteil ihres Körpers umhüllten, hatten sie erst von den russischen Soldaten erhalten.

Ich war neugierig, etwas Näheres über die Geschichte ihrer

Gefangenennehmung und Sklaverei zu erfahren, hatte indessen unsägliche Mühe, mich mit ihnen zu verständigen, da ihnen ihre Muttersprache fast ganz fremd geworden war und ich nur nach oft wiederholten Fragen hin und wieder Sinn in ihr Gemisch von russischen, tscherkessischen und tatarischen Wörtern bringen konnte. Ihnen selbst wurde es schwer, sich miteinander zu verständigen, da sie sich erst seit ihrer Befreiung kennengelernt und bis dahin getrennt unter verschiedenen Stämmen gelebt hatten.

Der Jüngere, etwa ein Fünfziger, hatte bei schmaler Kost und harter Arbeit dreiundzwanzig Jahre im Lande der Ubychen zugebracht, und es war ihm abwechselnd schlechter und besser ergangen nach Maßgabe des Erfolges der Unternehmungen der Ubychen gegen die Russen. Kehrte Asamat-Bey, der Häuptling, dessen Sklave er war, von einem Siege heim, so gab es daheim Schmausereien und Feste, und es wurde dann auch das Los des armen Sklaven merklich besser. Kehrten die Männer des Aouls aber geschlagen zurück, so bekam auch der arme Alexei statt der berauschenden Busa gewöhnlich Prügel zu schmecken.

Vor einiger Zeit kam Asamat-Bey bei einem Angriff auf Sotscha ums Leben. Seine Verwandten fanden es für gut, Alexei an einen türkischen Sklavenhändler zu verhandeln, welcher jedoch, auf der Heimkehr nach Stambul begriffen, das Unglück hatte, den Russen in die Hände zu fallen, bei welcher Gelegenheit Alexei nebst mehreren anderen Gefangenen seine Freiheit wieder erhielt.

Pattap, der ältere von den beiden Unglücklichen, der schon hoch in den Sechzigern sein muß, war so lange in der Sklaverei beim Volke der Adighe, dem stolzesten aller Tscherkessenstämme, gewesen, daß er die Zahl der Jahre, die er daselbst zugebracht, nicht mehr imstande war anzugeben. Ich konnte von ihm weiter nichts erfahren, als daß er in seiner Jugend auf einem Schiffe gedient habe, das Schiff sei bei einem Angriff in Brand gesteckt, viele von der Mannschaft seien dabei ums Leben gekommen und die übrigen in die Gefangenschaft geschleppt. Er habe nach und nach wohl fünf verschiedene Herren gehabt. Der erste, ein alter ehrwürdiger Mann, bei welchem er eine Reihe von Jahren gedient, habe ihn immer sehr gelinde behandelt, bei den übrigen aber habe er viel auszustehen gehabt. Da er jetzt aus Altersschwäche zur Arbeit untauglich geworden und die Lebensmittel im Lande teuer seien, so habe man ihn vor kurzem für einen großen Beutel voll Mehl in Sotscha an die Russen verkauft.

Erst heute morgen sind die beiden Unglücklichen auf einem russischen Fahrzeuge von Sotscha hier angetroffen, um dem General zu weiterer Verfügung vorgestellt zu werden. »Die können Gott danken, daß sie noch so mit heiler Haut davongekommen sind«, sagte ein bejahrter Unteroffizier, der sich den Zuschauern beigesellt hatte, »da sollten Sie mal den alten Kosaken Iwan sehen, der bei den Schapßuch in Gefangenschaft gewesen; dem haben sie die Fußsohlen aufgeschlitzt und Pferdehaare durchgezogen, um ihm so das Entlaufen unmöglich zu machen. Der arme Teufel wird in seinem Leben nie wieder auf heilen Füßen stehen!« – »Aber wie hat er denn unter solchen Umständen aus seiner Gefangenschaft entweichen können?« fragte ich den Unteroffizier. »Ein uns befreundeter Schapßuch hat ihn selbst auf seinem Pferde heimlich wieder zu uns gebracht. Sie wissen ja wohl, daß wir unter den wildesten Stämmen unsere Gastfreunde und Spione haben.« – »Und auf welche Weise war Iwan in Gefangenschaft geraten?« – »Das will ich Ihnen erzählen. Wir lagen damals zusammen in der Festung Nowo-Troitzkoe, unweit des Flusses Pilao. Seit langer Zeit war zwischen uns und den Schapßuch nichts vorgefallen, und wir hatten uns nach und nach daran gewöhnt, uns etwas weiter, als wir eigentlich durften, aus der Festung hinauszuwagen. Iwan, der das Meerwasser nicht gut vertragen konnte, pflegte sich immer gegen Abend im Flusse zu baden. Er trieb das eine gute Weile, ohne daß ihm etwas Besonderes dabei aufgestoßen wäre; eines Tages aber, als er eben aus dem Wasser gestiegen kommt, wird er von ein paar im Gebüsch versteckten Schapßuch überfallen, nackt, wie er war, aufs Pferd gebunden und im Galopp davongeführt. Niemand in der Festung wußte, was aus dem armen Teufel geworden war, bis ihn unser Kunak wieder zu uns brachte.«

Meerfahrt auf dem russischen Kriegsdampfer Mogutschy

Gjül-Bassar war uns eine nie versiegende Quelle der Heiterkeit, besonders wenn er sich mit meinem schlauen Giorgi unterhielt, der aus den Schwächen der Menschen Vorteil zu ziehen wußte wie wenige, oder mit H. v. L., einem in der Verbannung lebenden Polen, der dem Rosenköpfigen immer von den schönen Frauen in Warschau erzählen mußte und von ihrer Vorliebe zu den weißen Köpfen der Moslemin.

Hin und wieder ging Giorgi etwas zu weit in seinen Scherzen; dann griff Gjül-Bassar zornig nach dem Kinshal, aber der gewandte Armenier wußte immer gleich wieder einzulenken und den Tataren durch Schmeichelphrasen aller Art zu beruhigen: »Wie könnte ich es wagen, dich beleidigen zu wollen? Ich, der Knecht, dich, den Herrn! Was ist ein Staubkorn gegen die Wüste? Was bin ich gegen dich?«

H. v. L. hatte nach zwölfjähriger Verbannung im Kaukasus vor kurzem einen Posten in der Krim erhalten und wartete gleich uns auf die Ankunft eines Schiffes, das ihn erlösen sollte aus der langen Haft.

Gjül-Bassar teilte seine Zeit ein in Rauchen und Schlafen. Den größten Teil des Tages hindurch schlief er; sobald er aber die Augen öffnete, tat er auch den Mund auf, um seinen kleinen Diener zu rufen, der dann sofort mit einer Pfeife herbeigestürzt kam, dieselbe seinem Herrn zu überreichen.

Endlich kam das so lange erwartete Schiff. H. v. L. hatte es zuerst erspäht und war gleich nach Hause geeilt, um für das Einpacken seiner Sachen Sorge zu tragen.

Auf einem längeren Spaziergange außerhalb der Festung und im ernsten Gespräch mit dem polnischen Kapitän begriffen, hatte ich gänzlich die drei Schüsse überhört, welche mein sonst etwas pulverscheuer Giorgi, angeregt durch die freudige Botschaft, abzufeuern den Mut gehabt hatte. Wir waren weiter als gewöhnlich die Meeresküste entlang geschlendert.

»Ich glaube, wir müssen umkehren«, sagte der Pole, »es geht schon stark auf den Abend zu, eine Menge vom Basar heimkehrender Dshigethen haben uns gesehen, und wenn wir nicht vor

Anbruch der Dunkelheit wieder in der Festung sind, so könnte es uns leicht begegnen, heute noch gewaltsam von den überall lauernden Räubern zu Gaste gebeten zu werden.«

»Was ist das?« fragte ich statt aller Antwort, als ich, den Blick aufs Meer gerichtet, in der Ferne eine gewaltige Rauchsäule weiß aufwirbeln sah.

Der Pole ließ seine Augen nach der bezeichneten Stelle hinschweifen. »Das scheint unser Dampfschiff zu sein, ja gewiß, so ist es«, rief er, »da haben wir keinen Augenblick zu verlieren.« Wie beflügelt eilten wir der Festung zu und wurden bald durch Giorgi, welcher uns auf halbem Wege entgegenkam, in unserer Vermutung bestätigt. Halb atemlos kam ich im Zimmer an. Zu meiner Verwunderung sah ich unseren tapferen Gjül-Bassar noch auf seinem Teppiche liegen und schnarchen, als ob er einen neuen Orden dafür zu erwarten hätte.

»Ich habe mir alle erdenkliche Mühe gegeben, ihn auf die Beine zu bringen«, sagte H. v. L., »aber nichts will fruchten bei dem kahlköpfigen Siebenschläfer. Ihr Spitzbube von Giorgi hat ihn schon so oft mit der falschen Nachricht von der Ankunft des Dampfschiffes getäuscht, daß er auch heute die wahre Nachricht für eine Erdichtung hält und beim Barte des Propheten schwört, sich in seiner Ruhe nicht stören zu lassen. Vergebens versicherte ich ihm, ich habe das Schiff mit eigenen Augen gesehen; er schwur, man solle ihn nicht wieder anführen, und wälzte sich schlaftrunken auf die andere Seite. Ich versuchte ihn mit Gewalt aufzurütteln, aber da griff er drohend nach seinem Dolche. Was ist mit dem Kerl zu machen? Ich werde ihn nicht wieder anrühren; wenn er nicht mitfahren will, kann er hierbleiben und bis zur Rückkehr des Schiffes Fortifikationskunst studieren.«

Inzwischen kam des schläfrigen Tatarenhauptmanns kleiner Schwertträger zurück, welchen H. v. L. abgeschickt hatte, sich selbst und seinen Herrn zu überzeugen, daß das Dampfschiff kein Hirngespinst, sondern eine große sichtbare Arche mit Schornstein und Rädern sei.

Kaum war der Bursche ins Zimmer getreten, so erschien auch ein halb Dutzend Soldaten, um unsere Sachen abzuholen. Es war die höchste Zeit aufzubrechen.

Aus Mitleid für Gjül-Bassar, dessen Gesellschaft auf unserer neuen Meerfahrt ich nicht gern entbehren wolle, wandte ich das letzte Mittel an, ihn aus dem Schlafe aufzuscheuchen, indem ich dicht über seinem Kopfe eine Pistole abfeuerte. Er sprang auf, rieb sich schlaftrunken die Augen und sah entsetzlich dumm und grimmig aus, wie die meisten Menschen aussehen bei plötzlichem Erwachen, ehe sie die trunkene Dämmerung, welche jedem langen Schlafe folgt, ganz durchbrochen haben. Er schien sich sehr zu wundern, das Zimmer mit Pulverdampf und Soldaten angefüllt zu sehen. Die aufgesperrte Türe, durch welche unsere Bagage hinaus und frische Luft herein kam, brachte ihn bald zur Besinnung.

Eine halbe Stunde später befanden wir uns sämtlich mit Sack und Pack auf dem Schiffe.

Für Gjül-Bassar, welcher nie im Leben ein Dampfschiff gesehen hatte, ging eine neue Welt auf: er war jetzt ebenso trunken im Wachen, wie er früher im Schlafen gewesen. Er sah jetzt, daß es keine Fabel war, wenn wir ihm einst erzählten, daß das erwartete Schiff wie zu ebener Erde auf Rädern übers Wasser laufe; er sah überhaupt jetzt so manches, wovon ihm nie geträumt hatte, obgleich er über drei Vierteile seines Lebens unter Träumen und Schlafen zugebracht. Ich wich ihm aus, so gut ich konnte, da er mich überall verfolgte und mich nach seiner alten Gewohnheit unablässig durch freudige Rippenstöße auf alles, was ihn wunder nahm, aufmerksam zu machen suchte.

Die Sonne ging unter in so unbeschreiblicher Pracht, wie sie sich nur dem Schiffer auf dem Meere und dem Wanderer in der Wüste zeigt, als wollte sie beide für die Mühen und Irrsale, die ihre ungebahnten Pfade bergen, belohnen. Der Anker war gelichtet; der Abschiedsgruß, der nach gemeinem Brauche vom Schiffe gefeuert wurde, hallte donnernd wider in den Bergen von Ardiller; die munteren Delphine, welche bis dahin in tollen Sprüngen das Schiff umspielt hatten, tauchten verscheucht zurück in die Tiefe; durch den Knall waren auch die vielen Vögel, welche sich auf Mast und Takelwerk niedergelassen hatten, vertrieben.

Nur einige jener wunderbaren Insekten umkreisten uns, denen die Natur nur einen Tag als Lebensfrist zugemessen und die das bloße Auge erst gewahrt, wenn sie sterben, da sie im Tode leuchtend wie ein Fünkchen zerstieben. Sie gaben uns gleichsam ein luftiges Vorspiel des herrlichen Meerleuchtens, welches mit einbrechender Dunkelheit unser Auge entzückte. Das majestätische Schiff zog so feurige Furchen, als ob alle Quallen- und Strahlentiere des Pontus auf seiner Bahn sich versammelt hätten, um ihr bald bläuliches, bald rötliches Licht auszusprühen.

In froher Stimmung über den Wechsel der Dinge und neu gekräftigt von dem frisch wehenden Abendwinde, steuerten wir heitern Mutes der Küste von Kolchis zu. Wir mußten nun auf dem prächtigen Kriegsschiffe Mogutschy (der Mächtige) den ganzen Weg wieder zurückfahren, welchen wir vor wenigen Wochen auf unserem bescheidenen Barkaß unter Sturm und Drangsal hergekommen waren. So leid es uns tat, auf diese Weise nochmals ein gutes Teil Zeit zu verlieren, so angenehm war es uns auf der anderen Seite, Gelegenheit zu haben, unsere Gastfreunde an der Küste noch einmal zu sehen.

Da der kommandierende General, Baron von Budberg, mit seinem Stabe selbst an Bord war und keine Festung unbesichtigt ließ, so liefen wir erst am dritten Tage wieder in den Hafen von Redut-Kale ein.

Von herrlichem Wetter begünstigt, hatten wir uns in den ersten zwei Tagen nochmals all der bezaubernden Ansichten und großartigen Naturschauspiele zu erfreuen, welche die Küste von Abchasien in reicher Fülle bietet.

Am dritten Tage aber erhob sich gleich nach Mitternacht ein bedenklicher Sturm, welcher gegen Morgen immer stärker wurde und drohte, unseren »Mächtigen« ganz ohnmächtig zu machen. Zum Glück habe ich einen sehr gesegneten Schlaf und werde nur selten und unbedeutend von der Seekrankheit heimgesucht. Bis vier Uhr morgens hielt ich es aus auf meinem Lager, obgleich ich fortwährend hin- und herrollte wie ein Kind in der Wiege.

Da wurde es mir aber doch endlich in der Kajüte zu schwül und im Kopfe zu schwer; ich stand auf und versuchte in die Kleider zu fahren, bei welchem Versuche ich jedoch, trotz allem Widerstreben, dreimal wie ein gläubiger Türk zu Boden sinken mußte. Bei dem immer mehr überhand nehmenden Schaukeln und Stoßen hatte ich unendliche Mühe, die Treppe hinaufzuklettern, um auf dem Verdecke frische Luft zu schöpfen. Oben angelangt, kam mir die ganze Welt wie betrunken vor. Himmel, Erde, Meer und Menschen, alles schien von allgemeinem Taumel ergriffen.

Ein ernster Oberst, welcher sonst immer gemessenen, gravitätischen Schrittes einherging, schlotterte an mir vorüber, als ob er zwei Dritteile seiner Knochen verloren hätte.

Jeder schien seinen eigentümlichen Gang zum besten des allgemeinen Schwankens geopfert zu haben. Der ganze Körperinhalt samt seiner Kraft und Schwere schien den Leuten in den übersprudelnden Kopf gefahren zu sein. Ein allgemeiner Tatendrang von oben entwickelte sich; jeder Mund verhieß Großes. Meine Augen suchten den unglücklichen Gjül-Bassar, dem solch ein Schauspiel etwas ganz Neues sein mußte.

Endlich entdeckte ich ihn; er stand am Rande des Schiffes mit zitternden, stark eingeknickten Knien, mit beiden Händen sich gewaltsam festklammernd, den Kopf über Bord gebeugt, mit den Augen nach oben, mit dem Munde nach unten starrend – so stand mein gläubiger Freund da, seine Seele den Göttern der Höhe und seinen Magen den Göttern der Tiefe empfehlend.

Endlich, gegen zehn Uhr morgens, ließ der Sturm nach, wodurch der Wirrwarr und das Schaukeln jedoch keineswegs vermindert wurden; die in der Nacht aufgescheuchten Riesenwellen wollten sich immer noch nicht zur Ruhe begeben, und die mächtige Wallung des Meeres dauerte unausgesetzt fort, so daß der Kapitän eine Landung für unmöglich erklärte. Der Hafen von Redut-Kale ist, wie schon früher bemerkt, der schlechteste, unsicherste und unbequemste, den ich je gesehen. Große Schiffe müssen mehrere Werste von der Stadt liegen bleiben, und für kleinere Fahrzeuge ist bei etwas unruhigem Wetter die Passage sehr gefährlich, besonders an der Stelle, wo man die heftige Strömung der Chopi zu passieren hat. Wir waren daher nicht wenig erstaunt, ein paar griechische Fahrzeuge trotz des empörten Meeres unter unglaublicher Anstrengung auf uns zurudern zu sehen.

Über eine halbe Stunde hatten sie gegen den Andrang der Wellen zu kämpfen, ehe es ihnen gelang, die Strömung der Chopi zu durchbrechen. Die schwankenden Fahrzeuge wurden von den ungestümen Wellen wie Nußschalen hin- und hergeschleudert, aber die kühnen Griechen ließen sich dadurch nicht abschrecken, sondern arbeiteten unermüdlich vorwärts und kamen auch endlich glücklich durch.

Die griechischen Schiffer sind die tätigsten und unternehmendsten aller Seefahrer, vorausgesetzt, daß ihnen ihre Mühe mit Gold aufgewogen wird. Auch dieses Mal hatten sich, wie ich später erfuhr, die Führer der Fahrzeuge nur durch eine bedeutende Summe bewegen lassen, die mühsame Überfahrt zu wagen. Die Passagiere, welche sie uns zuführten, bestanden aus den Familien des Generals von R., des Staatsrats S. und des Barons von T., größtenteils alte Bekannte aus Tiflis, wovon einige nach der Krim, andere nach Deutschland zu reisen beabsichtigten. Wir freuten uns sehr über die unverhoffte Ankunft der neuen Gäste, deren feine Bildung und gesellschaftliche Annehmlichkeiten wir schon früher kennenzulernen Gelegenheit gehabt hatten.

Bevor wir nun unsere Rückreise von Redut-Kale antreten, halte ich es für nötig, euch mit unserer Schiffsgesellschaft, welche aus den verschiedenartigsten Elementen zusammengewürfelt ist, etwas genauer bekannt zu machen.

Wir sehen hier Russen, Deutsche, Engländer, Polen, Juden, Armenier, Türken, Griechen, Abchasen, Mingrelier, Imerier und Tscherkessen, worunter einige Gefangene und andere aus Hungersnot zu den Russen Geflüchtete.

Die Russen machen natürlich den größten Teil aus, da die eigentliche Mannschaft, mit Ausnahme weniger Offiziere, aus Russen besteht. Ein Offizier vom Generalstabe ist ein Deutscher, und der Kapitän des Schiffes, Mr. Martin, ist ein Engländer. Die Zahl der ganzen Schiffsgesellschaft, welche bei den verschiedenen Festungen, wo wir täglich anlegen, bald ab-, bald zunimmt, beläuft sich im Durchschnitt auf 1500 Köpfe.

Bald sind es Soldaten, bald Offiziere mit ihren Familien, bald Kranke oder Verwundete, bald Marketender und Handelsleute, welche aus einer Festung in die andere geführt werden, so daß ein großer Teil der Passagiere täglich wechselt, wodurch wir an Ruhe verlieren, was wir an Mannigfaltigkeit gewinnen.

Da außer den Offizieren wegen Mangel an Raum nur wenige Passagiere in den Kajüten ein Unterkommen gefunden haben, so sind die meisten gezwungen, unter freiem Himmel zu kampieren, wodurch das Verdeck in eine wahre Musterkarte von Völkern umgewandelt ist, wo man vom pyramidenförmigen Hute des hochmütigen Persers herab bis zur platten Mütze des genügsamen Imeriers die seltsamsten, malerischsten Trachten bunt untereinander sieht und zugleich Gelegenheit hat, die Sitten und Gebräuche der verschiedenen Völker vom Morgen bis zum Abend zu studieren.

Unternehmen wir, um die Leute etwas genauer kennenzulernen, einen kleinen Spaziergang über das Verdeck. Hier, gleich zur Linken, hart am Borde des Schiffes, bemerken wir ein Kleeblatt wohlbeleibter, dickbeturbanter Türken. Sie sitzen da, in ihre hellfarbigen Mäntel gehüllt, ernst, schweigsam, mit untergeschlagenen Beinen, unaufmerksam auf alles, was um sie her vorgeht; sie sprechen nicht, sie sehen nicht, sie denken nicht, sie hören nicht; zum einzigen ihrer würdigen Zeitvertreib rauchen sie langsam und feierlich ihren Tschibuk mit so hochwichtiger Miene, als ob von jedem Puff, den sie ausblasen, das Schicksal eines Reiches abhinge. Ich habe nie die Reisenden begreifen können, welche in diesem gleichgültigen, alles verachtenden Stolze der Türken etwas Großes, Beachtungswertes finden. Beachtungswert ist dieser Stolz allerdings, aber nicht in dem Sinne, wie man es gewöhnlich nimmt. Worauf hat denn wohl ein Türke Ursache, stolz zu sein? Etwa auf seine Trägheit, Unwissenheit, auf seine unnatürlichen Gelüste? Seit Sultan Mahmuds Reformen hat man in Konstantinopel ein lebendiges Beispiel vor Augen, wie wenig – außer seiner Todesverachtung und Tüchtigkeit im Felde – an dem türkischen Volke zu bewundern übrigbleibt, wenn man ihm seine Waffen, seine bunten Gewänder und seinen Turban nimmt.

Etwas weiter finden wir ein kleines Häuflein Griechen gelagert. Sie tragen hohe rote Mützen, elegant geschnittene, mit Stickerei verzierte blaue Jacken und weite kurze Schalwari von gleicher Farbe. Man sieht's ihren lebhaften, aber unzuverlässigen Augen, ihren verschmitzten, berechnenden Gesichtern gleich an, daß es Handelsleute sind. Dicht neben den Griechen kauern einige Armenier, mit den Fingern, ohne Beihilfe von Messern und Gabeln, ihr Mittagsmahl dem Munde zuführend. Sie haben ihr blaues Obergewand mit den aufgeschlitzten fliegenden Ärmeln, um sich's bequem zu machen, beiseite gelegt und sitzen da mit ihren hohen, stumpf zulaufenden Mützen aus schwarzem Schaffell, in engem, mit dem Gürtel umwundenen Archeluck und weiten, hellfarbigen Beinkleidern. Auch ihnen sieht's man auf der Stelle an, daß sie Kaufleute sind, und man weiß nicht, ob man bei Beobachtung ihres Gesichts ihnen oder den Griechen den Preis der Schlauheit zuerkennen soll. Man hat in Rußland, um die Schlauheit und Kniffe der Handel treibenden Völker des Orients in ihren verschiedenen Graden zu bezeichnen, ein Sprichwort, welches also lautet: »Zwei Juden gegen einen Russen – zwei Russen gegen einen Perser – zwei Perser gegen einen Armenier – zwei Armenier gegen einen Griechen: so bleibt sich der Handel gleich.« Nach dem zu urteilen, was mir darüber zu Augen und Ohren gekommen, wird dieses Sprichwort durch die Erfahrung vollkommen bestätigt.

Wenden wir uns weg von diesen Repräsentanten der Schlauheit, und gehen wir einige Schritte weiter auf unserer völkermusternden Wanderung. Wir finden da vor uns, die einen sitzend, die anderen stehend, sechs bis acht Imerier vom Knaben- bis zum Mannesalter. Es sind einfache, harmlose, wohlgebaute, aber ärmlich gekleidete Leute. Man sieht, daß sie gekleidet sind, wie es der Zufall eben gewollt hat. Der eine trägt einen abgeschabten Tscherkessenrock, welchen der Schneider gewiß nicht für ihn bestimmt hat, der andere eine Jacke, deren Ärmel einen halben Fuß zu lang sind; einige gehen mit, andere ohne Schuh. Von ihrer hübschen Nationaltracht ist ihnen nichts übriggeblieben als ihre seltsam geformte platte Mütze, ein kaum das Oberteil des Kopfes bedeckendes, steifes, dunkelgefärbtes, filzartiges Stück Zeug, von unter dem Kinn zugeknöpften Bändern gehalten. Die Imerier führen als Grund der Entstehung ihrer sonderbaren Kopfbedeckung an, es seien früher die Wälder ihres Landes so dicht und undurchdringlich gewesen, daß niemand darin hätte gehen können, ohne seine Mütze zu verlieren; man wäre deshalb, um dem Kopfe Schutz und den Zweigen und Dornen Trotz zu bieten, auf die Erfindung der eben beschriebenen festen Plattmütze gekommen. Die Sache hat etwas für sich.

Während die Türken unseres Schiffes starr und unbeweglich dasitzen, die Griechen, Perser, Juden und Armenier hingegen über gemachte oder noch zu machende Handelsspekulationen sprechen und sinnen, singen die Imerier heiter und sorglos ein Lied vor sich hin. Haben sie das eine Lied zu Ende gesungen, so fangen sie ein anderes wieder an und unterbrechen ihre tönende Beschäftigung nur zuweilen und ziehen sich scheu zurück, wenn einige von den Damen oder den Offizieren des Schiffes in ihre Nähe kommen.

Übrigens muß der Liederschatz dieser guten Leute eben nicht groß sein, da man sie überall und immer dieselben Gesänge wiederholen hört, welche noch dazu sämtlich einer früheren Zeit ihre Entstehung zu verdanken haben. Man findet unter diesen imerischen Volksliedern einige ganz allerliebste; das hübscheste und unter dem Volke selbst beliebteste davon, welches ich auch hier jeden Tag singen höre, hat Dubois in seinem trefflichen Reisewerke in der Übersetzung mitgeteilt, weshalb eine nochmalige Wiederholung überflüssig erscheinen dürfte.

Nach Tische, wenn es ruhiges Wetter ist, tanzen die Matrosen einen Nationaltanz. Alles nimmt teil an der Unterhaltung, von allen Seiten ertönt lautes Händegeklatsch im Takt mit den Bewegungen der Tänzer; Griechen, Armenier und Juden vergessen ihre Schachergedanken, um dem munteren Treiben auf dem Verdecke zuzusehen, die Türken allein bleiben ernst und unbeweglich auf ihrem Platze sitzen, ohne sich einmal nach der bunten Menge hinter ihnen umzusehen. Ein Türk wird eher fünfmal den Arm zum Kopfabschlagen, als fünfmal den Fuß zum Tanzen aufheben.

Die Winde, des Meeres stürmische Buhlen, haben ihre Geliebte verlassen, die jetzt heiteren Antlitzes mit der Sonne liebäugelt und uns geduldig weiter schaukelt auf ihrem wogenden, farbenbunten Schoße.

Wir haben unseren Rückweg nach Kertsch angetreten und landen bei der Veste Suchum-Kale. Ein ehrwürdiger Greis, in silberverziertem, blauem Gewande und gefolgt von stattlicher Reitereskorte, kommt auf uns zugeritten. Das ist Kazi-Morgana, der alte Abchasenfeldherr, früher der Prophet der Freiheit in den Gebirgen von Abchasien und einer der furchtbarsten Feinde der Russen; jetzt General in russischen Diensten.

Während der General von Budberg mit seinem Gefolge nach Sojuk-Su, der Residenz des Herrschers von Abchasien, reitet, um mit dem Fürsten Michail Scherwaschidse Unterhandlungen zu pflegen, besuche ich in Gesellschaft der Damen die herrlichen Gartenanlagen von Suchum-Kale und finde, nachdem wir alles besehen haben, noch Zeit, mit B. einen Ritt in die Umgegend zu machen, wo malerische Feld- und Bergpartien, eine üppige Vegetation, kurz Naturschönheiten jeder Art, das Auge entzücken. Unsere unermüdlichen Reittiere tragen uns die steile Anhöhe hinauf, wo die Russen, der gesunden Lage wegen, eine Militärkolonie angelegt haben. In der Mitte der Kolonie steht ein alter, ehrwürdiger Nußbaum, der seiner Größe und seines riesigen Umfanges wegen an der ganzen Ostküste des Pontus berühmt ist. Unter den Zweigen dieses Riesenbaumes kann ein ganzes Bataillon Soldaten kampieren.

Wir kehren auf unser Schiff zurück; bald kommt auch der General mit seinem Gefolge nach, und wir steuern weiter nach der Festung von Bambor, der Residenz des trefflichen General X. Wir verweilen an jedem Orte nur gerade so lange, als nötig ist, um das Geschütz, die Festungswerke, das Hospital, die Militärkolonie, die neuen Anlagen und Bauten zu besichtigen und die erforderlichen Anordnungen zu treffen.

Während wir so alles in Augenschein nehmen, hat der Kapitän unseres Schiffes schon eine Anzahl Passagiere entlassen und andere dagegen aufgenommen. So bietet sich uns täglich die größte Abwechslung und Mannigfaltigkcit der Bilder dar. Bald wird das Auge erfreut durch den Anblick der großartigen Naturschönheiten, die uns umgeben, und bald wird es getrübt durch den Anblick eines Trupps unglücklicher, kranker Soldaten, die, ihren dumpfen Hütten entrissen, aus einer ungesunden Gegend in eine gesundere geführt werden, um ihr freudenloses Dasein noch auf ein paar Jahr zu verlängern. Sie schwanken umher wie Schatten, und man weiß nicht, was grauer und kahler aussieht, ob ihr bleifarbenes Gesicht oder der grobe Mantel, der ihre welken Glieder umhüllt. In allen Festungen, welche wir berühren – und es sind ihrer über zwanzig an der Ostküste des Schwarzen Meeres – sehen wir uns vergebens unter den Soldaten nach einem frischen, munteren Gesichte um; die Gesichter der armen Menschen sind alle so faltig, so aschgrau wie die Säcke, in welchen ihr Kommißbrot steckt. – Doch was sage ich? Hier wird vor uns eine Kompanie gemustert, lauter frische, lebenskräftige Burschen; auch nicht einer darunter, auf welchen die obige Beschreibung paßte.

Ganz richtig! Das sind Soldaten, welche erst vor acht Tagen aus Rußland angekommen sind und noch einexerziert werden müssen. Diese wackeren Burschen haben noch keinen Sommer hier mitgemacht; nur ein halbes Jahr Geduld, und ihre Augen werden so matt und ihre Wangen so blaß sein wie die ihrer Brüder.

Doch genug dieser trüben Bilder. Suchen wir den Schatten, welchen wir dadurch auf unsere Erzählung geworfen, durch Anführung einiger der vielen heiteren Bilder, die uns auf unserer Fahrt ergötzten, zu verscheuchen.

Wir landen in Sotscha, derselben Festung, in welcher Madame Pépin , tapferen Andenkens, ihre Sporen verdiente. Die Nachricht der Ankunft des kommandierenden Generals verbreitet sich immer gleich wie ein Lauffeuer unter den Bewohnern der Küste.

Von allen Seiten kommen Häuptlinge und Gemeine zu Fuß und zu Pferde herangezogen; die Häuptlinge, um mit dem General zu unterhandeln, die Gemeinen, um das wunderbare Atesch-Gjemmi (wörtlich: Feuerschiff), welches ohne Segel und Ruder fährt, zu begaffen. Auch dieses Mal hat sich eine staunende Menge am Ufer versammelt, und viele von ihnen bezeigen Lust, auf das Schiff zu steigen, werden jedoch von den Soldaten und Matrosen kurz zurückgewiesen.

»Sollte der Anblick eines solchen Kriegsfahrzeuges«, fragte ich einen neben mir stehenden Offizier, »den Tscherkessen nicht die Überzeugung von der überlegenen Macht der Russen einflößen?« – »Nicht im mindesten«, erwiderte der Gefragte, »diese Leute haben, ihre Verhältnisse mit uns anbetreffend, weder Willen noch Gedanken; sie folgen ganz der Leitung und den Eingebungen ihrer Häuptlinge, von denen die meisten zu wiederholten Malen in Konstantinopel gewesen, wo sie in dem schönsten Hafen der Welt Hunderte von Schiffen aller Nationen gesehen haben, welche sie natürlich sämtlich als im Dienst des Sultans stehend betrachten und im Vergleich mit welchen ihnen die wenigen von unseren Schiffen, die an ihrer Küste kreuzen, höchst unbedeutend erscheinen. Solange bei den Tscherkessen der Glaube an die Allmacht des Sultans und an die von ihm zu erwartende Hilfe noch so fest wurzelt wie bisher, wird an ihre vollkommene Unterwerfung nicht zu denken sein.«

Kaum waren wir ans Land gestiegen, so drängten sich eine Menge Tscherkessen auf den General zu, ihn mit Bitten und Anliegen bestürmend. Der eine suchte dabei dem anderen das Wort abzuschneiden, und es entwickelte sich wieder ein ohrenverwirrendes Schreien und Lärmen, welches durch unter den am Ufer stehenden Zuschauern ausgebrochene Zänkereien noch vermehrt wurde. »Das gibt fast denselben Auftritt hier wie neulich beim Scheibenschießen in Ardiller«, bemerkte, sich zu mir wendend, der oben erwähnte Offizier. »Was gab es denn da?« fragte ich neugierig.

»Bekanntlich sind die meisten unserer Soldaten sehr schlechte Schützen und dienen in dieser Beziehung den Tscherkessen zum Gespötte. Es wurden deshalb in letzterer Zeit in Ardiller sowie in anderen Festungen Schießübungen angeordnet. Vor einem kleinen Erdaufwurf auf dem großen Weideplatze, welcher sich westlich von genannter Festung hinzieht, war eine große Scheibe befestigt, auf welche die Soldaten aus angemessener Ferne feuerten. Die nahewohnenden Dshigethen, durch das fortwährende Geknall aufmerksam gemacht, kamen in großer Anzahl herbeigelaufen, um zu sehen, was das Schießen zu bedeuten habe. Lange konnten sie gar nicht darüber ins reine kommen; sie sahen das Feuer, hörten die Kugeln pfeifen, aber ihre spähenden Blicke suchten vergebens nach dem Feinde, dem das tötende Blei gelten konnte.

Anfangs glaubten sie, hinter dem Erdaufwurfe säßen Leute versteckt, welche die Russen mit ihren Kugeln herauslocken wollten. Als aber das Schießen immer fortdauerte und sich doch niemand rührte, kamen sie endlich auf die richtige Vermutung, die Kugeln seien lediglich auf die fernstehende Scheibe gemünzt. Nun erhob sich unter ihnen ein Kichern und Schreien, wie es nur das rauhe Organ der Tscherkessen hervorzubringen imstande ist. Es wollte ihnen gar nicht einleuchten, was unsere Soldaten für eine tolle Wut auf die große Scheibe Holz hätten, daß sie dieselbe von oben bis unten mit Kugeln durchbohrten. – Übrigens hatte dieses rätselhafte Scheibenschießen wenigsten den günstigen Erfolg, die Tscherkessen glauben zu machen, wir müßten einen ungeheuren Vorrat von Pulver und Blei besitzen, da wir diesen kostbaren Kriegsbedarf so verschwenderisch an einem Stück Holz vergeudeten.«

Die vornehmsten der anwesenden Häuptlinge, Asslan-Bey, der Dshigeth, und Bersek-Bey, der Ubych, folgten dem General in die Gemächer der Festung, wo die Unterhandlungen sich über drei Stunden lang hinzogen. Das Langweiligste dabei für die russischen Unterhändler ist immer die weitschweifige Anrede der Tscherkessen, welche sich, ohne den zu verhandelnden Gegenstand zu berühren, erst eine oder ein paar Stunden lang um die gleichgültigsten Dinge dreht. Dann können auch die Tscherkessen die vorgeblich uneigennützigen und edlen Absichten durchaus nicht begreifen, welche die Russen bei ihrer Besitznahme der Länder des Kaukasus leiten. »Wenn es wahr ist«, folgern sie, »daß, wie ihr sagt, euer Land so groß ist und so reich an Korn, Früchten und edlen Metallen, wenn es wahr ist, daß ihr in so prachtvollen Städten wohnt, die aus lauter Tempeln und Palästen bestehen, warum bleibt ihr denn nicht in eurem schönen, großen Lande, wo ihr in Überfluß und Frieden leben könnt? Warum kommt ihr, um mit Gefahr eures Lebens in unseren unwirtbaren Wäldern und Schluchten zu wohnen, wo Krankheit und Krieg jährlich Tausende von euch hinraffen und wo ihr nichts von dem findet, was eure prachtvollen Städte euch bieten? Ihr sagt, daß ihr gekommen sei, um uns glücklicher und weiser zu machen; wir können aber nicht glauben, euer großer Padischah lasse jährlich so viele Tausende von euch, seinen Freunden, hinschlachten, bloß um uns, seine Feinde, glücklicher und weiser zu machen. Wahrlich, wir waren glücklicher, ehe wir euch kennenlernten, und weiser sind wir durch euch auch nicht geworden.«

Das ist der Hauptgegenstand aller Unterhandlungen zwischen Rußland und den Bergvölkern. Nebengegenstände sind Klagen über die Unterdrückung des Handels, das Absperrungssystem und die dadurch erzeugte Hungersnot etc. Die Häuptlinge der Tscherkessen ergehen sich in ihren Reden gewöhnlich in blumigen und bilderreichen Ausdrücken, und ihre Antworten sind oft voll Schärfe und Witz. – »Ergebt euch«, lautete einst General Rosens Aufruf an Hamsad-Bey, den Vorgänger von Schamyl, »ergebt euch! Aller Widerstand ist vergeblich; die Heere, welche ich gegen euch führe, sind zahllos wie der Sand am Meer!« – »Meine Heere aber«, entgegnete Hamsad-Bey, »sind wie die Wellen des Meeres, die den Sand hinwegspülen werden.«

Eine ähnliche Antwort gibt Schamyl, der Prophet von Himri, als ihn der russische Oberbefehlshaber zur Unterwerfung auffordern läßt und ihm droht, im Fall der Weigerung seinen Sohn zu töten, welcher sich in den Händen der Russen befindet. »Tötet meinen Sohn«, erwiderte Schamyl, »ich habe Weiber genug, einen anderen zu zeugen.« – »Liegt dir«, fragten die Russen, »das Schicksal deines Sohnes so wenig am Herzen?« – »Weniger«, anwortete Schamyl, »als das Schicksal meines Volkes.«

Während der General sich im Innern der Festung mit seinen kriegerischen Gästen unterhielt, gingen die übrigen Häuptlinge, welche sich weniger durch Schmuck und Kleidung als durch stolzere Haltung und Körpervorzüge von den Gemeinen unterschieden, in eifrigem Gespräch begriffen, unruhig auf und nieder. Es gewährt ein unbeschreibliches Vergnügen, diese kräftigen, hohen Gestalten mit ihren blitzenden Augen, ihrem ausdrucksvollen Gesichte, ihrem stolzen Gange und ihren lebhaften und ungezwungenen Bewegungen zu sehen. Welch ein herrliches Volk müßte dies sein, wenn hier die Bildung des Geistes der des Körpers entspräche! In körperlicher Beziehung sind wir zivilisierte Abendländer im Vergleich mit den Tscherkessen ein verkrüppeltes Geschlecht.

Warum hat die Gegenwart kein einziges Volk aufzuweisen, bei dem Körper und Geist auf gleich hoher Stufe der Bildung stehen?

[…]

Schilderungen aus den Tscherkessenländern

[...]

Die Zustände der russenfeindlichen Bevölkerung in den zwischen dem Kuban und dem Schwarzen Meere gelegenen Ländern führen uns zu den Uranfängen der menschlichen Gesellschaft zurück.

Hier ist kein Staat in unserem Sinne des Wortes; keine Regierung, kein Beamtenstand, keine Polizei, kein stehendes Heer – kurz, nichts von alledem, was in Europa als staatliche Notwendigkeit gilt.

Die Grundlage der gesellschaftlichen Ordnung bei den Tscherkessen ist das Stammesleben, wie es seit Jahrtausenden in fast unveränderter Gestalt bei ihnen besteht. Die einzelnen Stämme, die sich ursprünglich aus einzelnen Familien entwikkelt haben, sind nach und nach zu förmlichen Staaten (in Umfang und Bevölkerung) herangewachsen, ohne jedoch das Bedürfnis zu fühlen, ihre Angelegenheiten anders als nach altherkömmlicher Sitte zu regeln. Nie herrschte hierzulande ein geschriebenes Gesetz, wie denn das Schreiben noch heutzutage unter dem Volke eine seltene Kunst ist, deren sich selbst der Vornehmsten nur wenige rühmen können. Das einzige allgemein anerkannte Gesetz war das jedem innewohnende und auf den ganzen Stamm ausgedehnte Gesetz der Gegenseitigkeit.

Die Familienbande sind bei uns kaum so stark wie diejenigen Bande, welche bei den Tscherkessen die Bevölkerung eines ganzen Stammes umschlingen. Ein solcher Stamm (Tokum) braucht jedoch trotz des innigen Zusammenhanges seiner Glieder und der Solidarität der Interessen kein von örtlichen und Grenzbestimmungen abhängiges Ganzes zu bilden. Die einzelnen Stammesangehörigen können zerstreut wohnen über das ganze Land; sie werden zusammengehalten durch ihren beim Eintritt in den Verband geleisteten Eid und durch die großen Vorteile, welche ihnen aus diesem Verband erwachsen. Wenn z. B. ein Angehöriger des Stammes Tschipaku beraubt, beleidigt oder ermordet wird von einem Angehörigen des Stammes Pschu, ist der Stamm Pschu in seiner Gesamtheit verantwortlich für die verübte Missetat, und beide Stämme bleiben in Fehde, bis die Missetat nach herkömmlichem Brauche gesühnt, d. h. bis eine der Unbill entsprechende Strafe entrichtet ist. Diese Strafe besteht gewöhnlich in der Auslieferung von Ochsen, deren Sühnezahl sich nach der Größe des Vergehens richtet. Für den Totschlag eines Mannes hat der Stamm, dem der Mörder angehört, zweihundert Ochsen auszuliefern, für den Totschlag einer Frau hundert Ochsen, für die Verführung eines Mädchens fünfundzwanzig Ochsen. In ähnlicher Weise ist für jedes Verbrechen eine Strafe festgesetzt. In zweifelhaften Fällen wird die Streitfrage entschieden durch ein Schwurgericht, zusammengesetzt aus zwölf Personen, wozu die sechs ältesten unbescholtenen Männer aus jedem Stamm gewählt werden. Großes Ansehen ist mit der Würde eines Geschworenen, die zugleich das Richteramt in sich schließt, verbunden, und keiner, auf dem der geringste Makel haftet, ist dieser Würde zugänglich. Das Urteil der Geschworenen wird vom Volke heiliggehalten, und sie haben Gewalt über Leben und Tod des Angeklagten, wenn ihr Verdikt ein einstimmiges ist. Der vorsätzliche Mord wird – unbeschadet der vom Stamme zu leistenden Sühne – gewöhnlich wieder durch den Tod bestraft. Die Hinrichtung geschieht, indem man dem Mörder einen schweren Stein um den Hals bindet und ihn dann hinabstürzt ins Meer. Eben infolge der Verpflichtung eines Stammes, für jeden seiner Angehörigen einzustehen, herrscht unter den Stammgenossen eine scharfe gegenseitige Überwachung, welche wirksamer ist als die beste Polizeibehörde und deren Durchführung sich um so leichter bewerkstelligen läßt, als die Tscherkessen niemals in großen Ortschaften beisammen wohnen. Ihre größten Aoule kommen an Einwohnerzahl kaum unseren kleinsten Dörfern gleich. So geschieht es, daß die Bewohner eines Aouls immer von den Vermögensumständen untereinander auf das genaueste unterrichtet sind und die Vermehrung der Rinder, Schafe und Pferde (der gewöhnlichen Objekte des Diebstahls) eines Hausstandes niemals lange Geheimnis bleiben kann.

Kommt es dennoch vor, daß der Stamm den Verbrecher nicht ermitteln kann oder Schwierigkeiten macht, die verlangte Strafe zu entrichten, so wird jeder Stammgenosse als Mitschuldiger betrachtet und bleibt während der schwebenden Schuld Mißhandlungen und Beleidigungen aller Art ausgesetzt. Nicht allein muß er sich dann sorgsam hüten, den Fuß in einen feindlichen Aoul zu setzen, auch an jedem dritten Orte, wo er mit einem Krieger des beleidigten Stammes zusammentrifft, kommt es fast jedesmal zu blutigen Auftritten.

Der Stamm ist verantwortlich für den einzelnen und der einzelne für den Stamm. Die Unbill wie die Genugtuung kommt immer auf Rechnung des gemeinsamen Stammverbandes. Nicht der Verbrecher bezahlt die Sühne, sondern seine unschuldige Genossenschaft. Nicht der Beleidigte erhält Genugtuung, sondern der Tokum, dem er angehört.

Nur in Zeiten großer Teuerung oder bei alteingefleischtem Stammeshader kommt es vor, daß ein Tokum mit der Zahlung anerkannter Schuld lange auf sich warten läßt. Dasselbe geschieht auch wohl zuweilen bei einem großen Stamm gegenüber einem kleineren und schwächeren. Solche Fälle gehören aber zu den seltenen Ausnahmen, und die Blutrache des einzelnen tritt dann an die Stelle der Stammesjustiz. Im allgemeinen hat sich das Kriminalsystem der Tscherkessen immer als sehr erfolgreich erwiesen, und das gegenseitige Absperren der Häuser und Ställe aus Furcht vor Diebstahl ist hierzulande vollständig unbekannt. Eben weil sich die Männer einer Verbrüderung größtenteils untereinander genau kennen, machen sie mit denen gemeiniglich kurzen Prozeß, welche den Stamm in ernste Ungelegenheiten bringen.

Die gesellschaftlichen Verhältnisse eines Tokum sind ganz nach kommunistischen Grundsätzen geregelt. Nicht in dem Sinne, daß (wie es vor alters bei den Juden, bei den Persern, Römern und anderen Völkern versucht wurde) eine regelrechte Güterverteilung stattfände: die Besitzenden sind gehalten, den Nichtbesitzenden auszuhelfen, wo es fehlt. Brennt ein Haus ab, so müssen die Nachbarn es wieder aufbauen. Verwüstet der Feind alle Wohnungen und Felder eines Aouls, so muß die Stammesgemeinschaft den angerichteten Schaden ersetzen. Will ein armer Tscherkeß heiraten, und es fehlt ihm an Mitteln, die Braut von den Eltern zu erkaufen, so müssen die Genossen ihm die Mittel verschaffen.

Die öffentlichen Angelegenheiten des Tokum werden immer in einem Medshilis (Volksrat) unter freiem Himmel verhandelt. Jeder freie Mann hat das Recht, an den Beratungen teilzunehmen. Doch findet hier gewöhnlich eine Vertretung in der Art statt, daß das Volk die anerkannt Weisesten und Tapfersten aus seiner Mitte so lange unbehindert schalten und walten läßt, als es sich überzeugt hält, daß sie nicht gegen den Vorteil des Stammes handeln.

Seit der Einführung des Islam in diese Lande ist es Sitte geworden, daß sowohl bei den Volksberatungen wie bei den Schwurgerichten immer wenigstens ein schriftgelehrter Kadi zugegen ist, um die Satzungen des Korans in Anwendung auf die vorliegenden Fälle zu erklären, was jedoch auf die Entschließungen der Tamata wenig Einfluß übt, da der alte Landesbrauch immer noch heiliger gehalten wird als der Koran. Die Sitte ist stärker als die Religion, und wo die eine mit der anderen in Konflikt gerät, trägt immer die erste den Sieg davon. Die Tscherkessen bestreben sich um so mehr, gute Muhammedaner zu sein, als ihnen das Christentum durch die Russen verhaßt geworden ist; trotzdem legen sie auf die muhammedanischen Feiertage wenig Gewicht, während sie mit großer Gewissenhaftigkeit die Feste ihrer alten Götter Schible, Tleps, Sseosseros begehen. Dies mag sich wohl hauptsächlich daraus erklären, daß ihre alten heidnischen Festtage im Gegensatz zu den islamitischen ein vorwiegend heiteres Gepräge tragen und mit großen Tieropfern, Lustbarkeiten und Schmausereien verbunden sind.

Denn ebensogroß wie die Ausdauer, mit welcher der Tscherkeß Entbehrungen aller Art erträgt, wo die Not es gebietet, ist auf der anderen Seite sein Hang zu fröhlichem Gelage. Im Felde nimmt der Krieger mit einer Handvoll roher Hirse und einem Trunke frischen Quellwassers vorlieb, ohne zu murren; zu Hause aber, im Kreise der Freunde, labt er sich gern an gutem Spießbraten, an Pilau, an Busa und Arka und an den vielen landestümlichen aus Mais, Hirse und Honig bereiteten süßen Gebäcken und Gerichten. Jegliche Art von Gemüse aber, zu dessen Kultur sich das Land vortrefflich eignet, ist dem Tscherkessen ebenso verpönt und verhaßt wie Schweinefleisch. Spießbraten und süße Gebäcke bilden immer und überall die Hauptbestandteile des Mahles. Gerade wie bei den Georgiern und Armeniern essen die Diener das in der Schüssel Gebliebene gleich beim Wechsel der Gerichte auf, teils stehend, teils indem sie sich nacheinander in einem Winkel des Gemachs niederlassen.

Veranlassung zu großen Gelagen geben besonders die Medshilis, ein erfochtener Sieg sowie jedes fröhliche und traurige häusliche Ereignis.

Jeder Tscherkeß hat sein eigenes Haus, dem immer ein kleines Nebengebäude oder Gasthaus angefügt ist, wo jeder Fremde allezeit freundlichen Empfang, Speise und Unterkommen findet. Die Gastfreundschaft der Tscherkessen ist weltberühmt geworden und verdient in der Tat lobender Erwähnung, obgleich sie sich wesentlich durch nichts von der Gastfreundschaft der übrigen Gebirgsvölker des Kaukasus unterscheidet als durch größere Beschränkung, welche allerdings durch die Verhältnisse geboten wird. Bei den neutralen oder russenfreundlichen Stämmen, wie bei den Kabardern, Osseten, Tuschen u. a., kann jedermann gastliches Unterkommen finden, ohne daß der Kunak dadurch in große Verlegenheit gerät; die russenfeindlichen Tscherkessen aber müssen streng darauf sehen, daß sich unter dem Schutz der Gastfreundschaft nicht Spione oder moskowitische Emissäre ins Land schleichen, wie das schon zu wiederholten Malen geschehen ist. Ich erinnere nur an die beiden deutschen Namen Tausch und Thornau. Tausch, ein gemeiner Kerl, der sich für Geld von den Russen zu allem gebrauchen ließ, kam, wie das so der gewöhnliche Gang der Dinge ist, mit heiler Haut davon, während Baron von Thornau, ein vornehmer russischer Offizier, beinahe drei Jahre lang in trauriger Gefangenschaft bei den Abasechen lebte.

Baron Thornau war, nachdem er sich durch einen längeren Aufenthalt in der Kubanlinie sowie an der Ostküste des Schwarzen Meeres mit Tracht und Sitte der Tscherkessen vertraut gemacht hatte, begleitet von einem russenfreundlichen Eingeborenen und ganz tscherkessisch angetan, in das Innere des Landes gedrungen, um das Terrain kennenzulernen und Pläne als Basis künftiger Operationen zu entwerfen. Verschiedene Umstände trugen dazu bei, daß der Baron eine geraume Zeit hindurch unerkannt im Lande bleiben konnte. Erstens hat seine ganze Körperbildung einen auffallend tscherkessischen Anstrich; zweitens hatte er sich mit großer Vorliebe und echt russischer Nachahmungsfähigkeit in die tscherkessischen Eigentümlichkeiten hineingelebt, und endlich spielte er die Rolle eines Taubstummen, um einerseits die Gefahr zu vermeiden, sich durch Unkenntnis oder schlechte Aussprache des landestümlichen Idioms zu verraten, und andererseits Vorteile aus dem besonderen Ansehen zu ziehen, dessen Taubstumme wie Blinde in diesem Lande genießen.

Trotz all dieser Vorsichtsmaßregeln und günstigen Umstände konnte, eben infolge der oben beschriebenen Stammeseinrichtungen, der geheime Zweck und die künstliche Rolle des Baron Thornau auf die Dauer dem Scharfblick der Tscherkessen nicht entgehen. Er wurde erkannt und verraten von einem abasechischen Häuptling, seine Papiere und Instrumente wurden ihm weggenommen, und durch jahrelange schwere Gefangenschaft bei dem halbwilden Stamme der Abasechen mußte er seine Kühnheit büßen, bis ihn ein anderer Häuptling, der sich mit seinen Stammesgenossen überworfen hatte und zu den Russen überging, gegen die Zusage einer großen Belohnung und Fürsprache beim Kaiser befreite. Große Freude war im russischen Lager, als der längst verloren geglaubte Gefangene in Tiflis eintraf. Er hielt sich jedoch hier nicht lange auf, sondern schlug mit seinem Begleiter den Weg nach Moskau ein, wo ich ihn gleich bei seiner Ankunft im Hause des damaligen General-Gouverneurs v. Neidhart kennenlernte. Er sah entsetzlich leidend und abgemagert aus, und erst durch eine Badereise, welche er bald nachher auf kaiserliche Kosten nach Deutschland unternahm, wurde sein Körper wieder etwas gekräftigt, obgleich er die Spuren seiner Gefangenschaftsleiden zeitlebens mit sich tragen wird. [...]

Übrigens trifft eine so schlechte Behandlung wohl nur ausnahmsweise solche Personen, von deren Auslösung die Tscherkessen bedeutenden Gewinn erwarten. Um die Auslösung zu beschleunigen, wird den Gefangenen ihr Aufenthalt möglichst unerträglich gemacht. Auch wird nur auf den Fang hervorragender Militärs, deren Auslösung trotz dem Verbote des Kaisers doch über kurz oder lang erfolgt, besonders Gewicht gelegt. Sicher ist, daß die meisten der bei den Tscherkessen gefangenen gemeinen Soldaten durchaus kein Verlangen spüren, in das russische Lager zurückzukehren.

Ein harmloser Reisender wird, wenn nicht ein besonderer Verdacht auf ihm lastet, nie große Gefahr bei irgendeinem tscherkessischen Stamme laufen. Ich besuchte auf meiner Wanderung durchs Gebirge mehrere Aoule in der kleinen Kabardah und wurde überall gastfreundlich aufgenommen, ohne daß mir das geringste schlimme Abenteuer zugestoßen wäre. Noch länger hielt sich mein späterer Reisegefährte, Henry Seymour, bei den Kabardern auf und wußte nach seiner Rückkehr nur Rühmliches von ihnen zu erzählen. Allerdings gehören die Kabarder augenblicklich zu den neutralen Stämmen, da ihnen die Russen durch ihre Festungen und durch die den Terek entlang laufende Militärstraße sehr nahegerückt sind, indes wurzelt bei keinem Volke des Kaukasus der Russenhaß tiefer als hier, trotz der großen Anstrengungen und Opfer des Kaisers, die stolzen Häuptlinge der Kabardah für seine Interessen zu gewinnen. Bekanntlich war es dieses Land, dem die Russen ihre ersten sogenannten Rechtsansprüche auf den Besitz des Kaukasus entnahmen. Zar Iwan Wassiljewitsch, der Grausame, hatte die Tochter Temruks, eines kabardischen Häuptlings, zur Frau, und eine im Jahre 1717 von den Russen gegen den Chan von Chiwa unternommene Expedition wurde von Bekowitsch Tscherkaski, einem kabardischen Fürsten, befehligt, woraus man ein Jahrhundert später den Beweis zog, daß die Kabardah von jeher gemeinschaftliche Sache mit den Russen gemacht habe und eigentlich immer nur eine russische Provinz gewesen sei. Die Kabarder haben inzwischen den Russen oft genug mit dem Schwerte in der Hand bewiesen, daß sie mit ihnen nichts gemein haben wollen; und wenn sie sich für den Augenblick neutral verhalten, so geschieht das nur in Erwartung eines Umschwungs der Dinge zugunsten Schamyls. Doch dies im Vorbeigehen.

Der Zutritt zu den Tscherkessen an der Küste ist deshalb doppelt schwierig, weil hier die Russen die Vermittlerrolle spielen und die Bergvölker alles von den Russen Kommende mit gerechtem Mißtrauen aufnehmen. Doch genügt es, einen zuverlässigen Kunak zu haben, um auch hier überall durchzukommen. Der Kunak bürgt mit seinem Kopfe für die Sicherheit des Gastes, wenn er einmal Salz und Brot mit ihm gegessen, die Busa getrunken und unter einem Dache mit ihm geschlafen hat.

Ich verkehrte mit mehreren der Häuptlinge und Effendis, bei welchen Bell und Longworth auf ihrer abenteuerlichen Reise die Küste entlang gewohnt hatten, und überzeugte mich, daß diese Herren noch in sehr gutem Andenken bei den Tscherkessen standen. Manches hat sich aber seit der Zeit geändert. Gus-Bey, genannt der Löwe von Schapßuch, Keri-Oglu-Schamin-Bey, Schimaf-Bey, vom Stamme der Tschipaku, und mehrere andere von Longworths Gastfreunden sind inzwischen im Kampfe gegen die Russen ums Leben gekommen. Noch viele andere traurige Veränderungen würde Longworth finden, wenn er heute zu seinen Freunden zurückkehrte. Von den Indar-

Oglus sind zwei zu den Russen übergegangen und ihre Wohnungen der Erde gleichgemacht. Mehrere in Longworths Werken bezeichnete Wohnsitze vornehmer Tscherkessen haben russischen Blockhäusern Platz gemacht, und ihre alten Bewohner sind in das Innere des Landes zurückgedrängt. Vor allem aber hat die durch die russische Absperrung erzeugte Hungersnot ungeheure Verwüstungen angerichtet und Glieder der vornehmsten Familien ins Elend gebracht.

Bekanntlich haben auch die Tscherkessen seit alters ihre erblichen Standesunterschiede, welche sich jedoch seit der Einführung des Islam durch die nivellierenden Satzungen des Korans wesentlich verwischt haben. Die waffentragenden Männer (sogenannt im Gegensatz zu den Sklaven, welche keine Waffen tragen dürfen) zerfallen in drei Klassen: Pschi (Fürsten), Usden oder Work (Edelleute) und Tokav (Freie). Die Sklaven oder Leibeigenen, deren große Masse aus Kriegsgefangenen besteht, sind lediglich darauf angewiesen, den Acker zu bebauen, das Vieh zu hüten und die Arbeiten des Hauses und des Stalles zu besorgen.

Die Pschi und Usden besaßen früher große Vorrechte und standen ungefähr in demselben Verhältnis zu der übrigen Bevölkerung wie bei uns die Fürsten und Ritter des Mittelalters. Der Mißbrauch, den sie mit ihrer Gewalt trieben, veranlaßte, daß man ihnen diese Gewalt ganz nahm, und heutzutage unterscheiden sie sich von den Tokav oder Freimännern durch nichts als durch ihre angestammten Titel. Trotzdem sind die drei Klassen insofern voneinander geschieden, als sie sich durch eheliche Verbindungen nie vermischen. Ein Pschi wird nie die Tochter eines Usden und ein Usden nie die Tochter eines Tokav heiraten. Im übrigen stehen die Tokav in keinerlei Abhängigkeit von den Fürsten und Edelleuten. Im Medshilis übt derjenige den größten Einfluß, der am meisten Einsicht und Verstand zeigt, und in Kriegszeiten wird derjenige zum Anführer erkoren, der sich durch Tapferkeit und Umsicht am meisten hervorgetan, ohne daß man dabei die mindeste Rücksicht auf Rang und Stand nimmt. Und von den Pschi und Usden stehen beim Volke nur diejenigen in besonderem Ansehen, welche sich durch ganze Geschlechter im Medshilis und im Felde besonders ausgezeichnet haben. Hierher gehören die Familien der Sefir-Bey, Schimaff-Bey, Selim-Bey, Haoud-Oglu-Mansur-Bey u. a.

Es ist vielfach behauptet worden, daß die Pschi und Usden vor Jahrhunderten eingewandert seien und eine von der übrigen Bevölkerung gänzlich verschiedene Race bilden. Ein edler arabischer Stamm soll sich in der Kabardah niedergelassen haben, wo er sich mit den Töchtern des Landes vermischte und ein durch seine Schönheit weit berühmtes Geschlecht erzeugte. Die Kabarder unterwarfen später die Länder zwischen dem Kuban und dem Schwarzen Meere, und ihre Edlen setzten sich hier als Herrscher fest. Ihre Herrschaft wurde ihnen entwunden im Laufe der Jahre; sie selbst aber blieben im Lande bis auf den heutigen Tag. So lautet die Sage, an welcher jedenfalls soviel wahr ist, daß die Kabarder einen durchgängig schönen Menschenschlag bilden und daß die Fürsten und Edlen der Schapßuch, Ubych und Dshigethi sich sehr zu ihrem Vorteil durch hohen Wuchs und edle Gesichtsform von der großen Masse des Volkes unterscheiden. Sprachliche Untersuchungen können hier wenig dazu beitragen, der Sache auf den Grund zu kommen, da die Sprache der Abchasen, Schapßuch, Ubych und Kabarder – wie schon Güldenstedt nachgewiesen – Töchter einer Mutter sind. Die arabischen und türkischen Beimischungen, welche man dem Koran und seinen Auslegern zu verdanken hat, finden sich gleichmäßig in allen genannten Ländern wieder; ebenso sind die am häufigsten vorkommenden fremden Namen, wie z. B. Ali, Muhammed, Moissohl (Moses), Chammursa (Hundefürst), Tamassa (Thomas), Dshatemir (Eisenseele) u. a., überall in gleichem Maße heimisch.

Ich habe weiter oben darauf hingewiesen, daß das Stammesleben bei den Tscherkessen nur ein erweitertes Familienleben ist. Es kommt daher unter den Freien fast niemals vor, daß ein Mann eine Stammesgenossin heiratet. Es wird dieses, wo es ausnahmsweise geschieht, als eine Art Blutschande betrachtet. Nach diesem Grundsatze sind daher auch die Frauen und Mädchen mit ihren männlichen Stammesgenossen viel leichter und freier im Umgange als mit den Männern eines fremden Stammes.

In früheren Zeiten war das Schleiertragen hier ganz unbekannt; mit dem Islam wurde auch der Schleier eingeführt. Die Mädchen gehen bis zu ihrer Verheiratung unverschleiert und erlauben sich bis zu einem gewissen Punkte in ihrem Benehmen gegen Männer Freiheiten, wie man in keinem anderen Lande findet. Mit dem Eintritt in die Ehe hören diese Freiheiten auf. Der Schleier zieht gleichsam eine Scheidewand zwischen dem Leben der Jungfrau und der Gattin. Von dem Tage an, wo die Frau ihr Gesicht mit dem Schleier verhüllt, ist sie Eigentum ihres Mannes, und ihre Welt beschränkt sich auf ihr Haus. Stirbt ihr Mann, so haben seine nächsten Verwandten ein Anrecht auf sie. Doch bezieht sich dieses Anrecht nur auf die Person, nicht auf das Vermögen. Denn nach den Satzungen des Koran hat jede Frau freies Eigentum, worüber sie schalten kann nach eigenem Ermessen. Überhaupt wird die Frau auch durch die Ehe nicht Sklavin des Mannes, sondern kann ihn verklagen und sich sogar von ihm trennen, wenn er sie in ihren im Koran genau bezeichneten Rechten kränkt. Ja selbst die geborene Sklavin genießt alle Vorrechte einer freien Frau, sobald sie Mutter wird.

Die Tscherkessinnen, welche durch Vermittlung des Sklavenhändlers ihr Glück in der Ferne suchen, gehören meistenteils dem vierten Stande an. Der für sie bezahlte Preis wird geteilt zwischen den Eltern und dem Herrn. In gleicher Weise müssen die Leibeigenen, welche ein Handwerk treiben (Waffenschmiede, Mattenflechter usw.), ihren Verdienst mit dem Herrn teilen.

Die Mädchen werden unter allen Ständen zu Hause erzogen, während man die Knaben der drei freien Stände schon in frühester Jugend fremder Obhut anvertraut, um sie vor elterlicher Verzärtelung zu wahren. Sind sie so weit herangewachsen, daß sie ein Pferd satteln und die Waffen führen können, so müssen sie Pagendienste bei ihrem Atalik (Pflegevater) tun und heißen während dieser Zeit Dsherat. Der Dsherat begleitet seinen Atalik auf allen Kriegsfahrten, wird von ihm im Reiten, Schießen und sonstigen Übungen unterrichtet und bleibt bei ihm bis zu seiner Verheiratung, welche gewöhnlich ebenfalls durch Vermittelung des Atalik geschieht.

Eine Zusammenkunft des russischen Befehlshabers der Ostküste mit tscherkessischen Häuptlingen

In der Nähe der Festung Golowinsky hatten schon einige Tage vor unserer Ankunft tscherkessische Reiter ihr Lager aufgeschlagen, um die Landung des Kriegsdampfers, welcher den kommandierenden General an Bord führte, abzuwarten und dann ihren Landsleuten sogleich Kunde davon zu geben.

Morgens um 8 Uhr liefen wir in den Hafen von Golowinsky ein, und nachmittags um 2 Uhr war auch schon eine stattliche Versammlung tscherkessischer Häuptlinge und Mullahs mit großem Gefolge angekommen.

Ehe die eigentlichen Verhandlungen begannen, wurde Botschaft entsendet, um die Bedingungen festzustellen, unter welchen die Zusammenkunft stattfinden sollte.

Man vereinbarte sich über folgende Punkte. Erstens: Der Schauplatz der Konferenz sollte sein außerhalb des Schußbereichs der russischen Festungskanonen. Zweitens: Die Zahl der anwesenden Tscherkessen sollte diejenigen der anwesenden Russen nicht übertreffen; für den Fall, daß sich außerhalb des zur Versammlung bestimmten Kreises noch irgendwo in der Gegend Tscherkessen blicken ließen, sollte von der Festungsbesatzung darauf geschossen werden. Drittens: Die Tscherkessen sollten ihre Waffen während der Dauer der Unterhandlung ablegen und der Obhut russischer Soldaten anvertrauen; nur den wortführenden Häuptlingen wurde gestattet, ihre Pistolen im Gürtel zu behalten.

Hierauf begab sich der General mit seinem glänzenden Gefolge nach dem bezeichneten Platze, wo die Tscherkessen bereits versammelt waren.

Ein von schwellendem Rasen überkleideter Talkessel, umragt von dichtbewaldeten Bergen, welche nach Osten eine entzückende Aussicht in das innere, von der kräftigsten Vegetation strotzende Land offen ließ, war der Schauplatz des kriegerischen Bildes, welches sich vor uns entrollte.

Etwa ein Dutzend Stühle wurden halbmondförmig aufgestellt, darauf die vornehmsten Häuptlinge und Mullahs Platz

Aus den Bergen stammende Adighen (Tscherkessen), (G. Gagarin)

nahmen, während die übrigen Tscherkessen teils nachlässig ausgestreckt auf dem Rasen lagen, teils rechts in einiger Entfernung bei den Pferden standen.

Zur Linken standen russische Soldaten, welche bei den malerisch zusammengestellten und übereinandergelegten Waffen Wache hielten. Das war eine reiche Sammlung der prächtigsten Schaschkas (langer Säbel) und Kamas oder Kinshals (langer Dolche).

Ein junger Krieger, welcher in den Kreis der ratpflegenden Männer treten wollte, weigerte sich, den Soldaten seine Pistole zu geben. Man machte Anstalt, ihn zurückzuweisen, er stieß aber den Soldaten, der ihn am Arm berührte, stolzen Blikkes mit solcher Gewalt auf die Seite, daß der Soldat ins Gras stürzte. Es entstand eine kleine Bewegung unter seinen Kameraden, auch die Häuptlinge sprangen von ihren Stühlen auf, und es drohte zu einer ernsten Verwirrung zu kommen, da der junge Tscherkeß, der Urheber des Streites, durchaus nicht zu bewegen war, das Pistol abzugeben. Als der Dolmetsch im Auftrag des Generals ihm sagte, wenn er nicht nachgeben wollte, so könnten die Verhandlungen überhaupt nicht beginnen, schoß er sein Pistol in die Luft ab, steckte es wieder in den Gürtel und nahm dann Platz unter den ratpflegenden Männern, ohne sich weiter umzusehen und ohne weiter belästigt zu werden.

In einiger Entfernung, den halbmondförmig sitzenden Häuptlingen gegenüber, saß der General mit noch zwei oder drei anderen Offizieren höheren Ranges. Hinter ihm standen ein paar Adjutanten und ihm zur Seite stand sein Dolmetsch, ein in der Jugend gefangengenommener Tscherkeß, jetzt Leutnant in russischen Diensten.

Etwa zehn Schritte davon lagen die übrigen Offiziere mit uns auf dem Rasen, aufmerksamen Blickes das malerische Schauspiel betrachtend. Die Häuptlinge trugen der Mehrzahl nach feine rote Schuhe, die den leisesten Bewegungen des Fußes schmiegsam nachgaben, enganliegende, dunkle Reithosen und den bekannten gürtelumschlungenen kaukasischen Waffenrock von blauer oder bräunlicher Farbe. Bei einigen sah man das geringelte Panzerhemd unter dem kaftanartigen, oben aufgeschlitzten Rocke hervorschimmern. Die schwarzzottigen Pelzmützen gaben den größtenteils ernsten, gebräunten, ausdrucksvollen Gesichtern ein fast grimmes Ansehen.

Einige der vornehmeren Häuptlinge trugen gleich den Mullahs blendend weiße Turbane.

Das Auge weilte mit immer steigendem Wohlgefallen auf diesen breitschultrigen, kräftigen Männergestalten, wie sie da saßen in ernster Beratung über die von den Russen gemachten Vorschläge, das Los ihrer von einer schrecklichen Hungersnot heimgesuchten Stämme zu erleichtern.

Von Zeit zu Zeit erhob sich einer der Ältesten von ihnen und ging auf den General zu, der dann ebenfalls aufstand, um die Gegenvorschläge anzuhören.

Der Gegenstand der Unterhandlung war ein höchst einfacher. Die Küstenvölker verlangten nichts als freie Schiffahrt auf dem Schwarzen Meere und freien Handelsverkehr mit Trapezunt und Konstantinopel. Sie versprachen dagegen feierlich, sich für alle Zeit jeder Feindseligkeit gegen die Russen enthalten zu wollen. Der Kern- und Mittelpunkt ihrer Vorschläge war: Belästigt uns nicht, so werden wir euch nicht belästigen.

Ein solches Argument war aber natürlich für russische Diplomatie zu einfach und ungekünstelt. Die vielen Kriegsschiffe auf dem Schwarzen Meere und die vielen Forts an der Küste wären ja samt ihrer Besatzung ganz unnütz gewesen, sobald die Beschränkungen und Hemmnisse zu Land und zu Wasser aufhörten. Wo sollte man hin mit dem vielen Baumaterial, welches überall aufgehäuft lag, um neue Festungen zu bauen und die alten zu erweitern? Wozu hätte man schon so viele Millionen verausgabt und so viele tausend Menschen geopfert? Man könnte doch unmöglich geradezu eingestehen, daß alles das nutzlos gewesen. Und was würde endlich aus den menschenfreundlichen Absichten des Kaisers, der natürlich an nichts weniger denkt, als Eroberungen zu machen, bloß um sein Land gewaltsam zu vergrößern, sondern dessen Streben lediglich darauf gerichtet ist, die Völkerschaften, welche er bekriegt, zu veredeln und sie aufzuklären über ihr wahres Interesse!

Solche und ähnliche Dinge bildeten den Kernpunkt der russischen Argumente, die den Tscherkessen natürlich nicht einleuchten wollten.

Es war vorauszusehen, daß unter solchen Umständen die Unterhandlungen zu keinem Resultate führen konnten. Das einzige, wozu der General sich verstehen durfte, um der (größtenteils durch die Absperrung erzeugten) Hungersnot im Lande zu steuern, war das bereits bei mehreren Stämmen erfolglos angewandte Versprechen, Brot und reichliche Bezahlung allen hilfsbedürftigen Tscherkessen zu geben, welche bereit wären, an den russischen Befestigungswerken und Bauten zu arbeiten. »Das heißt«, sagte Jerynbük-Bersek-Bey, »hungert und verderbt, oder kommt und helft selbst mit bauen an den Zwingburgen, die euer Land beherrschen sollen!«

Je weniger sich während des Verlaufs der in dem angedeuteten Sinne gepflogenen Unterhandlungen Hoffnung zu einem erfreulichen Ausgange zeigte, desto mehr umdüsterten sich die Blicke der wortführenden Tscherkessen.

Über zwei Stunden hatte die Konferenz gedauert, und noch war kein Ende abzusehen; denn wenn die Tscherkessen einmal den Weg der Verhandlungen betreten, so lassen sie kein Mittel unversucht, etwas auf diesem Wege zu erreichen.

Es war eben eine kleine Pause eingetreten; die Häuptlinge berieten sich über einen neuen Vorschlag und gingen in lebhaftem Gespräche auf und nieder. Auch der General hatte sich erhoben, um sich etwas Bewegung zu machen. Er kam auf uns zu und sagte: »Nun, sind Sie noch nicht müde? Ich fürchte, wir werden vor dem späten Abend nicht wieder aufs Schiff kommen. Diese Verhandlungen ziehen sich immer sehr in die Länge. Ich möchte wissen, woher die Sittenschilderer des Kaukasus erfahren haben, daß es bei den Tscherkessen für unanständig gilt, sich nach Familienangelegenheiten zu erkundigen; in unserer heutigen Konferenz haben wir wenigstens eine halbe Stunde damit verloren, denn jeder der wortführenden Häuptlinge leitete seine Rede mit blumigen Artigkeiten über die mutmaßliche Anmut und Schönheit und mit langen Erkundigungen über das Befinden der weiblichen Angehörigen meines Hauses ein.«

Der General wurde plötzlich durch einen von der Festung aus abgefeuerten und in den Bergen rings donnernd widerhallenden Kanonenschuß unterbrochen. »Was ist das?« scholl es von allen Seiten. Die Tscherkessen sprangen auf und wollten sich der Waffen bemächtigen, die Soldaten widersetzten sich. Allgemeine Verwirrung. Der General trat auf den ältesten Häuptling zu und rief in ernstem Tone: »Ich mache dich verantwortlich für das Betragen deiner Leute; ich werde nachforschen lassen, was es mit dem Kanonenschuß auf sich hat, und nachher sprechen wir weiter.« Der Dolmetsch wiederholte sofort die Worte des Generals, aber es dauerte noch einige Zeit, bevor die stolzen Bergsöhne sich zur Ruhe bringen ließen, denn militärische Disziplin ist bei den Tscherkessen vollständig unbekannt.

Inzwischen kehrten die Offiziere zurück, welche in die Festung entsendet waren, um Kunde über die Veranlassung des Feuerns einzuziehen.

Der Bericht lautete, es hätte sich ein Trupp tscherkessischer Reiter in der Nähe der Festung gezeigt, und der Kommandant hätte sogleich mit Kartätschen dazwischenschießen lassen nach der vereinbarten Bestimmung, daß sich während der Verhandlungen keine Tscherkessen in der Gegend blicken lassen sollten.

»Sind Verwundungen vorgekommen?« fragte der General.

»Soviel man wahrnehmen konnte, sind zwei Reiter gestürzt«, erwiderte der Gefragte.

Wiederum entstand eine gewaltige Aufregung unter den Tscherkessen, und die wortführenden Häuptlinge hatten große Mühe, den Kriegern auseinanderzusetzen, daß der Kommandant der Festung nur der getroffenen Vereinbarung gemäß gehandelt habe.

Dem General selbst war der Vorfall sehr unangenehm. Er kannte die Tscherkessen zu gut, um nicht zu wissen, daß bei ihnen nichts ungerächt bleibt. Es gelang ihm zwar, die Unterhandlungen noch einmal anzuknüpfen, aber man kam dabei ebensowenig zu einem Resultate wie vorher.

Mit anbrechendem Abend wurde die Zusammenkunft aufgehoben, und der Abschied trug jedenfalls ein minder freundliches Gepräge als die erste Begrüßung. Die Blicke der stolzen Krieger verhießen nichts Gutes, als sie ihre Waffen wieder umgürteten und sich auf ihre Rosse schwangen, um davonzueilen in die heimatlichen Berge.

Bevor wir Golowinsky verließen, besahen wir noch das Innere der Festungskirche, welche kurz vorher der Schauplatz eines blutigen Kampfes gewesen war, wovon die durchschossenen Heiligenbilder an den Wänden noch deutliches Zeugnis trugen.

Ein Trupp Tscherkessen hatte sich im Dunkel der Nacht so nahe an die Festung herangeschlichen, daß die Kanonenkugeln buchstäblich über ihre Köpfe hinwegsausten, als die Besatzung der Andringlinge gewahr wurde und blind darauf losfeuerte.

Bevor man Zeit gefunden hatte, zum zweiten Male zu laden, waren die Tscherkessen schon in der Festung und richteten hier ein solches Blutbad an, daß die zum großen Teile aus kampfungewöhnten Soldaten bestehende russische Mannschaft in die vollständigste Verwirrung geriet und sich in regelloser Flucht in die Kirche zu retten suchte. Doch kaum die Hälfte von ihnen konnte hier ein Unterkommen finden; den übrigen blieb keine andere Wahl, als sich zu wehren mit dem Mute der Verzweiflung oder widerstandslos zu fallen, denn die wilden Bergsöhne gaben keinen Pardon, sondern hieben alles nieder, was ihre Klinge erreichen konnte. Schon hatten sie sich des groben Geschützes bemächtigt und eine reiche Beute von Waffen, Pulver und Blei (darum es ihnen am meisten zu tun war) in Sicherheit gebracht und waren eben im Begriff, Feuer an die Kirche zu legen, als der Priester von Golowinsky, ein kräftiger, hochgewachsener Mann, auf die Kirche zugeschritten kam in festlichem Gewande, das Kruzifix hoch in der rechten und eine Fackel in der linken Hand schwingend.

Die Tscherkessen – geblendet von der ungewöhnlichen Erscheinung, die ihnen um so mehr imponierte, als der Priester durch seinen schönen Bart, seine stolze Haltung und sein blendendes Gewand sich wesentlich unterschied von den stumpfnasigen, kinnglatten, in Tracht und Gestalt roh aussehenden russischen Soldaten – standen einen Augenblick vom Kampfe ab, und unangefochten gelangte der Priester in das Innere der Kirche.

Man muß den religiösen Fanatismus der Russen aus eigener Anschauung kennengelernt haben, um ganz zu begreifen, welchen Eindruck es auf die Soldaten machte, als sie den gefürchteten Popen mit dem Kruzifix in der Hand in ihrer Mitte sahen, sie zum Kampfe anfeuernd im Namen Gottes, ihnen mit Hölle und Teufel drohend ob ihrer Feigheit und ihnen alle Freuden des Paradieses verheißend, wenn sie mutig ausharrten im Kampfe gegen die Heiden.

Von neuem begann ein Würgen und Morden, wie es nur Verzweiflung oder Raserei zu erzeugen vermag. Die Soldaten stürmten aus der Kirche und suchten ihre Gegner wieder im Freien auf. Die Tscherkessen warfen sich den Herausdrängenden entgegen: die Kugeln pfiffen von allen Seiten; in und außerhalb der Kirche türmten sich Leichen auf Leichen. Angefeuert von ihrem kriegerischen Popen fochten die Russen mit solcher Wut, daß die Tscherkessen, denen ohnedies am dauernden Besitz der Festung wenig gelegen war, nach kurzem Widerstand abzogen, um nur einen Teil ihrer Beute zu retten.

Der Priester wurde nach diesem Vorfalle von den Soldaten wie ein Heiliger verehrt, da ihn wunderbarerweise keine Kugel getroffen hatte, obgleich er sich immer im dichtesten Handgemenge befunden.

Natürlich lieferte diese Wundergeschichte einen reichen Stoff der Unterhaltung und Erbauung für die ganze Besatzung der Festungskette des Pontus und trug nicht wenig dazu bei, das Ansehen der Priester zu heben und die Soldaten zu stärken im Glauben an die Heiligkeit ihrer Sache.

Der Kaiser dankte dem Popen von Golowinsky in einem eigenhändigen Briefe für seine Heldentat und übersandte ihm zur Belohnung die Schleife des heiligen Georg.

»Aber ich habe immer gehört«, erwiderte ich, als wir auf unser Schiff zurückkehrten, dem Offizier, der mir obige Geschichte erzählte, »ich habe immer gehört, daß es gegen Sitte und Brauch der Tscherkessen sei, nächtliche Überfälle zu unternehmen.«

»Das ist ganz richtig«, entgegnete mein Begleiter, »auch steht dieser Fall, soweit meine Erfahrung reicht, ganz vereinzelt da, und eben weil der Kommandant an nichts weniger dachte als an einen nächtlichen Überfall, wurde es den Tscherkessen so leicht, die Festung zu überrumpeln. Der Kampf begann nach Mitternacht und endigte erst nach Sonnenaufgang. Übrigens haben wir sowohl durch Überläufer wie auch durch einige Häuptlinge vom Stamme Tschipaku selbst erfahren, daß im Volksrate (Medshilis) der Schapßuch die größere Zahl der Tamatas (Ältesten) sich gegen den nächtlichen Überfall erklärt hatte, da es gegen die Sitte des Landes und den Brauch tapferer Männer sei, den Feind im Dunkel der Nacht anzugreifen. Aber ihre Stimme drang nicht durch, weil einige von ihnen beschuldigt waren, in gutem Einvernehmen mit den Russen zu stehen; und ein solcher Verdacht reicht hin, die mächtigsten Personen des Landes zeitweilig all ihres Einflusses zu berauben.«

Barachowitsch und die gefangenen Tscherkessinnen

Die Luft war kühl und der Himmel trübe, als wir Golowinsky verließen, um unsere Reise das Küstenland der Schapßuch entlang fortzusetzen.

Den schönsten Teil der Fahrt hatten wir hinter uns, denn wie blühend und reich an Naturschönheiten die Länder der Schapßuch und Natchokuadsch in ihrem Innern auch sein mögen, ihre Küsten tragen bei weitem nicht den großartigen Charakter wie die Küsten der Abchasen, der Ubych und Dshigethi. Die Gebirgszüge werden immer kleiner, die Vegetation immer dürftiger, je weiter man sich in der Richtung nach Taman von Golowinsky entfernt.

Da Nachricht eingelaufen war, daß uns in Gelendshik wieder tscherkessische Unterhändler erwarteten, so verweilten wir in allen dazwischenliegenden Festungen – Lasarew, Weljaminowskoje, Tenginskoje und Nowotroitzkoje – nur wenige Stunden, brachten die Nacht auf dem Schiff zu und gingen am folgenden Morgen bei dem herrlichsten Wetter in Gelendshik an Land. Ein Teil der Mannschaft hatte der General schon während der Nacht auf Barkassen detachiert, um unter Anführung des Kosakenoberst Barachowitsch Jagd auf ein türkisches Tschekjdermeh zu machen, welches am Abend die Küste verlassen hatte, wahrscheinlich um die Richtung nach Trapezunt einzuschlagen.

Barachowitsch war damals der gefeierte Held des Tages unter den tschornomorischen Kosaken. Besonders durch seinen letzten glücklichen Handstreich war er hoch zu Ehren und Ansehen gekommen. Er hatte nämlich mit zwei Barkassen (welche übrigens durch das Dampfschiff, auf welchem wir uns befanden, gedeckt waren) ein türkisches Sklavenschiff genommen und achtzig Gefangene dabei gemacht, worunter etwa sechzig für türkische Harems bestimmte Jungfrauen, die bis auf weitere Verfügung von Petersburg in den Festungsgemächern von Gelendshik und Noworossisk untergebracht wurden.

Der Kampf mit der männlichen Besatzung des Schiffs war nur ein kurzer gewesen, desto mehr aber hatten die Kosaken

Mühe, sich der schönen Tscherkessinnen zu bemächtigen, die sich teils auf das hartnäckigste verteidigten, teils ins Meer sprangen, um nicht den Russen in die Hände zu fallen. Die meisten wurden allerdings von den nachspringenden Kosaken gerettet; aber drei oder vier Mädchen fanden doch ihren Tod in den Wellen. Die übrigen wurden in den schon erwähnten Festungen untergebracht, mit keiner günstigeren Aussicht, als in irgendeiner russischen Militärkolonie das moskowitische Geschlecht verschönern zu helfen.

Wohl selten bietet sich einem Reisenden so günstige Gelegenheit dar, solch eine Menge junger Mädchen aus den unzugänglichsten Stämmen des Kaukasus beisammen zu sehen. Auch benutzte ich mit der größten Gewissenhaftigkeit die mir vergönnte Zeit, unter den schönen Haremsrekrutinnen zu verweilen, mich mit ihnen zu unterhalten und mir das Eigentümliche ihrer Erscheinungen einzuprägen.

Ein großes, luftiges, von rohen Säulen getragenes Gemach diente den Gefangenen zur Wohnung. Auf dem Fußboden, welcher, soweit ich mich besinne, aus gestampftem Lehm bestand, lagen Matten und grobe Teppiche ausgebreitet. Möbel waren, außer einigen alten Tischen und Schemeln, keine zu sehen.

Die schönen Gefangenen, welche teils nachlässig ausgestreckt, teils mit gekreuzten Beinen auf den Teppichen ruhten, erhoben sich sämtlich, als wir das Gemach betraten. Ich schrieb dies damals dem Umstande zu, daß sich einige Generale und sonstige hochgestellte Personen in unserer Gesellschaft befanden, lernte aber später, daß jede Tscherkessin, und sei sie noch so hohen Ranges, nach dem altherkömmlichen Landesbrauch vor jedem Mann aufsteht, der ins Zimmer tritt, selbst wenn es ihr eigener Diener ist.

Man merkte es den armen Mädchen an, daß es ihnen peinlich war, von uns begafft zu werden; die einen wandten die Köpfchen weg, wenn wir vorbeigingen, die anderen senkten den Blick zur Erde – nur wenige von ihnen sahen uns frei ins Gesicht und antworteten ohne Zögern auf die Fragen, welche wir ihnen durch den Dolmetsch vorlegten. Ich wunderte mich, die Mehrzahl der Mädchen ganz auf türkische Weise vermummt zu sehen, da ich wußte, daß bei den Tscherkessen nur die verheirateten Frauen das Gesicht verschleiern und eine gewisse Zurückhaltung gegen Männer beobachten, während die Mädchen sich dort mit derselben Freiheit bewegen wie bei uns.

Man sagte mir jedoch, daß die Sklavenhändler streng darauf halten, ihre schönen Gefangenen gleich von vornherein an türkische Sitte zu gewöhnen. Ja, in Stambul ist eine besondere Vorbereitungsschule, wo die jungen Tscherkessinnen erst einen zweijährigen Kursus durchmachen müssen, ehe sie für reif erachtet werden, das Harem eines türkischen Großen zu zieren. Hier werden sie, je nach ihren Anlagen, in weiblichen Handarbeiten, in Musik und Gesang, in der persischen und türkischen Sprache unterrichtet. Die Kosten dieser im orientalischen Sinne sehr sorgfältigen Erziehung trägt der Sklavenhändler, der den seinen Haremsperlen durch ihre türkische Bildung verliehenen Glanz beim Verkauf natürlich hoch in Anschlag bringt. Am liebsten ist diesen Leuten, die Tscherkessinnen schon als Kinder in die Hände zu bekommen, da sie sich dann leichter an das türkische Leben gewöhnen und empfänglicher für die Erlernung von Sprachen und Musik sind.

Auch unter unseren jugendlichen Gefangenen von Gelendshik befanden sich sechs Kinder von acht bis vierzehn Jahren. Ich würde diese Kinder, hätte ich sie in abendländischer Kleidung und in einer anderen Umgebung gesehen, unbedingt für Engländerinnen gehalten haben, so rein und gesund war ihre Hautfarbe, so regelmäßig waren ihre Züge, so schön gezeichnet ihre Augen.

Unter den erwachsenen Mädchen fand ich nur vier, die wirkliche Schönheiten in unserem Sinne des Wortes waren. Die übrigen zeichneten sich mehr durch schlanken Wuchs und durch die Kleinheit ihrer Ohren, Hände und Füße aus, worauf die Türken großes Gewicht legen.

Außer einer durchgehends schlanken Gestalt wüßte ich überhaupt nichts, was die Tscherkessinnen positiv Eigentümliches in ihrer Erscheinung hätten, woran man sie auf den ersten Blick als Töchter ihres Landes erkennen könnte, wie z. B. eine Georgierin, eine Armenierin, eine Engländerin. Man könnte sie als Vermittlerinnen der schönen Welt des Orients und Okzidents bezeichnen, da sie in Kleidung und Sitte ganz orientalisch sind, während ihr eigentliches Wesen mehr einen europäischen, ich möchte sagen germanischen Anstrich trägt. Schwarzes Haar und dunkle Augen kommen bei ihnen nicht häufiger vor als bei uns. Unter den Gefangenen von Gelendshik hatten die meisten blondes oder helles Haar, blaue oder hellbraune Augen.

Von den Georgierinnen unterscheiden sich die Tscherkessinnen wesentlich zu ihrem Vorteil durch eine größere Lebendigkeit des Geistes und größere Rührigkeit des Körpers. Den Georgierinnen sieht man's gleich an, daß sie schnell verblühende Blumen sind; man kann sie sich nur denken in träger Ruhe auf dem Divan hingestreckt oder unbeweglich wie Pagoden auf dem Dache sitzend oder feierlichen Schrittes einherschreitend – es sei denn, daß sie, angeregt durch Gesang oder Musik, ihre kleinen Füße im lieblichen Tanzreigen der Lesghinka schwingen. Die Tscherkessinnen haben, wenn ich mich des Wortes bedienen darf, mehr Race; sie sind behender, geweckter, elastischer von Geist und Körper. Eine Georgierin kann den ganzen Tag auf einem Flecke sitzen, ohne etwas anderes zu tun als mit den Perlen ihrer Tschotka zu spielen; die Tscherkessinnen machen sich fortwährend mit weiblichen Handarbeiten in Haus und Küche zu tun. In diesem Lande kann kaum der tapferste Krieger durch seine Heldentaten größeren Ruhm erlangen als eine Frau durch besondere Geschicklichkeit im Stricken, Weben und Nähen.

Deshalb wissen die Türken die Tscherkessinnen auch vor allen Töchtern des Morgenlandes hoch zu schätzen.

Man kann sich nichts Graziöseres denken als den Anzug dieser kernigen Mädchen. Den Kopf bedeckt ein zierliches blau- oder silbergestreiftes Scharlachmützchen, unter welchem die meist üppigen Haare in langen Flechten hervorquellen. Ein nicht zu hoch hinaufreichendes, elegant geschnittenes Korsett – gewöhnlich von blauer Seide, vorn durch Knöpfe zusammengehalten, von welchen schmale Silberstreifen auslaufen – preßt die Brust etwas mehr zusammen, als nötig wäre. Dann bildet ein tief und fest geschlungener Gürtel den Übergang zu dem eigentlichen Kleide (Anteri), dessen Farbe immer von der des Korsetts verschieden ist, und unter dem Kleide rauschen die weitfaltigen, seidenen Hosen (Schalwari) hervor, welche die meist an und für sich schon kleinen und zierlich beschuhten Füße noch kleiner erscheinen lassen.

Ein Teil unserer schönen Gefangenen war, wie schon oben bemerkt, auf türkische Weise vermummt, d. h., die Mädchen hatten den oberen und unteren Teil des Gesichts mit weißen Tüchern umwunden, so daß man nur die Augen und etwas von der Nase sehen konnte. Doch tat das unseren Beobachtungen keinen wesentlichen Eintrag, denn wenn man das Wort an eine der schlanken Haremsrekrutinnen richtete, so schob sie ihr Tuch herunter, ohne bei der Enthüllung des Gesichts große Verlegenheit kundzugeben.

Besonders ein Mädchen aus dieser jungfräulichen Schar bewegte sich mit solcher Freiheit und Sicherheit, als ob es seine Erziehung in den Salons der großen Welt und nicht in den Bergschluchten des Kaukasus erhalten hätte.

Es war dies eine der kecksten und anmutigsten weiblichen Gestalten, die mir im Leben vorgekommen. Der schlanke, tadellose Wuchs ließ sie etwas größer erscheinen, als sie wirklich war; der Hals, der Nacken waren so edel geformt und von solcher Feinheit und Festigkeit, als wären sie für die Ewigkeit geschaffen. Ein feiner, verschlossener Mund, schelmische Grübchen in den Wangen und im Kinn, eine für Kaukasierinnen ungewöhnlich kleine Nase, große, schön gezeichnete Augen mit langen, dunklen Wimpern und ein glänzendes braunes Haar, kleine Hände und Füße – das waren ungefähr die Einzelheiten dieses wunderbaren Wesens, in dessen Zügen männliche Entschlossenheit und Ausdauer mit weiblicher Anmut um die Herrschaft stritten.

Merkwürdig wie die ganze Erscheinung der jungen Tscherkessin war auch ihre Lebensgeschichte.

Schon vor vier Jahren hatte sie sich einmal nach der Türkei einschiffen wollen; das Schiff, auf welchem sie sich befand, fiel jedoch nach hartnäckigem Kampf in russische Hände, ihre Leidensgefährtinnen wurden an russische Soldaten verheiratet, während sie selbst in das Haus der Gräfin O., der Gemahlin eines russischen Generals in Kertsch, kam, um dort als Kammermädchen ihre Haremsträume zu vergessen.

Gefesselt durch eine liebevolle Behandlung, blieb sie im Hause der Gräfin etwa drei Jahre, verdrehte vielen jungen und alten Leuten den Kopf, ohne jedoch selbst den Kopf dabei zu verlieren, lernte mit fabelhafter Schnelligkeit russisch, französisch und deutsch und – benutzte dann eine sich zufällig darbietende Gelegenheit, wieder in ihre Heimat zu entkommen. Sie mußte, um ihre Flucht durchzusetzen, eine große Strecke schwimmend zurücklegen, überstand jedoch mit seltener Ausdauer alle Mühseligkeiten und Gefahren und kam glücklich in ihrer Heimat wieder an.

Hier verliebte sich ein junger Kämpe in sie, der aber bald nachher auf einem Streifzuge gegen die Russen ums Leben kam. Fast zu gleicher Zeit brach die große Hungersnot in den Ländern der Tscherkessen aus, zunächst veranlaßt durch die Mißernte des Jahres 1844.

Die jungen Mädchen suchten scharenweise nach der Türkei zu entkommen, und auch unsere Heldin benutzte die erste Gelegenheit, um sich wieder nach Trapezunt einzuschiffen; das Schiff wurde von Barachowitsch genommen, und die schöne Tscherkessin fiel abermals in die Hände der Russen.

Was später aus ihr geworden ist, weiß ich nicht; sogar ihren Namen habe ich vergessen, während ihre Gestalt mir – wie sicherlich jedem, der sie nur einmal gesehen – lebendig im Gedächtnis geblieben.

*

Es war zu Ende des Maimondes, an einem schönen, sonnigen Tage, als unser Schiff im Hafen von Kertsch (Kaffa, Pantikapäum) vor Anker legte. An meinen kurzen Aufenthalt in dieser ganz modern und luftig gebauten, bloß durch die ausgegrabenen Denkmäler an ihr hohes Altertum erinnernden Stadt knüpfen sich – dank der gastfreundlichen Liebenswürdigkeit des vortrefflichen Generals von Budberg, des ehrwürdigen Admirals von Berg und des Gouverneurs, Fürsten Cherchwulidsew – nur freundliche und liebe Erinnerungen.

Anfangs gedachte ich die Stadt und ihre Altertümer sowie meine Weiterreise über die Krim und Odessa nach Konstantinopel in derselben Weise zu schildern, wie ich meine Herreise geschildert, aber aus zwei gewichtigen Gründen bin ich von diesem Vorhaben zurückgekommen. Einmal ist meine Zeit auf lange hinaus durch andere Arbeiten in Anspruch genommen, und dann steht zu erwarten, daß die neuesten kriegerischen Ereignisse zu besseren, jedenfalls vollständigeren Schilderungen der Krim Anlaß geben werden, als ich nach meiner flüchtigen, schon viele Jahre hinter mir liegenden Reise zu bieten vermöchte.

*

Als ich Abschied nahm von Gjül-Bassar, wollte mir der Rosenköpfige einen Geleitspruch mit auf den Weg geben.

Wir hatten gerade kein Buch bei der Hand und trieben bei

dem Schiffsvolk eine alte russische Bibel auf. Gjül-Bassar nahm die Bibel, öffnete sie, und seine Hand fiel auf die Stelle, wo geschrieben steht: »Wie ein Knecht sich sehnet nach dem Schatten und ein Tagelöhner, daß seine Arbeit aus sei, also hab ich wohl ganze Monate vergeblich gearbeitet, und elender Nächte sind mir viele geworden.«

Und es ward aus Abend und Morgen der tausendunderste Tag!

Nachwort

Sagenumwoben und vielgerühmt, so wirkte der Kaukasus seit alters als Magnet auf Fremde. Händler und Soldaten, Missionare und Abenteurer, Diplomaten und Forscher durchstiegen die Schlucht von Dariel, landeten an der Ostküste des Schwarzen Meeres oder passierten die Tore von Derbent. In unzähligen Berichten und Abhandlungen wurde seit der Antike der Kaukasus unter verschiedenartigsten Aspekten dargestellt. Wenn innerhalb dieser meist wissenschaftlich orientierten Reisebeschreibungen Bodenstedts »Tausendundein Tag im Orient« besondere Aufmerksamkeit verdient, dann, wie er selbst mit Recht sagt, wegen seiner »Art, die Menschen und Dinge zu sehen«, und »diese Art war aber keine andere, als mit dem Auge des Poeten zu schauen«. Auf diese Weise entstand ein stimmungsvolles Reisewerk, dem schon von den Zeitgenossen hohes Lob gezollt wurde. So sah Fontane in Bodenstedts Schilderungen »Bilder, mit Augen geschaut, und frisches, aus dem Volke selbst genommenes Leben«, und er bescheinigt ihm höchste Wirkung, »wenn er den weißbärtigen Schamyl und den Kasbek und seinen wilden Sohn, den Terek, uns vor die Seele führt«. Doch auch heute noch, hundert Jahre nach dem Tode des Autors, ist es durchaus reizvoll, zu lesen, was Bodenstedt Interessantes und Vergnügliches über eine Landschaft und ihre Menschen zu erzählen weiß, die gegenwärtig im Zuge einer sich verändernden Welt erneut ins Blickfeld rückt.

*

Friedrich Bodenstedt wurde am 22. April 1819 in der kleinen Stadt Peine im damaligen Königreich Hannover geboren. Über seine Jugend und Herkunft ist wenig bekannt. Nach seinen eigenen Worten wuchs er in »beengenden, oft lähmenden Verhältnissen« auf, die es ihm nicht gestatteten, seinen Neigungen zu folgen und die Universität zu besuchen, dafür aber »den Drang nach Befreiung oder die Sehnsucht nach der Fremde« in ihm weckten. Nachdem er einen Handelsberuf erlernt hatte, folgte Bodenstedt, wie eine Stammbucheintragung beweist, schon 1837 einem Jugendfreund nach Moskau, der sich dort um eine Stelle als Offizier beworben hatte. Hier widmete er sich mit großem Eifer dem Erlernen der russischen Sprache und versuchte sich schon bald in Übersetzungen Puschkins, Lermontows und des reichen Schatzes russischer Volkslieder. Bodenstedt behauptete später, von 1837 bis 1840 an den Universitäten in Göttingen, München und Berlin Literatur und Sprachen studiert zu haben, doch ist er in keiner der entsprechenden Matrikel verzeichnet. Anfang 1841 trat er als Hauslehrer in die Dienste des Fürsten Galizin. Über seinen Brotherrn fand er Eingang in die höheren Kreise und machte so auch die Bekanntschaft des Gouverneurs von Moskau, des Generals von Neidhart. Als dieser zum Oberkammandierenden und Statthalter im Kaukasus ernannt wurde, lud er Bodenstedt nach Tiflis ein, da am dortigen Gymnasium ein Französischlehrer gesucht wurde. Am 8. Oktober 1843 machte sich der junge Poet auf die Reise und langte am 3. November in Tiflis, der Stadt der warmen Quellen, dem heutigen Tbilissi, an. Im Februar 1844 erhielt er auch eine Anstellung am Gymnasium bei einem »jährlichen Gehalt von dreihundert Silberrubel und Wohngeld nach Umständen«. So wurde die Kurastadt für die nächsten anderthalb Jahre zu seiner Heimstatt und der Kaukasus – den er nie wiedersehen sollte – zum weiten Feld fruchtbarer Impressionen.

Im Sommer 1846 kehrte Bodenstedt über die Krim, die Türkei und Griechenland reich an Erlebnissen und Eindrücken heim, aber zu ihrer literarischen Aufarbeitung bedurfte es noch längerer Zeit. 1848 erschien zunächst sein Werk »Die Völker des Kaukasus und ihre Freiheitskämpfe gegen die Russen«, »welches bestimmt war, in großen Zügen ein anschauliches Bild der Länder und Bewohner des Isthmus zu geben«, ein populärwissenschaftliches Buch, wobei er sich vor allem auf russische Quellen stützte, war er selbst doch nie Augenzeuge der Befreiungskämpfe der Bergvölker. Andere Absichten verfolgte Bodenstedt mit »Tausendundein Tag im Orient«, das erst 1850 vollendet wurde. Nach seinen eigenen Worten schrieb er »dieses Buch nicht unter dem frischen Eindrucke des Erlebten, wie es bei Reisewerken zumeist geschieht, sondern ... aus der Erinnerung, als ... die zu schildernden Dinge und Menschen schon in eine gewisse klärende Ferne gerückt waren, welche einen freieren Überblick gewährte zur Unterscheidung des Wesentlichen vom Unwesentlichen«. »Geographie, Ethnographie und Geschichte« bilden nur den »Rahmen für die orientalischen Charakterbilder, welche im höchsten Sinne des Wortes lebenswahr zu gestalten« sich der Autor »zur Hauptaufgabe gemacht hatte«. So mag es dem besseren Verständnis der »Charakterbilder« dienen, ihren historischen Hintergrund, die politischen und ökonomischen Verhältnisse Georgiens in der ersten Hälfte des vorigen Jahrhunderts ein wenig zu erhellen.

*

Als Bodenstedt in den Kaukasus reiste, war das ehemalige Königreich Georgien eine Provinz des russischen Imperiums. Die Zeiten, da sich seine Potentaten »König der Könige, Herrscher des ganzen Ostens und Westens« nannten – im transkaukasischen Raum übrigens völlig mit Recht, erstreckte sich doch das Reich der Königin Tamara (1184–1213) vom Schwarzen bis zum Kaspischen Meer – waren lange vorüber. Schon im 13. Jahrhundert brach der Staat unter dem Ansturm der Mongolen zusammen und wurde in der Folge ein Spielball kriegs- und eroberungslüsterner Nachbarn. Seit dem 16. Jahrhundert waren es vor allem Osmanen und Perser, die um die Beherrschung des Landes stritten, das längst keine politische Einheit mehr bildete, sondern in mehrere kleine Reiche zerfallen war, die oft in Fehde miteinander lagen. Der Osten des Landes – Kartli und Kachetien – stand faktisch unter persischer Souveränität, der Westen mußte sich dem Diktat der Hohen Pforte beugen, die große Teile im Süden Georgiens als »Wilajat Gürtschistan« sogar gänzlich ihrem Imperium einverleibt hatten. Wirtschaft und Kultur waren von Rückgang und Verfall gekennzeichnet. Krieg, Seuchen und ein blühender Sklavenhandel dezimierten die Bevölkerung, machten ganze Landstriche unbewohnbar.

Im 18. Jahrhundert versuchten einige Herrscher, dem Chaos Einhalt zu gebieten, aber alle Reformversuche im Innern mußten hoffnungslose Unterfangen bleiben, wenn es nicht gelang, die äußere Bedrohung durch Osmanen und Perser zu bannen. Als alle Appelle an die Staaten Westeuropas erfolglos blieben, entschloß sich König Irakli (1762–1793), der im Jahre seines Regierungsantritts Kartli und Kachetien zu einem ostgeorgischen Königreich vereint hatte, zu einem folgenschweren Schritt. Er unterzeichnete 1783 mit der russischen Zarin Katharina der Großen einen Beistandspakt. Gegen die Zusicherung militärischer Hilfe bei Angriffen von außen erkannte er darin die Oberhoheit Rußlands über Georgien an, das ansonsten jedoch seine volle Souveränität behalten sollte. Was die Russen unter militärischem Beistand verstanden, sollten die Georgier bald erfahren. Als 1795 der Perserschah Agha Mohammed Khan in das Land einfiel, sahen sie sich von Rußland schmählich im Stich gelassen. Abermals begann ein blutiges Gemetzel, verloren Zehntausende ihr Leben, fielen Dörfer und Städte in Schutt und Asche.

1801 schließlich marschierten dann russische Truppen in Tiflis ein, aber nicht als Befreier, sondern als Eroberer. Das geschundene Land war reif, als Kolonie unter die Fittiche des Zarenadlers genommen zu werden. Es begann ein Prozeß der Russifizierung, der die georgische Gesellschaft binnen fünfzig Jahren grundlegend wandeln sollte. Schritt für Schritt wurden die alten Strukturen aufgebrochen, russische Normen eingeführt. Daß die russischen Administratoren dabei wenig Feingefühl bewiesen und kaum Rücksicht auf die nationalen Besonderheiten nahmen, belegen die Adelsrevolte von 1832 und der Bauernaufstand in Gurien 1841. Ignoranz und Korruption kennzeichneten die ersten Jahrzehnte russischer Herrschaft im Transkaukasus. So berichteten die beiden Senatoren Kutaisow und Mechnikow 1830 nach einer Inspektionsreise durch die kaukasischen Provinzen, daß die örtlichen Verwaltungsbeamten dort mehr Gesetzesbrechern denn Hütern von Recht und Ordnung glichen.

Wenn sich das Neue aber doch Bahn brach, so vor allem, weil das alte georgische System überlebt, den Anforderungen der neuen Zeit nicht mehr gewachsen war. Die strikt hierarchisch gegliederte Gesellschaft zerfiel in drei soziale Gruppen: den Adel, den Klerus und die leibeigenen Pächter. Dabei basierte die georgische Gesellschaft im wesentlichen auf der Landwirtschaft und der jahrhundertealten Beziehung zwischen Herren und Pächtern. Städtische Produktion und Kultur waren den Georgiern weitgehend fremd. Handel und Handwerk lagen meist in den Händen von Immigranten, größtenteils Armeniern. Die landwirtschaftliche Produktion war gering. Man erzeugte in der Regel nur für den Eigenbedarf. Ein Mehrprodukt wäre doch nur in die Hände der Grundbesitzer oder räuberischer Eindringlinge gefallen. Das Leben des georgischen Landmannes war durch reinen Müßigang gekennzeichnet, der die Verwunderung vieler Reisender erregte. So schrieb der verbannte russische Dekabrist Baron Andrej Rosen: »Die Kinder des Bodens hier betrachteten jede Arbeit, die sie nicht zur Befriedigung der eigenen Bedürfnisse zu erledigen gezwungen waren, als eine Widerwärtigkeit und ergaben sich in dem Moment dem Müßiggang, da sie das Lebensnotwendige, was im allgemeinen leicht zu erlangen war, produziert hatten. Und sie von diesem Müßiggang wegzubringen war unmöglich. Die Faulheit und Unfähigkeit der georgischen Pächter erreicht einen solchen Gipfel, daß man dort keinen zur Arbeit bewegen kann, selbst wenn man ihnen glänzenden Lohn bietet.« Die traditionellen Beschäftigungen des Adels aber waren Jagen, Fischen und Feiern. Rustikale Schlichtheit charakterisierte selbst das Leben der vornehmsten Familien. Das Anhäufen von Reichtum, Sorge um den Haushalt oder gar wirtschaftliches Engagement waren unter der Würde eines Edelmannes. Geldbesitz galt als plebejisch.

Als unter Zar Nikolaus I. (1825–1855) die industrielle Revolution auch in Rußland sich durchzusetzen begann – in den dreißig Jahren seiner Herrschaft vervierfachte sich die industrielle Produktion des Landes –, hatte dies auch Auswirkungen auf die georgische Wirtschafts- und Sozialstruktur. Viele georgische Adlige traten nun als Verwaltungsbeamte oder Offiziere in den Dienst des russischen Staates und bildeten mit der aufstrebenden armenischen Bourgeoisie, die vor allem von den besseren wirtschaftlichen Möglichkeiten profitierte, eine neue Elite, die ihre persönliche Sicherheit, ihren ökonomischen Wohlstand, ihr soziales Prestige und ihren politischen Status durch die russische Herrschaft gesichert sah und loyal zum Zaren und seinem Regime stand. Vollender dieser für die georgische Gesellschaft so einschneidenden Veränderungen war Fürst Woronzow, der 1844 zum Vizekönig und Statthalter im Kaukasus ernannt wurde und mit viel Geschick und Einfühlungsvermögen Transkaukasien zu einem festen Bestandteil des russischen Reiches machte. Sein Einzug in die Stadt fällt gleichsam zusammen mit Bodenstedts Abschied von Tiflis. Der Preis, den Georgien für die Errettung aus Krieg, Elend und Rückstand bezahlte, war freilich hoch: Das Land büßte seine Souveränität ein, stand nun unter dem politischen, ökonomischen und vor allem kulturellen Diktat Rußlands.

Von all dem erfahren wir in »Tausendundein Tag im Orient« nur sehr wenig. Und doch gelingt es Bodenstedt, gerade die negativen Folgeerscheinungen russischer Herrschaft, die Korruption und Ignoranz der herrschenden Kreise bloßzustellen. Das »Pestmachen« ist dabei nur ein Beispiel für die skrupellose Gewinnsucht der russischen Beamten. Kein Verwaltungakt fand ohne Schmiergelder seinen Abschluß, kein Recht war ohne Bestechung zu erlangen. Treffend charakterisiert Bodenstedt die »gute Gesellschaft« von Tiflis, in der es für »mauvais genre« galt, die Häuser der großen »Masse der georgischen, armenischen, tatarischen und persischen Bevölkerung« zu besuchen, bei der er dafür um so öfter zu Gast war. Auch hatte Bodenstedt schnell gelernt, »ein gegründetes Mißtrauen gegen alle die Georgier und Armenier zu hegen, welche sich unter das schimmernde Joch russischer Epauletten geschmiegt« hatten. Jenen georgischen Adligen, deren vornehmstes Ziel darin bestand, zu demonstrieren, wie gut sie Französisch oder Russisch sprechen, begegnete Bodenstedt mit der gleichen feinen Ironie wie dem armenischen Fürsten T., der in Türklinken die höchste Errungenschaft europäischer Kultur erblickte.

*

Im Vorwort zur vierten Auflage von »Tausendundein Tag im Orient« sagte Bodenstedt: »Durch ihre Geschichte lernt man die Taten und Schicksale der Völker kennen, durch ihre Lieder sieht man ihnen ins Herz.« Um letzteres aber ging es ihm vor allem, und so enthält die ungekürzte Ausgabe seiner Reiseschilderung nicht weniger als 146 lyrische Einschübe, die den Erzählfluß oft erheblich hemmen. Aus der vorliegenden Ausgabe wurden diese darum weitgehend herausgenommen, ohne jedoch dem Buch seinen besonderen Charakter als poetisches Reisewerk nehmen zu wollen. Es handelt sich dabei zumeist um jene Gedichte, die Bodenstedt auf Anraten seines Verlegers schon 1851 separat unter dem Titel »Die Lieder des Mirza Schaffy« veröffentlichte, die als Einzelausgabe in wenigstens 170 Auflagen vorliegen und – viele von ihnen von namhaften Komponisten vertont – zu einem Welterfolg wurden. Über ihren wahren oder vermeintlichen Autor allerdings dürften einige Informationen von Interesse sein, ist doch neben Bodenstedt nicht etwa ein einheimischer Edelmann oder ein russischer Offizier zur zweiten zentralen Figur des Buches geworden, sondern eben Mirza Schaffy, der Weise von Gjändsha.

*

Als Bodenstedt sich 1843 in den Kaukasus begab, war es seine Absicht, nicht nur Land und Leute kennenzulernen, sondern auch die Verse orientalischer Dichter ins Deutsche zu übertragen. Er sah sich deshalb nach einem Sprachlehrer um, den er auf Empfehlung in Mirza Schaffy fand. Von ihm erlernte er Tatarisch und Persisch und wurde mit dem Reichtum und der Schönheit orientalischer Poesie vertraut gemacht. Der Lebensweg Mirza Schaffys liegt vielfach im Dunkel. Geboren wurde er zwischen 1792 und 1804 in Gjändsha, das von den Russen Elisawetpol, später Kirowabad genannt wurde. Mirza Schaffys Vater war zunächst Baumeister des letzten Khans von Gjändsha, dann Lehrer an der dortigen Schule, die auch sein Sohn besuchte, der hier Arabisch und Persisch lernte und in das literarische Erbe des Orients und in den Koran eingeführt wurde. Nach dem frühen Tod des Vaters fand der eifrige Knabe bald die Unterstützung und Zuneigung des Schulleiters, der ihn dann an die Tochter des letzten Khans vermittelte, die eine vertrauenswürdige Person für die Verwaltung ihrer Häuser und zweier Dörfer suchte. Als Mirza Schaffy in den dreißiger Jahren als Dichter und Reformer hervortrat, der vor allem die Dogmen eines orthodoxen Islam bekämpfte, war er in seiner Heimatstadt als Ungläubiger verschrieen, der sich der Verfolgung und Isolation ausgesetzt sah.

Mit Hilfe eines Freundes gelang im 1840 die Flucht aus der »Gefangenschaft von Gjändsha«. Mirza Schaffy erhielt eine Anstellung als Lehrer der tatarischen Sprache an der Kreislehranstalt in Tiflis, die damals von Chatschatur Abowian (Obowian), dem treuen Begleiter Bodenstedts durch Armenien, geleitet wurde. Hier begann eine neue Etappe und die glücklichste Zeit im Leben Mirza Schaffys. Die freiere Atmosphäre in der Stadt bot ihm vielfältige Möglichkeiten der geistigen Beschäftigung. Die »Sitzungen im Diwan der Weisheit« waren nicht nur für Bodenstedt und seine Gefährten interessant und lehrreich, sondern vermittelten auch dem Weisen von Gjändsha einen Einblick in das europäische Geistesleben, ließen ihn Bekanntschaft machen mit den Werken Goethes, Heines, Shakespeares und anderer. Im November 1846 wurde Mirza

Schaffy für drei Jahre an die Schule in Gjändsha versetzt. Anfang 1850 war er wieder in Tiflis, wo er neben seiner Lehrtätigkeit mit einem russischen Kollegen ein »Tatarisch-russisches Wörterbuch« und eine »Tatarische Chrestomathie« erarbeitete. Am 16. November starb Mirza Schaffy in Tiflis.

*

Nach dem Erscheinen von »Tausendundein Tag im Orient« und mehr noch nach der Einzelausgabe der »Lieder des Mirza Schaffy« gelangte der Weise von Gjändsha bald zu literarischer Berühmtheit. Bodenstedt galt als sein Entdecker und glänzender Übersetzer, bis dieser 1874 seinen Lesern neue Lieder »Aus dem Nachlasse des Mirza Schaffy« vorlegte, wobei er in einem »erläuternden Nachtrag« lakonisch vermerkte, daß Mirza Schaffy »weder ein Dichter noch ein großer Gelehrter« gewesen sei und alle Lieder bis auf eines »keine Übersetzungen sind, sondern mir allein ihr Dasein verdanken«.

Was anfänglich ohne allzuviel Aufregung zur Kenntnis genommen wurde, entfachte in neuerer Zeit, da die Lieder des Mirza Schaffy in Vergessenheit geraten sind, einen Gelehrtenstreit um deren Autorschaft. Besonders aserbaidshanische Literaturwissenschaftler zeihen Bodenstedt des Plagiats, das ihm schlüssig nachzuweisen aber unmöglich ist, da es nur wenige Fragmente lyrischer Arbeiten Mirza Schaffys in tatarischer (aserbaidshanischer) Sprache gibt. In den Schatz der aserbaidshanischen Nationalliteratur fanden die Lieder Mirza Schaffys nur Eingang durch eine (Rück-?)Übersetzung aus dem Deutschen.

Doch wer immer auch der wahre Autor der Lieder ist, für Bodenstedt wurde das Zusammentreffen mit dem Weisen von Gjändsha zu einem prägenden Erlebnis, war und blieb er für die Mitwelt doch bis an sein Lebensende der Dichter des Mirza Schaffy, was immer er auch begann und schrieb. 1854 folgte er einem Rufe König Maximilians nach München, erhielt dort eine der damals beliebten Dichterprofessuren und las an der Universität über slawische Sprachen und Literatur. Nach Auflösung des Münchner Dichterkreises ging Bodenstedt 1866 nach Meiningen, wo er geadelt wurde und für einige Jahre das dortige Theater leitete. Von Oktober 1879 bis Juli 1880 unternahm er seine letzte große Reise, die ihn nach Amerika führte. Auch dort sicherten ihm bei seinen Lesungen die Lieder des

Mirza Schaffy den gehörigen Erfolg, und noch im späten Alter unterschrieb er seine Briefe an Näherstehende mit dem Namen seines einstigen Lehrers und Freundes, dem er so viel Lob und Anerkennung verdankte. 1892 starb Bodenstedt, zurückgezogen und wie in seiner Jugend in gedrängten Verhältnissen, in Wiesbaden.

*

Der vorliegenden Ausgabe liegt die Textfassung aus den 1865 bis 1869 erschienenen Gesammelten Schriften Bodenstedts in zwölf Bänden (Band 1–3: Tausendundein Tag im Orient, 1865) zugrunde. Orthographie und Interpunktion wurden den heute gültigen Regeln angeglichen, wobei der Lautstand gewahrt blieb und Bodenstedtsche Eigenheiten wie die ungleiche Schreibung von Wörtern und Namen belassen wurden. Von Bodenstedt gegebene Erläuterungen und Sacherklärungen, soweit sie dem unmittelbaren Verständnis des Textes dienen, wurden in die Anmerkungen, das Namen- und das Sachregister übernommen.

Anmerkungen

8 *Iwan Weliki* – (russ.: Iwan der Große) Glockenturm im Kreml.

9 *daß der Islam ... unterliegen mußte* – Wladimir I., Großfürst von Kiew (980–1015), führte 988 das Christentum als Staatsreligion ein.

9 *der donische Dmitry* – Dmitri Iwanowitsch Donskoi, Großfürst von Wladimir und Moskau (1350–1389), besiegte 1380 die Tataren unter Mamai.

10 *Wassili Blashennoi* – Basilius-Kathedrale auf dem Roten Platz; benannt nach Wassilij Blashennyi (1496–1552), einem Moskauer Heiligen.

10 *Eroberung von Kasan* – Unter Iwan IV. im Jahre 1552.

12 *Blasius* – »Reisen im europäischen Rußland in den Jahren 1840 und 1841«, 2 Bände (1844).

19 *Aufhebung der Leibeigenschaft* – 19. Februar 1861.

20 *Krieg im Kaukasus* – Der von 1824 bis 1859 andauernde Unabhängigkeitskampf der Bergvölker Daghestans, die seit 1835 unter der Führung des Imams Schamyl standen.

23 *meine ... Schriften* – Zu nennen sind vor allem: »Die poetische Ukraine« (1845) sowie Übersetzungen von Werken Puschkins und Lermontows.

24 *»daß am Nordrande ...«* – Blasius in seinem erwähnten Werk.

25 *16° R* – 16 Grad Réaumur = 20 Grad Celsius.

46 *neuer Statthalter* – Alexander von Neidhart.

46 *Sänger von Schiras* – Hafis.

47 *Verse von Puschkin* – Anfang eines Gedichts ohne Titel, das 1829 auf der Reise Puschkins nach Erzerum entstand.

49 *Jussuf im Egyptenland* – Zur Geschichte Josephs, der, nach Ägypten entführt, dort Diener des Kämmerers Potiphar wird, vgl. Altes Testament, 1. Moses 39–50.

50 *phrygische Mütze* – Eine nach vorn herabfallende Kopfbedeckung; Sinnbild der Freiheit bei den Jakobinern.

51 *K. und R.* – Karl Koch (1809–1879), Botaniker und Kaukasusforscher, unternahm zwei wissenschaftliche Kaukasusreisen (1836 und 1843/44), und Georg Rosen (1820–

1891), Orientalist und Diplomat, ebenfalls 1843/44 zu linguistischen Studien im Kaukasus.

68 *Argonauten* – In der Sage fünfzig Griechen, die auf dem Schiff Argo nach Kolchis ans Schwarze Meer fahren, um das Goldene Vlies, das Fell eines goldenen Widders, zurückzuholen.

68 *garçon d'hotel* – (franz.) Hotelboy.

71 *Es war einmal ein König* – Der hatt' einen großen Floh ... Lied Mephistos in Auerbachs Keller aus Goethes »Faust«.

79 *Szalem Alechem* – (arab.: Salam alaikum) Heil über Euch!

100 *Allah werdy!* – Gott hat's gegeben!

100 *Jachschi Jol!* – Einen guten Weg gehe es!

108 *Mimosa sensitiva* – (lat.) Feinfühlige Mimose.

108 *in meinen früheren Schriften* – In erster Linie das zweibändige Werk »Die Völker des Kaukasus und ihre Freiheitskämpfe gegen die Russen« (1848).

151 *mauvais genre* – (franz.) Schlechter Stil.

153 *in medias res* – (lat.) Zur Sache.

165 *aus dem Hohenliede Salomonis* – Vgl. Altes Testament, Das Hohelied Salomos 7,2.

184 *Am Eingange des Bades ...* – Alexander Puschkin in seiner Schrift »Die Reise nach Erzerum« (1836).

185 *Moores Lalla Rookh* – Das Zitat aus der orientalischen Verserzählung des irischen Dichters Thomas Moore (1779–1852) lautet in deutscher Übersetzung:

... ein hold georgisch Kind
Mit all der Blüt' und frischen Glut,
Die ihrer Heimat Mädchen zeigen,
Wenn warm aus Tiflis' Bad sie steigen.

211 *die sinnigen Verse Youngs* – Eine Prosaübersetzung der Verse des englischen Dichters Edward Young (1683–1765) lautet: In fernen Wildnissen, von Menschenaugen ungesehn, zieht sie ihre Blumen und breitet ihr samtenes Grün; klare Bäche rieseln durch Wüsteneinsamkeit, und ihre Musik verhallt unverstanden von den Bewohnern der Wildnis.

211 *kartwel'scher Race* – Georgien heißt in der landeseigenen Sprache Sakartwelo.

234 *L'empereur ...* – (franz.) Der Kaiser versteht alles, aber er versteht nicht zu verzeihen.

257 *englisch-französische Flotte* – Im Krimkrieg (1853–1856) unterstützten England und Frankreich die Türkei im Kampf gegen Rußland.
279 *Einführung des Islam* – Der Islam wurde bei den Tscherkessen in der zweiten Hälfte des 18. Jahrhunderts durch den in türkischem Sold stehenden Scheich Mansur eingeführt.
294 *tschornomorische Kosaken* – Reste der 1775 vernichtend geschlagenen Saporosher Kosaken, die sich am Kuban ansiedelten.
299 *neueste kriegerische Ereignisse* – Der Krimkrieg (1853–1856).

Erläuterndes Namenregister

Wahagn – Vahagn, Held der armenischen Sage ähnlich dem Herakles; später als einer der drei armenischen Hauptgötter verehrt 106

Woronzow – Michael Semenowitsch Fürst Woronzow (1782–1856), russischer Feldmarschall und von 1844 bis 1854 Oberkommandierender und zugleich Vizekönig im Kaukasus 187, 222, 305

Erläuterndes Sachregister

nichtgeorgischen Stämmen, den Dshigeten, bewohnt wird 284, 294

Effendim – (türk.) Mein Herr 120, 282

Fränkistan – Frankistan: Orientalische Bezeichnung für Europa 57, 99, 120

Galgai – Gulgai: Stamm des kaukasischen Bergvolks der Tschetschenen 39

Gjändsha – Eine in der Provinz Karabagh gelegene Stadt, der Geburtsort Mirza Schaffys 5, 46, 48–50, 52, 54f., 57, 63, 69, 73, 115, 138, 156, 307f.

Gjirdshistan – (pers.) Georgien 81

Gjülistan – (pers.) Der Rosengarten. Titel des bekanntesten Werkes des Sadi 73, 111, 148

Goldene Horde – Tataro-mongolischer Feudalstaat in Mittelasien, Westsibirien und Osteuropa; gab 1480 seine Herrschaft über die letzten russischen Gebiete auf 28, 155, 233

Grusien – So nennen die Russen Georgien 47, 136, 191f.

Gurien – Guria: Georgische Landschaft an der Ostküste des Schwarzen Meeres 120f., 199, 209, 211, 225, 304

Haighk – Alter Name der Armenier nach ihrem legendären Stammvater 72

Herrnhuter – Von Nikolaus Ludwig Graf von Zinsendorf (1700–1760) in Herrnhut (Lausitz) gestiftete Religionsgemeinschaft 13

Hetman – (russ.: Ataman) Militärischer Oberbefehlshaber 29

Huris – Im Koran (Sure 55 u. a.) Jungfrauen von blendender Schönheit als Gespielinnen der Seligen im Paradies 52, 92, 120f.

Imam – (arab.: Führer, Vorbild) Vorbeter beim gemeinschaftlichen Gebet der Muslims, aber auch Titel islamischer Fürsten bzw. herausragender Gelehrter 120, 310

Imerethi – Imeretien, Imerien: Georgische Landschaft im Transkaukasus 66, 199, 201, 203, 206

Jämschtschik – Postillion 33, 35f.

Kabardah – Nordkaukasische Landschaft 37f., 281f., 284

Kabarder – Tscherkessenstamm; Bewohner der Kabardah 280–282, 284

Kachetos – Kachetien: Landschaft in Ostgeorgien, bekannt durch ihren Weinbau 46, 68, 187, 303

Kahal – Jüdische Gemeindebehörde in Rußland 132

Kalljan – Persische Wasserpfeife 91–93, 111, 157, 167

Karabagh – Schwarzer Garten; Landschaft in Transkaukasien 159, 227

Keef – Nichtstun, Müßiggang 232

Kinshal – Kaukasischer Dolch 66, 177, 228, 262, 287

Kisilbaschi – Rotköpfe. So wurden Perser und Tataren genannt, die ihr Barthaar rot färbten, was als besondere Zierde galt 99

Pantalons – Während der Französischen Revolution in Mode gekommene lange Hosen 64, 88, 112
Parsismus – Vgl. im Namenregister unter Ormusd 13
Peris – In der persischen Sage überirdische Wesen von wunderbarer Schönheit 177
Phasis – Alter Name des Flusses Rion 68, 199, 204–206
Pilau – Gericht aus körnig gekochtem Reis mit Hammelfleisch 119, 128, 165, 279
Polowzen – Slawischer Volksstamm im Gebiet nördlich und westlich des Schwarzen Meeres 28
Pontus – Pontos: Altgriechischer Name des Schwarzen Meeres 37, 74, 207, 233f., 239, 242, 244f., 264, 270, 292
Prussaki – Preußen, womit in Rußland auch die Wanzen bezeichnet werden 121
Pschi – Fürsten 283f.
Race – (franz.) Rasse 211, 284, 297
Reformierte – Anhänger der Glaubenslehre des Schweizer Reformators Johann Calvin (1509–1564) 13
Sakli – Aus Stein oder Lehm errichtete Erdhütte 64–66, 127, 151, 156
Sandshak – Osmanischer Verwaltungsdistrikt 122, 124, 129
Sarafan – Nationalgewand der russischen Frauen 64, 71, 88
Saporoschzen – Freie Genossenschaft von Fischern und Kriegern am unteren Lauf des Dnjepr, aus denen die Donkosaken hervorgingen 228f.
Sardaar – Statthalter 76, 80, 94f., 154, 176, 187f.
Schalwari – Weite seidene Hosen 297
Schamane – Zauberpriester; hier vom sibirischen Volksstamm der Tungusen 13
Schapßuch – Der wildeste aller Tscherkessenstämme 261, 282, 284, 293f.
Schaschka – Tscherkessensäbel 66, 228, 287
Spezimen – Muster 55
Sufis – Anhänger des Sufismus, einer mystisch-asketischen Richtung des Islam 160
Tamata – (Tisch-)Ältester 279, 293
Telega – Meist Kibitka genannt; leichter, ungefederter Reisewagen 17, 36, 197
Tokav – Freie 283
Traktir – Speisewirtschaft 218, 220
Troglodyten – (griech.) Höhlenbewohner; auf primitiver Entwicklungsstufe stehende Menschen 65
Tschadra – Weißer oder blauer Schleier der muselmanischen Frauen, der den Körper von Kopf bis Fuß verhüllt 64, 66, 69, 71, 155, 184
Tschekjdermeh – Kleines, leichtes Schiff 294
Tschengjir – Saiteninstrument 46, 134, 147

Tscherkesken – Tscherkeska: langer, enger Leibrock mit Gürtel und aufgenähtem Patronengurt auf jeder Brustseite 66
Tschetwertak – Silberstück im Wert von 25 Kopeken 33
Tschibuk – Lange türkische Tabakspfeife 80, 87, 122, 145, 151, 157, 160, 167, 205, 268
Tschinowniks – Russische Beamte im Staatsdienst 164
Tschotka – Eine Art Rosenkranz, den die Georgierinnen nicht zum Beten, sondern zum Spielen benutzen 153, 297
Tunga – Weingefäß, das etwa fünf Flaschen faßt 180
Tuschen – Georgisches Gebirgsvolk 150, 175, 280
Ubych – Ubychen: Am Schwarzen Meer beheimatetes Kaukasusvolk 233, 257–260, 273, 284, 294
Unierte – Armenische Glaubensgemeinschaft, welche die Oberhoheit des Papstes anerkennt 13, 129
Usden – Edelleute 283f.
Veziere – Wesire: Ehemals Minister islamischer Herrscher 54
Wartabed – Wartabied: Geistlicher der Armenischen Kirche 217
Werst – Altes russisches Wegemaß (1066,78 Meter) 15, 25, 35, 75, 119, 122, 126, 129f., 254, 266
Wildbahn – Ungepflegter Weg neben der gebahnten Straße 17
Wsjatschnik – Ein bestechlicher Beamter 84, 110

Abbildungsnachweis

Die Abbildungen 1 (Titelbild), 3, 13, 14 und 15 wurden dem Herausgeber freundlicherweise vom »Experimentellen Labor zur Erfassung von Kunstdenkmälern« beim Ministerium für Kultur der Republik Georgien zur Verfügung gestellt.

Die übrigen Abbildungen wurden entnommen:

Abbildung 6, 7, 8, 12, 16, 17 und 18 aus: Gregoire Gagarin: Le Caucase Pittoresque. Dessiné D'Apres Nature. Paris, 1847.

Abbildung 5, 10 und 11 aus: Gregoire Gagarin: Scênes, Paysages, Mœurs et Costumes Du Caucase. Paris, o. J.

Abbildung 2, 4 und 9 aus: W. Timm: Russki chudoschestwenni listok. 1851–52.

Alle Aufnahmen wurden von David Zchadadze, Tbilissi, angefertigt.